Beck-Rechtsberater im dtv

Meine Rechte bei Trennung und Scheidung

dtv

Beck-Rechtsberater

Meine Rechte bei

Trennung und Scheidung

Unterhalt · Ehewohnung · Sorge
Zugewinn- und Versorgungsausgleich

Von Prof. Dr. Dr. h.c. Dieter Schwab, Universität Regensburg und
Rechtsanwältin Dr. Monika Görtz-Leible, Bayreuth

8., überarbeitete und aktualisierte Auflage

Deutscher Taschenbuch Verlag

www.dtv.de
www.beck.de

Originalausgabe

Deutscher Taschenbuch Verlag GmbH & Co. KG,
Tumblingerstraße 21, 80337 München
© 2014. Redaktionelle Verantwortung: Verlag C.H. BECK oHG
Druck und Bindung: Druckerei C.H. BECK, Nördlingen
(Adresse der Druckerei: Wilhelmstraße 9, 80801 München)
Satz: ottomedien, Darmstadt
Umschlaggestaltung: Design Concept Krön, Puchheim,
unter Verwendung eines Fotos von GettyImages
ISBN 978-3-423-50730-1 (dtv)
ISBN 978-3-406-65131-1 (C. H. Beck)

Vorwort: Partnerkrisen und das Recht

Scheiden tut weh. Geschiedenwerden meist auch. Scheidung und Trennung von Ehen und die Auflösung von sonstigen Lebensgemeinschaften bilden einschneidende Wendepunkte im Leben der Partner und ihrer Kinder: Oft bedeuten sie den Ausstieg aus der bisherigen Lebensform. Solche Zäsuren sind zumeist mit heftigen Emotionen verbunden, die die betroffenen Personen seelisch stark beanspruchen und oft in eine Lebenskrise stürzen. Das gilt vor allem für den Partner, der gegen seinen Willen aus der bisherigen Lebensgemeinschaft gestoßen wird.

Bei diesen schmerzlichen Vorgängen wird leicht übersehen, dass die Partnerkrisen auch ihre *rechtliche* Seite haben. Dabei hängt eine zufriedenstellende Bewältigung der Krise davon ab, dass die Rechtsverhältnisse in einer fairen Weise mit einem für alle Beteiligten annehmbaren Ergebnis geklärt werden. Denn Trennung und Scheidung zerreißen die bestehenden Bande ja nicht völlig. Besonders zwischen geschiedenen Ehegatten bleiben rechtliche Verbindungen oft lebenslang. Das liegt auf der Hand, wenn die Partner gemeinsame Kinder haben. Aber auch sonst löst die Scheidung die rechtlichen Bezüge nicht einfach auf: Die Ehe besteht zwar nicht mehr, zeitigt aber langfristige Folgewirkungen. Möglicherweise muss ein Ehegatte dem anderen auch nach der Scheidung Unterhalt zahlen. Vielleicht wohnt ein Partner aufgrund gerichtlicher Entscheidung in der bisherigen Wohnung, die dem anderen gehört. Unter Umständen muss ein Geschiedener seine Altersversorgung ergänzen, weil er durch den Versorgungsausgleich einen Teil seiner Anrechte verloren hat, und so weiter.

Wenn die Rechtsprobleme, die bei Trennung und Scheidung entstehen, nicht von Beginn an zufriedenstellend gelöst sind, droht eine endlose Fortsetzung der bittern Gefühle und bei jeder sich bietenden Gelegenheit das Wiederaufflackern des Streits. Die befreiende Wirkung, die die Scheidung einer unglücklich gewordenen Ehe haben kann, tritt dann nicht ein: Der „unglücklichen Ehe" folgt eine „unglückliche Scheidung", die das Leben weiter belastet.

Vorwort: Partnerkrisen und das Recht

Die rechtzeitige und befriedigende Klärung der mit Scheidung und Trennung verbundenen Rechtsfragen ist für die Beteiligten also außerordentlich wichtig. Es geht nicht bloß um finanzielle Interessen, sondern auch um die psychische Basis des weiteren Lebens. Eheleute, deren Partnerkrise sich zuspitzt und die mit einer Trennung rechnen, sollten sich daher alsbald um die nötigen Informationen darüber bemühen, was ihre Rechte und Pflichten sind und was die Trennung und Scheidung für sie rechtlich bedeutet. Das gilt schon für den Fall, dass ein Ehegatte die Aufhebung der häuslichen Gemeinschaft erwägt oder die Initiative des anderen dazu erwartet. Denn schon die häusliche Trennung ist vielfach eine Art „Vorscheidung"; die Fakten, die jetzt geschaffen werden, bestimmen oft auch die Rechtsverhältnisse nach der Scheidung.

Mangelndes Wissen über die Rechtslage kann vor allem dann verheerend wirken, wenn der eine Partner rechtlich informiert ist oder professionell beraten wird, während der andere ahnungslos in die ihm gestellten Fallen tappt. Wie oft kommt es vor, dass bei den Verhandlungen über Trennungs- und Scheidungsvereinbarungen der gutwillige, aber uninformierte Teil „über den Tisch gezogen" wird!

Auch bei der Auflösung einer nichtehelichen Lebensgemeinschaft können sich wichtige Rechtsfragen stellen. Zwar bestehen für ehelos zusammenlebende Paare keine speziellen Rechtsvorschriften nach Art des Eherechts. Doch leben sie nicht in einem rechtlosen Raum. Das gilt insbesondere, wenn sie gemeinsame Kinder haben. Rechtliche Fragen können sich aber auch im Bereich des Vermögens ergeben.

Das vorliegende Buch möchte **Basisinformationen zu den wichtigsten Rechtsfragen bei Trennung und Scheidung** bieten. Wir wenden uns nicht an Fachleute, sondern an juristische Laien, die möglicherweise von solchen Problemen betroffen sind oder in deren Familie oder Bekanntenkreis derartige Fragen auftauchen. Viele Beispiele sollen die Darstellung anschaulich machen, wichtige Tipps werden im Druck besonders hervorgehoben. Auch haben wir uns bemüht, das „Juristendeutsch" so weit wie möglich zu vermeiden, damit das Buch auch zur Unterhaltung gelesen werden kann. Im Krisenfall ersetzt das Buch natürlich nicht die fachliche Beratung durch Anwalt oder Notar. Den Leserinnen und Lesern soll gerade begreiflich gemacht werden, in welchen Situationen professionelle Hilfe unerlässlich ist – oft geht es darum, *rechtzeitig* zu handeln.

Die Neuauflage des Buches hatte einige Gesetzesänderungen zu verarbeiten, die in den Jahren 2012 und 2013 in Kraft getreten sind. Beim *Unterhalt geschiedener Ehegatten* ist die Härteklausel des § 1578b BGB umformuliert worden (Gesetz vom 20.2.2013). Im Kindschaftsrecht kommt dem *Gesetz zur Reform der elterlichen Sorge nicht miteinander verheirateter Eltern* vom 19.4.2013 grundlegende Bedeutung zu. Berücksichtigt wurde auch das *Gesetz zur Stärkung der Rechte des leiblichen, nicht rechtlichen Vaters* vom 4.7.2013. Die für das Unterhaltsrecht wichtige *Düsseldorfer Tabelle* findet sich in der aktuellen Fassung vom 1.1.2013 im Anhang abgedruckt.

Wir wünschen unseren Leserinnen und Lesern eine unterhaltsame Lektüre und den erhofften Nutzen.

Bayreuth/Regensburg im Dezember 2013   *Monika Görtz-Leible*
                                                Dieter Schwab

Inhaltsübersicht

Vorwort V
Inhaltsverzeichnis XI

1. Kapitel
Das Getrenntleben von Ehegatten 1

2. Kapitel
Die Scheidung 17

3. Kapitel
Ehewohnung und Haushaltsgegenstände 35

4. Kapitel
Trennung, Scheidung und die Kinder 67

5. Kapitel
Unterhalt bei Trennung und Scheidung 103

6. Kapitel
Zugewinnausgleich: Der Kampf ums „Eingemachte" 211

7. Kapitel
Meine Rente – Deine Rente: der Versorgungsausgleich 239

8. Kapitel
Sonstige Fragen der Vermögensauseinandersetzung 247

9. Kapitel
Ehescheidung und Namensrecht 259

10. Kapitel
Rechtsfragen um die nichteheliche Lebensgemeinschaft 267

Anhang: Düsseldorfer Tabelle 2013 291
Sachverzeichnis 303

Inhaltsverzeichnis

Vorwort	V
Inhaltsübersicht	IX

1. Kapitel
Das Getrenntleben von Ehegatten ... 1

1. Bedeutung	1
2. Wann liegt „Getrenntleben" vor?	3
3. Einverständliche und gerichtliche Regelung	5
4. Getrenntleben in derselben Wohnung	7
5. Versöhnungsversuche	9
6. Wirkungen des Getrenntlebens	11
7. Getrenntleben und Vermögensauskunft	13

2. Kapitel
Die Scheidung ... 17

1. Scheidung – kein schmerzloser Schnitt!	17
2. Der Gang zum Familiengericht	18
3. Wann kann geschieden werden?	21
4. Einverständlich scheiden – ein Gewinn?	23
5. Die schnelle Scheidung	28
6. Widerstand gegen die Scheidung – zwecklos?	31

3. Kapitel
Ehewohnung und Haushaltsgegenstände ... 35

1. Wohnung und Ehe	35
a) Mietwohnungen	36

b) Eigentumswohnungen 37

2. Der Streit um die Wohnung bei Getrenntleben 37

3. Was bedeutet die gerichtliche Zuweisung der Wohnung bei Getrenntleben? 45

4. Verfügungen über die Ehewohnung 47

5. Vereinbarungen über die Ehewohnung 51

6. Gewaltschutz 52

7. Wohnung und Ehescheidung 56

8. Die Verteilung der Haushaltsgegenstände 63

4. Kapitel
Trennung, Scheidung und die Kinder 67

1. Die Kinder – Opfer der Interessen der Erwachsenen? 67

2. Die gemeinsame Elternsorge in der intakten Familie 69

3. Die Lage bei Trennung und Scheidung im Überblick 72

4. Die Fortführung der gemeinsamen Sorge nach Trennung und Scheidung 75

5. Alleinige Sorge mit Zustimmung des anderen Elternteils . 82

6. Der Streit um das alleinige Sorgerecht 83

7. Der Umgang zwischen Kind und Eltern 88

8. Umgangsrechte weiterer Personen 94

9. Besonderheiten bei nichtehelichen Kindern 97

5. Kapitel
Unterhalt bei Trennung und Scheidung 103

1. Überblick 103

2. Familienunterhalt 108

3. Trennungsunterhalt ... 110
a) Die Bedeutung der Trennung für den Unterhalt der Ehegatten ... 110
b) Bedürftigkeit ... 111
c) Die Höhe des Unterhalts ... 115
d) Leistungsfähigkeit ... 123
e) Sonderausgabenabzug beim Ehegattenunterhalt ... 124
f) Krankenversicherung und Altersvorsorge ... 126
g) Ausschluss und Beschränkung des Unterhalts ... 126
h) Ende des Anspruchs ... 127
i) Auskunftsanspruch ... 127
j) Rückständiger Unterhalt ... 128

4. Nachehelicher Ehegattenunterhalt ... 129
a) Überblick ... 129
b) Unterhalt wegen Betreuung von gemeinsamen Kindern nach § 1570 BGB ... 133
c) Unterhalt wegen Alters nach § 1571 BGB ... 142
d) Unterhalt wegen Krankheit oder Gebrechen ... 145
e) Unterhalt wegen Erwerbslosigkeit ... 147
f) Aufstockungsunterhalt ... 152
g) Ausbildungsunterhalt ... 153
h) Billigkeitsunterhalt ... 154
i) Bedarf und Bedürftigkeit ... 154
j) Krankenversicherung und Altersvorsorge ... 162
k) Leistungsfähigkeit des Unterhaltsverpflichteten ... 163
l) Befristung und Herabsetzung des Unterhalts ... 164
m) Ausschluss des Unterhalts ... 169
n) Rangverhältnisse ... 175
o) Ende des nachehelichen Unterhaltsanspruchs ... 177
p) Auskunftsanspruch ... 178
q) Abfindung, rückständiger Unterhalt und Unterhaltsverzicht ... 178

5. Kindesunterhalt ... 182
a) Grundsätze ... 182
b) Mehrbedarf und Sonderbedarf ... 189
c) Leistungsfähigkeit des Unterhaltsverpflichteten ... 190

d) Rückständiger Unterhalt, Verzug 192
e) Verwirkung des Kindesunterhaltsanspruchs 193
f) Rangfolge zwischen mehreren Kindern und unterhaltsberechtigtem Ehegatten 193
g) Unterhaltsverzicht und Freistellungsvereinbarung zwischen den Eltern 194
h) Vertretung minderjähriger Kinder nach Trennung der Eltern 195
i) Vereinfachte Titulierung eines Kindesunterhaltsanspruchs .. 196
j) Unterhaltsvorschussleistungen 198

6. Zusatzinformationen 199
a) Darlegungs- und Beweislast 199
b) Verletzung von Unterhaltspflichten 199
c) Finanzielle Hilfen bei der Rechtsverfolgung 200
d) Familiengerichtliches Verfahren 201
e) Sicherung des Unterhalts durch vorläufigen Rechtsschutz .. 202
f) Änderung von Unterhaltsansprüchen 202
g) Unterhaltsfälle mit Auslandsberührung 203

7. Unterhaltsansprüche zwischen nicht miteinander verheirateten Eltern 203
a) Überblick 203
b) Unterhaltsansprüche der Mutter des Kindes gegen den Vater 206
c) Unterhaltsansprüche des Vaters gegenüber der Mutter 210

6. Kapitel
Zugewinnausgleich: Der Kampf ums „Eingemachte" 211

1. Überblick: Worum geht es? 211

2. Die vertraglichen Wahlgüterstände 212

3. Die richterliche Kontrolle der Eheverträge 215

4. Der gefesselte Ehegatte – geschäftliche Beschränkungen in der Zugewinngemeinschaft 216

5. Der Zugewinnausgleich im Todesfall 218

6. Zugewinnausgleich bei der Scheidung 219
a) Der Ausgleichsanspruch 219

b) Die Feststellung der Zugewinne 219
c) Die Berücksichtigung der Geldentwertung 223
d) Das Herausrechnen von Erbschaften und Schenkungen 224
e) Unfaire Vermögensminderungen zwischen den Stichtagen . 226
f) Die Anrechnung von Zuwendungen unter den Ehegatten ... 228
g) Die Höhenbegrenzung des Ausgleichsanspruchs 229
h) Die Möglichkeit der Stundung des Ausgleichsanspruchs 231
i) Korrektur des Zugewinnausgleichs bei grober Unbilligkeit .. 232
j) Praktische Probleme 233
k) Vereinbarungen 235

7. Vorzeitiger Ausgleich 236

7. Kapitel
Meine Rente – Deine Rente: der Versorgungsausgleich 239

1. Der Grundgedanke 239

2. Welche Anrechte unterliegen dem Versorgungsausgleich? 241

3. Die Durchführung des Versorgungsausgleichs 242

4. Härteklausel 243

5. Vereinbarungen 244

8. Kapitel
Sonstige Fragen der Vermögensauseinandersetzung 247

1. Geschenkt ist geschenkt – oder? 247

2. Gemeinsame Wertschöpfung in einer „Innengesellschaft" 251

3. Gemeinsames Eigentum 253

4. Zu den Schulden 255

9. Kapitel
Ehescheidung und Namensrecht 259

1. Gleichberechtigung auch im Namensrecht 259

2. Die Bestimmung eines gemeinsamen Ehenamens 259

3. Der persönliche Namenszusatz 260
4. Kein Zwang zum gemeinsamen Ehenamen 261
5. Der Einfluss der Scheidung auf den Namen 263

10. Kapitel
Rechtsfragen um die nichteheliche Lebensgemeinschaft 267

1. Was ist eine nichteheliche Lebensgemeinschaft? 267
2. Die rechtliche Lage der nichtehelichen Lebensgemeinschaft 268
3. Die Trennung 270
4. Unterhalt, Kranken- und Altersvorsorge 273
5. Kinder in der nichtehelichen Lebensgemeinschaft 275
6. Hausrat und Neuanschaffungen 277
7. „Gemeinsame" Immobilien 280
8. Mitarbeit im Geschäft des anderen 284
9. „Gemeinsame" Konten und Schulden 286
10. Vollmachtserteilung 288
11. Erbrecht 289

Anhang: Düsseldorfer Tabelle 2013 291

Sachverzeichnis 303

1. Kapitel

Das Getrenntleben von Ehegatten

1. Bedeutung

Bevor es zu einer Scheidung kommt, haben sich die Eheleute meist schon faktisch getrennt. Gewöhnlich zieht einer der Partner, der es nicht mehr aushält, aus der ehelichen Wohnung aus und lebt bei Verwandten oder Bekannten oder mietet für sich ein Appartement. Das Gesetz nennt den Zustand der faktischen Trennung „Getrenntleben". Das Getrenntleben ist das typische Vorstadium der Scheidung. Manchmal ziehen es die Partner gestörter Ehen aus gesellschaftlichen oder religiösen Gründen vor, von der Scheidung abzusehen, und machen das „Getrenntleben" zu einem Dauerzustand.

Obwohl es sich um ein bloß tatsächliches Geschehen handelt, kommt dem Getrenntleben erhebliche rechtliche Bedeutung zu, über die man sich von vornherein Gedanken machen sollte.

(a) Eine wichtige Rolle spielt das Getrenntleben im – meistens folgenden – **Scheidungsverfahren**. Im Regelfall kann eine Ehe erst geschieden werden, wenn die Ehegatten schon ein Jahr getrennt leben (§ 1565 Abs. 2 BGB); nur in Ausnahmefällen darf das Gericht von diesem Erfordernis absehen (dazu S. 28 ff.). Darüber hinaus erleichtert das Getrenntleben die Scheidung: Wenn die Ehegatten drei Jahre getrennt leben, wird das Scheitern, d. h. die unheilbare Zerrüttung der Ehe unwiderleglich vermutet (§ 1566 Abs. 2 BGB). Die gleiche Vermutung gilt, wenn beide Partner die Scheidung wollen und mindestens ein Jahr getrennt leben

1. KAPITEL — Das Getrenntleben von Ehegatten

(§ 1566 Abs. 1 BGB). Generell ist Getrenntleben ein Indiz dafür, dass das eheliche Verhältnis tiefgreifend gestört ist.

(b) Das Getrenntleben ist ein scheidungsähnlicher Zustand. Es ergeben sich daher ganz ähnliche **Regelungsbedürfnisse** wie bei der Scheidung: Wer soll die Ehewohnung weiter bewohnen dürfen? Wie wird die Benutzung des Hausrats geregelt? Bei welchem Elternteil leben die Kinder, wer hat das Sorgerecht? Wer muss für den Kindesunterhalt aufkommen? Hat ein Ehegatte einen Unterhaltsanspruch für seinen eigenen Lebensbedarf gegen den anderen, da ja nun nicht mehr aus einem Topf gewirtschaftet wird? Gibt es schon bei Getrenntleben eine Möglichkeit, vom Partner Vermögensausgleich zu verlangen?

Diese Fragen werden wir im Zusammenhang mit den einzelnen Trennungs- und Scheidungsfolgen näher behandeln. Wichtig ist, dass man von vornherein daran denkt. Denn oft bestimmen die Verhältnisse, die sich während des Getrenntlebens ergeben, auch die Scheidungsfolgen: Es werden Fakten geschaffen, die später schwer aus der Welt zu bringen sind.

> **BEISPIEL:** Das Ehepaar Rühmann hat zwei Kinder von 11 und 8 Jahren. Der Mann zieht nach einem Streit aus der ehelichen Wohnung aus und wohnt bei seinen Eltern, in deren Haus genügend Platz ist. Die Kinder bleiben bei der Mutter und werden von ihr versorgt. Nach zwei Jahren wird Scheidungsantrag gestellt. Im Scheidungsverfahren beansprucht der Mann die Ehewohnung. Er möchte auch, dass die Kinder statt bei ihrer Mutter bei ihm leben.
> Der Mann hat schon deshalb juristisch schlechte Karten, weil die Lebensverhältnisse sich in bestimmter Weise verfestigt haben. Es müssten schon außergewöhnliche Gründe vorliegen, die jetzt noch einen Wechsel in der Kindesbetreuung rechtfertigen könnten. Auch ein Wohnungswechsel wird der Frau kaum zugemutet werden, schon wegen der Kinder, die nicht aus ihrem sozialen Bezugsfeld gerissen werden sollen.

> **Weiteres BEISPIEL:** Frau Schmolke war vor ihrer Eheschließung mit Herrn Schmolke als Grundschullehrerin tätig, nach der Heirat hat sie die Berufstätigkeit aufgegeben. Nach 20 Ehejahren erfolgt die Trennung.

Frau Schmolke nimmt nun eine Tätigkeit als Verkäuferin in einer Boutique auf. Diese Tatsache kann für ihren Unterhaltsanspruch bei einer späteren Scheidung von Bedeutung sein. Wenn Frau Schmolke in ihrem erlernten Beruf als Lehrerin keinen Arbeitsplatz findet, so wird es um die Frage gehen, ob ihr auch eine Tätigkeit als Verkäuferin zugemutet werden kann. Dabei kommt es unter anderem auf die Ausbildung, die Fähigkeiten und eine früher ausgeübte Tätigkeit an, auch die ehelichen Lebensverhältnisse können eine Rolle spielen (§ 1574 Abs. 2 BGB). Dass Frau Schmolke schon während der Getrenntlebenszeit eine Tätigkeit als Verkäuferin aufgenommen hat, kann nun als Argument dafür dienen, ihr diese Tätigkeit auch nach der Scheidung zuzumuten. Denn auch die Zeit des Getrenntlebens gehört noch zur Ehe und den „ehelichen Lebensverhältnissen"!

2. Wann liegt „Getrenntleben" vor?

Gerade weil das „Getrenntleben" weitreichende Rechtsfolgen zeitigt, müssen seine Voraussetzungen klar bestimmt sein. Das Gesetz sagt: „Die Ehegatten leben getrennt, wenn zwischen ihnen keine häusliche Gemeinschaft besteht und ein Ehegatte sie erkennbar nicht herstellen will, weil er die eheliche Lebensgemeinschaft ablehnt" (§ 1567 Abs. 1 S. 1 BGB). Schon die verwickelte Ausdrucksweise des Gesetzes deutet darauf hin, dass die Sache manchmal nicht einfach ist.

BEISPIEL: Frau Eiermann erkrankt schwer und muss für längere Zeit stationär behandelt werden. Herr Eiermann lebt in dieser Zeit allein in der Ehewohnung. Einmal in der Woche besucht er seine Frau im Krankenhaus und bringt ihr das Nötige. Mit der Zeit werden die Besuche etwas seltener.

Es liegt kein „Getrenntleben" vor. Solange noch Herr Eiermann die Wohnung als das gemeinsame Heim für sich und seine Frau behandelt, kann man noch nicht einmal von einer „Aufhebung der häuslichen Gemeinschaft" sprechen. Zudem ist der Trennungszustand **von keinem der Ehegatten gewollt**, sondern Folge der unerwünschten Krankheit. Gleiches gilt für sonstige Ereignisse, die ein Ehepaar *ungewollt* auseinander reißen, wie Krieg, Gefangenschaft oder die Verbüßung einer Freiheitsstrafe.

Doch auch *gewollte* Trennungen sind *nicht immer „Getrenntleben"* im gesetzlichen Sinn.

> **BEISPIEL:** Herr Müller ist Monteur bei einem Unternehmen, das industrielle Fertigungsanlagen herstellt. Er wird von seinem Arbeitgeber für zwei Jahre nach Kuwait geschickt, um dort am Aufbau großer Anlagen mitzuarbeiten. Während dieser Zeit bleibt Frau Müller in Deutschland in der ehelichen Wohnung zurück. Nach Ende der zwei Jahre will Herr Müller wieder nach Hause und zu seiner Frau zurückkehren.

Selbst wenn Herr Müller während der zwei Jahre nicht zu Besuch nach Hause kommt und selten telefoniert oder schreibt, liegt kein Getrenntleben vor. Zwar kann man zweifeln, ob es sich bei so langer Abwesenheit noch um eine „häusliche Gemeinschaft" handelt. Möglicherweise ist die zeitweilige Trennung auch gewollt, z. B. wenn Herr Müller sich freiwillig nach Kuwait gemeldet hat, weil dort mehr verdient werden kann. Es fehlt aber das dritte Element des Getrenntlebens, nämlich die Ablehnung der ehelichen Lebensgemeinschaft – Herr Müller will ja wieder zurückkommen und Frau Müller ihn auch wieder aufnehmen.

Von Getrenntleben kann also nur die Rede sein, wenn die Aufhebung der häuslichen Lebensgemeinschaft gewollt ist und auf einer **Ablehnung des ehelichen Zusammenlebens** beruht. Freilich können auch ungewollte oder eheneutrale Trennungen sich zum Getrenntleben entwickeln. Schreibt im obigen Fall Herr Müller seiner Frau, er werde nicht mehr nach Hause zurückkehren, weil er sich in eine andere Frau verliebt habe, so beginnt damit das Getrenntleben – ebenso wenn Frau Müller ihren Mann wissen lässt, er solle bleiben, wo er ist, sie werde ihn nicht mehr in die Wohnung lassen.

3. Einverständliche und gerichtliche Regelung

Gewöhnlich entsteht das „Getrenntleben" dadurch, dass ein Partner aus der Wohnung auszieht und der andere darin verbleibt. Die Ehegatten können es einfach dabei belassen, man kann dann annehmen, dass sie – wenigstens vorläufig – mit dieser Lösung einverstanden sind. Sie können auch ausdrücklich vereinbaren, wer die bisher gemeinsame Wohnung benutzt und wer sich ein anderes Zuhause suchen muss.

In Zeiten, in denen preiswerter Wohnraum knapp ist, entsteht freilich häufig Streit darüber, wer in der Wohnung bleiben darf und wer gehen muss. Es kann z. B. sein, dass die Frau zunächst auszieht, weil sie sich von ihrem Mann bedroht fühlt, gleichwohl aber erreichen will, dass der Mann die Wohnung verlässt. Oder ein Ehegatte, der die Trennung wünscht, möchte von vornherein erreichen, dass der andere die Wohnung räumen muss. Einigt man sich darüber nicht, so kann es zu einer gerichtlichen Entscheidung darüber kommen, wie das Getrenntleben durchzuführen ist (§ 1361b BGB sowie Maßnahmen aufgrund des Gewaltschutzgesetzes). Die Voraussetzungen eines solchen Vorgehens werden wir in dem Kapitel „Der Kampf um die Ehewohnung" näher schildern. Es ist aber wichtig, von vornherein zu wissen, dass die Möglichkeit einer gerichtlichen Hilfe besteht. Bevor man auszieht, sollte man erwägen, ob nicht die Voraussetzungen für eine gerichtliche Regelung gegeben sind, die den anderen Teil aus der Wohnung weist. Das gilt vor allem für Frauen, die misshandelt wurden, namentlich wenn sie vermeiden wollen, dass die Kinder aus ihrer bisherigen Umgebung gerissen werden.

Nicht anzuraten sind *eigenmächtige Maßnahmen*, etwa das Austauschen der Türschlösser während der Abwesenheit des Partners, um so dessen Zutritt zu unterbinden. Der so „Ausgewiesene" wird die Gerichte anrufen und hat prinzipiell das Recht auf Mitbesitz und Mitbenutzung der Wohnung. Generell gilt: Wer sich ins Unrecht setzt, verschlechtert für die weitere Auseinandersetzung seine Karten.

1. KAPITEL   Das Getrenntleben von Ehegatten

Auf der anderen Seite ist zu beachten, dass für denjenigen Ehegatten, der zum Zweck des Getrenntlebens *freiwillig die bisherige Ehewohnung verlässt*, eine überraschende Regelung gilt: Zu Lasten dieses Ehegatten wird unwiderleglich vermutet, dass er dem anderen das alleinige Nutzungsrecht an der Wohnung überlassen hat, wenn er nicht **binnen von sechs Monaten nach seinem Auszug seine ernstliche Rückkehrabsicht** dem anderen Ehegatten gegenüber bekundet (§ 1361b Abs. 4 BGB).

> **BEISPIEL:** Herr Sterzl hält es bei seiner Frau, die ihn gleichgültig behandelt, nicht mehr aus. Nach einem Streit packt er das Nötigste und zieht zu seinen Eltern. Er möchte allerdings in die Ehewohnung zurückkehren, freilich erst dann, wenn seine Frau ausgezogen ist. Um die Chancen aufrechtzuerhalten, im Laufe der Trennung die Wohnung zu bekommen, muss Herr Sterzl seiner Frau binnen sechs Monaten nach seinem Auszug erklären (am besten per Einschreiben mit Rückschein), dass er in die Wohnung zurückzukehren beabsichtige. Verstreicht diese Frist ohne eine solche Erklärung, dann wird es so angesehen, als habe er das Nutzungsrecht an der Wohnung **freiwillig** seiner Frau überlassen.

Vieles an dieser missglückten Regelung ist unklar. Wichtig ist jedoch für die Rechtsberatung, die Vorschrift nicht zu übersehen: Wenn die 6 Monate ohne eine solche Erklärung verstrichen sind, gibt es jedenfalls **während des Getrenntlebens** keinen Anspruch mehr darauf, die Wohnung oder einen Teil davon zur alleinigen Nutzung zugewiesen zu bekommen, was immer vorgefallen sein mag und den Auszug veranlasst hat. Bedenklich ist, dass die Vorschrift auch für den Fall gewaltsamer Übergriffe keine Ausnahme vorsieht.

> **BEISPIEL:** Frau Meier ist von ihrem Mann schwer misshandelt worden und flieht in ein Frauenhaus. Sie möchte in die Ehewohnung zurück, jedoch erst, wenn ihr Mann ausgezogen ist und wenn rechtlich einigermaßen sichergestellt ist, dass ihr keine Gewalt mehr droht (dazu unten S. 37 ff.). Zunächst bleibt sie vor ihrem Mann versteckt, weil sie von schweren Angstzuständen betroffen ist. Auch diese Frau müsste binnen 6 Monaten nach ihrem Auszug ihrem Mann erklären, dass sie in die Wohnung zurück wolle, wenn sie ihre Chance, die Wohnung allein zu erhalten nicht verlieren will. Das ist untragbar.

Was aber muss derjenige, der auszieht, dem in der Wohnung verbleibenden Teil erklären, um seine Rechte an der Wohnung nicht zu verlieren? Das Gesetz spricht von „ernstlicher Rückkehrabsicht", die geäußert werden muss. Gemeint ist damit nicht die „Rückkehr" zum Zusammenleben mit dem anderen Ehegatten, sondern **nur die Rückkehr in die Wohnung**. Auch derjenige wahrt also die Frist, der binnen der sechs Monate den anderen auffordert, die Wohnung zu verlassen, weil er selbst die Wohnung haben möchte. Ferner wahrt auch derjenige die Frist, der rechtzeitig erklärt, einen **Teil der Ehewohnung** getrennt vom anderen bewohnen zu wollen.

Dass die bekundete Rückkehrabsicht „**ernstlich**" sein muss, versteht sich eigentlich von selbst, doch könnte die Wortwahl des Gesetzes zum Legen von juristischen Fallstricken verleiten. So wird z. B. in der Rechtsliteratur gesagt, die Bekundung bloßen Interesses an der Wohnung („ich habe weiterhin Interesse an der Wohnung", „ich habe weiterhin ein Recht an der Wohnung") genüge nicht. Wichtig ist also die **eindeutige Erklärung**, dass man in die Wohnung zurückzukehren beabsichtige. Nicht nötig ist die Angabe eines konkreten Einzugstermins.

> **Wichtig**
>
> Die Fälle zeigen, dass schon bei dem Schritt zum Getrenntleben juristischer Rat vonnöten ist. Das Getrenntleben ist zwar ein bloß faktischer Zustand, in dem das Fortbestehen der Ehe noch in der Schwebe ist. Es hat aber bereits gravierende rechtliche Auswirkungen, die auch für Scheidung und Scheidungsfolgen bedeutsam sein können.

4. Getrenntleben in derselben Wohnung

Häufig fehlt den trennungswilligen Ehegatten das Geld, um sich zwei Wohnungen leisten zu können. Deshalb ist nach dem Gesetz ein „Getrenntleben" auch „innerhalb der ehelichen Wohnung" möglich (§ 1567 Abs. 1 S. 2 BGB). Es geschieht dies in der Weise, dass die Räumlichkeiten unter den Eheleuten aufgeteilt werden, etwa in der Form, dass die Frau das Wohn- und Schlafzimmer bewohnt, während der Mann auf sein Arbeitszimmer beschränkt wird, das mit einer Schlafcouch ausgestattet ist. Dass Gemeinschaftsräume wie Küche und Bad von beiden benutzt werden, steht dem Getrenntleben nicht im Wege. Auch dass die Ehegatten sich gelegentlich begegnen oder sogar zur gleichen Zeit in der Küche ihr Frühstück einnehmen, hindert das Getrenntleben nicht, wenn es sich „als bloß räumliches Nebeneinander ohne persönliche Beziehung darstellt".

Bei dem zwangsläufigen Zusammentreffen der Trennungswilligen in der Wohnung ist natürlich oft zweifelhaft, ob man wirklich von Getrenntleben sprechen kann. Getrenntleben scheidet jedenfalls aus, wenn noch ein gemeinsamer Haushalt geführt wird, wenn insbesondere die Frau den Mann noch mitversorgt oder wenn noch aus einer gemeinsamen Haushaltskasse gewirtschaftet wird. Kann sich ein Partner wegen einer Krankheit nicht selbst versorgen, so kann ihm der andere im notwendigen Umfang helfen, ohne das „Getrenntleben" in Frage zu stellen; doch dürfen über die nötigen Hilfsmaßnahmen hinaus keine wesentlichen Beziehungen aufrechterhalten oder wiederhergestellt werden.

> **BEISPIEL:** Frau Meißner und ihr Mann wollen getrennt leben und teilen die Wohnung unter sich auf. Herr Meißner kommt mit der Situation psychisch nicht zurecht und verfällt dem Alkohol. Er kümmert sich nicht mehr um seine Angelegenheiten, räumt sein Zimmer nicht mehr auf, lässt dort Bierflaschen und Essensreste liegen und droht zu „vermüllen". Um zu vermeiden, dass sich die Verwahrlosung des Zimmers auf die übrige Wohnung auswirkt, räumt Frau Meißner das Zimmer ihres Mannes auf. In solchem Fall ist trotz der Versorgungsleistungen der Frau die Fortdauer des Getrenntlebens zu bejahen.

Schwierig wird das Getrenntleben in derselben Wohnung, wenn gemeinsame Kinder da sind, die sowohl mit der Mutter als auch mit dem Vater weiterhin Beziehungen pflegen wollen. Hier gilt: Kontakte der Eltern mit ihren Kindern, mit denen sie ihrer Elternverantwortung entsprechen wollen, hindern das Getrenntleben nicht, sofern bei den Begegnungen nicht doch noch eine eheliche Beziehung zum Ausdruck kommt. Die Abgrenzungen sind hier im Einzelfall schwierig.

> **BEISPIEL:** Frau Semmelweis und ihr Mann leben mit zwei Kindern (6 und 8 Jahre) in der ehelichen Wohnung getrennt. Die Kinder leben in den Räumen der Mutter. Sonntags nimmt die Familie noch gemeinsam das Mittagessen ein. Das geschieht, um zu vermeiden, dass die Kinder zu abrupt mit der Trennung konfrontiert werden; die Kinder sollen schonend auf die beabsichtigte Scheidung vorbereitet werden. Das OLG Köln (FamRZ 1986, 388) hat in einem ähnlichen Fall das Getrenntleben bejaht.

Wichtig

Wollen Eheleute in der Ehewohnung getrennt leben, so sollten sie dies klar vereinbaren und dann konsequent durchhalten: Kein gemeinsamer Haushalt, kein Haushaltsgeld mehr für gemeinsame Zwecke, kein Geschlechtsverkehr, auch kein gemeinsames Fernsehen, Beschränkung der Kontakte auf das absolut notwendige Maß!

Viele Ehepartner, darunter gerade die gutwilligen und sensiblen, werden das freilich nicht lange aushalten. Das ist aber dann auch ein Zeichen dafür, dass vielleicht die Ehe noch nicht unheilbar zerstört ist.

5. Versöhnungsversuche

Das Gesetz möchte verhindern, dass die zerstrittenen Ehegatten mögliche Versöhnungsversuche nur deshalb unterlassen, weil damit das Getrenntleben unterbrochen würde. Denn das hieße: Misslingt der Versöhnungsversuch, so finge das Trennungsjahr neu zu laufen an, die Ehegatten müssten also wieder ein ganzes Jahr mit der Scheidung warten (§ 1565 Abs. 2 BGB). Darum ist bestimmt: Ein Zusammenleben auf kürzere Zeit, das der Versöhnung der Ehegatten dienen soll, unterbricht oder hemmt die Getrenntlebensfristen nicht (§ 1567 Abs. 2 BGB).

> **BEISPIEL:** Herr und Frau Abel haben sich getrennt, Herr Abel ist aus der ehelichen Wohnung am 1. April 2012 ausgezogen. Sie treffen sich gelegentlich in einem Restaurant zum Mittagessen, um ihre Situation zu besprechen. Dabei melden sich die ehelichen Gefühle wieder zurück. Das Ehepaar kommt überein, es noch einmal miteinander zu versuchen, Herr Abel zieht am 1. Dezember 2012 wieder in die eheliche Wohnung ein. Doch schon am 4. Dezember 2012 stellt das Paar fest, dass es nicht geht, Herr Abel zieht wieder aus.

Da nun feststeht, dass der kurzfristige Versöhnungsversuch gescheitert ist, unterbricht er das Getrenntleben nicht. Die vier „Versöhnungstage" werden sogar in die Getrenntlebensfrist eingerechnet, d. h. für das Gesetz haben die Abels auch vom 1. bis 4. Dezember „getrennt gelebt", so dass am 1. April 2013 das Trennungsjahr abgelaufen ist.

Voraussetzung ist allerdings, dass der Versöhnungsversuch nur „kürzere Zeit" gedauert hat. Das kann bis zu wenigen Wochen gehen. Ab zwei oder drei Monaten handelt es sich in der Regel nicht mehr um eine „kürzere Zeit". Das bedeutet: Durch das versöhnungsbedingte Zusammenleben wird die Getrenntlebensfrist unterbrochen, bei erneuter Trennung beginnt die Frist neu zu laufen.

Das alles gilt auch, wenn die Ehegatten in derselben Wohnung, wie oben beschrieben, getrennt leben – auch hier kann es zu versöhnungsbedingtem Zusammenleben „über kürzere Zeit" kommen, das bei seinem Scheitern als Getrenntleben angesehen wird. Häufen sich freilich die Versöhnungsversuche, was bei der räumlichen Nähe nicht verwundert, dann wird fraglich, ob es sich überhaupt um ein Getrenntleben oder vielmehr um ein krisengeschütteltes Zusammenleben handelt.

6. Wirkungen des Getrenntlebens

Mit dem Getrenntleben ist die Ehe rechtlich gesehen noch nicht am Ende. Die Partner sollten sich darüber klar sein, dass sie bis zur Rechtskraft der Scheidung rechtlich noch aneinander gebunden sind. Sie können also durchaus noch gegen eheliche Pflichten verstoßen, z. B. gegen die gegenseitige Pflicht auf Beistand und Rücksicht. Nicht die häusliche Trennung ist die entscheidende Zäsur, sondern die Scheidung!

Trotzdem entfaltet schon das Getrenntleben vielfältige Wirkungen: für die Ausübung der elterlichen Sorge (unten S. 74 ff.), in Bezug auf Wohnung und Hausrat (unten S. 37 ff.), für den Unterhalt (unten S. 108 ff.) und sogar im Rahmen der Vermögensauseinandersetzung (unten S. 13, 234, 236).

Auf einige weitere Punkte soll schon hier hingewiesen werden. So verlieren die Partner mit Eintritt des Getrenntlebens die Ausübung der **„Schlüsselgewalt"** (§ 1357 BGB).

> Was die „Schlüsselgewalt" ist, sei an einem **BEISPIEL** erläutert: Frau Seidel kauft bei dem Händler Traugott eine neue Waschmaschine, weil die alte schadhaft ist und sich eine Reparatur nicht lohnt. Herr Seidel weiß davon nichts. Bei Abschluss des Kaufvertrags ist Herrn Traugott unbekannt, dass Frau Seidel verheiratet ist, von Herrn Seidel ist nicht die Rede. Trotzdem wird aus dem Kaufvertrag nicht nur Frau Seidel, sondern auch Herr Seidel berechtigt und verpflichtet. Hat also Frau Seidel den Kaufpreis noch nicht bezahlt, so kann der Händler auch Herrn Seidel in Anspruch nehmen.

Die Schlüsselgewalt bedeutet: Aus Geschäften eines Ehegatten, die den angemessenen Lebensbedarf der Familie decken sollen, wird kraft Gesetzes auch der andere mitberechtigt und mitverpflichtet. Dieser Effekt tritt ein, auch wenn der andere Ehegatte keine Kenntnis von dem Geschäft hat. Auch ist es gleichgültig, ob der Vertragspartner weiß, dass er es mit einer verheirateten Person zu tun hat, und ob er die ehelichen Verhältnisse kennt. Grundgedanke des Gesetzes ist: Wer in der ehelichen Konsumgemeinschaft Nutznießer von Leistungen wird, soll auch dafür einstehen!

Vom Getrenntleben an entfällt die Ausübung der Schlüsselgewalt (§ 1357 Abs. 3 BGB). Da kein gemeinsamer Haushalt mehr besteht, wäre sie auch nicht gerechtfertigt.

> **BEISPIEL:** Das Ehepaar Seidel trennt sich. Frau Seidel kauft nun für ihren Haushalt, in dem sie die Kinder versorgt, bei dem Händler Traugott einen Elektroherd. In diesem Fall ist Herr Seidel gegenüber dem Händler nicht mitverpflichtet, da der Kauf **nach der Trennung** getätigt wurde. **Frau Seidel gegenüber** kann Herr Seidel allerdings unterhaltsrechtlich verpflichtet sein, ihr den Herd zu finanzieren, doch erwächst daraus kein Recht des Händlers, von Herrn Seidel unmittelbar die Bezahlung zu verlangen.

Unter die Schlüsselgewalt fallen von vornherein keine Geschäfte, durch die das Getrenntleben hergestellt werden soll.

> **BEISPIEL:** Frau Uckermann möchte sich von ihrem Mann trennen. Als dieser sich auf Dienstreise befindet, packt sie ihre Koffer und bestellt einen Spediteur, der ihre Habe zu dem von ihr angemieteten Appartement bringt.
> Weder die Anmietung des Appartements noch die Bestellung des Spediteurs fallen unter die Schlüsselgewalt. Diese Geschäfte dienen nicht der familiären Bedarfsdeckung, sondern sollen gerade die Auflösung des gemeinsamen Haushalts ermöglichen. Herr Uckermann ist aus diesen Verträgen nicht verpflichtet.

Wichtiger noch sind die **steuerlichen Konsequenzen** des Getrenntlebens. Ehegatten haben nach derzeitigem Steuerrecht im Rahmen der Einkommensteuer die Wahl zwischen gemeinsamer und getrennter Veranlagung. Die gemeinsame Veranlagung führt vielfach zu erheblich günstigeren Ergebnissen. Die Möglichkeit dazu entfällt für die Jahre, in denen die Ehegatten von Beginn bis Ende dauernd getrennt gelebt haben.

7. Getrenntleben und Vermögensauskunft

Schon an dieser Stelle möchten wir auf eine Neuerung hinweisen, die durch ein Reformgesetz über den Zugewinnausgleich aus dem Jahr 2009 eingeführt worden ist und für die Vermögensauseinandersetzung unter den Ehegatten im Falle späterer Scheidung eine besondere Bedeutung besitzt. Die Regelung betrifft den gesetzlichen Güterstand der Zugewinngemeinschaft, in den die meisten Ehegatten leben.

Bei diesem Güterstand sind die Zugewinne, die jeder Ehegatte vom Beginn des Güterstandes (in der Regel also der Heirat) bis zur Erhebung des Scheidungsantrags erzielt hat, gegenüberzustellen. Wer mehr erworben hat, muss die Hälfte des Überschusses an den anderen abgeben. Nun kommt es nicht selten vor, dass Ehegatten, die bei einer Scheidung voraussichtlich ausgleichspflichtig sein werden, in einer Ehekrise versuchen, durch unfaire Minderungen ihres Vermögens (Verschwendung, Geschenke an die Geliebte oder den Lover) ihren Zugewinn und damit ihre spätere Ausgleichspflicht abzusenken. Besonders akut wird diese Versuchung nach der Trennung der Eheleute.

> **BEISPIEL:** Die Eheleute Haase trennen sich, weil Herr Haase mit seiner Qi-Gong Lehrerin ein Verhältnis angefangen hat, das er auch nach Vorhaltungen seiner Frau nicht beenden will. Um einen erfolgreichen Scheidungsantrag stellen zu können, muss Herr Haase warten, bis das Trennungsjahr vorüber ist. Er weiß, dass er aufgrund seiner hohen Einkünfte als Wirtschaftsberater, die er zum Teil in lukrative Wertpapiere angelegt hat, seiner Frau eine hohe Summe an Zugewinnausgleich zahlen muss, wenn es zu einer Scheidung kommt. Nach der Trennung versucht er daher, durch undurchsichtige Vermögensmanipulationen sein Vermögen zu mindern, unter anderem durch zahlreiche Umschichtungen und Transfers auf Konten im Ausland.

Um solche Manöver zu erschweren, wurde die Pflicht jedes Ehegatten eingeführt, dem anderen auf Verlangen Auskunft über dasjenige Vermögen zu geben, das er *im Zeitpunkt der Trennung* hatte. Dieser Anspruch kann nach § 1379 Abs. 2 schon sogleich ab dem Trennungszeitpunkt und jederzeit während der Trennung geltend gemacht werden, also schon lange, bevor überhaupt ein Scheidungsverfahren oder ein Zugewinnausgleichsverfahren eingeleitet ist. Kommt es dann zu einem Scheidungsverfahren, so besteht die gleiche Auskunftspflicht hinsichtlich des Vermögens, das bei den Ehegatten im Zeitpunkt der Erhebung des Scheidungsantrags vorhanden ist. Die Vermögenslage bei Rechtshängigkeit des Scheidungsantrags ist für die Ausgleichspflicht zwar die eigentlich maßgebliche. Doch kann nun durch die doppelte Auskunftspflicht die Vermögenslage bei Beginn des Scheidungsverfahrens mit der Vermögenslage bei Trennung verglichen werden. Hat sich das Vermögen seit der Trennung wesentlich vermindert, so muss der betreffende Ehegatte dies erklären können. Ist das Endvermögen eines Ehegatten geringer als das Vermögen, das er für den Trennungszeitpunkt angegeben hat, so liegt es an ihm, darzulegen und zu beweisen, dass die Minderung nicht auf unfairen Maßnahmen beruht (sondern z. B. auf einem Niedergang der Aktienkurse). Gelingt dieser Beweis nicht, so kann sich der betreffende Ehegatte auf die Minderung seines Vermögens nicht berufen.

Obiges BEISPIEL: Frau Haase hat sogleich nach der Trennung von ihrem Mann Auskunft über sein Vermögen verlangt, das er am Trennungstage (1.3.2009) hatte. Die wahrheitsgemäß erteilte Auskunft des Herrn Haase weist ein Vermögen von 3 Mio. Euro zu diesem Zeitpunkt aus. Als es zum Scheidungsverfahren kommt, verlangt Frau Haase erneut Auskunft, diesmal über das Endvermögen ihres Mannes, d. h. das Vermögen, das er im Zeitpunkt der Erhebung des Scheidungsantrags hatte. Diese Auskunft weist in der Summe nurmehr ein Vermögen von 1,5 Mio Euro aus. Kommt es zu einem Verfahren über den Zugewinnausgleich, so hat Herr Haase darzulegen und zu beweisen, dass die Vermögensminderung seit der Trennung nicht auf „illoyalen Handlungen" (unentgeltliche Zuwendungen an Dritte, Verschwendung, Handlungen in Benachteiligungsabsicht) beruht. Gelingt dies nicht, so wird er im Zugewinnausgleich praktisch so behandelt, als seien die Vermögensminderungen nicht eingetreten (siehe weiter unten S. 226 ff.). Entsprechende Auskunftsansprüche hat in unserem Fall natürlich auch Herr Haase gegen seine Frau. Die Ehegatten können sich also gegenseitig mit Auskunftsverlangen überziehen.

Auskunft über Vermögen

Die Möglichkeit, Auskunft über das Vermögen bei Trennung zu verlangen, stellt Eheleute, die dabei sind, sich zu trennen, vor eine schwierige Situation. Sollen sie die Situation verschärfen, indem sie den Partner sogleich mit einem Auskunftsbegehren „überfallen"? In Fällen, in denen ein Zugewinnausgleichsanspruch von bedeutender Höhe zu erwarten ist, muss die Lage dringend mit einem Anwalt oder einer Anwältin beraten werden.

2. Kapitel

Die Scheidung

1. Scheidung – kein schmerzloser Schnitt!

Die Ehescheidung löst das Eheband zwischen den Gatten auf: Sie sind wieder „frei", können sich also jetzt anderweitig verheiraten, wenn sie dies trotz der gemachten Erfahrungen wollen.

Das heißt aber in den meisten Fällen nicht, dass sie nun nichts mehr miteinander zu tun haben. Die rechtliche Verbindung unter Geschiedenen bleibt manchmal noch über Jahrzehnte bestehen. Sind minderjährige Kinder vorhanden, so tragen beide geschiedenen Ehegatten weiterhin die elterliche Verantwortung und es entsteht nur die Frage, welche rechtliche Konstruktion dafür gewählt wird (siehe Kap. 4). Ferner kann es sein, dass ein Ehegatte auch nach der Scheidung für den Unterhalt des anderen aufkommen muss (Kap. 5). Und da die Höhe des Unterhalts nach Einkommen und Bedarf schwanken kann, ergeben sich periodische Kontakte (nicht immer freundlicher Natur!). Die Vermögensauseinandersetzung kann sich ebenfalls über den Scheidungszeitpunkt hinaus hinziehen. Derjenige, der im Versorgungsausgleich Rentenanwartschaften abgeben muss, merkt möglicherweise erst bei seinem Eintritt in den Ruhestand, welchen Anteil an seiner Altersversorgung er durch die Scheidung verloren hat.

Die Ehescheidung führt also in vielen Fällen nicht zu einem abrupten Schnitt in den Beziehungen. Die Loslösung voneinander bildet oft einen nicht nur psychologisch, sondern auch rechtlich langwierigen Vorgang, der an die Verständigungsbereitschaft und an die Nerven der Beteiligten hohe Anforderungen stellt.

2. Der Gang zum Familiengericht

Die Ehescheidung geschieht nach deutschem Recht durch **gerichtliche Entscheidung**. Erst wenn ein Scheidungsurteil unanfechtbar („rechtskräftig") geworden ist, ist das Band der Ehe aufgelöst (§ 1564 Abs. 1 BGB). Manche Scheidungswillige, die schon eine neue Heirat im Auge haben, werden auf eine Geduldsprobe gestellt, wenn sich das Scheidungsverfahren, z. B. durch Einlegung von Rechtsmitteln, hinzieht. Gleichwohl gilt es, die Rechtskraft des Scheidungsurteils abzuwarten.

Zuständig für Scheidungsverfahren ist das **Familiengericht**. Es ist dies eine Abteilung des Amtsgerichts, die mit einem Einzelrichter oder einer Einzelrichterin besetzt ist. Die Familiengerichte sind nicht nur für die Scheidung selbst, sondern darüber hinaus für weitere „Familiensachen" zuständig, zu denen die wichtigsten Scheidungsfolgen gehören (elterliche Sorge, Unterhalt der Kinder und der geschiedenen Ehegatten, Wohnung und Haushaltsgegenstände, güterrechtliche Ansprüche, Versorgungsausgleich). Dadurch ist es möglich, dass die Scheidung und die Scheidungsfolgen durch dasselbe Gericht geregelt werden können. Gegen eine Entscheidung des Familiengerichts kann in zweiter Instanz das Oberlandesgericht, unter besonderen Voraussetzungen in dritter Instanz der Bundesgerichtshof angerufen werden.

Das Verfahren der Familiengerichte ist zum 1. 9. 2009 durch das Gesetz über das Verfahren in Familiensachen und in den Angelegenheiten der freiwilligen Gerichtsbarkeit (abgekürzt: FamFG) reformiert worden. Das Gesetz hat die Zuständigkeit der Familiengerichte wesentlich erweitert. Für unseren Zusammenhang ist wichtig, dass die Familiengerichte nun für alle Ansprüche zwischen miteinander verheirateten oder ehemals verheirateten Personen zuständig sind, die im Zusammenhang mit Trennung, Scheidung oder Eheaufhebung stehen (§ 266 Abs. 1 Nr. 3 FamFG). Das gilt

2. Der Gang zum Familiengericht

auch für Ansprüche, die sich nicht aus familienrechtlichen Vorschriften, sondern aus dem allgemeinen bürgerlichen Recht ergeben, wie etwa für den Anspruch auf Rückgabe einer Schenkung (unten S. 247 ff.). Sogar Ansprüche der Schwiegereltern gegen das Schwiegerkind auf Rückgabe einer Zuwendung gehören vor die Familiengerichte, wenn ein Zusammenhang mit Trennung oder Auflösung der Ehe besteht.

Das Familiengericht scheidet eine Ehe nicht von Amts wegen, vielmehr nur auf **Antrag** eines Ehegatten (§ 124 FamFG). Es können auch beide Ehegatten die Scheidung beantragen oder es kann ein Ehegatte dem Antrag des anderen zustimmen (§ 134 FamFG); in diesen Fällen sprechen wir von einverständlicher Scheidung. Im Scheidungsverfahren herrscht **Anwaltszwang** (§ 114 Abs. 1, § 121 Nr. 1 FamFG). Wer sich scheiden lassen will, muss also einen Anwalt seines Vertrauens aufsuchen. Auch der andere Ehegatte muss einen Anwalt haben. Zwar ist es, wie wir sehen werden, möglich, eine einverständliche Scheidung mit nur *einem* Anwalt durchzuführen (unten S. 27), doch ist dies die Ausnahme. In der Regel muss jede Partei durch einen Anwalt vertreten sein.

Wahl des Anwalts

Die Suche nach einem geeigneten Anwalt ist nicht immer leicht. Zwar sind die meisten Kanzleien in Familiensachen tätig, doch besteht bei vielen Leuten eine Scheu, mit einem fremden Menschen über ihre Privatsphäre zu reden. Die Auswahl wird dadurch erleichtert, dass es spezialisierte „Fachanwälte für Familienrecht" gibt, die diese Bezeichnung aufgrund einer besonderen Ausbildung und ihrer beruflichen Erfahrung führen dürfen. Doch können auch andere Anwälte in Familiensachen tätig werden. Wichtig ist das persönliche Vertrauen zum Anwalt und zu seinem Engagement für die Sache. Es kann nützlich sein, im Bekanntenkreis Ausschau zu halten, wer in letzter Zeit in Familienangelegenheiten anwaltliche Hilfe in Anspruch nehmen musste, und nach den Erfahrungen zu fragen. Im Übrigen sollte man darauf achten, ob der Anwalt sich hinreichend Zeit nimmt, um sich die Situation schildern zu lassen und darüber zu sprechen. Auch dringe man auf klare Rechtsauskünfte! Redet der Anwalt unverständlich, so kann

2. KAPITEL Die Scheidung

> das an den Eigenheiten der Juristensprache, aber auch daran liegen, dass der Anwalt selbst kein klares Bild hat. Gehen Sie nicht mit vagen Vorstellungen aus der anwaltlichen Beratung, bestehen Sie auf durchsichtiger Rechtsauskunft!

Eine Eigenart des deutschen Scheidungsverfahrens ist der so genannte **Verbund von Scheidungsverfahren und Folgesachen**: Über die Scheidung und wichtige Scheidungsfolgen kann gleichzeitig und zusammen verhandelt und entschieden werden. Damit will man verhindern, dass zuerst geschieden wird und die Ex-Partner erst nachfolgend in weiteren Prozessen klären müssen, was das eigentlich für sie bedeutet. Die Regelung des Versorgungsausgleichs *muss* der Richter im Regelfall sogar von sich aus („von Amts wegen") in den Verbund nehmen (§ 137 Abs. 2 S. 2 FamFG). Bei den anderen Folgesachen kommt es darauf an, ob ein Ehegatte spätestens zwei Wochen vor der mündlichen Verhandlung im Scheidungsverfahren erster Instanz die betreffende Sache durch einen Antrag anhängig macht.

> **BEISPIEL:** Nach dreijährigem Getrenntleben beantragt Frau Meisel beim zuständigen Familiengericht die Scheidung von ihrem Ehemann. Drei Wochen vor dem Termin zur mündlichen Verhandlung, den das Gericht anberaumt hat, verlangt Frau Meisel außerdem von ihrem Mann 1200 Euro Unterhalt monatlich für die Zeit nach der Scheidung und stellt bei dem Gericht einen entsprechenden Antrag. Da dieser Antrag „rechtzeitig" anhängig gemacht ist, gerät das Unterhaltsverfahren in den Verbund mit dem Scheidungsverfahren.

Auch das Verfahren über das Sorgerecht für gemeinsame Kinder oder den Umgang mit den Kindern kann in den Verbund mit der Scheidungssache geraten. Voraussetzung ist hier, dass ein Ehegatte vor Schluss der mündlichen Verhandlung im Scheidungsverfahren erster Instanz die Einbeziehung der Kindschaftssache in den Verbund beantragt. Das Gericht kann die Einbeziehung ablehnen, wenn es sie aus Gründen des Kindeswohls nicht für sachgerecht hält (§ 137 Abs. 3 FamFG).

Der Verbund bedeutet, dass über die Scheidungssache und die mit ihr verbundene Folgesache zusammen verhandelt und entschieden wird (§ 137 I FamFG). Der <u>Verbund hat</u> nicht nur erfreuliche Wirkungen. <u>Er kann die Scheidung unangemessen lange hinauszögern.</u> Denn die Scheidung wird nicht ausgesprochen, bevor nicht auch die im Verbund stehenden Scheidungsfolgen entscheidungsreif sind. Zum Beispiel kann erhebliche Zeit vergehen, bis das Gericht die Auskünfte eingeholt hat, die zur Entscheidung über den Versorgungsausgleich nötig sind. Für bestimmte Fälle sieht daher das Gesetz die Möglichkeit vor, eine Folgesache aus dem Verbund herauszulösen (§ 140 FamFG). Im Übrigen ist es für einen Ehegatten, für den ein Scheidungsverfahren ansteht, wichtig, mit dem Anwalt das taktische Vorgehen zu beraten; dazu gehört auch die Frage, ob für eine Scheidungsfolge der Verbund mit der Scheidungssache hergestellt werden soll oder nicht.

3. Wann kann geschieden werden?

Das deutsche Scheidungsrecht beruht heute auf dem Zerrüttungsprinzip: Die Ehe wird geschieden, wenn sich das Gericht davon überzeugt hat, dass sie unheilbar zerrüttet ist. Das Gesetz spricht von **Scheitern der Ehe** (§ 1565 Abs. 1 S. 1 BGB). Dieses ist nach dem Gesetz gegeben, wenn „die Lebensgemeinschaft der Ehegatten nicht mehr besteht und nicht erwartet werden kann, dass die Ehegatten sie wiederherstellen" (§ 1565 Abs. 1 S. 2). Dabei ist das „Nichtbestehen der Lebensgemeinschaft" nicht schon bei jedem „Getrenntleben" gegeben, sondern setzt die Zerstörung des inneren Verhältnisses der Ehegatten, eben die **unheilbare Zerrüttung**, voraus.

Ob diese Zerrüttung von einem Teil durch Eheverfehlungen verschuldet ist, spielt grundsätzlich keine Rolle. Die Scheidungsreform von 1976 hat Ehebruch und sonstige Verfehlungen als Scheidungsgründe abgeschafft. Das bedeutet: Grundsätzlich kann auch derjenige Partner, der den anderen schwer gekränkt hat oder der untreu geworden ist, die Scheidung durchsetzen.

2. KAPITEL — Die Scheidung

> **BEISPIEL:** Herr Wiesner ist seit 20 Jahren mit Frau Wiesner verheiratet und lernt im Ski-Urlaub die Designerin Sibylle kennen. Er möchte sich scheiden lassen und Sibylle heiraten, Frau Wiesner möchte aber an der Ehe festhalten, weil sie ihren Mann immer noch liebt.
> Herr Wiesner kann das Scheidungsverfahren betreiben und die Scheidung durchsetzen, auch wenn die Ehe **nur auf seiner Seite** unheilbar zerrüttet ist.

Es gibt also die **einseitige Zerrüttung** der Ehe! Man spricht in solchen Fällen von Verstoßungsscheidung. Dass eine solche möglich ist, ruft bei vielen Erbitterung hervor – wir werden auf diese Fälle zurückkommen.

Bevor das Gericht die Scheidung ausspricht, muss es sich davon überzeugen, dass das eheliche Verhältnis unheilbar zerstört ist. Danach müsste das Gericht eigentlich bei jedem Scheidungsantrag in die Interna des Ehelebens einsteigen, sie analysieren und eine Prognose darüber anstellen, ob die Abwendung der Eheleute voneinander vorübergehend oder dauerhaft ist – eine schwere Aufgabe, für die Juristen nicht ausgebildet sind!

Deshalb erleichtert das Gesetz die Feststellung des Scheiterns der Ehe durch zwei **unwiderlegliche Vermutungen**:

- Die Ehe gilt als zerrüttet, wenn die Ehegatten schon seit drei Jahren oder länger getrennt leben (§ 1566 Abs. 2 BGB).
- Die Ehe ist auch dann als gescheitert anzusehen, wenn beide Gatten die Scheidung wollen und mindestens seit einem Jahr getrennt leben (§ 1566 Abs. 1 BGB).

In diesen Fällen darf das Gericht gar nicht mehr überprüfen, ob noch Versöhnungschancen bestehen oder nicht, die Scheidung ist grundsätzlich auszusprechen.

> **BEISPIEL:** Herr und Frau Baier leben getrennt, weil Frau Baier zu ihrem Freund gezogen ist. Vier Jahre nach der Trennung beantragt Herr Baier die Scheidung. Das Gericht muss die Ehe als gescheitert ansehen (§ 1566 Abs. 2 BGB). Es darf nicht recherchieren, wie sehr die Ehe wirklich gestört ist und ob Chancen auf Wiederversöhnung bestehen.

Das Getrenntleben spielt bei der Scheidung eine weitere wichtige Rolle: Grundsätzlich soll eine Ehe erst geschieden werden können, wenn die Ehegatten **mindestens ein Jahr getrennt** gelebt haben; nur ausnahmsweise ist die „schnelle Scheidung" möglich (siehe unten S. 28). Damit will das Gesetz vermeiden, dass Eheleute übereilt einen Scheidungsantrag stellen, noch bevor sie versucht haben, ihre Ehekrise zu verarbeiten.

> **Überblick**
>
> Streitige Scheidung:
> - Unter 1 Jahr Getrenntleben: Scheidung nur ausnahmsweise möglich; Gericht muss Scheitern konkret prüfen
> - Ab 1 bis 3 Jahre Getrenntleben: Gericht muss Scheitern konkret prüfen
> - Ab 3 Jahre Getrenntleben: Die Ehe gilt als gescheitert
>
> Einverständliche Scheidung:
> - Unter 1 Jahr Getrenntleben: Scheidung nur ausnahmsweise möglich; Gericht muss Scheitern konkret prüfen
> - Ab 1 Jahr Getrenntleben: Die Ehe gilt als gescheitert

Die Erfolgsaussichten eines Scheidungsantrags hängen demnach mit der Zeit des Getrenntlebens zusammen.

4. Einverständlich scheiden – ein Gewinn?

Man könnte sich eine ideale Scheidung, wenn es sie überhaupt gibt, wie folgt vorstellen: Frau und Mann gehen in völliger Einigkeit auseinander, so wie sie bei der Heirat eins waren. Alles ist durch verlässliche Absprachen geregelt: die Sorge für die gemeinsamen Kinder, der Unterhalt für die Kinder und den Ehegatten, der sie hauptsächlich betreut, die Zuteilung von Hausrat und Ehewohnung und schließlich die Auseinandersetzung des Vermögens. Die Scheidung gleicht einem Abschied unter Freunden.

Diese Idylle kann man nicht erzwingen. Das Gesetz tut aber einiges dafür, um die einverständliche Scheidung möglich zu machen. Wir haben schon gesehen, dass die Scheidung erleichtert ist, wenn beide

Ehegatten die Scheidung wollen und seit einem Jahr getrennt leben; dann gilt die Ehe als gescheitert und die Ehe muss grundsätzlich geschieden werden (§ 1566 Abs. 1 BGB). Voraussetzung ist, dass entweder

- beide Ehegatten den Scheidungsantrag stellen oder
- einer den Antrag stellt und der andere dem zustimmt. Für die Zustimmung zum Antrag des anderen braucht man keinen Anwalt (§ 114 Abs. 4 Nr. 3 FamFG). Die Zustimmung kann übrigens bis zum Schluss der mündlichen Verhandlung im Scheidungsverfahren widerrufen werden (§ 134 Abs. 2 FamFG).

Bis September 2009 war die einverständliche Scheidung durch folgende Regel erschwert: Ein Scheidungsantrag konnte auf das Einverständnis der Ehegatten nach einjährigem Getrenntleben (§ 1566 Abs. 1 BGB) nur gestützt werden, wenn die Ehegatten sich zugleich auch über wichtige Scheidungsfolgen (elterliche Sorge, Umgang, Unterhalt, Ehewohnung und Hausrat) verständigt hatten. Durch dieses Erfordernis sollte verhindert werden, dass nach einer schnellen Konventionalscheidung die eigentlichen Probleme erst in einer Reihe von Folgeprozessen geklärt werden mussten.

Eine solche Vorschrift enthält das FamFG nicht mehr. Es genügt, wenn der **Scheidungsantrag** Namen und Geburtsdaten der gemeinschaftlichen minderjährigen Kinder sowie die Mitteilung ihres gewöhnlichen Aufenthalts enthält. Außerdem ist im Antrag auch eine Erklärung darüber abzugeben, ob die Ehegatten bereits bestimmte Angelegenheiten, insbesondere elterliche Sorge, Umgang und Unterhalt, einvernehmlich geregelt haben (§ 133 Abs. 1 Nr. 2 FamFG). Dieses Erfordernis soll die Ehegatten dazu veranlassen, sich Klarheit über die Scheidungsfolgen zu verschaffen. Das Gericht soll auf Beratungsmöglichkeiten hinweisen können. Doch kann der Scheidungsantrag nicht deshalb abgewiesen werden, weil die Ehegatten keine derartigen Folgevereinbarungen vorweisen oder zu schließen bereit sind.

Es kann nun also einverständlich geschieden werden, auch wenn sich die Eheleute über die Scheidungsfolgen nicht im Klaren sind oder sogar darüber streiten. Gleichwohl ist **dringend zu raten, im**

Zusammenhang mit der einvernehmlich gewollten Scheidung auch die Folgeprobleme durch faire Vereinbarungen zu regeln. So verständlich das Streben nach einem schnellen Durchschneiden des lästig gewordenen Ehebandes ist („nur weg aus dieser Ehe!"), so wichtig ist es, möglichst gleichzeitig die Folgen, vor allem elterliche Sorge und Unterhalt, durch eine Scheidungsvereinbarung festzulegen. Andernfalls kann es zu bösen Überraschungen kommen.

> **BEISPIEL:** Herr Nagel spiegelt seiner Frau vor, auf Anweisung seines Arbeitgebers einen einwöchigen beruflichen Fortbildungskurs im Bayerischen Wald besuchen zu müssen. In Wirklichkeit verbringt er diese Woche zwar im Bayerischen Wald, jedoch „fortbildungsfrei" in einem Wellness-Hotel mit seiner Kollegin Jeanette, mit der ihn schon lange ein heimliches Liebesverhältnis verbindet. Frau Nagel erfährt davon durch eine Freundin, die zufällig zur gleichen Zeit in dem Hotel Urlaub macht. Zur Rede gestellt, ist Herr Nagel geständig, er stimmt auch der von Frau Nagel gewünschten Scheidung zu. Diese zieht aus der ehelichen Wohnung aus und möchte möglichst rasch geschieden werden. Dabei hat sie die Vorstellung, ihr Mann müsse ihr auch nach einer Scheidung einen den ehelichen Lebensverhältnissen entsprechenden Unterhalt zahlen, denn dieser habe schließlich die Ehe zerstört.

Wir werden im Kapitel über den nachehelichen Unterhalt (S. 129 ff.) sehen, dass die Hoffnung von Frau Nagel auf Unterhalt nach der Scheidung trügen kann. Jedenfalls bildet die einseitige Zerstörung des ehelichen Verhältnisses für sich gesehen keinen Grund für einen nachehelichen Unterhaltsanspruch. Bevor sich Frau Nagel auf eine Scheidung einlässt, sollte sie sich also rechtlich beraten lassen und versuchen, die Unterhaltsfrage durch eine Scheidungsvereinbarung zu klären.

Die einverständliche Scheidung wird heute stark propagiert. Man erhofft sich von ihr, dass im Verfahren keine „schmutzige Wäsche gewaschen" wird und dass die Eheleute es vermeiden, sich gegenseitig weitere seelische Verletzungen zuzufügen. Vor allem für das Verhältnis der Beteiligten nach der Scheidung wirkt eine fair ausgehandelte Konventionalscheidung befreiend und befriedend. Voraussetzung ist allerdings, dass beide Ehegatten, bevor sie einer

2. KAPITEL Die Scheidung

Scheidungsvereinbarung zustimmen, deren Bedeutung wirklich begriffen haben. Überrumpelungen des schlechter informierten Teiles bilden Anlass für erneute juristische Kriege. Sie fügen der Trauer über das Ende der Ehe das empörte Gefühl hinzu, über den Tisch gezogen worden zu sein.

Vor allem wenn minderjährige Kinder vorhanden sind, muss der „Verhandlungsscheidung" der Vorzug gegeben werden. Kinder sind nach allgemeiner Überzeugung von der Scheidung ihrer Eltern besonders stark betroffen, droht ihnen doch (zumindest teilweise) der Verlust ihrer bisherigen Lebenswelt und möglicherweise einer vertrauten und geliebten Bezugsperson. Durch „den Kampf um das Kind" wird die seelische Entwicklung des Kindes besonders bedroht. Deshalb sind Verfahrensweisen entwickelt worden, um die mit der Trennung oder Scheidung verbundenen Probleme zunächst **außergerichtlich** und mit dem Ziel der Einigung zu verarbeiten. Diese Verfahrensweisen sind unter dem Begriff **Mediation** („Vermittlung") bekannt. Das neue FamFG favorisiert einvernehmliche Lösungen. Wenn es um die Sorge für die Kinder und den Umgang mit ihnen geht, soll das Gericht „in jeder Lage des Verfahrens auf ein Einvernehmen unter den Beteiligten hinwirken, wenn dies dem Kindeswohl nicht widerspricht." In geeigneten Fällen soll es auf die Möglichkeit der Mediation oder einer sonstigen außergerichtlichen Beilegung des Streits hinwirken (§ 156 Abs. 1 S. 2, 3 FamFG). Auch die Jugendämter haben die Eltern im Fall der Trennung oder Scheidung bei der Entwicklung eines einverständlichen Konzepts für die Wahrnehmung der elterlichen Sorge zu unterstützen (§ 17 Abs. 2 KJHG). Gelingt eine solche Übereinstimmung, so kann sie, wenn gewünscht, als Grundlage gerichtlicher Entscheidungen über die elterliche Sorge dienen (dazu unten S. 82). Das gilt in gleicher Weise für Einigungen, die durch private Mediation erzielt wurden. Jedenfalls kann durch eine fachkundige und einfühlsame Vermittlung viel Streit vermieden und Leid abgemildert werden.

Bei all dem dürfen die **Risiken** einer einvernehmlichen Regelung der Scheidungsfolgen nicht übersehen werden. Das Ziel einer „harmonischen" Scheidung ist namentlich um der Kinder willen hoch zu veranschlagen. Doch darf die Harmonie nicht auf Kosten ein-

4. Einverständlich scheiden – ein Gewinn?

seitiger Verteilung der Scheidungslasten gehen. Das Recht der Scheidungsfolgen ist so kompliziert, dass **juristische Beratung** der Parteien unverzichtbar erscheint. Es muss sichergestellt werden, dass die erzielten Einigungen wenigstens den Mindeststandards einer fairen Regelung entsprechen; andernfalls halten sie, wenn es dennoch zum Streit kommt, möglicherweise der richterlichen Inhaltskontrolle nicht stand (vgl. S. 178, 215). Bei güterrechtlichen Verträgen muss ohnehin der Notar hinzugezogen werden (§ 1410, § 1378 Abs. 3 S. 2 BGB). Vor rechtskräftiger Scheidung bedürfen auch Vereinbarungen über die Unterhaltspflicht unter geschiedenen Ehegatten der notariellen Beurkundung (§ 1585c S. 2 BGB).

Es sind also Verfahren anzustreben, in denen Mediation und Rechtsberatung so zusammenwirken, dass die Entflechtung des Lebens der bisherigen Ehegatten in einer auf Dauer befriedenden Weise bewältigt wird. Freilich – wer streiten will, dem kann man es nicht verbieten. Oft beginnen Scheidungsverfahren als „streitige", führen aber dann mit der Zeit zu einvernehmlichen Regelungen. Etwa 10 % der Scheidungen enden allerdings streitig.

Manche scheidungsbereiten Ehegatten stellen sich aus Kostengründen die Frage, ob eine einverständliche Scheidung auch in der Weise durchgeführt werden kann, dass beide Partner **zusammen nur *einen*** Anwalt nehmen. Das ist dann möglich, wenn ein Ehegatte den Scheidungsantrag stellt (dafür ist unbedingt ein Anwalt erforderlich) und der andere diesem Antrag zustimmt. Diese Zustimmung zur Scheidung kann, wie gesagt, auch ohne anwaltliche Vertretung erklärt werden (§ 114 Abs. 4 Nr. 3 FamFG). Die Scheidung mit nur einem Anwalt kann aber riskant sein. Eine faire Regelung der Scheidungsfolgen durch Vertrag setzt voraus, dass beide Seiten über ihre Rechte und Pflichten im Großen und Ganzen informiert sind und daher wissen, welche Kompromisse sie mit der Zustimmung zu einem Scheidungsvertrag eingehen. Ein Anwalt darf aber nur eine Seite vertreten und beraten. Jedenfalls spricht auch bei grundsätzlicher Einigkeit der Ehegatten über die Scheidung vieles dafür, dass jeder Ehegatte von einem eigenen Anwalt beraten wird.

> **Wichtig**
>
> Auf den Vorschlag des scheidungswilligen Ehepartners, einen mit ihm befreundeten Anwalt oder den Justitiar seines Betriebes etc. mit der alleinigen „Regelung der Scheidung" zu betrauen, sollte sich der andere Ehegatte keinesfalls einlassen.

Ist sich das Paar über die Scheidung einig, streitet aber über die **Scheidungsfolgen,** so kann, wie gesagt, gleichwohl geschieden werden. Freilich gelten dann gegenüber der streitigen Scheidung keine Besonderheiten, das heißt: Auch wenn die Ehegatten schon ein Jahr getrennt leben, wird das Scheitern der Ehe nicht unwiderleglich vermutet, sondern der Richter hat die unheilbare Zerrüttung der Ehe konkret festzustellen.

5. Die schnelle Scheidung

Oft will ein Ehegatte nach dem plötzlichen Ausbruch einer Ehekrise möglichst sofort geschieden werden. Der Wunsch, „reinen Tisch" zu machen, ist eine verständliche Reaktion auf unerwartete Störungen des ehelichen Verhältnisses.

> **BEISPIEL wie oben** (S. 25): Frau Nagel ist durch den Fehltritt und die Schwindeleien ihres Mannes seelisch stark verletzt. Sie möchte sogleich, nachdem sie aus der ehelichen Wohnung ausgezogen ist, die Scheidung einreichen.

Das Gesetz möchte derart schnellen Scheidungsentschlüssen nicht ohne weiteres nachgeben. Oft bestehen gerade bei plötzlich ausbrechenden Krisen noch Versöhnungschancen, die vertan werden, wenn einmal in der ersten Erregung der Scheidungsantrag gestellt worden ist. Daher ist **Regelvoraussetzung** der Scheidung ein **mindestens einjähriges Getrenntleben** der Ehegatten.

Nun gibt es aber Fälle, in denen die Fortsetzung der Ehe – auch nur für ein Trennungsjahr – **unzumutbar** ist (§ 1565 Abs. 2 BGB). Deshalb gestattet das Gesetz eine Scheidung auch ohne einjähriges Ge-

5. Die schnelle Scheidung

trennt leben, „wenn die Fortsetzung der Ehe für den Antragsteller aus Gründen, die in der Person des anderen Ehegatten liegen, eine unzumutbare Härte darstellen würde."

> **BEISPIEL:** Herr Eigenbrot verfällt mehr und mehr dem Alkohol. Wenn er getrunken hat, neigt er immer häufiger dazu, Frau und Kinder körperlich zu misshandeln und zu bedrohen.
> Es kann Frau Eigenbrot hier nicht angesonnen werden, erst ein Jahr getrennt zu leben, bis sie ihren Scheidungswunsch verwirklichen kann.

Die Praxis hatte mit den Ausnahmefällen, in denen eine „schnelle Scheidung" möglich ist, anfangs große Probleme. Vor allem war unklar, ob die Untreue eines Teils dem anderen die Fortsetzung der Ehe unzumutbar und daher das Trennungsjahr entbehrlich macht. Die Praxis ist auch heute noch nicht ganz einheitlich, doch herrscht eine strenge Linie vor. Aus einem Ehebruch allein kann der Härtegrund nicht abgeleitet werden, es müssen erschwerende Umstände hinzukommen.

> **BEISPIEL:** Im Fall S. 25 ist zweifelhaft, ob der fortgesetzte Ehebruch des Herrn Nagel verbunden mit seiner Unwahrhaftigkeit als Härtegrund für eine schnelle Scheidung ausreicht; viele Gerichte werden das verneinen und auf die Einhaltung des Getrenntlebensjahrs dringen.

> **Weitere BEISPIELE:** Frau Fasolt ist aus der ehelichen Wohnung ausgezogen und wohnt nun bei ihrem Freund. Für Herrn Fasolt kann die Fortsetzung der Ehe als unzumutbar hart angesehen werden, weil seine Frau über die Untreue hinaus das eheliche Zusammenleben aufgekündigt hat. Auch das ist aber nicht unumstritten, es kommt also auf die örtliche Gerichtspraxis an!
> Frau Gebhardt fährt nach einem Ehestreit für einige Tage zu ihrer Mutter, Herr Gebhardt nimmt sogleich seine Freundin in die Ehewohnung auf. Hier kommt zur ehelichen Untreue hinzu, dass Herr Gebhardt die Privatsphäre seiner Frau und ihr Recht an der Ehewohnung schwer verletzt. Die Voraussetzungen einer unzumutbaren Härte sind für Frau Gebhardt gegeben.

Vor allem kann rücksichtsloses Verhalten die schwere Härte begründen.

> **BEISPIEL:** Herr Heilmeier verlässt seine Frau kurz nach der Geburt ihres gemeinsamen Kindes.

Der Härtegrund muss in der Person des anderen Ehegatten liegen, braucht aber nicht unbedingt verschuldet zu sein. So kommen auch schwere, insbesondere ansteckende und schwer heilbare Krankheiten in Frage.

Das Erfordernis einjährigen Getrenntlebens steht der „schnellen Scheidung" selbst dann im Wege, wenn beide Ehegatten sich über die Scheidung einig sind. Das erscheint verwunderlich, ist aber herrschende Gerichtspraxis. Will sich also ein Ehepaar **einvernehmlich** vor Ende des Trennungsjahres scheiden lassen, so muss derjenige, der den Scheidungsantrag stellt, in der Person des anderen einen Umstand finden, der für ihn die Fortsetzung der Ehe unzumutbar macht; der andere braucht dann dem Scheidungsantrag nur zuzustimmen. Stellen beide den Scheidungsantrag, so muss jeder in der Person des anderen einen entsprechenden Härtegrund finden.

> **BEISPIEL:** Der Mann hat die Frau schwer misshandelt. Sie wiederum hat ohne Wissen des Mannes als Callgirl gearbeitet.

Dass sich die Ehegatten gegenseitig mit Vorwürfen eindecken, ist, wenn es zum Streit kommt, nicht selten. Dann ergibt sich z. B. die schwer lösbare Frage, ob derjenige aus dem Ehebruch des anderen eine „unzumutbare Härte" herleiten kann, der selbst „fremdgegangen" ist. Das Problem wird uns beim Unterhalt wieder begegnen.

6. Widerstand gegen die Scheidung – zwecklos?

Eine Ehe kann auf Antrag eines Ehegatten auch dann geschieden werden, wenn der andere noch an ihr festhalten will – einseitige Zerrüttung genügt! Das wird von manchen Betroffenen, die nicht aus der Ehe gedrängt werden wollen, als bitter empfunden, und es gibt Stimmen, die das gegenwärtige Scheidungsrecht als „Scheidungsunrecht" brandmarken.

Auch der Gesetzgeber nimmt an, dass es ausnahmsweise Fälle gibt, in denen eine Ehe **aufrechterhalten** werden soll, **obwohl** sie – zumindest einseitig – **gescheitert** ist (§ 1568 BGB). Das Gesetz nennt zwei Gründe:

(1) Es kann **im Interesse der gemeinsamen minderjährigen Kinder** aus besonderen Gründen ausnahmsweise geboten sein, eine gescheiterte Ehe aufrechtzuerhalten;

(2) auch für den die Scheidung ablehnenden Ehegatten kann die Scheidung aufgrund außergewöhnlicher Umstände eine so **schwere Härte** darstellen, dass es geboten erscheint, das Scheidungsbegehren abzuweisen (beide Fälle in § 1568 BGB).

Maßgebend war die Überlegung, dass auch eine psychisch zerrüttete Ehe für die Kinder oder einen der Ehegatten noch wichtige soziale Aufgaben erfüllen kann.

Danach scheint es, als ob der Ehegatte, der nicht geschieden werden will, gute Chancen hätte, die Abweisung des Scheidungsantrags seines Partners zu erreichen. Weiß nicht jedermann, dass die Kinder am stärksten unter der Scheidung ihrer Eltern leiden? Kann sich die Verstoßung aus einer durch Ehe vermittelten gesellschaftlichen Stellung nicht zur sozialen Katastrophe entwickeln?

Doch allzu große Hoffnungen sollten sich die an der Ehe festhaltenden Partner nicht machen. Zu sehr beschränken die Gerichte die Anwendung der Härteklausel auf ganz **extreme Fälle**.

Zu (1): Die **Kinderschutzklausel** wird praktisch nicht angewendet. Obwohl das Gericht von Amts wegen untersuchen müsste, ob das

2. KAPITEL — Die Scheidung

Wohl der Kinder durch die Scheidung gefährdet ist, spielt dieser Gesichtspunkt in der Praxis kaum eine Rolle. Man nimmt allgemein an, dass es für die Kinder besser sei, ihre Eltern würden geschieden als weiterhin in einer unglücklichen Familiengemeinschaft zu leben. Außerdem sagt man, Nachteile, welche die Kinder schon durch die Trennung erlitten hätten, könnten bei der Scheidung nicht mehr berücksichtigt werden. Dazu ließe sich viel sagen – es ist aber sinnlos, gegen den Zeitgeist anzugehen. Die Fälle, in denen eine zerrüttete Ehe um der Kinder willen aufrechterhalten wird, sind daher außerordentlich selten.

> **BEISPIEL:** Ein Kind droht ernsthaft, sich umzubringen, wenn sich die Eltern scheiden lassen.

Zu (2): Soweit die Härteklausel die **Interessen des Ehegatten** berücksichtigt, **der die Scheidung ablehnt,** sind gleichfalls übertriebene Hoffnungen nicht am Platz. Zwar gelingt es einem Partner im Kampf gegen die Scheidung in einzelnen Fällen, die Scheidung zu verhindern, doch ist dies ein vorläufiger Sieg. Denn der andere kann jederzeit erneut einen Scheidungsantrag einreichen. Das Gericht muss dann prüfen, ob die „schwere Härte" noch vorliegt oder sich die Situation verändert hat. Das ist vor allem in den Fällen bedeutsam, in denen die schwere Härte aus der Krankheit des scheidungsunwilligen Teils hergeleitet wird. Bessert sich der Gesundheitszustand, so kann nun geschieden werden! Die Härteklausel wirkt dann eher wie die Gewährung einer „Gnadenfrist".

Die zur Abwendung der Scheidung verlangte „schwere Härte" muss nach dem Gesetz auf **außergewöhnlichen Umständen** beruhen – schon dadurch verliert die Härteklausel an Gewicht. Außerdem sagt man auch hier, Härten, die schon mit der Zerstörung des ehelichen Verhältnisses und mit dem Getrenntleben gegeben seien, könnten nicht mehr berücksichtigt werden. Immerhin ist die Härteklausel in Fällen angewendet worden, in denen der die Scheidung ablehnende Ehegatte zur Zeit des Scheidungsprozesses schwer erkrankt war.

> **BEISPIEL:** Ein Ehegatte ist zur Zeit des Scheidungsverfahrens an Krebs oder an Multipler Sklerose erkrankt.

6. Widerstand gegen die Scheidung – zwecklos?

Andererseits: Nicht jede Krankheit genügt, noch nicht einmal unbedingt die Suizidgefahr bei schweren Depressionen, solange der Betreffende für sein Verhalten noch als verantwortlich angesehen werden kann! So ist das von Gerichten entschieden worden.

Wer sich gegen einen Scheidungsantrag des Partners zur Wehr setzen will, sollte mit seinem Anwalt sorgfältig beraten, inwieweit der Widerstand Aussicht auf Erfolg hat und welche Auswirkungen die Verlängerung der Ehe gegebenenfalls zeitigen kann. Es kann sein, dass das Hinausschieben der Scheidung günstig ist, z. B. weil sich für die Vermögensauseinandersetzung und den Versorgungsausgleich die „Ehezeit" verlängert. Es kann aber auch die Lage gegeben sein, dass der Ehegatte, der an der Ehe festhält, für seine Treue schließlich bezahlt, z. B. wenn der andere in der Folgezeit Vermögen verliert und dadurch der Zugewinnausgleichsanpruch geringer wird.

Über eines sollte man sich klar sein: Wenn ein Partner die Scheidung unbeirrt erstrebt, wird er schließlich Erfolg haben, es geht dann meist nur um den Zeitpunkt. Dass sich ein Ehegatte Gedanken darüber macht, wie er diesen Zeitpunkt zu seinen Gunsten beeinflussen kann, ist durchaus verständlich und legitim.

3. Kapitel

Ehewohnung und Haushaltsgegenstände

1. Wohnung und Ehe

Eheleute pflegen in einer Wohnung oder einem Haus miteinander zu leben. Solange die Ehe besteht, haben die Partner ein Recht auf Mitbesitz und Mitbenutzung des Familienheims, gleichgültig wer von ihnen die Wohnung gemietet hat oder wer von ihnen Eigentümer ist. Dieses Recht können sie auch gegenüber dritten Personen geltend machen, die den räumlichen Bereich des Ehelebens stören.

> **BEISPIEL:** Herr und Frau Knabl leben in einer Eigentumswohnung, die Herrn Knabl gehört. Frau Knabl erleidet einen Verkehrsunfall und muss für zwei Wochen ins Krankenhaus. Währenddessen lädt Herr Knabl „sein Verhältnis", Frau Lehner, zu sich ein, die in der ehelichen Wohnung auch einige Male übernachtet.
> Frau Knabl kann ihrem Mann, obwohl dieser Wohnungseigentümer ist, verbieten, Frau Lehner in die Wohnung zu lassen. Das kann, wenn Wiederholungen drohen, auch gerichtlich durchgesetzt werden. Frau Knabl kann sich auch unmittelbar an Frau Lehner wenden und ihr untersagen, künftig die Ehewohnung zu betreten.

Insgesamt gesehen kann die Rechtslage an der Ehewohnung unterschiedlich sein:

a) Mietwohnungen

- Haben **beide Ehegatten den Mietvertrag geschlossen**, dann sind sie dem Vermieter gegenüber gemeinsam daraus berechtigt und verpflichtet. Das bedeutet: Beide schulden die Miete, sie können nur gemeinsam kündigen, so wie ihnen auch nur gemeinsam gekündigt werden kann. Diese Rechtslage kann natürlich auch dadurch eintreten, dass zunächst nur ein Partner den Mietvertrag abgeschlossen hat und der andere später dem Vertrag beitritt.

> **BEISPIEL:** Eine Frau lebt als Junggesellin in einer 3-Zimmer-Wohnung, die sie gemietet hat. Dann heiratet sie, der Ehemann zieht in die Wohnung ein. Auf Bitten des Vermieters unterschreiben beide und der Vermieter einen Zusatzvertrag, wonach auch der Ehemann auf der Mieterseite in den Vertrag eintritt.

- Hat **nur einer der Ehepartner** den Mietvertrag geschlossen, so bleibt er **dem Vermieter gegenüber** grundsätzlich allein berechtigt und verpflichtet. Er darf zwar seinen Ehepartner in die Wohnung aufnehmen, doch wird dieser durch den bloßen Einzug nicht Vertragspartei und haftet daher auch nicht für die Mietschulden.

> **BEISPIEL:** Ein Mann hat eine Wohnung gemietet, in die nach der Heirat auch seine Frau einzieht. Der Mann kann eines Tages die Miete nicht mehr zahlen. Der Vermieter kann dann nicht etwa von der Frau die Zahlung der Mietrückstände verlangen.

Im **Verhältnis unter den Ehegatten** ist freilich, wie eingangs gesagt, auch derjenige, der nicht Mieter ist, zu Mitbesitz und Mitgebrauch berechtigt; der Vermieter hat das auch zu respektieren. Er hat dem hinzugezogenen Ehepartner gegenüber sogar gewisse vertragliche Sorgfaltspflichten, etwa Treppenhaus und Flur gefahrenfrei zu halten.

b) Eigentumswohnungen

Haben die Ehegatten die Wohnung als **Miteigentümer** (meist zu Bruchteilen von je $^1/_2$) erworben, so sind sie schon kraft ihres Eigentums beide zu Mitbesitz und Mitnutzung berechtigt. Ist ein Ehegatte **Alleineigentümer**, so ist er rein sachenrechtlich gesehen „Herr" der Wohnung, doch ergibt sich, wie erläutert, aus dem Gedanken der ehelichen Gemeinschaft das Recht des anderen Ehegatten, die Ehewohnung mitzubesitzen und zu nutzen.

2. Der Streit um die Wohnung bei Getrenntleben

Aus Anlass des (beabsichtigten) Getrenntlebens ergibt sich häufig Streit, welcher Ehegatte in der bisher gemeinsamen Wohnung bleiben darf und wer ausziehen soll, bzw. wie die Wohnung aufgeteilt werden soll, um ein „Getrenntleben in der Ehewohnung" durchzuführen. Findet man keine Einigung, so gibt es Möglichkeiten, den Streit vor dem Familiengericht auszutragen.

Um eine gerichtliche Regelung der Wohnungsfrage bei Getrenntleben herbeizuführen, gibt es zwei Rechtsgrundlagen:

- **für Ehegatten** findet sich eine **spezielle Regelung** in § 1361b BGB;
- daneben tritt in **Gewaltfällen** die Möglichkeit einer Wohnungszuweisung für alle Personen, die miteinander einen **auf Dauer angelegten gemeinsamen Haushalt** geführt haben, nach § 2 des Gewaltschutzgesetzes.

Obwohl der allgemeine Gewaltschutz auch für Ehegatten gilt, spielt hier die spezielle Regelung des § 1361b BGB in der Praxis die Hauptrolle.

Allerdings ist es für einen Ehepartner keineswegs leicht, bei einem Streit ums Getrenntleben die Ehewohnung für sich zu bekommen. Denn § 1361b BGB gibt dem Gericht nicht allgemein die Möglichkeit, die Ehewohnung demjenigen zuzuweisen, der die Wohnung dringender benötigt oder sonst die besseren Gründe auf seiner Seite hat. Vielmehr kann ein Ehegatte vom anderen die Überlassung der Wohnung zur alleinigen Nutzung nur verlangen, soweit dies notwendig ist, um **eine unbillige Härte zu vermeiden**. Dabei sollen auch die Belange des anderen Ehegatten berücksichtigt werden.

Wer im Trennungsstreit die Wohnung für sich haben will, muss also vortragen

- dass er und sein Partner getrennt leben oder zumindest einer von ihnen sich vom anderen trennen will *und*

- dass die Überlassung der alleinigen Wohnungsnutzung an ihn notwendig ist, um eine unbillige Härte zu vermeiden. Dabei kann es sich um eine Härte für den Antragsteller selbst oder für die mit ihm zusammenlebenden Kinder handeln (§ 1361b Abs. 1 S. 2 BGB).

Unter diesen Voraussetzungen kommt auch die Zuweisung **eines Teils der Wohnung** an einen der Ehegatten in Betracht. Dann führt die gerichtliche Regelung zu einem Getrenntleben innerhalb der Wohnung (siehe oben S. 7). Freilich wird in den meisten Fällen ein „Nebeneinanderleben" in derselben Wohnung ungeeignet sein, die unbillige Härte zu vermeiden.

Die entscheidende Frage ist nun, wann eine „**unbillige Härte**" gegeben ist, die durch Überlassung der Wohnung an einen der Ehegatten vermieden werden kann. Es handelt sich um einen ziemlich vagen Begriff, der von den einzelnen Gerichten unterschiedlich aufgefasst wird. Wichtig ist also, dass man sich über die Gepflogenheiten des zuständigen Gerichts informiert, bevor man einen Antrag auf Überlassung der Wohnung einreicht.

Den Hauptgrund für unbillige Härte bilden **schwere körperliche Misshandlungen**, die ohne weiteres begreiflich machen, dass das Opfer mit dem Täter nicht länger zusammenleben will, weil es um seine Gesundheit, vielleicht sogar um sein Leben fürchten muss.

2. Der Streit um die Wohnung bei Getrenntleben

> **BEISPIEL:** Der Ehemann ist häufig betrunken, in diesem Zustand neigt er zu schweren körperlichen Gewalttätigkeiten gegenüber seiner Frau. Anzeichen für eine Veränderung dieses Verhaltens sind nicht zu erkennen. Die Frau kann nach § 1361b BGB erreichen, dass das Gericht ihr die Ehewohnung zur alleinigen Nutzung zuweist.

Es genügt schon, wenn ein Ehegatte den anderen zwar noch nicht körperlich verletzt hat, aber ernsthaft mit derartigen Übergriffen droht.

Für derartige **Gewaltfälle** trifft das Gesetz weitere wichtige Bestimmungen. Vor allem ist dem Opfer **in der Regel die gesamte Wohnung** zuzuweisen. Der Täter hat also die Wohnung zu verlassen (§ 1361b Abs. 2 S. 1 BGB), eine Wohnungsteilung kommt in aller Regel nicht in Frage. Das ist ohne weiteres einsichtig: Denn ein „Getrenntleben in der Ehewohnung" würde die Bedrohung durch den gewalttätigen Ehegatten fortbestehen lassen.

> **BEISPIEL:** Würde das Gericht im obigen Fall der Frau nur einen Teil der Wohnung zur alleinigen Nutzung zuweisen, während der Mann weiter in einem anderen Zimmer der Wohnung bleibt, so würde die Frau weiterhin von Gewaltübergriffen bedroht sein. Das Gericht wird also der Frau die *gesamte* Wohnung überlassen, der Mann muss ausziehen und sich eine andere Bleibe suchen.

Diese Regel – Zuweisung der gesamten Wohnung – gilt in allen Fällen, in denen sich die unbillige Härte auf eine vorsätzliche Verletzung des Körpers, der Gesundheit, der Freiheit oder auf eine Drohung mit solchen Verletzungen oder gar eine Todesdrohung gründet.

> **BEISPIELE:** Der Mann sperrt seine Frau nach einer Auseinandersetzung um ihre langen Telefonate in das Bad ein, um sie zu bestrafen (vorsätzliche Verletzung der Freiheit).
> **Oder:** Die Frau droht dem Mann ernsthaft an, sie werde ihn umbringen („Wenn du dich noch einmal mit dieser Frau triffst, vergifte ich dich").

In anderen Fällen ist konkret zu prüfen, ob die Härte schon dadurch vermieden werden kann, dass dem Ehegatten, der den Antrag stellt, **ein Teil** der Wohnung zugewiesen wird. Das wird allerdings selten der Fall sein: Unzuträglichkeiten des Zusammenlebens werden in der Regel nicht dadurch vermieden, dass die Wohnung unter den Eheleuten aufgeteilt wird – die räumliche Nähe und die tägliche Begegnung werden immer wieder Anlass für Auseinandersetzungen bieten.

Für die **Gewaltfälle** bestimmt das Gesetz ferner, dass der Anspruch des Opfers auf Überlassung der Wohnung ausgeschlossen ist, wenn keine weiteren Verletzungen und widerrechtlichen Drohungen zu besorgen sind. Doch kann die begangene Tat so schwerwiegend sein, dass der verletzten Person selbst dann, wenn die Gefahrenlage aufhört, ein weiteres Zusammenleben mit dem Täter nicht zuzumuten ist. Dann wird oder bleibt die Wohnung dem Opfer zur alleinigen Nutzung zugewiesen, obwohl keine Gefahrenlage mehr besteht (§ 1361b Abs. 2 S. 2 BGB).

Es genügt, wenn die unbillige Härte für die **Kinder** gegeben ist, wenn nämlich ohne die begehrte Wohnungszuweisung das Wohl der im Haushalt lebenden Kinder beeinträchtigt wäre.

> **BEISPIEL:** Ein Ehepaar lebt mit den Kindern Benjamin (6) und Detlef (8) in einer gemeinsam gemieteten Wohnung zusammen. Dem psychisch labilen Ehemann gehen die Kinder häufig auf die Nerven, öfters schlägt und bedroht er sie. Auch dann kann die Ehefrau nach § 1361b Abs. 1 BGB erreichen, dass ihr die Wohnung zur alleinigen Nutzung zusammen mit den Kindern überlassen wird.

In solchen Fällen ist allerdings darauf zu achten, dass möglichst gleichzeitig die rechtliche Situation in Bezug auf die Kinder geklärt wird. Denn es ist ja nicht ohne weiteres gesagt, dass die Kinder nach der Trennung des Ehepaares bei der Mutter leben werden. Wenn darüber kein Einvernehmen zwischen den Eltern erzielt wird, ist auch in diesem Punkt eine gerichtliche Entscheidung anzustreben. Der Ehefrau ist also zu empfehlen, aufgrund der Vorfälle, die das Wohl der Kinder gefährden, beim Familiengericht zu beantragen, ihr die Wohnung allein zu überlassen und ihr allein die elterliche

2. Der Streit um die Wohnung bei Getrenntleben

Sorge oder zumindest das Aufenthaltsbestimmungsrecht zu übertragen (dazu unten S. 83 ff.).

In den Fällen, in denen familiäre Gewalt eine Rolle spielt, sind, wie schon gesagt, gerichtliche Maßnahmen auch nach dem **Gewaltschutzgesetz** möglich. Die Zuweisung der Ehewohnung betreffend bietet § 1361b BGB für misshandelte Ehegatten jedoch meist die günstigere Regelung.

Nun mag der Eindruck entstanden sein, dass es eine gerichtliche Zuweisung der Ehewohnung nach § 1361b nur in Fällen häuslicher Gewalt gibt. Das trifft aber nicht zu. Das Gesetz gibt einem Ehegatten, der getrennt lebt oder sich trennen will, bei **jeder Art von drohender „unbilliger Härte"** den Anspruch auf Überlassung der Wohnung. Gewalt muss nicht immer im Spiel sein.

> **BEISPIEL:** Der Ehemann ist arbeitslos, die Ehefrau berufstätig. Der Mann weiß sich nicht recht zu beschäftigen, bald findet er einen Freundeskreis, der für die Frau recht unangenehm wird: Der Mann bringt seine Freunde häufig mit nach Hause, wo getrunken und gelärmt wird und alsbald eine kaum erträgliche Unordnung herrscht. Die „Kumpels" übernachten auch unangemeldet in der Wohnung. Die Frau fühlt sich in der Wohnung bald nicht mehr heimisch. Da ernsthafte Bitten der Frau nichts nützen, stellt sie beim Familiengericht den Antrag, ihr die Wohnung zur alleinigen Nutzung zu überlassen. Wenn der Mann nicht einsichtig ist, erscheint die Wohnungsüberlassung an die Frau als notwendig, um eine unbillige Härte für sie zu vermeiden.

> **Weiteres BEISPIEL:** Die nicht berufstätige Ehefrau Maier unterhält ein intimes Verhältnis mit ihrem Golflehrer Bob. Da dieser seinerseits verheiratet ist und auch Hotelkosten vermieden werden sollen, trifft sich das Liebespaar regelmäßig während der Dienstzeiten des Ehemannes in der Maier'schen Ehewohnung. Dort breitet sich Bob allmählich aus. Er benutzt zum Beispiel auch den Bademantel des Ehemannes, mit dem bekleidet Herr Maier seinen Nebenbuhler eines Tages – verfrüht von einer Dienstreise zurückkehrend – vorfindet.
> Wir haben bereits gesehen (Fall S. 35), dass Herr Maier von Bob verlangen kann, die Ehewohnung zu verlassen und künftig nicht mehr zu betreten; seiner Frau kann er untersagen, ihren Liebhaber in die Ehe-

3. KAPITEL — Ehewohnung und Haushaltsgegenstände

> wohnung zu lassen. Zeigt sich die Frau uneinsichtig („Es ist auch meine Wohnung, in der kann ich machen, was ich will"), so kann Herr Maier darüber hinaus möglicherweise auch verlangen, ihm die Wohnung zur alleinigen Nutzung zuzuweisen, wenn er sich von seiner Frau trennen will. Denn dies erscheint dann erforderlich, um für ihn die unbillige Härte zu vermeiden, sich selbst eine andere Wohnung suchen zu müssen, obwohl er ein Recht auf Nutzung der Ehewohnung hat.

Wir haben beim letzten Beispiel gesagt: möglicherweise! Warum diese (bei Juristen so häufige!) Einschränkung? Das Gesetz sagt, dass bei der Entscheidung **„die Belange des anderen Ehegatten"** zu berücksichtigen sind. Das ist wie folgt zu verstehen: Jeder Ehegatte hat kraft Eherechts ein Recht auf Mitbesitz und Mitbenutzung der Ehewohnung, gleichgültig welcher Ehegatte die Wohnung gemietet oder zu Eigentum erworben hat. Will man ihn zwingen, die Wohnung zu verlassen und seinen bisherigen Lebensmittelpunkt aufzugeben, so bedarf es gewichtiger Gründe, eben der drohenden „unbilligen Härte". Bei einer solchen Billigkeitsentscheidung sind die **berechtigten Interessen beider Seiten** abzuwägen. Das Gericht prüft die Alternativen: Welche Möglichkeiten gibt es, die Härte zu vermeiden und das Getrenntleben durchzuführen? Wem ist es eher zuzumuten, sich eine andere Wohnung zu suchen? Ist z. B. der Ehegatte, der die Wohnung verlassen soll, körperlich behindert, so mag es ihm schwer fallen, eine andere behindertengerechte Bleibe zu finden. Dann kann es sein, dass trotz der Härte, die dem Antragsteller droht, eine Wohnungszuweisung unterbleibt. Das heißt dann eben, dass sich Antragsteller, wenn er sich trennen will, selbst um eine neue Wohnung bemühen muss. Außer in den Fällen schwerer Gewalt ist der Erfolg eines Antrags auf Wohnungszuweisung nach § 1361b BGB also nicht sicher, viel kommt auf die Einstellung des jeweiligen Familiengerichts an.

Unter den Gesichtspunkten, die das Gericht zu bedenken hat, nennt das Gesetz (§ 1361b Abs. 1 S. 3) ausdrücklich die **Eigentumslage**: Wenn ein Ehegatte allein oder zusammen mit Dritten Eigentümer oder sonst dinglich Berechtigter der Wohnung ist, so ist dies besonders zu berücksichtigen. Das bedeutet im Klartext:

2. Der Streit um die Wohnung bei Getrenntleben

- Ist ein Ehegatte alleiniger Eigentümer der Wohnung, so müssen besonders triftige Gründe vorliegen, wenn dem anderen die Wohnung zur alleinigen Nutzung zugewiesen werden soll.
- Umgekehrt ist die Schwelle niedriger, wenn der Alleineigentümer seinen Ehepartner aus der Wohnung haben will.

Nach unserer Auffassung darf die Bedeutung der Eigentumslage nicht überschätzt werden. Vor allem in den Gewaltfällen lassen sich aus dem Alleineigentum des Täters keine Argumente gegen die Interessen des Opfers gewinnen.

Gleichgültig ist hingegen, wer von den Ehegatten die Wohnung **gemietet** hat, ob einer von ihnen allein oder beide zusammen. Der Ehegatte, der dem anderen das Leben zur Hölle macht, kann im Streit um die Wohnung nicht für sich ins Feld führen, er habe den Mietvertrag allein unterschrieben – das ist kein Gesichtspunkt, der beim Kampf um die Ehewohnung eine Rolle spielt.

Zweifellos bleiben viele Fälle, in denen die Regelung des § 1361b BGB mit seiner Voraussetzung der „unbilligen Härte" **keine befriedigende Lösung** bietet. Nicht selten können sich Eheleute, etwa nach plötzlichen Enttäuschungen, buchstäblich „nicht mehr riechen". Es fällt ihnen schwer, die Nähe des anderen zu ertragen, sie befinden sich in einem Zustand ständiger Gereiztheit und Aggressionsbereitschaft. Die Durchführung des „Getrenntlebens in der Ehewohnung" bis zur Scheidung bedeutet dann eine harte Geduldsprobe, der nicht jeder gewachsen ist. Die Alternative ist der Auszug eines der Partner, die jedoch oft auf psychische Hindernisse stößt: „Warum soll gerade ich mir eine neue Wohnung suchen?" Es liegt dann der Versuch nahe, den anderen aus der Wohnung „zu klagen". Hier ist zur Vorsicht zu raten: **Bloße Spannungen** unter Ehegatten, der tägliche Kleinkrieg oder wachsende Gleichgültigkeit begründen im Allgemeinen **noch keine unbillige Härte**, so bedrückend das Leben unter einem Dach mit dem nun ungeliebten Menschen auch sein mag. Den Gerichten ist zu raten, die Anforderungen an die „unbillige Härte" nicht zu übertreiben. Das gilt besonders, wenn **Kinder** tangiert sind: Der Spannungszustand zwischen den Eltern kann sich so steigern, dass die Kinder psychisch schwer leiden, ja sogar gesundheitliche Schäden erfahren (Wachstumshemmnisse und anderes). In solchen Fällen reichen die Gründe des Kindeswohls aus, um eine Wohnungszuweisung zu rechtfertigen; es muss dann aber auch die sorgerechtliche Lage geklärt werden.

Der Kampf um die Ehewohnung kann auch dann noch ausgetragen werden, wenn **ein Ehegatte schon aus der gemeinsamen Wohnung ausgezogen** ist, aber wieder in sie zurückkehren möchte. Will er sich wieder versöhnen, so kommt es darauf an, ob der andere dazu bereit ist – eine Versöhnung kann nicht aufgezwungen werden. Will der „Rückkehrer" hingegen weiterhin getrennt leben, so kann er sich – wenn keine Einigung unter den Parteien erzielt wird – an das Familiengericht wenden und Zuteilung der Ehewohnung nach § 1361b BGB beantragen. Dabei kann sein Ziel sein

- entweder die Wohnung zwischen den beiden Ehegatten aufteilen zu lassen, um ein „Getrenntleben in der Ehewohnung" zu ermöglichen;
- oder die Wohnung allein zugewiesen zu erhalten, den bisher in der Wohnung verbliebenen Partner also zu verdrängen.

> **BEISPIEL:** Die Ehefrau ist, nachdem der Mann sie und die Kinder schwer misshandelt hat, mit den Kindern in ein Frauenhaus geflohen. Von dort aus verlangt sie, dass ihr die gesamte Wohnung für sich und die Kinder zur alleinigen Nutzung zugewiesen wird und der Mann die Wohnung räumen muss. Diesem Antrag ist in aller Regel stattzugeben (siehe § 1361b Abs. 2 S. 1 BGB).

Wer also die Situation in der Ehe nicht mehr aushält und auszieht, verliert dadurch allein nicht seine Rechte an der Wohnung. Die Wohnung bleibt nach wie vor „seine" Wohnung, zumindest bis die Ehegatten über die Nutzung der Wohnung eine Vereinbarung getroffen haben oder das Gericht die Wohnung einem von ihnen zuweist. Gleichwohl ist anzumerken, dass derjenige, der **freiwillig die Ehewohnung verlässt**, seine Chancen im Wohnungsstreit verschlechtert. Denn er hat zunächst einmal gezeigt, dass er sich anderweit behelfen kann. Es fällt ihm dann schwerer, das Gericht später davon zu überzeugen, dass ihm eine unbillige Härte droht, wenn er nicht wieder in die Ehewohnung zurückkehren kann.

> **BEISPIEL:** Die Ehefrau kann ihren Mann nicht mehr ertragen und zieht zu ihren Eltern, wo sie ein Zimmer für sich bewohnen kann. Später will sie in die komfortablere Ehewohnung zurück; sie stört sich auch daran, dass sie im Elternhaus kein eigenes Bad hat. Nach drei Monaten beantragt sie bei Gericht, ihr die Ehewohnung allein zuzuweisen. Der Antrag hat wenig Aussicht auf Erfolg. Von vornherein ist zweifelhaft, ob das „Nicht-mehr-Ertragen" des Partners eine „unbillige Härte" begründet. Zudem aber hat die Ehefrau gezeigt, dass sie das gewünschte Getrenntleben auch anders organisieren kann als durch Zuweisung der Ehewohnung.

Um Missverständnissen vorzubeugen: Wer vor **Gewalt und Drohung** fliehen muss, verlässt die Wohnung nicht „freiwillig", für diese Fälle gilt das eben Gesagte nicht.

Wichtig

In diesem Zusammenhang ist erneut und eindringlich auf die Regelung des § 1361b Abs. 4 BGB hinzuweisen: **Wer aus der Ehewohnung auszieht, muss binnen sechs Monaten** dem anderen Ehegatten gegenüber erklären, dass er ernstlich beabsichtigt, in die Wohnung zurückzukehren; tut er dies nicht, so wird unwiderleglich vermutet, dass der Ausziehende dem in der Wohnung Verbleibenden das alleinige Nutzungsrecht an der Wohnung überlassen hat. Näheres zu dieser Regelung ist im Kapitel „Getrenntleben" nachzulesen (S. 5).

3. Was bedeutet die gerichtliche Zuweisung der Wohnung bei Getrenntleben?

Entscheidet das Gericht, wie oben geschildert, über die Nutzung der Ehewohnung aus Anlass des (gewünschten) Getrenntlebens, so wird nur eine **Zwischenlösung** gefunden, nicht aber ein endgültiger Zustand geschaffen. Die Regelung, z. B. die Zuweisung von bestimmten Räumen an Frau und Mann zum Zweck des Getrenntlebens, betrifft das Verhältnis unter den Ehegatten, nicht die Rechtsbeziehungen zu dritten Personen.

> **BEISPIEL:** Frau Ludwig möchte von ihrem Mann in der Ehewohnung getrennt leben; die beiden können sich aber über die Aufteilung der Räume nicht einigen. Die Wohnung ist von Herrn Ludwig allein vom Hauseigentümer Mauser gemietet. Auf Antrag von Frau Ludwig weist ihr das Gericht zur Vermeidung einer unbilligen Härte das Wohn- und Schlafzimmer zur alleinigen Benutzung für sich und die 6-jährige Tochter zu, während Herr Ludwig auf das bisherige Kinderzimmer verwiesen wird. Im Verhältnis zu Herrn Mauser bleibt Herr Ludwig der alleinige Mieter der gesamten Wohnung und ist auch allein zur Mietzahlung verpflichtet.

Derjenige, dem die Wohnung gerichtlich zugewiesen wird, erhält ein Nutzungsrecht im Verhältnis zum anderen Ehegatten. Die Rechtsverhältnisse zu Dritten, etwa dem Vermieter, bleiben hingegen unverändert.

Die Wohnung behält, solange die Ehe besteht, auch noch ihren **Charakter als Ehewohnung**, gleichgültig, welche Nutzungsregelung das Gericht getroffen hat. Deshalb kann der Ehegatte in den ihm vom Gericht zugewiesenen Räumen auch nicht machen, was er will. Insbesondere ist es ihm – anders als nach der Scheidung – nicht erlaubt, einen neuen Partner in die Ehewohnung aufzunehmen, wenn der andere Teil nicht einverstanden ist. Das gilt nach unserer Auffassung sogar dann, wenn einem Ehegatten die Wohnung allein zugewiesen ist. Natürlich bedeutet dies eine Einschränkung der freien Lebensentfaltung des in der Ehewohnung verbliebenen Partners. Diese ist jedoch gerechtfertigt: Noch besteht die Ehe und es ist nicht unzumutbar, mit der Gestaltung einer neuen Lebensgemeinschaft im bisherigen Familienheim zu warten, bis die Ehe geschieden ist. Die Zuweisung der Ehewohnung für die Zwecke des Getrenntlebens muss ja auch nicht endgültig sein – es kann sein, dass der Ehegatte, der zunächst im Kampf um die Wohnung unterlag, nun aufgrund veränderter Umstände die „unbillige Härte" auf seiner Seite geltend machen kann.

Die gerichtliche Wohnungszuweisung nach § 1361b BGB gilt **nur bis zur Rechtskraft des Scheidungsurteils**. Es ist also, sofern keine

Vereinbarung geschlossen wird, wichtig, für die Zeit danach rechtzeitig im Scheidungsverfahren eine Anschlussregelung zu erreichen.

Außerdem ist zu beachten, dass eine **Wiederversöhnung** die bisherige Wohnungsregelung hinfällig macht.

> **BEISPIEL:** Herr und Frau Sauer leben getrennt, Herr Sauer hat bei Gericht die Zuweisung der Ehewohnung zur alleinigen Nutzung erreicht. Nach einem halben Jahr trifft sich das Ehepaar wieder und merkt, dass die ehelichen Gefühle noch nicht ganz erloschen sind. Frau Sauer zieht wieder in die Ehewohnung ein. Indes kommt es nach vier weiteren Monaten erneut zum Streit, die Eheleute wollen sich wieder trennen und streiten darum, wer in der Wohnung bleiben darf. Dafür ist die frühere Gerichtsentscheidung nicht maßgebend, es muss nach der jetzigen Sachlage neu entschieden werden.

Wenn ein Ehegatte durch gerichtlichen Beschluss dem anderen die Wohnung überlassen muss, so kann der andere Teil verpflichtet werden, ihm eine **Nutzungsvergütung** zu zahlen, soweit dies der Billigkeit entspricht (§ 1361b Abs. 3 S. 2 BGB). Das kommt vor allem dann in Frage, wenn derjenige Ehegatte, der zugunsten des anderen aus der Wohnung weichen soll, Allein- oder Miteigentümer dieser Wohnung ist. Oft ist allerdings der in der Wohnung verbleibende Ehegatte zugleich unterhaltsberechtigt, so dass die Nutzungsvergütung mit dem Unterhaltsanspruch verrechnet zu werden pflegt.

Das Gesetz verpflichtet denjenigen Ehegatten, der dem anderen die Wohnung überlassen musste, **alles zu unterlassen**, was das **Nutzungsrecht des anderen erschweren oder vereiteln** könnte (§ 1361b Abs. 3 S. 1 BGB). Er darf die Wohnung also nicht beschädigen oder untervermieten und dergleichen mehr. Das Wohlverhaltensgebot wird vor allem im nächsten Kapitel relevant.

4. Verfügungen über die Ehewohnung

Die Frage, wer über die Ehewohnung verfügen kann, hängt von den konkreten Rechtsverhältnissen ab.

- **Oft sind die Ehegatten gemeinsam Mieter** der Wohnung. Dann können sie über ihr Mietrecht nur gemeinsam verfügen. Einer allein kann dann z. B. die Wohnung nicht kündigen, sie müssen zusammenwirken. Das gilt auch, wenn bei Getrenntleben nur ein Ehegatte die Wohnung allein nutzt; die Nutzungsüberlassung hat mit dem Mietverhältnis nichts zu tun.

- Es kann sein, dass einer der Ehegatten **alleiniger Mieter** der Wohnung ist. Dann hat der andere keine Leistungsrechte aus dem Mietvertrag, beim Mieter allein liegt die Befugnis, das Mietverhältnis zu kündigen.

- Ist ein Ehegatte **Alleineigentümer** der Ehewohnung, so ist er im Verhältnis zu dritten Personen auch allein verfügungsbefugt. Er kann z. B. die Wohnung veräußern, ohne dass ihn der andere Ehegatte grundsätzlich daran hindern könnte. Die Interessen des anderen Ehegatten am Familienheim sind im deutschen Recht, wie wir sehen werden, nicht zureichend geschützt. Eine klare Schranke ergibt sich nur aus dem Güterrecht: Leben die Ehegatten im gesetzlichen Güterstand der Zugewinngemeinschaft, so bedürfen sie der Zustimmung des jeweiligen Partners, wenn sie über einen Gegenstand verfügen wollen, der **(fast) ihr gesamtes Vermögen** ausmacht (§ 1365 BGB). Hat also der Wohnungseigentümer sonst kein nennenswertes Vermögen, so kann er die Wohnung während bestehender Ehe weder verkaufen noch übereignen, ohne den anderen zu fragen. Das gilt aber nur bis zur Scheidung. Hat der Eigentümer außer der Wohnung noch bedeutendes anderes Vermögen, so besteht diese Schranke nicht.

- Sind **beide Ehegatten Miteigentümer** der Wohnung, so kann jeder von ihnen jederzeit die Aufhebung dieser Eigentumsgemeinschaft verlangen (§ 749 Abs. 1 BGB), mit der Folge, dass die Wohnung nach § 180 des Zwangsversteigerungsgesetzes versteigert wird. In diesem Fall nimmt das Gesetz auf die familiären Interessen eine gewisse Rücksicht: Beantragt einer der Ehegatten die Versteigerung, so kann der andere die einstweilige Einstellung des Versteigerungsverfahrens erreichen, wenn dies zur Abwendung einer ernsthaften Gefährdung des Wohles eines gemeinschaftlichen Kindes erforderlich ist (§ 180 Abs. 3 Zwangsverstei-

4. Verfügungen über die Ehewohnung

gerungsgesetz). Zudem ist auch hier die erwähnte güterrechtliche Schranke zu beachten: Leben die Ehegatten in Zugewinngemeinschaft, so bedarf während bestehender Ehe derjenige Miteigentümer, für den der Wohnungsanteil (fast) das ganze Vermögen darstellt, für einen Versteigerungsantrag der Zustimmung des anderen Ehegatten.

Der Trennungsstreit mag denjenigen Ehegatten, der über die Ehewohnung allein verfügen kann (alleiniger Eigentümer, alleiniger Mieter) auf den Gedanken bringen, die Wohnung einfach „aufzugeben" und die Sache damit zu erledigen. Inwieweit das möglich ist, stellt ein noch wenig geklärtes Problem dar.

Wie schon gesehen verpflichtet das Gesetz aus Anlass einer Wohnungsüberlassung die Ehegatten zur Fairness: Wenn einem Ehegatten die Ehewohnung ganz oder zum Teil überlassen wurde, so hat der andere alles zu unterlassen, was geeignet ist, die Ausübung dieses Nutzungsrechts zu erschweren oder zu vereiteln (§ 1361b Abs. 3 S. 1 BGB). Aus dieser Pflicht kann man ein Verfügungsverbot herleiten.

> **BEISPIEL:** Herr Meisel ist alleiniger Mieter der Ehewohnung. Er trennt sich von seiner Frau. Die Wohnung wird durch Gerichtsbeschluss nach § 1361b Abs. 1 Frau Meisel zur alleinigen Nutzung überlassen. Daraufhin kündigt Herr Meisel die Wohnung durch Schreiben an den Vermieter Nachtmann zum nächst möglichen Termin.

Das Mietverhältnis würde mit Ablauf der im Mietvertrag vereinbarten oder der gesetzlichen Frist (siehe § 573c BGB) enden. Zu diesem Zeitpunkt verlöre auch Frau Meisel das Recht, in der Wohnung zu bleiben. Denn ihr Nutzungsrecht ist vom Mietrecht ihres Mannes abgeleitet. Die Frage ist aber, ob die Kündigung des Mietverhältnisses durch Herrn Meisel wirksam war. Mit der Kündigung verstieß er gegen die Pflicht, alles zu unterlassen, was das Nutzungsrecht seiner Frau beeinträchtigen oder vereiteln könnte. Dieser Verstoß hat nach unserer Auffassung die Folge, dass Herr Meisel die Wohnung gar *nicht kündigen konnte*: Er traf nämlich damit verbotenerweise eine Verfügung über die Wohnung, welche die Nutzungsrechte seiner

Frau, die ihr gerichtlich zugewiesen waren, vereiteln würde. Das Mietverhältnis besteht also in diesem Fall fort und die Frau kann in der Wohnung bleiben. Leider ist diese Auffassung juristisch noch umstritten, es kommt auf die Rechtsmeinung des jeweiligen Gerichts an. Deshalb sollte man versuchen, mit der Zuweisung einer vom anderen Ehegatten gemieteten Wohnung zugleich eine gerichtliche Durchführungsanordnung (§ 209 Abs. 1 FamFG) zu erreichen, die dem Mieter ausdrücklich eine Kündigung oder Aufhebung des Mietverhältnisses verbietet.

Das Problem spitzt sich zu, wenn der Ehegatte, der alleiniger Mieter ist, die Wohnung kündigt, **bevor eine gerichtliche Wohnungsüberlassung ausgesprochen** ist. Dann besteht das Gebot, alles zu unterlassen, was geeignet ist, das Nutzungsrecht des anderen zu erschweren oder zu vereiteln, nach dem Wortlaut des Gesetzes noch nicht, denn ein solches Nutzungsrecht ist dem anderen ja noch nicht zugewiesen. Das gefährdet die Interessen diesen anderen Ehegatten, in eklatanter Weise.

> **BEISPIEL:** Herr und Frau Geißler leben in einer von Herrn Geißler allein gemieteten Wohnung. Sie möchten sich trennen. Frau Geißler sagt ihrem Mann, dass sie die Wohnung für sich allein möchte. Herr Geißler, der kurzfristig bei einem Freund unterkommen kann, rechnet sich vor Gericht wenig Chancen aus und schließt mit dem Vermieter Krause einen sofort wirksamen Mietaufhebungsvertrag. Herr Krause ist umso mehr damit einverstanden, als er nun die Wohnung teurer vermieten kann. Damit ist eine Ehewohnung, die Frau Geißler zugeteilt werden könnte, als solche nicht mehr vorhanden: Frau Geißler kann von ihrem Mann die Überlassung der Wohnung nicht verlangen, weil dieser selbst kein Mietrecht mehr daran hat.

Wie in solchem Fall dem anderen Ehegatten geholfen werden kann, ist juristisch noch nicht ausdiskutiert. § 1361b Abs. 3 S. 1 BGB ist zumindest seinem Wortlaut nach nicht anwendbar, denn noch ist die Wohnung Frau Geißler nicht zugewiesen. Im oben geschilderten Fall ist der Mietaufhebungsvertrag sicher dann unwirksam, wenn der Vermieter Krause und Herr Geißler bewusst zum Nachteil von Frau Geißler zusammenwirken. Denn Herr Geißler begeht gegenüber seiner – noch mit ihm verheirateten! – Frau eine grobe Rücksichtslosigkeit, indem er ihre Interessen an der Ehewohnung ohne triftigen Grund vereitelt; Herr Krause macht sich diese Rücksichtslosigkeit für seine eigenen Zwecke zunutze.

Wie aber, wenn Herrn Krause der familiäre Hintergrund des Wunsches nach Mietaufhebung nicht bekannt ist? Oder wenn Herr Geißler Alleineigentümer der Wohnung ist und diese ganz einfach an einen Dritten verkauft und veräußert? Gerichtsentscheidungen, die freilich schon recht lange zurückliegen, haben in einzelnen Fällen ausgesprochen, eine Ehefrau habe einen Anspruch darauf, dass eine Verfügung über das Familienheim unterbleibt, durch die sie gehindert würde, sich „als Ehefrau und Mutter" im räumlichen Bereich der Ehe so zu bewegen und zu betätigen, „dass ihre Frauenwürde, ihr Persönlichkeitsrecht und ihre Gesundheit unangetastet bleiben". Ob diese Rechtsprechung von den Gerichten heute noch fortgeführt würde, erscheint offen.

> **Alleinmieter oder Alleineigentümer**
>
> Ist ein Ehegatte Alleinmieter oder Alleineigentümer der Wohnung, so kann es für den anderen, dem die „unbillige Härte" droht, ratsam sein, möglichst bald eine Überlassung der Wohnung zur alleinigen Nutzung zu verlangen und ein Gerichtsverfahren anhängig zu machen. Denn das Gericht kann in Eilfällen durch eine einstweilige Anordnung eingreifen und auch entsprechende Durchführungsanordnungen erlassen. Das gilt vor allem, wenn der Verdacht besteht, dass der andere die Wohnung kündigen oder veräußern will.

5. Vereinbarungen über die Ehewohnung

Besser als der Kampf um die Ehewohnung vor Gericht ist natürlich eine Einigung der Ehegatten darüber, wie das Getrenntleben durchgeführt werden soll. Es empfiehlt sich, vor Abschluss derartiger Vereinbarungen fachlichen Rat einzuholen. Denn die Frage, wer in der Wohnung bleiben darf, hängt mit vielen anderen Fragen zusammen, vor allem dem Unterhalt und der Kindesbetreuung. Am besten werden die Dinge im Zusammenhang miteinander geregelt.

Auch muss klar zum Ausdruck gebracht werden, ob die vereinbarte Regelung über die Wohnung

- **nur vorläufig** für den Fall des Getrenntlebens gelten soll und daher mit der Scheidung ihre Grundlage verliert,
- **oder** als **endgültige**, auch nach Scheidung maßgebliche Regelung der Verhältnisse an der bisherigen Ehewohnung gedacht ist.

Regelt die Vereinbarung die Nutzung der Wohnung **nur während des Getrenntlebens**, so ist noch keine endgültige Entscheidung darüber getroffen, wer die Wohnung nach der Scheidung erhalten soll. Selbst für den Zustand des Getrenntlebens ist die Vereinbarung nicht stets als endgültig zu betrachten: Eine wesentliche Änderung der Verhältnisse kann den einen Teil dazu berechtigen, vom Vertrag Abstand zu nehmen und gegebenenfalls das Gericht nach § 1361b BGB anzurufen.

> **BEISPIEL:** Das Ehepaar Adam trennt sich. Vereinbarungsgemäß bleibt Frau Adam mit den Kindern während des Getrenntlebens in der Wohnung und betreut die Kinder Max (4) und Moritz (5). Herr Adam stellt nach einem halben Jahr fest, dass seine Frau die Kinder vernachlässigt. Er erreicht beim Familiengericht, dass ihm das Aufenthaltsbestimmungsrecht allein übertragen wird. Nun möchte er mit den Kindern in der Ehewohnung leben. Hier liegt zwar eine Vereinbarung vor, nach der Frau Adam die Wohnung nutzen soll, doch ist durch die Änderung der Kindesbetreuung die Geschäftsgrundlage der Vereinbarung entfallen (§ 313 BGB).

6. Gewaltschutz

Leider ist häusliche Gewalt weit verbreitet. Die Opfer von körperlichen Übergriffen scheuen sich häufig, sich anderen Personen anzuvertrauen oder Polizei und Gerichte anzurufen. Nicht selten ist es ein schwer erklärbares Schamgefühl, das den verletzten Personen

6. Gewaltschutz

den Mund verschließt, manchmal ist es die Hoffnung, den Partner durch Wohlverhalten bessern zu können, oft aber die blanke Angst. Derart bedrängten Personen muss gesagt werden: Es hat keinen Sinn, die Übergriffe zu ertragen, durch Duldsamkeit bessert sich nichts. Auch der gewalttätige Partner kann nur zu sich kommen, wenn er sieht, dass sein Verhalten nach außen bekannt und von außen beurteilt wird. Man scheue sich also nicht, zur Polizei zu gehen und anwaltliche Hilfe in Anspruch zu nehmen. Und wenn gar Kinder von Gewalt betroffen sind, dann wäre es ihnen gegenüber ein Verbrechen, die Augen zu verschließen und sie schutzlos den Misshandlungen preiszugeben. Bei vielen Polizeidirektionen sind inzwischen Mitarbeiter/innen eingestellt, die auf Fälle häuslicher Gewalt spezialisiert sind und mit der nötigen Umsicht den Opfern helfen können.

Auch zivilrechtlich kann man sich wehren. Dies ergibt sich aus dem schon erwähnten „Gewaltschutzgesetz", das verletzten oder bedrohten Personen zwei Arten von Maßnahmen zur Verfügung stellt:

- Demjenigen, von dem die Gewalt ausgeht, können durch gerichtliche Anordnungen bestimmte Verhaltensweisen untersagt werden, z. B. die Wohnung der verletzten Person zu betreten, sich in ihrem Umkreis aufzuhalten oder Verbindung mit der verletzten Person aufzunehmen (§ 1 Gewaltschutzgesetz).

- Darüber hinaus kann die verletzte Person von dem Täter verlangen, ihr die bisher gemeinsame Wohnung zur alleinigen Nutzung zu überlassen (§ 2 Gewaltschutzgesetz).

Die Möglichkeiten des Gewaltschutzgesetzes sind **nicht nur für Eheleute** gegeben. Es macht keinen Unterschied, ob das Paar verheiratet ist oder nicht.

Für Ehegatten sind vor allem die **Schutzmaßnahmen nach § 1 Gewaltschutzgesetz** von Bedeutung. Sie setzen im Allgemeinen voraus, dass ein Partner **vorsätzlich** den Körper, die Gesundheit oder die Freiheit des anderen verletzt oder mit einer solchen Verletzung oder gar mit Tötung gedroht hat. Dann erlässt das Gericht auf Antrag des Opfers alle Maßnahmen, die zur Abwendung weiterer Verletzungen erforderlich sind.

3. KAPITEL — Ehewohnung und Haushaltsgegenstände

> **BEISPIEL:** Der Ehemann hat schwere körperliche Übergriffe gegen die Ehefrau begangen. Auf Antrag ist der Frau die Wohnung nach § 1361b zur alleinigen Nutzung zugewiesen. Der Mann zieht daraufhin aus der Wohnung aus, lauert der Frau aber häufig vor der Wohnung und vor ihrem Arbeitsplatz auf, um sie zur Rede zu stellen. Die Frau kann beim Familiengericht Anordnungen erreichen, wonach der Mann einen bestimmten Abstand von der Wohnung halten und ein Zusammentreffen an ihrer Arbeitsstelle unterlassen muss. Ein Abstandsgebot von der Wohnung kann bereits als flankierende Maßnahme zur Wohnungszuweisung ausgesprochen werden. Doch stehen der Ehefrau auch die Möglichkeiten des Gewaltschutzgesetzes zur Verfügung.

Maßnahmen nach dem Gewaltschutzgesetz sind auch möglich, wenn jemand in die Wohnung einer anderen Person eindringt oder eine andere Person dadurch unzumutbar belästigt, dass er ihr gegen ihren ausdrücklich erklärten Willen wiederholt nachstellt. Auch gegen die Verfolgung mit Hilfe von Telefon oder E-Mail kann das Gericht einschreiten.

> **BEISPIEL:** Im obigen Fall dringt der Ehemann, nachdem er aufgrund des Gerichtsbeschlusses ausgezogen ist, nachts in die Wohnung ein, um die Frau zur Versöhnung zu überreden. Das Gericht kann ihm ein derartiges Verhalten verbieten. Denn die Wohnung ist durch Gerichtsbeschluss der Frau allein zugewiesen, das Eindringen des Mannes ist widerrechtlich.

> **Weiteres BEISPIEL:** Eine getrennt lebende Ehefrau ruft ihren Mann, der sie wegen einer Jüngeren verlassen hat, ständig an, um ihn zu beschimpfen. Er verbittet sich weitere Kontakte dieser Art, gleichwohl ruft die Frau weiterhin, häufig auch nachts an. Der Mann kann erreichen, dass das Gericht der Frau weitere Anrufe dieser Art verbietet, denn das regelmäßige unerwünschte Anrufen nimmt das Ausmaß einer „Verfolgung" an.

Zuständig für Schutzmaßnahmen nach dem Gewaltschutzgesetz ist das Familiengericht (§ 111 Nr. 6, § 210 FamFG).

6. Gewaltschutz

Bedeutsam ist, dass die gerichtlichen Maßnahmen nach dem Gewaltschutzgesetz eine **Strafdrohung** gegen den Täter auslösen: Wer einer vollstreckbaren Anordnung der geschilderten Art zuwiderhandelt, dem droht Freiheitsstrafe bis zu einem Jahr oder Geldstrafe (§ 4 Gewaltschutzgesetz). Das bedeutet unter anderem, dass die Polizei einschreiten kann, auch wenn das Verhalten des Täters ansonsten nicht strafbar wäre. Weiterhin ist wichtig, dass die **unbefugte Nachstellung** einer anderen Person, welche deren Lebensgestaltung schwerwiegend beeinträchtigt, **zusätzlich unter Strafe gestellt** ist (§ 238 Strafgesetzbuch), ohne dass eine Anordnung nach dem Gewaltschutzgesetz vorausgehen müsste.

Wie gesagt kommt aufgrund des Gewaltschutzgesetzes auch eine **Wohnungszuweisung** an die verletzte Person in Betracht. Für Ehegatten ist diese Möglichkeit im Allgemeinen weniger interessant, weil für sie die besondere Möglichkeit nach § 1361b BGB in der Regel günstiger ist. Denn die Wohnungszuweisung nach dem Gewaltschutzgesetz wird grundsätzlich **nur befristet** ausgesprochen. Wenn der Täter allein Eigentümer oder Mieter ist, gilt sogar eine absolute Höchstdauer von 12 Monaten (sechs Monate mit einmaliger Verlängerungsmöglichkeit um weitere sechs Monate). Nur wenn die verletzte Person allein Mieter oder Eigentümer ist, entfällt eine zeitliche Beschränkung. Hingegen kann nach § 1361b BGB die Überlassung der Wohnung generell für das Getrenntleben erreicht werden, gleichgültig wie lange dieses andauert.

Gleichwohl muss sich der Anwalt des Opfers gut überlegen, ob er den Antrag auf Wohnungszuweisung nicht – zusätzlich zu § 1361b BGB – auch auf das Gewaltschutzgesetz stützt. Nach unserer Auffassung ist dies möglich. Es sind nämlich Fälle denkbar, in denen man mit dem Gewaltschutzgesetz sicherer zum Erfolg kommt. Immerhin verlangt § 1361b BGB die Vermeidung einer „unbilligen Härte", bei der zudem die Belange des anderen Ehegatten und die Eigentumslage zu berücksichtigen sind (oben S. 37 ff.). Das Gewaltschutzgesetz kennt hingegen die Voraussetzung der „unbilligen Härte" im Regelfall nicht: Der Anspruch auf die Wohnung gründet sich allein auf die Tatsache, dass der eine Partner den anderen vorsätzlich an Körper, Gesundheit oder Freiheit verletzt hat, weitere Billigkeitserwägungen werden nicht angestellt! Wenn dies für beliebige Opfer häuslicher Gewalt gilt, dann auch für einen von Gewalt betroffenen Ehegatten, die er nicht schlechter behandelt werden darf, nur weil er mit dem Täter verheiratet ist.

Für Schutzmaßnahmen **zugunsten gewaltbetroffener Kinder** ist das Gewaltschutzgesetz nicht einschlägig. In solchen Fällen ist das Familiengericht aber nach den Vorschriften des Kindschaftsrechts ermächtigt und verpflichtet, Schutzmaßnahmen anzuordnen. Wenn das körperliche, geistige oder seelische Wohl des Kindes gefährdet wird, so hat das Gericht die zur Abwendung der Gefahr erforderlichen Maßregeln zu treffen, sofern die Eltern nicht gewillt oder in der Lage sind, die Gefahr abzuwenden (§ 1666 BGB). Die Maßnahmen können sich gegen die Eltern oder gegen Dritte richten. Das Gesetz nennt ausdrücklich geeignete Gewaltschutzmaßnahmen. So kann einem Elternteil verboten werden, vorübergehend oder auf unbestimmte Zeit die Familienwohnung zu nutzen, sich in einem bestimmten Umkreis der Wohnung aufzuhalten oder bestimmte andere Orte aufzusuchen, an denen sich das Kind regelmäßig aufhält (§ 1666 Abs. 3 Nr. 3; § 1666a Abs. 1 S. 2, 3 BGB). Es kann ihm auch untersagt werden, Verbindung zum Kind aufzunehmen oder ein Zusammentreffen mit dem Kind herbeizuführen (§ 1666 Abs. 3 Nr. 4). Solche Verbote können sich auch gegen eine dritte Person richten, etwa gegen einen Nachbarn, der Übergriffe gegen ein Kind begangen hat; dieser kann auch aus der eigenen, in der Nachbarschaft liegenden Wohnung gewiesen werden (§ 1666 Abs. 3 Nr. 3; § 1666a Abs. 1 S. 3 BGB).

7. Wohnung und Ehescheidung

Für die Zeit nach der Scheidung kann eine endgültige Regelung darüber getroffen werden, welcher Partner die bisherige Ehewohnung künftig bewohnen soll. Dies geschieht am zweckmäßigsten durch eine **einvernehmliche Regelung** unter den Geschiedenen.

Für den Fall, dass eine **Einigung nicht gelingt**, kann das Familiengericht auf Antrag entscheiden, dass die Wohnung einem der Ehe-

7. Wohnung und Ehescheidung

gatten zu überlassen ist, und so die Rechtsverhältnisse an der Wohnung bestimmen.

An sich ändert die Scheidung nichts an der schuld- und sachenrechtlichen Lage an der bisherigen Ehewohnung. Wer die Wohnung allein gemietet hatte, bleibt auch über die Scheidung hinaus alleiniger Mieter. Wer Eigentümer der Wohnung ist, behält das Eigentum ungeschmälert auch weiterhin. Entsprechendes gilt, wenn beide Ehegatten Mieter sind oder das Miteigentum an der Wohnung innehaben. Doch entscheidet diese Rechtslage nicht unbedingt darüber, welcher der Ex-Gatten künftig in der Wohnung leben darf. Dem Familiengericht ist die Befugnis eingeräumt, aus **Anlass einer Ehescheidung in privatrechtliche Verhältnisse einzugreifen**. Im Gegensatz zu der Entscheidung bei Getrenntleben (oben S. 45 ff.) schafft der Gerichtsbeschluss für die Zeit nach der Scheidung endgültige Verhältnisse. Rücksichten auf die frühere Ehe brauchen nicht mehr genommen zu werden.

> **BEISPIEL:** Herr und Frau Tremel werden geschieden. Durch Gerichtsentscheidung wird Frau Tremel die gemeinsam gemietete bisherige Ehewohnung zugewiesen. Frau Tremel kann nun ihren neuen Freund Egon in die Wohnung aufnehmen. Herr Tremel kann das nicht mehr verhindern, selbst wenn die gemeinsamen, von Frau Tremel betreuten Kinder nun in „Familiengemeinschaft" mit Egon wohnen.
> Zur mietrechtlichen Lage in solchem Fall siehe unten S. 58 f.

Vorweg ist zu beachten, dass das Gericht die **Eigentumslage nicht verändern** kann. Gleiches gilt für sonstige dingliche Rechte, wie z. B. ein dingliches, im Grundbuch eingetragenes Wohnrecht.

> **BEISPIEL:** Herr Volkmann ist Alleineigentümer der bisherigen Ehewohnung. Frau Volkmann begehrt nach der Scheidung, dass ihr die Wohnung für sich und die gemeinsamen Kinder zugewiesen und das Eigentum an der Wohnung auf sie übertragen wird. Diesem Antrag kann nicht stattgegeben werden: Zwar kann das Gericht Frau Volkmann die Nutzung der Wohnung zugestehen, mit der Folge, dass sie Mieterin der Wohnung wird (unten S. 59), doch kann das Eigentum von Herrn Volkmann an der Wohnung nicht angetastet werden.

3. KAPITEL — Ehewohnung und Haushaltsgegenstände

Von der Eigentumsfrage abgesehen hat das Gericht aber einschneidende Befugnisse. Das Gesetz stellt zunächst die Grundregel auf, nach der im Streitfall die Zuweisung der Ehewohnung erfolgt: Ein Ehegatte kann verlangen, dass ihm der andere Ehegatte anlässlich der Scheidung die Ehewohnung überlässt, wenn er auf deren Nutzung unter Berücksichtigung des Wohls der im Haushalt lebenden Kinder und der Lebensverhältnisse der Ehegatten in stärkerem Maße angewiesen ist als der andere Ehegatte oder wenn die Überlassung aus anderen Gründen der Billigkeit entspricht (§ 1568a Abs. 1 BGB). Diese **Grundentscheidung** wird unterschiedlich realisiert, je nachdem es sich um eine gemietete Wohnung handelt oder nicht. Wie dies konkret geschieht, sollen folgende Beispiele zeigen.

Zunächst zu den **Mietwohnungen,** d. h. den Wohnungen, die ein Ehegatte oder beide gemietet haben.

> **BEISPIELE:** (1) Die Eheleute Urban hatten die Ehewohnung *gemeinsam* von Herrn Zwack *gemietet.* Über die Nutzung der Wohnung nach der Scheidung können sie sich nicht einigen. Auf Antrag von Frau Urban entscheidet das Familiengericht, dass Herr Urban seiner geschiedenen Frau die Wohnung zu überlassen hat, weil sie die Wohnung dringender benötigt. Mit Rechtskraft dieser Entscheidung setzt Frau Urban das Mietverhältnis mit dem Vermieter Zwack als *alleinige Mieterin* fort. Zugleich scheidet Herr Urban aus dem Mietverhältnis aus (§ 1568a Abs. 3 S. 1 Nr. 2 BGB).
>
> Die gleiche Lage würde eintreten, wenn sich die Eheleute Urban geeinigt hätten, dass Frau Urban die Wohnung für die Zeit nach der Scheidung überlassen werden soll. In diesem Fall setzt Frau Urban das Mietverhältnis von dem Augenblick an allein fort, in dem die Eheleute dem Vermieter die Überlassung an Frau Urban mitteilen (§ 1568a Abs. 3 S. 1 Nr. 1 BGB).
>
> (2) Die Ehe der Vorwerks wird geschieden. Herr Vorwerk hatte die Ehewohnung *allein gemietet.* Das angerufene Familiengericht weist Frau Vorwerk die Wohnung auf ihren Antrag für die Zeit nach der Scheidung zu, weil sie die gemeinsamen Kinder betreut und auf die Wohnung stärker angewiesen ist. Mit Rechtskraft dieses Beschlusses tritt Frau Vorwerk *anstelle* ihres geschiedenen Mannes als Mieterin in das Mietverhältnis ein (§ 1568a Abs. 3 S. 1 BGB). Herr Vorwerk scheidet zu diesem Zeitpunkt als Mieter aus.

7. Wohnung und Ehescheidung

(3) Das Ehepaar Walter wird geschieden. Die Wohnung hat Herr Walter *allein gemietet*. Das Gericht entscheidet auf Antrag des gehbehinderten Herrn Walter, dass die Wohnung für die Zeit nach der Scheidung ihm überlassen werden soll, weil sie als Parterrewohnung für seine Lebensbedürfnisse besonders geeignet ist. In diesem Fall wird das Mietverhältnis nicht umgestaltet. weil Herr Walter ohnehin alleiniger Mieter ist.

Komplizierter wird es, wenn die Wohnung nicht gemietet ist, sondern im **Eigentum eines Ehegatten**, beider Ehegatten oder eines Dritten steht. Wenn in diesem Fall entschieden wird, dass die Wohnung einem der Ehegatten überlassen werden soll, so muss in der Regel durch eine **weitere Entscheidung** das Rechtsverhältnis zwischen dem Eigentümer (den Eigentümern) und dem in der Wohnung bleibenden Ehegatten konkret ausgestaltet werden. Für diese Fälle sieht das Gesetz die **Begründung eines Mietverhältnisses** vor. Folgende Beispiele sollen die Möglichkeiten anschaulich machen.

BEISPIEL: (4) Das Ehepaar Dünzl wird geschieden. Herr Dünzl ist Alleineigentümer der bisherigen Ehewohnung. Frau Dünzl möchte mit den beiden Kindern Karl und Else (7 und 9 Jahre), für die sie das Sorgerecht hat, auch nach der Scheidung in der Wohnung bleiben, weil die Wohnung in der Nähe der von den Kindern besuchten Schule liegt und weil die Kinder hier auch sozial integriert sind. Eine Ersatzwohnung im betreffenden Stadtteil ist zu einer erschwinglichen Miete nicht zu haben.
Wenn das Gericht auf Antrag von Frau Dünzl entscheidet, dass ihr die Wohnung zu überlassen ist, so müssen ihre Rechte und Pflichten bezüglich der Wohnung näher ausgestaltet werden. Das Gesetz gibt ihr daher zusätzlich einen **Anspruch auf Abschluss eines Mietverhältnisses** an der Wohnung zu ortüblichen Bedingungen (§ 1568a Abs. 5 S. 1 BGB). Dieser Anspruch richtet sich gegen die „zur Vermietung berechtigten Person", also ihren Ex-Mann als Eigentümer. Kommt eine Einigung über den Mietpreis nicht zustande, so kann Herr Dünzl eine angemessene Miete, im Zweifel die ortsübliche Vergleichsmiete verlangen. Im Streitfall muss das Gericht auf Antrag die Einzelheiten des Vertrages festlegen.
Im Übrigen kann auch „die zur Vermietung berechtigte Person", in unserem Fall also Herr Dünzl, verlangen, dass ein solcher Mietvertrag zustande kommt.

Steht die Wohnung im **Eigentum eines Dritten**, so ist der Mietvertrag zwischen dem Ehegatten, dem die Wohnung überlassen wird, und dem Dritten zu begründen.

> **BEISPIEL:** (5) **Wie oben, aber:** Nicht Herr Dünzl, sondern dessen *Mutter* ist Eigentümerin der bisherigen Ehewohnung. Entscheidet das Gericht auf Antrag, dass die Wohnung Frau Dünzl zu überlassen ist, so hat diese einen Anspruch gegen die Mutter ihres Ex-Gatten als der zur Vermietung berechtigten Person, mit ihr einen Mietvertrag zu ortsüblichen Bedingungen abzuschließen.

Sind **beide Ehegatten Miteigentümer** der Wohnung und soll einem von ihnen die Wohnung überlassen werden, so entsteht eine eigentümliche Situation.

> **BEISPIEL:** (6) Arthur und Johanna Schopenhauer sind verheiratet und Miteigentümer eines von ihnen bewohnten Einfamilienhauses zu je ½. Sie werden geschieden. Arthur verlangt für die Zeit nach der Scheidung die Überlassung des Hauses an ihn mit der Begründung, er sei Privatgelehrter mit einer großen Bibliothek, ein anderes Haus könne er für seine Zwecke nicht finden. Johanna beansprucht demgegenüber das Haus für sich. Angenommen, das angerufene Gericht folgt Arthurs Argumenten. Dann hat Arthur gegen Johanna zwei Ansprüche: a) auf Überlassung des Hauses (§ 1568a Abs. 1); b) auf Mitwirkung beim Abschluss eines Mietvertrages zu ortüblichen Bedingungen (§ 1568a Abs. 5 S. 1).
> In diesem Fall steht Arthur auf beiden Seiten des Mietverhältnisses: Einerseits wird er Mieter, andererseits steht er zusammen mit Johanna als Miteigentümer auch auf der Vermieterseite.

Für den **Eigentümer der Ehewohnung** bedeutet die geschilderte Oktroyierung eines Mietverhältnisses einen erheblichen Eingriff in seine Eigentümerbefugnisse. Deshalb zieht das Gesetz zum Schutz des Eigentümers einige Barrieren ein:

- Ist einer der Ehegatten allein oder gemeinsam mit einem Dritten Eigentümer des Grundstücks, auf dem sich die Ehewohnung befindet, so kann der andere Ehegatte die Überlassung nur verlangen, wenn dies notwendig ist, um eine **unbillige Härte** zu vermeiden. Entsprechendes gilt, wenn der weichende Ehegatte allein oder gemeinsam mit Dritten Wohnungseigentümer ist oder ein sonstiges dingliches Nutzungsrecht (z. B. Erbbaurecht) an dem Grundstück innehat (§ 1568a Abs. 2 BGB).

- Unter bestimmten Voraussetzungen kann der Vermieter verlangen, dass das Mietverhältnis zeitlich befristet wird, z. B. wenn die Begründung eines unbefristeten Mietverhältnisses unter Würdigung seiner berechtigten Interessen unbillig erscheint,

> **BEISPIEL** (wie oben (5)): Es könnte eine unbillige Härte bedeuten, die Mutter von Herrn Dünzl als Eigentümerin der Wohnung auf unabsehbare Dauer mit dem Mietverhältnis zugunsten ihrer ehemaligen Schwiegertochter zu belasten. Möglicherweise könnte das zu begründende Mietverhältnis aus diesem Grund zeitlich befristet werden. Bei der Entscheidung ist allerdings zu bedenken, dass nicht nur Frau Dünzl, sondern auch die aus der Ehe stammenden Kinder (also die Enkel der Eigentümerin!) in der Wohnung ihren Lebensmittelpunkt haben sollen. Das spricht gegen die Festlegung einer kürzeren Frist.

Die **Entscheidung über den Antrag** eines Ehegatten, ihm zu Lasten des anderen **die bisherige Ehewohnung zu überlassen**, stellt das Gericht in der Regel vor eine schwierige Situation. Entscheidend ist hauptsächlich, ob der Antragsteller auf die Nutzung der Wohnung in stärkerem Maße angewiesen ist als der andere Ehegatte. Dabei sind das Wohl der im Haushalt lebenden Kinder und die Lebensverhältnisse der Ehegatten zu berücksichtigen. Derjenige Ehegatte hat also die besseren Karten, der nach der Scheidung die Kinder betreut; das sollte vorher geklärt sein oder zumindest gleichzeitig geklärt werden. Die Erwähnung der „Lebensverhältnisse der Ehegatten" im Gesetz weist darauf hin, dass es auch darauf angekommen soll, wie das geschiedene Paar bisher das gemeinsame Leben gestaltet hat. Auch sonstige Gründe der „Billigkeit" können den Ausschlag geben. So kann der Anspruch auf Wohnungsüberlassung nach der Scheidung daraus hergeleitet werden, dass schon zuvor beim Getrenntleben dem einen Ehegatten die Wohnung wegen einer Gewalttat des anderen zugewiesen wurde.

Überhaupt spielt auch eine Rolle, wie die Wohnungsnutzung während des vorangegangenen Getrenntlebens geregelt war. Zwar ist das Gericht bei der Gestaltung der Rechtsverhältnisse für die Zeit nach der Scheidung nicht an die „eingefahrenen" Verhältnisse gebunden, aber die Macht der geschaffenen Tatsachen ist groß: Wer einmal die Ehewohnung verlassen hat, noch dazu aufgrund Gerichtsbeschlusses, kommt auch nach der Scheidung selten wieder hinein.

> **Wichtig**
>
> Dringend ist zu beachten, dass der Anspruch auf Überlassung der Wohnung im Regelfall **nur binnen eines Jahres nach Rechtskraft der Entscheidung, durch welche die Ehe geschieden wird,** durchgesetzt werden kann. In allen Fällen, in denen die Überlassung der Wohnung den Eintritt eines Ehegatten in ein Mietverhältnis oder die Begründung eines neuen Mietverhältnisses nötig macht (Beispiele 1, 2, 4, 5, 6), ist diese Frist maßgebend (§ 1568a Abs. 6 BGB). Der Anspruch auf Eintritt in ein Mietverhältnis oder Begründung eines solchen erlischt ein Jahr nach Rechtskraft der Endentscheidung in der Scheidungssache. Wenn die Verhältnisse nicht durch Vereinbarung geklärt werden, ist also nach der Scheidung Eile geboten.

Bei alledem wird man fragen: Wo bleiben die **Interessen des Vermieters?** Zwar ist der Vermieter wie auch der Grundstückseigentümer im Verfahren zu beteiligen (§ 204 Abs. 1 FamFG). Seiner Zustimmung bedarf die Überlassung der Ehewohnung an einen der Ehegatten aber nicht. Das gilt noch nicht einmal, wenn sich die Ehegatten **ohne gerichtliches Verfahren einigen**.

> **BEISPIEL:** Herr und Frau Kramer lassen sich scheiden. Die Ehewohnung ist von Herrn Kramer allein gemietet. Bei der Scheidung einigen sich die Eheleute darauf, dass Frau Kramer die Wohnung allein überlassen wird, weil Herr Kramer ohnehin auswandern will. Beide verfassen einen gemeinsamen Brief an den Vermieter Lohmann, in dem sie ihm mitteilen, dass Herr Kramer die Wohnung seiner geschiedenen Frau überlassen habe. Auch in diesem Fall tritt Frau Kramer anstelle ihres Ex-Mannes in das Mietverhältnis ein, und zwar für die Zeit ab Zugang des Briefes beim Vermieter (§ 1568a Abs. 3 S. 1 Nr. 1 BGB).

Eine **Dienst- oder Werkswohnung** darf an den *nicht* im Betrieb beschäftigten Ehegatten nur überlassen werden, wenn der Dienstherr einverstanden ist oder wenn die Überlassung notwendig ist, um eine schwere Härte zu vermeiden (§ 1568a Abs. 4 BGB).

> **BEISPIEL:** Herr Cortum ist bei der XY-GmbH als Monteur beschäftigt und hat von seiner Arbeitgeberin eine preiswerte Werkswohnung zur Miete erhalten, in der er mit seiner Frau und zwei Kindern lebt. Nach der Scheidung beantragt Frau Cortum, ihr die Wohnung für sich und die Kinder zu überlassen. Kommt das Gericht zu dem Ergebnis, dass Frau Cortum die Wohnung dringend benötigt, fragt es bei der XY-GmbH um deren Einverständnis mit dieser Lösung an. Weigert sich die XY-GmbH, weil sie ihren Arbeitnehmer nicht verärgern will, so kann das Gericht trotzdem zugunsten von Frau Cortum entscheiden, wenn ihr und den Kindern sonst eine *schwere Härte* drohen würde, z. B. wenn sie sonst obdachlos würden oder nur eine menschenunwürdige Behausung finden könnten. Dann tritt Frau Cortum, obwohl nicht Arbeitnehmerin der XY-GmbH, anstelle ihres Mannes in das Mietverhältnis ein.

8. Die Verteilung der Haushaltsgegenstände

Spätestens die Scheidung führt in aller Regel zur Auflösung des bisher gemeinsamen Haushalts und zur Aufteilung der Haushaltsgegenstände unter die Ehegatten. Die Hausratsteilung ist oft ein schmerzlicher Prozess, weil mit einigen Gegenständen auch gemeinsame Erlebnisse und Gefühle verbunden sind. Zu den Haushaltgegenständen gehören alle beweglichen Sachen, die dem gemeinsamen Leben der Eheleute gedient haben, vor allem die Sachen in der gemeinsamen Wohnung wie Möbel und sonstige Einrichtungsgegenstände. Auch die Kunstgegenstände, die das gemeinsame Heim geschmückt haben, und das gemeinsam genutzte Klavier gehören dazu, auch das Automobil, das primär dem familiären Leben (und nicht beruflichen Zwecken) gedient hat. Sogar die Haustiere werden wie Haushaltsgegenstände behandelt. Die Frage, ob der Pudel „Bello" künftig bei Frauchen oder Herrchen leben darf, war schon Gegenstand von gerichtlichen Verfahren. Nicht zum Hausrat gehören

Gegenstände, die nur dem persönlichen Gebrauch eines der Partner gedient haben, wie etwa die persönlichen Kleidungsstücke.

Es ist dringend zu raten, die Haushaltsgegenstände spätestens aus Anlass der Scheidung möglichst schnell und durch Vereinbarung unter den Ehegatten aufzuteilen. Am besten ist es, gemeinsam eine Liste dieser Gegenstände zu erstellen, auf der denn jeder der Partner seine „Wunschgegenstände" ankreuzt. Über diejenigen Sachen, die beide wollen, sollte man sich im Gespräch vergleichen, auch diejenigen Sachen, die eigentlich keiner will, sollten gleichberechtigt verteilt werden. Auf ein gerichtliches Verteilungsverfahren sollte man es möglichst nicht ankommen lassen. In der Vereinbarung sollte auch klargestellt werden, ob die verabredete Hausratsteilung endgültig sein und sich auf das Eigentum erstrecken soll (wie bei Scheidung in aller Regel) oder ob sie nur als vorläufige Nutzungsregelung gedacht ist.

Wenn man sich nicht einigen kann, ist ein **gerichtliches Verteilungsverfahren** durchaus möglich (wenngleich von den Gerichten gefürchtet!). Zuständig sind die Familiengerichte (§ 111 Nr. 5, § 200 FamFG). Das Gesetz sieht zwei unterschiedliche Regelungen vor, die eine für das Getrenntleben, die andere für den Fall der Scheidung.

Für die Aufteilung der Haushaltsgegenstände **für die Zeit des Getrenntlebens** gelten folgende Grundsätze:

- Jeder Ehegatte kann vom anderen die Sachen herausverlangen, die ihm gehören (§ 1361a Abs. 1 BGB). Hat z. B. der Ehemann das Ölbild „Alpenglühen" in die Ehe mitgebracht, das im Wohnzimmer hing, so kann er, wenn er die Wohnung aus Anlass der Trennung verlässt, dieses Bild von seiner Frau herausverlangen.

- Jedoch kann der andere Ehegatte verlangen, dass der Eigentümer ihm solche Sachen zum Gebrauch überlässt, die er zur Führung des Haushalts nach der Trennung benötigt, sofern diese Überlassung der Billigkeit entspricht.

BEISPIEL: Dem Ehemann, der aus der Wohnung ausgezogen ist, gehört die Waschmaschine. Die in der Wohnung mit den Kindern verbleibende Frau ist für ihren Haushalt auf die Maschine wegen des häufigen Anfalls von Kinderwäsche dringend angewiesen. Die Frau kann, soweit billig,

8. Die Verteilung der Haushaltsgegenstände

vom Mann verlangen, ihr für die Dauer des Getrenntlebens die Waschmaschine zum Gebrauch zu überlassen. Wenn das Gericht auf Antrag der Frau so entscheidet, ändert sich aber am Eigentum des Mannes an der Maschine nichts, die Überlassung erfolgt nur „zum Gebrauch". Auch kann der Mann trotz dieser Nutzungsregelung seine Maschine herausverlangen, wenn die Ehe geschieden ist (siehe unten S. 66).

- Haushaltsgegenstände, die – wie meist – <u>beiden Ehegatten gemeinsam gehören</u>, verteilt das Gericht auf Antrag unter ihnen nach Billigkeit (§ 1361b Abs. 2 BGB). Diese **gerichtliche Hausratsteilung aus Anlass der Trennung** betrifft ebenfalls nicht das Eigentum (§ 1361 Abs. 4 BGB), sondern nur die Nutzung, ist also vorläufiger Natur. Die Verteilung im Sinne der Schaffung neuer Eigentumsverhältnisse ist auch hier einem Gerichtsbeschluss *aus Anlass der Ehescheidung* (§ 1568b BGB) vorbehalten. Es können also sogar *zwei* gerichtliche Verteilungsverfahren hintereinander stattfinden! Umso wichtiger ist: **Die Ehegatten können die Hausratsteilung jederzeit ohne Gericht durch Vereinbarung regeln, sie können auch schon bei Getrenntleben die Eigentumsverhältnisse endgültig klären!** Das ist dem Gang zum Gericht entschieden vorzuziehen.

- Weist das Gericht einem Ehegatten einen Gegenstand zur Nutzung zu, der dem anderen gehört oder mitgehört, so kann das Gericht auf Antrag eine **Nutzungsvergütung** festsetzen (§ 1361a Abs. 3 S. 2 BGB). Von dieser Möglichkeit wird nicht oft Gebrauch gemacht.

Anlässlich der Scheidung kann jeder Ehegatte verlangen, dass ihm der andere die **im gemeinsamen Eigentum stehenden** Haushaltsgegenstände überlässt und übereignet, wenn er auf deren Nutzung in stärkerem Maße angewiesen ist als der andere Ehegatte oder dies aus anderen Gründen der Billigkeit entspricht. Dabei sind das Wohl der im Haushalt lebenden Kinder und die Lebensverhältnisse der Ehegatten zu berücksichtigen (§ 1568b Abs. 1 BGB). Auch hierüber entscheidet auf Antrag das Familiengericht. In diesem Fall betrifft die gerichtliche Entscheidung nicht nur die Nutzung, sondern **auch die Eigentumsverhältnisse**: Der Partner, dem eine bisher im Miteigentum der Eheleute stehende Sache überlassen wird, hat Anspruch auf das alleinige Eigentum. Der Ehegatte, der auf diese Weise sein Eigentum verliert, kann eine angemessene Ausgleichszahlung verlangen (§ 1568b Abs. 3), über die ebenfalls das Familiengericht auf Antrag entscheidet.

Im Rahmen dieser Regelung stellt das Gesetz die **Vermutung** auf, dass Haushaltsgegenstände, die während der Ehe für den gemeinsamen Haushalt angeschafft wurden, **als gemeinsames Eigentum der Ehegatten gelten**, außer wenn das Alleineigentum eines Ehegatten feststeht (§ 1568b Abs. 2 BGB). Damit soll die schwierige Überprüfung der Eigentumsverhältnisse an den vielen einzelnen Gegenständen vermieden werden. Die genannte Vermutung gilt sinnvollerweise schon für das Verteilungsverfahren bei Getrenntleben.

Handelt es sich nicht um gemeinsames Eigentum, sondern **gehört ein Haushaltsgegenstand einem Ehegatten allein**, so besteht keine Möglichkeit einer Zuteilung an den anderen Ehegatten. Im obigen Beispiel (S. 64) kann daher der Ehemann die ihm gehörige Waschmaschine, die seiner Frau für die Zeit des Getrenntlebens zum Gebrauch zugewiesen war, bei Scheidung nun endgültig herausverlangen.

Vieles an diesen – ebenfalls seit 2009 geltenden – neuen Vorschriften ist praktisch noch wenig erprobt. Vor allem schweigt sich das Gesetz darüber aus, was eigentlich mit den Haushaltsgegenständen geschehen soll, die nach der Scheidung keiner der Ex-Gatten mehr haben möchte. Der von einem lustigen Juristen gemachte Vorschlag, diese ungewünschten Sachen bei Gericht abzugeben, ist natürlich nur ein Scherz. Umso wichtiger ist der Ratschlag, gerichtliche Verfahren über die Verteilung der Haushaltsgegenstände möglichst zu vermeiden und sich vernünftig „zu vertragen".

4. Kapitel

Trennung, Scheidung und die Kinder

1. Die Kinder – Opfer der Interessen der Erwachsenen?

Die noch nicht erwachsenen Kinder haben unter der Trennung oder Scheidung ihrer Eltern besonders zu leiden. Ihnen droht der Verlust eines Elternteils und damit einer primären Bezugsperson. Man hat daher den Begriff der „Scheidungswaisen" geprägt. Oft werden die Kinder durch die **Art und Weise**, wie sich die Trennung ihrer Eltern vollzieht, seelisch verletzt. Es geschieht dies namentlich dann, wenn sich die Eltern in einen „Kampf ums Kind" verwickeln und versuchen, sich gegenseitig „schlecht zu machen", um das Kind am Ende für sich zu gewinnen. Dadurch kann letztlich das Verhältnis des Kindes zu **beiden Eltern** Schaden leiden.

Die Schädigung des Kindes kann vermieden werden, wenn die Eltern, ihre Berater und die Gerichte von vornherein die **Wahrung des Wohles des Kindes als Hauptziel ihres Handelns** begreifen. Wenn die Gerichte schon, wie wir gesehen haben (S. 31) ohne Rücksicht auf das Kindeswohl die Scheidung aussprechen, so muss wenigstens die Regelung der Trennungs- und Scheidungsfolgen dem Besten des Kindes verpflichtet sein. Wunschziel ist, dass dem Kind trotz der Trennung beide Eltern als Bezugs- und Vertrauenspersonen erhalten bleiben.

Der Weg dorthin geht am besten über ein sorgfältig erarbeitetes **Einverständnis** unter den Eltern darüber, wie trotz ihrer Trennung die elterliche Sorge in Zukunft so ausgeübt wird, dass das Kind keinen Schaden leidet und die Beziehung des Kindes zu beiden Eltern nach Möglichkeit intakt bleibt. Das kann rechtlich mit unterschiedlichen Konstruktionen erreicht werden:

- **Fortdauer des gemeinsamen Sorgerechts nach Trennung oder Scheidung**: Trotz Trennung oder Scheidung bleiben beide Eltern gemeinsam sorgeberechtigt. Das Problem dieser Konstruktion liegt darin, dass das Kind üblicherweise bei einem Elternteil ständig lebt und dieser fortlaufend auf Situationen des Alltags reagieren muss, über die er nicht ständig den anderen, vielleicht in einer anderen Stadt wohnenden Elternteil befragen kann. Die Eltern „leben sich" im wörtlichen Sinne „auseinander", oft finden sie neue Partner – für das Kind wird es schwierig, gleichsam die letzte Klammer zwischen seinen Eltern zu bilden.

- **Übertragung der Alleinsorge auf einen Elternteil**: Aus Anlass von Trennung oder Scheidung wird das Sorgerecht einem Elternteil allein übertragen; der andere behält grundsätzlich das Recht zum Umgang mit dem Kind, hat aber keinen rechtlich gesicherten Anteil an der Erziehung des Kindes. Das Problem dieser Konstruktion liegt darin, dass dem nicht sorgeberechtigten Elternteil eine wichtige Funktion seines Elternrecht ganz entzogen wird: Auch die grundsätzlichen Entscheidungen über Erziehung und Ausbildung des Kindes trifft der sorgeberechtigte Teil in alleiniger Zuständigkeit.

- **Mischformen**: Denkbar ist auch, dass die vorstehend geschilderten Konzepte miteinander so kombiniert werden, dass ein Elternteil für einen bestimmten Kreis von Angelegenheiten allein zuständig ist, während für die übrigen Bereiche das gemeinsame Sorgerecht fortbesteht. Wir werden sehen, dass das Gesetz derartige Mischformen ermöglicht.

2. Die gemeinsame Elternsorge in der intakten Familie

Die Eltern üben grundsätzlich die elterliche Sorge über ihre minderjährigen Kinder **gemeinsam** aus (§ 1626 BGB). Das gilt uneingeschränkt für die ehelichen Kinder. Aber auch die Eltern, die bei Geburt ihres Kindes nicht miteinander verheiratet sind, können zum gemeinsamen Sorgerecht gelangen (dazu näher S. 97 ff.).

Die **elterliche Sorge** ist der Inbegriff aller Pflichten und Rechte, die mit Pflege und Erziehung eines Kindes verbunden sind und bezieht sich sowohl auf persönliche Angelegenheiten („Personensorge") als auch auf das Vermögen des Kindes. Das Sorgerecht umfasst auch die Befugnis, das Kind in Rechtsangelegenheiten zu vertreten („gesetzliche Vertretung").

Die sorgeberechtigten Eltern haben auch **Bestimmungsbefugnisse** über das Kind inne, z. B. festzulegen, wo es sich aufhalten soll (Aufenthaltsbestimmung, § 1631 Abs. 1). Sie sind verpflichtet, das Kind zu beaufsichtigen und können aus der Vernachlässigung dieser Pflicht Dritten gegenüber haftbar werden (§ 832 BGB). Die Eltern können auch bestimmen, mit wem das Kind Umgang haben darf (§ 1632 Abs. 2 BGB). Dabei sollen sie berücksichtigen, dass der Umgang mit Personen, zu denen das Kind Bindungen besitzt, seiner Entwicklung förderlich sein kann (§ 1626 Abs. 3 BGB).

Das elterliche Sorgerecht ist um des Kindes willen da. Nicht die Interessen der Eltern, sondern das **Kindeswohl** ist maßgebend. Ziel ist die Entwicklung des Kindes zur Selbständigkeit und Selbstverantwortung. So sagt § 1626 Abs. 2 BGB: „Bei der Pflege und Erziehung berücksichtigen die Eltern die wachsende Fähigkeit und das wachsende Bedürfnis des Kindes zu selbständigem verantwortungsbewusstem Handeln. Sie besprechen mit dem Kind, soweit es nach dessen Entwicklungsstand angezeigt ist, Fragen der elterlichen Sorge und streben Einvernehmen an."

Kinder haben ein Recht auf **gewaltfreie Erziehung.** Körperliche Bestrafungen, seelische Verletzungen und andere entwürdigende Maßnahmen sind unzulässig (§ 1631 Abs. 2 BGB). Damit ist ein körperliches Züchtigungsrecht der Eltern eindeutig abgeschafft.

Das Sorgerecht steht **beiden Eltern gemeinschaftlich** zu (§ 1627 BGB). Sie müssen also **zusammenwirken**, was im geschäftlichen und behördlichen Alltag oft übersehen wird. Das bedeutet, dass Mutter und Vater grundsätzlich nur gemeinsam eine Erklärung mit Wirkung für das Kind abgeben können. Vielfach ist dies unbekannt, doch werden die Schwierigkeiten in der Praxis meist behoben. Als Beispiel diene die Einwilligung in die Operation des Kindes:

(1) Ein Elternteil kann den anderen ermächtigen, auch für ihn zu handeln, entweder in einer einzelnen Angelegenheit oder in einem Geschäftsbereich. Das muss nicht ausdrücklich gesagt, sondern kann aus dem Verhalten geschlossen werden.

BEISPIEL: Ein 6-jähriges Kind soll operiert werden. Mit Zustimmung der Mutter fährt der Vater mit dem Kind in die Klinik und willigt nach entsprechender Aufklärung durch den Arzt in die Operation ein. Hier ist anzunehmen, dass der Vater von der Mutter ermächtigt ist, auch in ihrem Namen die Einwilligung zu erklären.

BEISPIEL: Der Vater kann berufsbedingt keinen Urlaub machen, die Mutter fährt daher mit den Kindern allein an die Nordsee. Der Vater ermächtigt hier die Mutter, die Kinder, wenn es notwendig werden sollte, in seiner Abwesenheit allein zu vertreten. Auch das muss nicht ausdrücklich geschehen, sondern ergibt sich aus dem Verhalten der Beteiligten.

(2) Bei Gefahr im Verzug kann jeder Elternteil allein diejenigen Rechtshandlungen vornehmen, die zum Wohl des Kindes erforderlich sind; der andere Elternteil ist von einer solchen Maßnahme unverzüglich zu benachrichtigen (§ 1629 Abs. 1 S. 4 BGB).

BEISPIEL: Die Mutter ist mit dem Kind einkaufen, das Kind wird durch eine umstürzende Vitrine verletzt und muss ärztlich behandelt werden. Die Mutter kann in die eilige ärztliche Behandlung allein einwilligen.

2. Die gemeinsame Elternsorge in der intakten Familie

> Wenn bei einem Unfall des Kindes weder Mutter noch Vater erreichbar sind, kann der Arzt sogar ohne Mitwirkung beider Eltern aufgrund ihrer **mutmaßlichen Einwilligung** das Kind behandeln, soweit es zur Abwendung eines gesundheitlichen Schadens notwendig ist.

(3) Erscheint bei dem Arzt nur *ein* Elternteil mit dem Kind, darf der Arzt bei Routinebehandlungen ungefragt davon ausgehen, dass auch der andere Elternteil die nötige Einwilligung erteilt hat. Je erheblicher allerdings der ärztliche Eingriff, desto eher muss der Arzt sich vergewissern, dass auch der andere Elternteil seine Zustimmung erteilt.

Sind die Eltern in einer bestimmten Angelegenheit des Kindes **verschiedener Meinung**, so müssen sie das Gespräch und eine Einigung suchen (§ 1627 S. 2 BGB). Gelingt keine Übereinstimmung, so kann in Angelegenheiten von erheblicher Bedeutung das Familiengericht angerufen werden (§ 1628 BGB).

> **BEISPIEL:** Herr Anders möchte, dass die 14-jährige Tochter Luise in ein Internat kommt, um ihre schulischen Leistungen zu verbessern, Frau Anders möchte die Tochter weiterhin zu Hause haben. Die Eltern können sich nicht einigen. Herr oder Frau Anders können nun das Familiengericht um eine Entscheidung anrufen. Dieses überträgt, wenn alle Einigungsversuche fehlschlagen, demjenigen Elternteil die Entscheidung, dessen Standpunkt geeigneter erscheint. Natürlich spielt dabei auch eine Rolle, wie Luise selbst zu der Angelegenheit steht. Das Gericht wird sie dazu anhören (§ 159 Abs. 1 FamFG).

Es ist dringend zu empfehlen, derartige Meinungsverschiedenheiten in der Familie selbst auszutragen und den Rat von Fachleuten (Lehrern etc.) zu suchen, ehe man persönliche Angelegenheiten vor Gericht trägt.

3. Die Lage bei Trennung und Scheidung im Überblick

Ein ideales Recht für die Frage der Elternsorge bei Trennung und Scheidung zu finden, ist schwer. Es gibt kein Recht, das im Falle der Elterntrennung das Kindeswohl garantieren kann, weil nicht die Normen entscheiden, sondern das Verhalten der Beteiligten. Das Recht kann nur Rahmenbedingungen schaffen, unter denen das Kindeswohl trotz Trennung der Eltern voraussichtlich am ehesten gewahrt wird. Darüber, wie dieses Recht beschaffen sein muss, besteht Unsicherheit. Diese zeigt sich darin, dass der Gesetzgeber in rascher Folge seine Konzepte geändert hat.

Die Reform des Kindschaftsrechts, in Kraft seit 1.7.1998 (Kindschaftsrechtsreformgesetz), hat neue Wege beschritten, um das Wohl des Kindes bei Trennung seiner Eltern möglichst zu wahren. Diese Regelungen sind durch das FamFG von 2008 in wichtigen Punkten ergänzt worden. Vorweg ein Überblick:

- Früher musste das Familiengericht obligatorisch eine Entscheidung über die elterliche Sorge für gemeinsame minderjährige Kinder treffen, wenn die Ehe der Eltern geschieden wurde. Diese **Notwendigkeit eines gerichtlichen Verfahrens**, das die Emotionen der Beteiligten in gefährlicher Weise wecken und für die Kinder schädlich sein konnte, ist **entfallen**. Wenn kein Antrag gestellt wird, leitet das Familiengericht von sich aus kein Verfahren über das Sorgerecht und den Umgang ein (Ausnahmen S. 74). Die gesetzlichen Regeln sehen spezielle Folgen für die elterliche Sorge im Fall der Scheidung gar nicht mehr vor, sondern knüpfen an das **Getrenntleben** des Elternpaares an: Wenn sich die Eltern trennen, **läuft die gemeinsame Sorge kraft Gesetzes einfach weiter**. Das Gericht wird erst tätig, wenn von den Eltern etwas anderes beantragt wird. Und auch die Scheidung ändert hieran nichts!

- Entfallen ist daher auch die Regelung, dass das Scheidungsgericht von Amts wegen ein Verfahren über die elterliche Sorge mit dem

3. Die Lage bei Trennung und Scheidung im Überblick

Scheidungsverfahren verbinden muss („Zwangsverbund"). Die Fragen der elterlichen Sorge und des Umgangs können zwar durch einen rechtzeitigen Antrag mit dem Scheidungsverfahren verbunden werden, d. h. dadurch, dass ein Ehegatte die Einbeziehung der Kindschaftssache in die Scheidungssache vor Schluss der mündlichen Verhandlung erster Instanz beantragt. Doch sind die Ehegatten nicht gezwungen, einen solchen Antrag zu stellen. Selbst wenn sie es tun, kann das Gericht die Einbeziehung aus Gründen des Kindeswohls ablehnen (§ 137 Abs. 3 FamFG). Ein Verfahren über das Sorge- und das Umgangsrecht – wenn es zu einem solchen kommt – kann also im Verbund mit dem Scheidungsverfahren, aber auch als selbständiges Verfahren betrieben werden.

- Zu einem **Verfahren über das Sorgerecht** kommt es in der Regel nur, wenn ein Elternteil eine vom gesetzlichen Modell gemeinsamer Sorge **abweichende Regelung** der elterlichen Sorge **beantragt**. Dies ist vor allem der Fall, wenn ein Elternteil die alleinige Sorge für das Kind haben will. Die Übertragung der alleinigen Sorge ist jedoch an bestimmte Voraussetzungen gebunden (§ 1671 Abs. 1 BGB):

– entweder die Eltern müssen sich in diesem Punkt einig sein;

– oder aber es muss zu erwarten sein, dass die Aufhebung der gemeinsamen Sorge und die Übertragung der alleinigen Sorge an den Antragsteller „dem Wohl des Kinde am besten entspricht". Unter diesen Voraussetzungen kommt auch die Übertragung eines **Teils des Sorgerechts** an einen Elternteil allein in Frage, so dass Mischformen von gemeinsamer und alleiniger Sorge denkbar sind (z. B. Vater allein zuständig für die Angelegenheiten der Ausbildung, alles Übrige bleibt in gemeinsamer Sorge, etc.).

– Im Interesse des Kindeswohls dringt das Gesetz darauf, dass sich die Eltern möglichst über Sorge und Umgang **einigen**, um den Kindern einen gerichtlich ausgetragenen Elternstreit und die damit verbundenen Belastungen und Verletzungen zu ersparen. Auch wenn es dennoch zu einem Verfahren über das Sorgerecht oder das Umgangsrecht kommt, soll das Gericht in jeder Lage des Verfahrens **auf ein Einvernehmen der Beteiligten hinwirken**, wenn dies dem Kindeswohl nicht widerspricht (§ 156 Abs. 1 FamFG). Das Gericht ist gehalten, die Eltern auf **Möglichkeiten der Beratung** durch die Einrichtungen der Kinder- und Jugendhilfe hinzuweisen; es kann sogar anordnen, dass die Eltern an einer solchen Beratung teilnehmen (gezwungen werden können diese freilich nicht). Ziel dieser Beratung soll insbesondere sein, ein einvernehmliches Konzept für die Wahrnehmung der elterlichen Sorge und Verantwortung zu finden Das Gericht soll auch auf die Möglichkeiten hinweisen, einen Streit ohne Gericht – z. B. durch eine Mediation – zu lösen. Unter **Mediation** versteht man ein außergerichtliches Verfahren, in dem die Beteiligten freiwillig unter Mitwirkung eines neutralen Vermittlers eine einvernehmliche Lösung ihres Konflikts erarbeiten. Die Mediation ersetzt nicht die Rechtsberatung, die vorausgehen sollte; denn nur wenn man über seine Rechte Bescheid weiß, kann man auch sinnvolle Kompromisse suchen.

– Von sich aus („von Amts wegen") kann das Familiengericht nur dann eine Regelung des Sorgerechts betreiben, wenn ohne eine solche Maßnahme **das Wohl des Kindes gefährdet** wäre (§ 1666 Abs. 1 BGB), z. B. wenn beide Eltern sich schwerer Übergriffe gegen das Kind schuldig gemacht haben und daher ein Pfleger oder ein Vormund für das Kind bestellt werden muss.

– Das Gesetz dringt darauf, dass Verfahren, in denen es um den Aufenthalt des Kindes oder den Umgang mit ihm geht, **vorrangig und beschleunigt** durchgeführt werden, ebenso wenn ein Verfahren wegen Gefährdung des Kindeswohls ansteht (§ 155 FamFG). Spätestens einen Monat nach Beginn des Verfahrens soll ein Termin mit allen Beteiligten stattfinden, in dem die betreffende Angelegenheit erörtert und auch das Jugendamt angehört wird. Sinn dieser Beschleunigung ist es, vor allem für die Kinder alsbald Klarheit über ihre künftigen Lebensverhältnisse zu schaffen, auf die sie sich einrichten können. Lang sich hinzuziehende Verfahren über Sorgerecht und

Umgang können für die Kinder, aber auch für die Eltern zur Qual werden. Das Beschleunigungsgebot darf umgekehrt nicht in einer für das Kind schädlichen Weise durchgeführt werden. Vor allem in Fällen einer schweren häuslichen Gewalt kann der Zwang für das Opfer, alsbald dem anderen Teil vor Gericht begegnen zu müssen, eine schwer erträgliche Zumutung bedeuten. Allgemein ist zu sagen: Die Eile darf nicht zu falschen, gegen das Kindeswohl verstoßenden Entscheidungen führen.

4. Die Fortführung der gemeinsamen Sorge nach Trennung und Scheidung

Wie schon erwähnt ändert die Tatsache allein, dass die Eltern sich trennen und geschieden werden, nichts daran, dass sie weiterhin beide und gleichberechtigt Inhaber des Sorgerechts sind, solange keine anderweitige Gerichtsentscheidung ergeht. Wenn die Eltern verständnisvoll und kooperativ zusammenwirken, ist die fortdauernde gemeinsame Sorge gewiss die beste Lösung. Die Probleme liegen, wie so häufig, in der Praxis des alltäglichen Lebens.

> **BEISPIEL:** Das Ehepaar Schröder trennt sich und lässt sich scheiden. Die Kinder Max und Moritz (10 und 12 Jahre) bleiben mit Zustimmung von Herrn Schröder bei der Mutter. Einmal in der Woche ist Herr Schröder mit den Kindern etwa drei Stunden beisammen. Herr Schröder ist inzwischen mit Frau Fischer verheiratet und hat auch Kinder aus dieser Beziehung. Seine Kontakte mit Max und Moritz werden in der Folgezeit etwas seltener, wenngleich er sie nicht ganz abreißen lässt.
> Kann man sagen, dass Herr Schröder seine Kinder aus erster Ehe „pflegt, erzieht und beaufsichtigt", wie vom Gesetz bei der elterlichen Sorge vorausgesetzt wird (§ 1631 Abs. 1 BGB)?

Üblicherweise leben die Kinder nach Trennung und Scheidung ihrer Eltern entweder beim Vater oder bei der Mutter. Bei aller Gemeinsamkeit der Verantwortung bleibt es dann nicht aus, dass der „anwesende" Elternteil faktisch doch hauptsächlich der „Pflegende"

4. KAPITEL Trennung, Scheidung und die Kinder

und „Erziehende" ist. Denn Erziehung geschieht nicht durch Festsetzung abstrakter Grundsätze, auf die sich die Eltern einigen, sondern durch ständige Begegnung, Zuwendung und Auseinandersetzung in beliebigen Situationen des Alltags. „Gemeinsame Sorge" von Eltern, die auf Dauer getrennt leben, ist ein bloßes juristisches Konstrukt, das mit der Wirklichkeit der Erziehungs- und Sorgetätigkeit nicht verwechselt werden darf.

Der Gesetzgeber hat das sehr wohl gesehen. Deshalb findet sich in § 1687 Abs. 1 BGB eine eigentümliche Regelung. Haben sich die Eltern auf Dauer getrennt und hat das Kind – wie üblich – seinen gewöhnlichen Aufenthalt bei einem von ihnen, so tritt **automatisch** eine **Kompetenzverteilung** im Bereich der elterlichen Sorge ein:

- Bei Entscheidungen in Angelegenheiten, deren Regelung für das Kind **von erheblicher Bedeutung** ist, müssen sie **einvernehmlich** handeln; hier gelten also die Grundsätze der gemeinsamen Sorge.

- Hingegen hat der Elternteil, bei dem das Kind lebt, die Befugnis zur **alleinigen Entscheidung** in Angelegenheiten **des täglichen Lebens**.

Wichtig

Gemeinsame Sorge nach Trennung	
Angelegenheiten von erheblicher Bedeutung	Angelegenheiten des täglichen Lebens
= gemeinsame Zuständigkeit	= Alleinzuständigkeit des Elternteils, bei dem das Kind lebt

Die „gemeinsame Sorge nach Trennung und Scheidung" stellt also in Wirklichkeit ein **Mitsorgerecht in wichtigen Angelegenheiten** dar, während der Elternteil, bei dem das Kind lebt, über die Dinge des täglichen Lebens allein entscheiden kann.

BEISPIEL: Im oben genannten Fall möchte Max mit seinen Freunden Fußball spielen, während Frau Schröder darauf dringt, dass erst die Schulaufgaben gemacht werden. Diese Angelegenheit, die als einzelne betrachtet nicht von erheblicher Bedeutung ist, kann Frau Schröder allein regeln.

Ginge es hingegen darum, ob Max sich einem Fußballverein anschließen soll, der Max aufgrund seines Talents jedes Wochenende für die Pflichtspiele seiner Jugendmannschaft einsetzen möchte, so ist eher das grundsätzliche Problem aufgeworfen, welchen Stellenwert der Sport im Leben des Jungen haben soll. Hier hätte auch Herr Schröder mitzubestimmen.

Die Befugnis, über Angelegenheiten des täglichen Lebens allein zu entscheiden, steht allerdings nur demjenigen Elternteil zu, bei dem sich das Kind **rechtmäßig**, d. h. entweder mit Zustimmung des anderen Elternteils oder aufgrund einer gerichtlichen Entscheidung aufhält.

BEISPIEL: Die Eheleute Kaunitz leben im Streit. Eines Nachts verlässt Herr Kaunitz mit den 4- und 6-jährigen Kindern heimlich das Haus und verbringt sie in eine neue Wohnung, die er schon vorher für diesen Zweck angemietet hat. Mit dieser Kindesentführung hat der Ehemann das Elternrecht seiner Frau schwer verletzt; ihm kommt die Befugnis zur alleinigen Bestimmung über die Angelegenheiten des täglichen Lebens nicht zu.

Die Befugnis zur alleinigen Bestimmung in Angelegenheiten des täglichen Lebens wirkt sich auch auf das Recht zur Vertretung des Kindes gegenüber Dritten aus – insoweit ist der Elternteil, bei dem sich das Kind gewöhnlich aufhält, dessen alleiniger gesetzlicher Vertreter.

BEISPIEL: Im Falle Schröder (S. 76) erleidet Moritz beim Spielen eine kleinere Platzwunde am Kopf. Frau Schröder holt einen Arzt, der die Wunde versorgt und näht. Wenn wir annehmen, dass es sich um eine „Angelegenheit des täglichen Lebens" handelt, dann kann Frau Schröder allein im Namen ihres Sohnes die nötige Einwilligung in die Heilbehandlung erklären.

Die entscheidende, aber recht schwierige Frage ist nun aber, was eigentlich **„von erheblicher Bedeutung"** oder was **„Angelegenheit**

des täglichen Lebens" ist. Der Gesetzgeber hat sich offenbar eingebildet, man könne das Leben eines Kindes mit derartigen Begriffen einigermaßen klar aufteilen. Das ist aber nicht so: Im Leben eines Kindes hängt alles mit allem zusammen, und die geringste Kleinigkeit kann eine große Bedeutung erlangen wie umgekehrt Dinge, die zunächst wichtig schienen, sich als nebensächlich herausstellen können. Das Gesetz versucht mit einer Definition zu helfen: „Entscheidungen in Angelegenheiten des täglichen Lebens sind in der Regel solche, die häufig vorkommen und die keine schwer abzuändernden Auswirkungen auf die Entwicklung des Kindes haben" (§ 1687 Abs. 1 S. 3 BGB). Aber viel hilft diese Aussage auch nicht.

> Im letztgenannten **BEISPIEL** könnte man schon zweifeln. Zwar ist die Behandlung einer kleineren Wunde bei Kindern einerseits eine nicht seltene Angelegenheit, andererseits ist ihre „Regelung" doch für die Gesundheit des Kindes wichtig: Bleibt die Wunde unversorgt, so droht der Gesundheit des Kindes Schaden.

Man muss die Vorschrift von ihrem Zweck her auslegen. Der andere Elternteil soll in grundlegenden Angelegenheiten, welche die Entwicklung des Kindes prägen, also in grundsätzlichen Fragen der Schule und Ausbildung, der sportlichen, kulturellen und religiösen Orientierung, auch bei generellen Entscheidungen über die Ausrichtung der sozialen Kontakte mitbestimmen, sich aber nicht in einzelne Vorgänge des täglichen Lebens einmischen. Vieles wird zweifelhaft sein, so dass dem Geschäftsverkehr anzuraten ist, möglichst auf die Zustimmung beider Elternteile zu dringen, wenn – bei gemeinsamem Sorgerecht – ein Elternteil allein im Namen des Kindes ein Geschäft abschließen will. Bei **Gefahr im Verzug** ist allerdings jeder Elternteil allein zu handeln berechtigt (siehe oben S. 70).

Können sich die getrennt lebenden Eltern in einer Angelegenheit von erheblicher Bedeutung nicht einigen, so bleibt nichts anderes übrig, als das Familiengericht um eine Entscheidung anzurufen. Auf Antrag kann das Gericht dann die Entscheidung in dieser Angelegenheit oder in einem Kreis von Angelegenheiten auf einen Elternteil übertragen (§ 1628 BGB) – es gilt dasselbe wie bei zusammenlebenden Eltern. (oben S. 71).

4. Die Fortführung der gemeinsamen Sorge nach Trennung und Scheidung

Es wird klar geworden sein, dass „gemeinsame Sorge nach Trennung" eine juristische Konstruktion ist, die nur bedingt etwas über das reale Leben aussagt. Diese Konstruktion gibt vor allem keine Auskunft darüber, **bei welchem Elternteil das Kind leben soll**. Am besten ist es natürlich, wenn die Eltern sich über diesen Punkt einig sind. Wie aber, wenn die Eltern zwar abstrakt gesehen nichts gegen eine „gemeinsame Sorge" einzuwenden haben, aber beide das Kind dauernd bei sich haben möchten?

> **BEISPIEL:** Frau und Herr Kreittmayr trennen sich. Sie haben eine Tochter Aloysia (8 Jahre alt). Beide sind durchaus mit der Fortführung der gemeinsamen Sorge einverstanden, nur möchte Frau Kreittmayr, die zu ihrem Freund gezogen ist, dass auch ihre Tochter hierhin folgt, während der in der Ehewohnung verbliebene Herr Kreittmayr Aloysia bei sich behalten möchte.

Es handelt sich um einen Streit gemeinsam sorgeberechtigter Eltern in einer Angelegenheit von erheblicher Bedeutung. Beide Eltern können also beim Familiengericht nach § 1628 BGB beantragen, das Bestimmungsrecht über den Aufenthalt einem von ihnen allein zu übertragen. Wer dabei Erfolg hat, wird bestimmen, dass das Kind bei ihm leben soll. Wir sehen: Das „gemeinsame Sorgerecht nach Trennung" muss keine harmonische Sache sein. Das ergibt sich schon daraus, dass diese „gemeinsame Sorge" auch dann eintritt, wenn ein Elternteil nicht damit einverstanden ist und wenn keine Einigkeit darüber besteht, wie das konkret funktionieren soll.

Ist zwischen den Eltern dauerhaft streitig, ob das Kind bei Vater oder Mutter seinen Lebensmittelpunkt haben soll, so sind letztlich gedeihliche Voraussetzungen für ein „gemeinsames Sorgerecht" nicht gegeben. Es wird also in der Praxis darauf hinauslaufen, dass der Vater oder die Mutter bei Gericht die alleinige Sorge für sich beantragt, um dem Hin und Her ein Ende zu machen. Die Erfolgschancen eines solchen Antrags sollen uns etwas später beschäftigen (S. 83 ff.).

Wir haben gesehen, dass unter dem Mantel des „gemeinsamen Sorgerechts" mancher Streit möglich ist. So kann z. B. auch darum gestritten werden, wann und wie oft der Elternteil, bei dem das Kind nicht ständig lebt, das Kind besuchen oder mit ihm telefonieren darf (Frage des Umgangsrechts, S. 88 ff.). Es können Meinungsverschiedenheiten darüber entstehen, welche Informationen der Elternteil, der das Kind in seiner Obhut hat, dem anderen geben muss (siehe § 1686 BGB), oder darüber, welche Angelegenheiten von erheblicher Bedeutung sind, schließlich auch über die Höhe des dem Kind geschuldeten Unterhalts.

Mögliche Konflikte

Übersicht: Mögliche Konflikte bei gemeinsamem Sorgerecht	
Aufenthalt des Kindes	§ 1628 BGB
Erziehungsfragen, Fragen von erheblicher Bedeutung	§ 1628 BGB
Umfang der Befugnis zur alleinigen Entscheidung	§ 1687 Abs. 2 BGB
Umgang mit den Eltern	§ 1684 Abs. 3, 4 BGB
Auskunft über die persönlichen Verhältnisse des Kindes	§ 1686 S. 2 BGB
Höhe und Art des Kindesunterhalts	§ 1606 Abs. 3 BGB
Unterhalt für den das Kind betreuenden Elternteil	§§ 1570, 1615l BGB

Dieser Aufweis möglicher Streitpunkte soll die gemeinsame Sorge nach Trennung und Scheidung nicht mies machen. Es ist aber klarzustellen, dass eine **sinnvolle gemeinsame Sorge die Einigung der Eltern in wichtigen Punkten voraussetzt**. Die Eltern sollten sich im Trennungskonflikt also rechtzeitig Gedanken darüber machen, in welcher Weise sie die elterliche Sorge gemeinsam ausüben wollen und können, und sie sollten die wichtigsten Punkte durch flankierende Vereinbarungen klären. Auch hier kann die Mediation wertvolle Hilfe leisten.

Wichtig

Eine Vereinbarung darüber, bei welchem Elternteil das Kind seinen gewöhnlichen Aufenthalt nimmt, hat auch unterhaltsrechtliche Konsequenzen: Derjenige Elternteil, der das Kind faktisch betreut, erfüllt damit dem Kind gegenüber seine Unterhaltspflicht (§ 1606 Abs. 3 S. 2 BGB); dem anderen Elternteil bleibt dann die

4. Die Fortführung der gemeinsamen Sorge nach Trennung und Scheidung

> Pflicht, die nötigen wirtschaftlichen Mittel für das Kind aufzubringen, also den „Barunterhalt" zu leisten. Außerdem hat nach Scheidung der das Kind betreuende Ehegatte einen Unterhaltsanspruch für sich selbst, soweit er wegen der Pflege und Erziehung nicht zumutbar erwerbstätig sein kann (§ 1570 BGB, dazu S. 133; bei nichtehelichen Kindern S. 206). Auch diese unterhaltsrechtlichen Folgen sind in die nötigen Vereinbarungen einzubeziehen.

Die gemeinsame Sorge kann auch in der Form realisiert werden, dass das Kind abwechselnd bei Vater und der Mutter lebt (**Wechselmodell**), zum Beispiel sowohl in der Wohnung des Vaters als auch in der Wohnung der Mutter ein Zimmer hat und wochenweise seinen Aufenthalt wechselt. Diese Gestaltung wird manchen Psychologen und Gerichten favorisiert, weil so eine Entfremdung des Kindes gegenüber einem der Elternteile vermieden werden kann. Im praktischen Leben stößt eine solche Gestaltung aber auf große Hindernisse. Wie schon gesagt ist das Leben des Kindes eine Einheit, das nicht um der Interessen der Erwachsenen willen aufgespaltet werden sollte. Das Wechselmodell *kann* zum Wohl des Kindes gelingen, wenn die Eltern nicht weit auseinander wohnen (also in derselben Stadt oder demselben Stadtteil) und sich wirklich in den wichtigen Fragen einig sind. Es darf ihnen keinesfalls aufoktroyiert werden. Es ist auch zu bedenken, dass dieses Modell schwierige Folgefragen aufwirft (Wer zahlt Unterhalt für das Kind, in welcher Höhe?). Darüber muss Einigkeit herrschen, wenn das Kind nicht zwischen streitenden Elternteilen, mit denen es abwechselnd zusammenlebt, zerrissen werden soll. Vor allem bei Schulkindern ist die Realität des heutigen Schulwesens zu berücksichtigen: Die Organisation des Lebens eines Schulkindes ist eine komplizierte Sache, die nicht von Woche zu Woche verschieden gehandhabt werden kann. Bevor man sich also auf das Wechselmodell einlässt, sind klare Vorstellungen zu entwickeln, wie das im Alltag praktisch funktionieren soll.

5. Alleinige Sorge mit Zustimmung des anderen Elternteils

Das Gegenstück zur gemeinsamen Sorge nach der Trennung ist die Alleinsorge eines Elternteils. Sie tritt in der Regel nur aufgrund gerichtlicher Sorgerechtsregelung ein. Wer die Alleinsorge will, muss also initiativ werden. Alleinsorge bedeutet, dass Recht und Pflicht zur Pflege und Erziehung des Kindes ausschließlich bei einem Elternteil liegen. Dem anderen bleiben das Recht auf fortlaufenden Kontakt mit dem Kind („Umgang", § 1684 BGB) und der Anspruch auf Auskunft über die persönlichen Verhältnisse des Kindes (§ 1686 BGB).

Zur Alleinsorge führt ein einfacher Weg: Sie wird einem Elternteil auf seinen Antrag hin zugewiesen, wenn der andere Elternteil **zustimmt** (§ 1671 Abs. 1 S. 2 Nr. 1 BGB). Die Einigkeit der Eltern ist für das Familiengericht bindend, außer wenn der Vorschlag dem Kindeswohl in erheblichem Maß zuwiderläuft. Es versteht sich, dass eine derartige Zustimmung zur Alleinsorge des Partners gut überlegt sein will und nicht ohne flankierende Vereinbarungen über Umgang und Unterhalt gegeben werden sollte.

Die bindende Wirkung des gemeinsamen Elternwillens entfällt allerdings, wenn das **Kind, sofern es das 14. Lebensjahr schon vollendet hat,** der beantragten Regelung **widerspricht**. Das Gericht entscheidet dann nach dem Kindeswohl, dem geäußerten Willen des Kindes kommt dabei erhebliches Gewicht zu.

> **BEISPIEL:** Das Ehepaar Völkl hat einen 14-jährigen Sohn Klaus. Bei ihrer Trennung beantragt Frau Völkl mit Zustimmung ihres Mannes die Übertragung der alleinigen elterlichen Sorge für Klaus auf sich. Klaus wird dazu vom Familienrichter angehört und wehrt sich gegen diese Lösung. Er möchte lieber, dass beide Eltern gemeinsam sorgeberechtigt bleiben. Das Gericht ist jetzt an die Elterneinigung nicht gebunden und entscheidet nach den Erfordernissen des Kindeswohls. Das Ergebnis kann gleichwohl sein, dass die Mutter die alleinige Sorge bekommt. Die Widerspruchsmöglichkeit für Klaus bedeutet nicht, dass er ein unüber-

windliches Veto einlegen könnte. Aber sein „Protest" gegen den Elternvorschlag wird das Gericht beeindrucken, vor allem, wenn Klaus verständliche Gründe für seine Meinung vorbringt.

6. Der Streit um das alleinige Sorgerecht

Können sich die Eltern über das Sorgerecht nach Trennung und Scheidung nicht einigen, so kann über diesen Punkt vor Gericht gestritten werden. Jeder Elternteil kann nach der Trennung beim Familiengericht den Antrag stellen, ihm das Sorgerecht allein zu übertragen.

Freilich ist, wenn der Antrag Erfolg haben soll, eine hohe Hürde zu überwinden. Das Gericht hat dem Antrag nur stattzugeben, wenn es ein Zweifaches erwarten kann:

- **erstens**, dass die Aufhebung der gemeinsamen elterlichen Sorge dem Kindeswohl am besten entspricht;
- und zudem **zweitens**, dass die Übertragung der Alleinsorge gerade auf den Antragsteller die beste Lösung für das Kind darstellt.

Das Gesetz lässt klar erkennen, dass es die Fortdauer der gemeinsamen Sorge favorisiert: Das Gericht muss die Überzeugung gewinnen, dass die Alleinsorge des antragstellenden Elternteils im konkreten Fall das Beste für das Kind ist, sonst muss es den Antrag ablehnen.

BEISPIEL: Die Eheleute Spindler haben zwei Töchter, Barbara (9) und Bettina (11). Nach der Trennung beantragt Frau Spindler beim Familiengericht, dass ihr das alleinige Sorgerecht für beide Kinder übertragen wird. Herr Spindler widerspricht dem, weil er den Einfluss auf die Erziehung nicht verlieren will.
Der Antrag hat nur dann Aussicht auf Erfolg, wenn Frau Spindler das Gericht davon überzeugen kann, dass die Alleinsorge eines Elternteils besser für die Kinder ist als das Weiterbestehen der gemeinsamen Sorge und **außerdem**, dass gerade sie – Frau Spindler – diese Alleinsorge besser ausüben kann als ihr Mann.

4. KAPITEL Trennung, Scheidung und die Kinder

> Das Gericht kann zu folgenden Ergebnissen kommen:
> - Die Alleinsorge eines Elternteils ist für die Kinder nicht besser als die gemeinsame Sorge. Dann lehnt es den Antrag schon deshalb ab. Das gemeinsame Sorgerecht besteht weiter.
> - Die Alleinsorge eines Elternteils ist zwar an sich besser, doch werden sich die Kinder nicht bei der antragstellenden Frau Spindler, sondern bei Herrn Spindler voraussichtlich besser entwickeln. Auch dann wird der Antrag von Frau Spindler abgelehnt. Wenn Herr Spindler die Alleinsorge will, müsste er jetzt seinerseits einen entsprechenden Antrag stellen; tut er es nicht, so bleibt es beim gemeinsamen Sorgerecht.
> - Die Alleinsorge eines Elternteils ist besser und diese wird am besten durch Frau Spindler ausgeübt: Dann wird das Gericht dem Antrag stattgeben.
> - Möglich ist es auch, dem Antragsteller **einen Teil** des Sorgerechts zur alleinigen Ausübung zu übertragen, wenn diese Gestaltung dem Wohl des Kindes am besten entspricht, dazu weiter unten (S. 86).

Die **erste Frage**, die sich das Gericht stellen muss, ist also, ob die beantragte Alleinsorge dem Kindeswohl besser dient als das Fortbestehen der gemeinsamen Sorge. Dabei ist zu berücksichtigen, dass derjenige Elternteil, bei dem das Kind gewöhnlich lebt, ohnehin die alleinige Entscheidung in den Angelegenheiten des täglichen Lebens hat. Wann kann unter diesen Umständen die alleinige Sorge als bessere Lösung angesehen werden? Zu denken ist vor allem an Elternpaare, die so verfeindet sind, dass eine kontinuierliche Kooperation zum Besten des Kindes unwahrscheinlich ist. Indiz dafür sind häufige Streitigkeiten über Erziehungsfragen, Umgang oder Unterhalt, die noch nicht beigelegt sind. Man muss bedenken, dass die Praktizierung des gemeinsamen Sorgerechts fortlaufende Kontakte zwischen den Eltern voraussetzt. Sind diese durch Feindseligkeit und Misstrauen geprägt, dann wird schwerlich eine Kooperation zum Besten des Kindes herauskommen. Auch wenn ein Elternteil sich durch Misshandlung des Kindes oder durch Gleichgültigkeit ihm gegenüber als untauglich zur Erziehung erwiesen hat, macht ein gemeinsames Sorgerecht keinen Sinn. Auch massive Gewaltanwendungen des Vaters gegen die Mutter sprechen gegen die Beibehaltung der gemeinsamen Sorge, auch wenn die Kinder selbst nicht geschlagen worden sind. Denn wenn die Kontaktaufnahme unter den

Partnern mit Angstgefühlen verbunden ist, kommt schwerlich eine gedeihliche Zusammenarbeit heraus.

Bejaht das Gericht die erste Frage, so prüft es **zweitens**, ob die Übertragung des alleinigen Sorgerechts **auf den Antragsteller** die beste Lösung für das Kind darstellt. Hier kommt es auf eine Gesamtschau der psychischen und äußeren Entwicklungsbedingungen an. Es wird gefragt, bei welchem Elternteil das Kind die bessere Förderung erfahren kann („Förderprinzip"), ferner bei welcher Lösung dem Kind seine bisherige Lebenswelt (Schule, Freunde, sonstige soziale Kontakte) möglichst erhalten bleibt („Kontinuitätsprinzip"). In diesem Zusammenhang kann auch relevant werden, dass ein Kind zu einem Elternteil die ersichtlich engeren psychischen Bindungen entwickelt hat. Auch die Bindung unter Geschwistern ist von Belang; es ist darauf zu achten, dass Geschwister zumindest in jüngeren Jahren möglichst nicht getrennt werden.

Die Entscheidung darüber, ob die Mutter oder der Vater als die geeignetere Sorgeperson anzusehen ist, fällt den Gerichten in vielen Fällen schwer. Oft verbleibt ein kaum entscheidbares Für und Wider. Fruchtbar kann die Formel von der **„am wenigsten schädlichen Alternative"** sein: Das Gericht fragt, welche Lösung für das Kind voraussichtlich die geringeren Nachteile und Risiken mit sich bringt. Unumstößliche Gewissheit ist aber auch von diesem Gesichtspunkt nicht zu erwarten, auch wenn sich das Gericht auf Sachverständigengutachten und Stellungnahmen des Jugendamts stützen kann. Daher muss man die Erbitterung verstehen, mit der Mütter und Väter um das Sorgerecht kämpfen und die sie dauerhaft empfinden, wenn sie im Sorgerechtsstreit unterlegen sind.

Für die Entscheidung des Gerichts kommt auch dem **Willen des Kindes** ein großes Gewicht zu. Ist das Kind schon 14 Jahre alt, so ist es in Angelegenheiten der Personensorge stets **anzuhören** (§ 159 Abs. 1 FamFG), außer wenn schwerwiegende Gründe dagegen sprechen (§ 159 Abs. 3 FamFG). Die Gerichte haben aber auch die jüngeren Kinder anzuhören, wenn ihre Neigungen und Bindungen und ihr Wille für die Entscheidung von Bedeutung sind oder wenn aus sonstigen Gründen die persönliche Anhörung angezeigt ist (§ 159 Abs. 2 FamFG). Zum Teil werden sogar Kinder unter 6 Jahren angehört, was allerdings besonderes Fingerspitzengefühl und Geschick voraussetzt. Das Gericht soll das Kind über den Gegenstand, Ablauf und möglichen Ausgang des Verfahrens in einer geeigneten und seinem Alter entsprechenden Weise informieren, soweit nicht Nachteile für die Entwicklung, Erziehung oder Gesundheit zu befürchten sind (§ 159 Abs. 4 S. 1 FamFG). Es soll ihm Gelegenheit geben, sich zum Verfahren zu äußern (§ 159 Abs. 4 S. 2 FamFG).

Wenn es zur Wahrnehmung der Interessen des Kindes notwendig ist, stellt ihm das Gericht einen **Verfahrensbeistand** zur Seite (§ 158 FamFG). Dieser hat unabhängig von den Eltern die Kindesinteressen festzustellen und im Gerichtsverfahren zur Geltung zu bringen (§ 158 Abs. 4 S. 1 FamFG). Er ist nicht gesetzlicher Vertreter des Kindes (das bleiben die Eltern), kann aber im Kindesinteresse gegen eine Gerichtsentscheidung ein Rechtsmittel einlegen (§ 158 Abs. 4 S. 5, 6 FamFG). Er handelt selbstständig und eigenverantwortlich, auch das Kind selbst hat ihm gegenüber kein Weisungsrecht. Die Bestellung eines Verfahrensbeistands ist vor allem in Fällen sinnvoll, in denen die Eltern nicht hinreichend imstande oder willens sind, die Interessen des Kindes angemessen zu vertreten. In bestimmten Fällen muss in der Regel ein Verfahrensbeistand bestellt werden, z. B. wenn das Interesse des Kindes mit dem seiner Eltern in erheblichen Gegensatz steht oder wenn der Ausschluss oder eine wesentliche Einschränkung des Umgangsrechts in Betracht kommt (§ 158 Abs. 2 FamFG, dort auch weitere Fälle). Auch in Verfahren über das Sorgerecht aus Anlass der Scheidung kann im Einzelfall die Bestellung eines Verfahrensbeistands erforderlich werden.

> **BEISPIEL:** Die Eltern sind sich einig, dass der Vater das alleinige Sorgerecht bekommen soll; die Mutter hat dem in einer Phase psychischer Erschöpfung zugestimmt. Das Kind hat wegen früherer Gewaltanwendung Angst vor dem Vater und möchte nicht allein mit ihm zusammenleben.

Ein Wort noch zur Möglichkeit, einem Elternteil **einen Teil des Sorgerechts** zu übertragen, während der Rest gemeinschaftlich bleibt. Diese Möglichkeit ist unter denselben Voraussetzungen gegeben, unter denen auch die Übertragung der gesamten Alleinsorge statt-

6. Der Streit um das alleinige Sorgerecht

haft ist. Welche Teile des Sorgerechts auf diese Weise abgespalten werden können, ist im Gesetz nicht geregelt, möglich ist also theoretisch jede beliebige Aufteilung (Personensorge – Vermögenssorge; Aufenthaltsbestimmung – Restsorge; Gesundheitsfürsorge – Restsorge; schulische Angelegenheiten – Restsorge, usw.). Bei derartigen Aufspaltungen ist jedoch ihre Verträglichkeit mit dem Kindeswohl sorgfältig zu prüfen: Das Leben des Kindes ist eine Ganzheit, und schwerlich liegt es in seinem Interesse, wenn für bestimmte Bereiche Sonderzuständigkeiten geschaffen werden, die im konkreten Fall zweifelhafte Rechtslagen zur Folge haben. Recht häufig wird in der Praxis eine Aufteilung in der Form vorgenommen, dass ein Elternteil das **alleinige Aufenthaltsbestimmungsrecht** erhält und im Übrigen die Sorge gemeinsam bleibt. Dadurch wird in streitigen Fällen geregelt, bei welchem Elternteil das Kind dauerhaft lebt und seine alltägliche Pflege und Erziehung erfährt. Auch das kann zu zweifelhaften Lagen führen.

> **BEISPIEL:** Herr und Frau Basler lassen sich scheiden. Um das Kind Erika wird gestritten. Frau Basler beantragt für sich die alleinige Sorge, Herr Basler findet das empörend. Das Gericht gelangt zu dem Schluss, dass das Kind dauerhaft bei Frau Basler leben soll, dass man aber Herrn Basler nicht ganz aus dem Erziehungsrecht ausschließen sollte. Um das dauerhafte Verbleiben des Kindes bei seiner Mutter rechtlich abzusichern, überträgt das Gericht nun Frau Basler nach § 1671 Abs. 1 S. 2 Nr. 2 BGB das alleinige Aufenthaltsbestimmungsrecht, während das Sorgerecht im Übrigen gemeinsam bleibt.
> Nun erkrankt Erika, eine stationäre Behandlung erweist sich als nötig. Herr Basler ist für das örtliche Krankenhaus, weil er Erika dort oft besuchen kann, Frau Basler für ein Krankenhaus in der 100 km entfernten Großstadt, weil Erika dort von einem bekannten Spezialisten behandelt werden kann. Ist die Wahl des Krankenhauses eine Frage der Aufenthaltsbestimmung, dann kann Frau Basler allein bestimmen; oder geht es doch um eine Angelegenheit der Gesundheitsfürsorge, dann hat Herr Basler mitzureden (mit der Folge, dass bei Uneinigkeit über diesen Punkt vor dem Familiengericht gestritten werden kann).

Die Beispiele lassen sich beliebig vermehren. Auch die Übertragung einer Teilsorge auf einen Elternteil ist nur statthaft, wenn gerade diese

Gestaltung „dem Wohl des Kindes am besten entspricht". Verspricht die Aufteilung Unklarheiten und Unsicherheiten, so sollten die Gerichte die Finger davon lassen, d. h. entweder eine Elternteil die gesamte Sorge übertragen oder es bei der gemeinsamen Sorge belassen.

Freilich: Sind sich die Eltern darüber einig, dass ein Teil des Sorgerechts auf einen von ihnen allein übertragen werden soll, so ist das Gericht daran gebunden, außer wenn die vorgeschlagene Regelung evident dem Kindeswohl widerstrebt.

Wie dargelegt, ist der Gedanke an ein streitiges Sorgerechtsverfahren dem Gesetzgeber wie den Gerichten mit gutem Grund unsympathisch: Die Kinder sind die eigentlich Leidtragenden, sie werden häufig durch die Art des Verfahrens seelisch verletzt und geschädigt. Die Beteiligten sollten alles daran setzen, einen Elternstreit vor Gericht um Sorgerecht und Umgang zu vermeiden. Auch eine vernünftige Rechtsberatung wird jede Gelegenheit zur einvernehmlichen Regelung suchen und nutzen.

> **Wichtig**
>
> Zu leicht führen die Auseinandersetzungen auch dazu, dass ein Elternteil ein unbefangenes Verhältnis zu seinem Kind verliert oder dass das Kind am Ende ein gestörtes Verhältnis zu beiden Eltern hat. Es ist dringend geraten, fachkundige Vermittlungsangebote wahrzunehmen. Allerdings ist auf **komplette Einigungen** zu dringen, die nicht nur abstrakt das Sorgerecht regeln, sondern die konkreten Fragen des gewöhnlichen Aufenthalts, des Umgangs und des Unterhalts einbeziehen.

7. Der Umgang zwischen Kind und Eltern

Das Kind hat in aller Regel ein vitales Interesse daran, mit seinen Eltern fortlaufenden Kontakt zu pflegen und so die Bindung an sie aufrechtzuerhalten und altersgemäß zu entwickeln. Mangelnde Begegnung führt zu Entfremdung. Daher sagt das Gesetz: „Zum Wohl des Kindes gehört in der Regel der Umgang mit beiden Elternteilen"

7. Der Umgang zwischen Kind und Eltern

(§ 1626 Abs. 3 S. 1 BGB). Korrespondierend damit bejaht das Gesetz ein eigenes Recht des Kindes auf Umgang mit Vater und Mutter (§ 1684 Abs. 1 BGB). Umgekehrt haben auch die Eltern ein Recht auf persönlichen Umgang mit ihrem Kind.

Das alles ist in der Regel unproblematisch, wenn die Eltern mit dem Kind in einer Hausgemeinschaft zusammenleben: Dann ergibt sich der Umgang von selbst. Die Probleme beginnen mit Trennung und Scheidung. Gewöhnlich lebt das Kind bei einem Elternteil, der andere ist dann auf einen begrenzten Umgang (regelmäßige Treffen, eine bestimmte Anzahl von Wochenenden oder Feiertagen, gemeinsame Ferien, Telefonate) eingeschränkt.

Um Häufigkeit und Dauer eines solchen Umgangs wird nicht selten unter den Eltern gestritten. Der Elternteil, bei dem das Kind lebt, empfindet das Abholen des Kindes durch den anderen Elternteil oft als Einmischung. Es kann sich auch der Argwohn hinzugesellen, der andere werde das Kind aufhetzen oder „zu sich hinüberziehen" wollen. Auch mögliche Kontakte des Kindes mit dem neuen Partner des anderen Elternteils mögen die Eifersucht wecken.

Weil auch derartige Auseinandersetzungen das Kind belasten und schädigen, sagt § 1684 Abs. 2 BGB gebieterisch: Die Eltern haben **alles zu unterlassen**, was das Verhältnis des Kindes zum jeweils anderen Elternteil beeinträchtigt oder die Erziehung erschwert. Zur Erfüllung dieser Pflicht kann das Gericht Anordnungen gegen die Eltern treffen. Es kann auch, wenn diese Pflicht dauerhaft oder wiederholt erheblich verletzt wird, für bestimmte Zeit eine **Pflegschaft für die Durchführung des Umgangs** anordnen (Umgangspflegschaft, § 1684 Abs. 3 S. 3 bis 6 BGB). Es wird dann eine dritte Person als Pfleger mit der Aufgabe betraut, für eine kindeswohlgerechte Durchführung des Umgangs der Eltern mit dem Kind zu sorgen. Zu diesem Zweck kann der Umgangspfleger von dem Elternteil, bei dem sich das Kind aufhält, die Herausgabe des Kindes verlangen. Für die Dauer des Umgangs kommt dem Pfleger die Befugnis zu, den Aufenthalt des Kindes zu bestimmen; insoweit ist das elterliche Sorgerecht eingeschränkt.

Vernünftige, kindgerechte und für beide Eltern zumutbare **Übereinkunft** ist auch in der Umgangsfrage oberstes Gebot. Auch in Fällen

4. KAPITEL   Trennung, Scheidung und die Kinder

der gemeinsamen Sorge nach der Scheidung kommt es nicht selten zu Zwistigkeiten. Diese sind menschlich verständlich: Der Elternteil, bei dem das Kind ständig lebt, muss sein neues Leben nach der Scheidung fortlaufend mit den Umgangswünschen des anderen abstimmen und empfindet die durch den Umgang bedingten Zäsuren in der Lebensführung als Beeinträchtigung seiner eigenen Lebensgestaltung; der umgangsberechtigte Ehegatte hat sozusagen noch einen Fuß in der Haustüre des Ex-Partners. Umgekehrt empfindet der Elternteil, bei dem das Kind nicht ständig lebt, die Ablehnung von Umgangswünschen, auch wenn sie übertrieben erscheinen, als Versuch, ihm das Kind zu entfremden. Von den Eltern ist, wenn sie ihrer Verantwortung gerecht werden wollen, dringend gegenseitiges **Verständnis** für die schwierige Situation und **dauerhafte Verständigung** abzufordern. „Dauerhaft" schließt nicht aus, dass die vereinbarten Umgangsregeln von Zeit zu Zeit nach Alter und Situation des Kindes anzupassen sind. Das Kind ist kein „Objekt", das nach einmal beschlossenen Regeln hin- und hergeschoben werden kann.

Leider wird in manchen Fällen gleichwohl keine Einigkeit erzielt. Dann kann das **Familiengericht** über Häufigkeit und Dauer des Umgangs **entscheiden** und seine Ausübung näher regeln (§ 1684 Abs. 3 S. 1 BGB).

> **BEISPIEL:** Nach der Trennung erhält die Mutter das alleinige Sorgerecht. Der Vater möchte mit dem Kind jedes zweite Wochenende (Samstagmittag bis Sonntagabend) verbringen; der Mutter ist das zu viel.
> Das angerufene Familiengericht kann z. B. dann festlegen, dass der Vater das Kind einmal pro Woche für 3 Stunden treffen und jedes vierte Wochenende ganz mit dem Vater verbringen kann, wenn es diese Gestaltung für angemessen erachtet.
> Die Gerichte beurteilen die Häufigkeit und Dauer des angemessenen Umgangs mit dem Kind recht unterschiedlich, es empfiehlt sich, die Einstellung des zuständigen Gerichts zu erkunden.

Bei seiner Entscheidung ist das Gericht an Grundsätze gebunden, die das **Bundesverfassungsgericht** (vgl. BVerfG FamRZ 2007, 105, 1078 und 1625) entwickelt hat. Diese lassen sich wie folgt zusammenfassen: Das Recht eines Elternteils auf Umgang mit seinem Kind gründet sich auf das verfassungsrechtlich verbürgte Elternrecht. Eine Einschränkung oder gar der Ausschluss des Umgangs sind nur veranlasst, soweit sie erforderlich sind, um eine Gefährdung der seelischen oder körperlichen Entwicklung abzuwehren. Bei der gerichtlichen Festlegung des Umgangs sind die Besonderheiten des Einzelfalls und der Wille des Kindes zu berücksichtigen, soweit das mit seinem Wohl vereinbar ist. Das Gericht muss auch das kleinere Kind anhören, um ihm die Gelegenheit zu geben, „seine persönlichen Beziehungen zu den Eltern erkennbar werden zu lassen". Die Familiengerichte dürfen eine Umgangsregelung folglich nicht einfach mit den Gepflogenheiten ihrer Spruchpraxis begründen, sondern haben sich konkret auf die Persönlichkeit, Interessen und Situation des Kindes und der Eltern einzulassen. Ein Umgang, der mit einer Übernachtung verbunden ist, darf nicht einfach mit der Begründung versagt werden, das Kind sei zu jung dafür (in einem der Fälle war das Kind 3 Jahre alt). Gleiches gilt für Ferienumgänge. Das BVerfG sieht gerade im gemeinsamen Urlaub die Chance, die gefühlsmäßigen Bindungen des Kindes zum Umgangsberechtigten aufrechtzuerhalten und zu festigen.

Diese Grundsätze bedeuten andererseits nicht, dass ein Umgang, dem das Kind widerstrebt oder von dem es irritiert zum Sorgeberechtigten zurückkehrt, mit allen Mitteln durchgesetzt werden müsste – entscheidend ist, wie das BVerfG hervorhebt, das Kindeswohl. Dieses verlangt das ungestörte Aufwachsen in einem stabilen persönlichen Umfeld. In streitigen Fällen muss ein fachpsychologisches Gutachten eingeholt werden, von dem das Gericht nur mit eingehender Begründung abweichen darf.

> **Wichtig**
>
> Zu beachten ist: Ein Streit über den Umgang mit den Kind kann nicht nur in den Fällen entstehen, in denen einem Elternteil die alleinige Sorge zugewiesen ist. Auch **bei gemeinsamer Sorge** nach der Trennung kann sich dieselbe Problematik zwischen dem Elternteil, mit dem das Kind dauernd zusammenlebt, und dem anderen Elternteil ergeben.

4. KAPITEL Trennung, Scheidung und die Kinder

Das Umgangsrecht eines Elternteils kann, wie erwähnt, durch das Gericht **eingeschränkt** werden, soweit dies zum Wohl des Kindes erforderlich ist. Es ist sogar ein völliger Ausschluss möglich. Regelungen dieser Art, die für längere Zeit oder auf Dauer gelten sollen, sind freilich nur zulässig, wenn andernfalls eine Gefährdung des Kindeswohls droht (siehe die Regelung § 1684 Abs. 4 BGB): Für einen Ausschluss auf Dauer muss es also hart kommen! Zu denken ist an Fälle, in denen der betreffende Elternteil das Kind schwer misshandelt oder sexuell missbraucht hat und eine Wiederholung solcher Übergriffe nicht ausgeschlossen werden kann.

In den Fällen einer möglichen Kindesgefährdung durch einen Elternteil kann auch wie folgt verfahren werden: Das Familiengericht ordnet an, dass der Umgang dieses Elternteils mit dem Kind nur **in Anwesenheit eines bestimmten Dritten**, z. B. eines Mitarbeiters des Jugendamts, stattfinden darf (**begleiteter Umgang**, § 1684 Abs. 4 S. 3, 4 BGB). Eine solche Gestaltung erweckt zwiespältige Empfindungen. Wie soll ein unbeschwerter Kontakt zwischen dem betreffenden Elternteil und dem Kind gelingen, wenn gleichzeitig ein anwesender Dritter das Kind vor Übergriffen schützen muss?

Nicht selten lehnen Kinder den Umgang mit dem Elternteil, mit dem sie nicht zusammenleben, ab. Eine **tief verwurzelte Abneigung** ist bei einer Umgangsregelung zu berücksichtigen: Es hat keinen Sinn, ein Kind zu Kontakten mit einem Elternteil zu zwingen, den es als bedrohlich oder gleichgültig erlebt. Doch steht hinter einer solchen Abneigung oft der Einfluss des anderen Elternteils, der nach einer problematischen Scheidung gegen den Ex-Partner eingestellt ist. Eine gerichtliche Umgangsregelung ist in solchen Fällen außerordentlich prekär: Die zwangsweise Durchsetzung der Kontakte kann nicht minder schädlich sein als ihr Unterbleiben. Die Erzwingung des Umgangs hat unbeschreibliche Familiendramen ausgelöst. Wenigstens ist zur Durchsetzung des Umgangs **keine Gewaltanwendung gegen das Kind** zulässig (§ 90 Abs. 2 S. 1 FamFG) – sehr wohl aber können Zwangsmittel gegen den Elternteil, der den Umgang des anderen vereiteln will, angewendet werden (§§ 89, 90 FamFG).

Es gibt auch die umgekehrten Fälle, in denen das Kind den Umgang z. B. mit seinem Vater wünscht, dieser aber jegliches Treffen mit dem Kind ablehnt. Kann der Vater dann seinerseits zum Umgang gezwungen werden? Da das Kind ein eigenes Recht auf Umgang mit seinen Eltern hat, sind diese nach Meinung des Bundesverfassungsgerichts zu entsprechenden Kontakten verpflichtet. Doch hat das Gericht in der Frage, ob ein unwilliger Elternteil auch zum Umgang gezwungen werden, eine sehr zurückhaltende Position eingenommen: Ein gerichtlich erzwungener Umgang mit dem Kind diene in der Regel nicht dem Kindeswohl, dem Zwang stehe daher in der Regel das Persönlichkeitsrecht des Vaters entgegen (*BVerfG FamRZ* 2008, 845). Wenn dem so ist, müssen gleiche Erwägungen aber auch angestellt werden, wenn das Umgangsrecht **gegen den Willen des Kindes** durchgesetzt werden soll. Denn auch in diesem Fall wird das erzwungene Umgangsrecht oft ungeeignet sein, zu einer gedeihlichen Persönlichkeitsentwicklung des Kindes beizutragen.

Wenn das Familiengericht eine Regelung des Umgangs getroffen hat, sind die Eltern daran gebunden, solange die Entscheidung Bestand hat. Gleichwohl kann der Streit wieder ausbrechen, z. B. ein Elternteil zu erreichen versuchen, dass die **Entscheidung abgeändert** wird (§ 1696 Abs. 1 S. 1 BGB; § 166 FamFG). Eine solche Änderung setzt voraus, dass sie aus triftigen, das Wohl des Kindes nachhaltig berührenden Gründen angezeigt ist.

Wendet sich der umgangsberechtigte Elternteil an das Gericht mit der Behauptung, der andere vereitele oder erschwere die Durchführung der getroffenen Entscheidung, so findet auf Antrag ein besonderes **Vermittlungsverfahren** statt (§ 165 FamFG). Dieses hat einen doppelten Sinn: Es soll den Eltern die Wichtigkeit des Umgangs beider Eltern mit dem Kind vor Augen stellen und die Angelegenheit möglichst einer gütlichen Einigung zuführen. Bleibt das Vermittlungsverfahren erfolglos, so kann das Gericht zu einschneidenden Maßnahmen greifen (Zwangsmittel gegen den Elternteil, der den Umgang des anderen mit dem Kind erschwert oder vereitelt; möglicherweise sogar Änderung des Sorgerechts). Wenn der Elternteil, bei dem das Kind lebt, dessen Umgang mit dem anderen Elternteil **hartnäckig erschwert**, kann das für ihn auch unangenehme unterhaltsrechtliche Folgen haben; bezieht dieser Elternteil zugleich Unterhalt vom anderen, so kann sein Anspruch wegen Fehlverhaltens (§ 1579 Nr. 7 BGB) gekürzt werden.

Nach § 1686 BGB kann jeder Elternteil vom anderen **Auskunft über die persönlichen Verhältnisse des Kindes** verlangen. Das ist vor allem in den Fällen der alleinigen Sorge eines Elternteils aktuell, aber auch bei gemeinsamer Sorge nach der Trennung, wenn das Kind ständig bei einem Elternteil lebt und der andere das legitime Interesse daran hat, wichtige Informationen zu erhalten; denn nur so kann er sein Recht auf Miterziehung sinnvoll wahrnehmen. Streitigkeiten über das Auskunftsrecht entscheidet ebenfalls das Familiengericht. Die Auskunft ist in angemessenen Abständen zu erteilen, insbesondere im Anschluss an die Zeugnisvergabe in der Schule oder sonstige wichtige Ereignisse. Sie kann auch die Überlassung von Fotoabzügen umfassen.

8. Umgangsrechte weiterer Personen

Das Gesetz räumt bestimmten weiteren Personen ein förmliches Recht zum Umgang mit dem Kind ein, und zwar

- den Großeltern des Kindes (§ 1685 Abs. 1 BGB),
- den Geschwistern des Kindes (§ 1685 Abs. 1 BGB),
- sonstigen engen Bezugspersonen des Kindes, wenn diese für das Kind „tatsächliche Verantwortung" tragen oder getragen haben (§ 1685 Abs. 2 BGB)
- sowie dem leiblichen Vater des Kindes, wenn die *rechtliche* Vaterschaft einem anderen Mann zugeordnet ist (z. B. dem Ehemann der Mutter, weil das Kind während der Ehe geboren wurde).

Diese Personen sollen ein Umgangsrecht nur unter der Voraussetzung haben, dass der **Umgang dem Wohl des Kindes dient**. Das hat das Gericht im konkreten Fall sorgfältig zu prüfen und zu begründen.

Rechte auf Umgang mit dem Kind von Personen, die nicht die verantwortlichen Eltern des Kindes sind, müssen als sehr problematisch angesehen werden. Denn wenn der beanspruchte Umgang nicht dem Willen der sorgeberechtigten Eltern entspricht, bedeutet seine Erzwingung einen gravierenden Eingriff in das elterliche Sorgerecht. Die Regelung mag noch angehen, soweit es sich um die Geschwister und die Großeltern, also typischerweise dem Kind sehr nahe stehende Personen handelt. Auch hier sind indes Missbräuche möglich, insbesondere wenn die Eltern des Kindes sich aus Anlass ihrer Trennung streiten.

> **BEISPIEL:** Frau und Herr Baumeister trennen sich. Um die Kinder (6 und 8 Jahre) wird gestritten. Frau Baumeister gelingt es, gemäß § 1671 Abs. 1 S. 2 Nr. 2 bei Gericht das alleinige Aufenthaltsbestimmungsrecht zu erhalten, so dass die Kinder bei ihr leben. Das erbittert Herrn Baumeister, aber auch seine Eltern. Sowohl Herr Baumeister als auch – getrennt davon – seine Eltern machen nun derart weitgehende Umgangswünsche geltend, dass die Kinder kaum mehr ein Wochenende ruhig mit ihrer Mutter verbringen könnten.

Die Gerichte sollten sehen, dass derartige Umgangswünsche auch als Waffe im Trennungskampf eingesetzt werden können und hier beizeiten einen Riegel vorschieben. Für die mit den Umgangswünschen konfrontierten Elternteile gilt es, sich klug zu verhalten. Entscheidend ist das Kindeswohl, zu dem das ungestörte Aufwachsen des Kindes in einer stabilen Lebenswelt gehört.

Besonders bedenklich erscheinen uns die **Umgangsrechte von beliebigen engen Bezugspersonen** des Kindes, die – nach der Ausdrucksweise des Gesetzes – für das Kind „tatsächliche Verantwortung" tragen oder getragen haben. Dies ist nach Auffassung des Gesetzgebers in der Regel anzunehmen, wenn jemand mit dem Kind längere Zeit in häuslicher Gemeinschaft zusammengelebt hat. Das Verhältnis zu dem Kind, das durch das Tragen „tatsächlicher Verantwortung" entsteht, nennt das Gesetz im Anschluss an das BVerfG eine „sozial-familiäre Beziehung" (§ 1685 Abs. 2).

> **BEISPIEL:** Frau Meier hat mit Herrn Schuster ein nichteheliches Kind namens Klaus. Sie ist allein sorgeberechtigt. Als Klaus vier Jahre alt ist, beginnt Frau Meier eine nichteheliche Lebensgemeinschaft mit Herrn Traugott. Ein Jahr später geht diese Beziehung in die Brüche. Frau Meier zieht nun mit Klaus zu Herrn Zobel, den sie schließlich heiratet. Herr

4. KAPITEL | Trennung, Scheidung und die Kinder

> Traugott, dem der Knabe ans Herz gewachsen ist, möchte weiterhin den Kontakt zu Klaus aufrechterhalten, Frau Meier ist daran nicht im Mindesten interessiert. Kann Herr Traugott die Kontakte erzwingen? Nach dem Gesetz kommt es darauf an, ob Herr Traugott für Klaus eine „enge Bezugsperson" ist, die „für das Kind tatsächliche Verantwortung trägt oder getragen hat". Wie die „tatsächliche Verantwortung" konkret aussehen soll, lässt das Gesetz nicht erkennen. Es vermutet aber die „Übernahme" einer solchen Verantwortung in der Regel, wenn die betreffende Person mit dem Kind „längere Zeit in häuslicher Gemeinschaft zusammengelebt hat." Wenn man das einjährige Zusammenleben des Herrn Traugott im Haushalt mit dem Kind für eine „längere Zeit" ansieht, so greift die Vermutung, und dann läge es an der Mutter, darzutun, dass Herr Traugott trotz des Zusammenlebens keine „tatsächliche Verantwortung" für das Kind getragen hat. Damit aber stellt sich wiederum die Frage, was die „tatsächliche Verantwortung" sein soll: das bloße Zusammenleben oder die Übernahme eines Teils der Kindesbetreuung oder (und) die Zahlung von Unterhalt usw.

Auch das Umgangsrecht der sonstigen „engen Bezugspersonen" steht unter dem Vorbehalt, dass der beanspruchte Umgang mit dem Kind **dessen Wohl dienlich** sein muss. Das ist im obigen Fall schon deshalb zweifelhaft, weil der ständige Umgang des Kindes mit dem verflossenen Freund der Mutter sein Hineinwachsen in die Lebensgemeinschaft mit dem neuen Ehemann erschweren würde. Die gesetzliche Regelung schränkt die elterliche Sorge in einem nicht vertretbaren Maße ein.

Gegen unangemessene Umgangswünsche von Ex-Partnern der Mutter gibt es nach dem Gesagten zwei Verteidigungslinien:

- **Erstens** kann man bestreiten, dass die betreffende Person für das Kind tatsächliche Verantwortung trägt oder getragen hat. In diesem Zusammenhang kann vorgetragen werden, dass das Zusammenleben nicht „längere Zeit" angedauert hat, oder – wenn dies nicht zu bestreiten ist – dass der Ex-Partner über das bloße Zusammenleben hinaus keine wirkliche Verantwortung für das Kind übernommen hat.

- **Zweitens** kann man darlegen, dass der fortgesetzte Umgang mit dem Ex-Partner nicht dem Wohl des Kindes dient.

Das Umgangsrecht des **„leiblichen, nicht rechtlichen Vaters"** (§ 1686a BGB) ist das Ergebnis einer sachlich kaum begründbaren Entscheidung des Europäischen Gerichts für Menschenrechte (FamRZ 2011, 269), welcher der deutsche Gesetzgeber im Juli 2013 gefolgt ist. Es geht um Kinder, denen zwar ein Vater rechtlich zugeordnet ist, die aber in Wirklichkeit von einem anderen Mann (eben dem „leiblichen Vater") abstammen. Dieser soll ein Umgangsrecht mit dem Kind selbst dann haben, wenn er nie mit der Mutter zusammengelebt hat, also keine sozial-familiäre Beziehung zum Kind entstanden ist und wenn er gar nicht vorhat, die Stellung eines rechtlichen Vaters zu erlangen. Wichtig ist die Einschränkung, dass ein solches Umgangsrecht nur besteht, wenn seine Ausübung dem Wohl des Kindes dient.

9. Besonderheiten bei nichtehelichen Kindern

Das **frühere Recht** sah für eheliche und nichteheliche Kinder völlig unterschiedlicher Regelungen vor. Die elterliche Sorge für **nichteheliche Kinder** stand der Mutter allein zu; ihr Sorgerecht war allerdings durch Befugnisse des Jugendamts als Amtspfleger in Angelegenheiten der Vaterschaftsfeststellung, des Kindesunterhalts und des Erbrechts eingeschränkt. Der Vater hatte keinen Anteil am Sorgerecht, selbst wenn er mit der Mutter zusammenlebte. Infolgedessen konnte auch bei Trennung eines unverheirateten Paares kein Konflikt um das Sorgerecht entstehen: Auch nach der Trennung behielt die Mutter die alleinige Sorge; der Vater hatte allenfalls ein Umgangsrecht mit dem Kind.

Im Zug der Gleichstellung von nichtehelichen mit ehelichen Kindern ist die Sorge für nichteheliche Kinder gründlich verändert worden. Die Reform des Kindschaftsrechts von 1998 hat die Möglichkeit eingeführt, dass auch Eltern, die nicht miteinander verheiratet sind, das **Sorgerecht** für ihre gemeinsamen minderjährigen Kinder **gemeinsam** innehaben und ausüben können. Die gemeinsame Sorge tritt ein, wenn Mutter und Vater beim Jugendamt oder einem Notar erklären, die elterliche Sorge gemeinsam übernehmen zu wollen („Sorgeerklärung"). Diese Möglichkeit besteht unabhängig da-

4. KAPITEL Trennung, Scheidung und die Kinder

von, ob die Eltern häuslich zusammenleben oder nicht. Sie ist auch dann gegeben, wenn einer der Elternteile anderweitig verheiratet ist.

> **BEISPIEL:** Frau Schönborn und Herr Tausendpfund unterhalten eine Liebschaft, obwohl Herr Tausendpfund mit Frau Tausendpfund verheiratet ist. Frau Schönborn bringt eine Tochter zur Welt, die den Vornamen „Tina" erhält und deren Vater Herr Tausendpfund ist. Dieser und Frau Schönborn können nun erklären, dass sie die Sorge für Tina gemeinsam ausüben wollen. Frau Tausendpfund muss dazu nicht gefragt werden. Auch ist nicht notwendig, dass Herr Tausendpfund und Frau Schönborn zusammenleben. Es kann also durchaus sein, dass Herr Tausendpfund weiterhin mit seiner Ehefrau zusammenlebt, aber die elterliche Sorge für Tina mit seiner Geliebten gemeinsam ausübt.

Diese Regelung bedurfte **weiterer Ergänzung**. Nach der Reform von 1998 konnte die gemeinsame Sorge nur erlangt werden, wenn *beide Eltern* ihre Bereitschaft zur gemeinsamen Sorge durch Sorgeerklärungen bekundeten. Vorausgesetzt war also, dass sich die Eltern in diesem Punkt einig waren. Wenn auch nur ein Elternteil sich weigerte, eine Sorgeerklärung abzugeben, blieb ausnahmslos die alleinige Sorge der Mutter bestehen. Praktisch hieß das: Die Mutter konnte den Wunsch des Vaters, am Sorgerecht beteiligt zu sein, nach ihrem Belieben erfüllen oder abschlagen. Im Falle ihrer Weigerung war vom Gesetz keine Möglichkeit vorgesehen, die Gründe dafür gerichtlich überprüfen zu lassen. Diese Regelung hielt das Bundesverfassungsgericht mit dem Elternrecht des Vaters für unvereinbar (Entscheidung vom 21. 7. 2010, FamRZ 2010, 1403; zuvor schon Entscheidung des Europäischen Gerichtshofs für Menschenrechte Zaunegger gegen Deutschland vom 3. 12. 2009).

Das Sorgerecht für nichteheliche Kinder wurde folglich durch Gesetz vom 16. 4. 2013 neu geregelt. Nunmehr kann das gemeinsame Sorgerecht der Eltern nicht nur dann begründet werden, wenn beide Eltern Sorgeerklärungen abgeben, sondern auch **auf Antrag eines Elternteils** (meist des Vaters) **durch Entscheidung des Familiengerichts** (§ 1626a Abs. 2 BGB). Das Gericht überträgt den Eltern die gemeinsame Sorge, wenn dies dem Kindeswohl nicht widerspricht. Der Mutter, die sich gegen die gemeinsame Sorge wehrt, obliegt es,

9. Besonderheiten bei nichtehelichen Kindern

triftige Gründe vorzutragen, die der gemeinsamen Sorge entgegenstehen können. Vermag sie das nicht und sind solche Gründe auch sonst nicht ersichtlich, so begründet das Gericht durch Beschluss die gemeinsame Sorge. Die gemeinsame Sorge wird also vom Gesetz favorisiert.

> **BEISPIEL:** Max Meister und Susi Singer sind nicht miteinander verheiratet, leben aber zusammen. Aus dieser Verbindung geht eine Tochter hervor, die den Vornamen Eva erhält. Max Meister erkennt die Vaterschaft an und möchte, dass er und seine Lebensgefährtin Sorgeerklärungen abgeben und so die gemeinsame elterliche Sorge begründen. Frau Singer indes lehnt das ab. Sie möchte vermeiden, dass sie eines Tages, wenn die Partnerschaft zerbrechen sollte, um das Sorgerecht für das Kind kämpfen muss.
>
> Nach der früheren Rechtslage hätte Herr Meister keine Möglichkeit gehabt, gerichtlich überprüfen zu lassen, ob die Weigerung von Frau Singer auf triftigen Gründen beruht und mit dem Kindeswohl vereinbar ist. Nunmehr kann er sich an das Familiengericht mit dem Antrag wenden, das Sorgerecht auf ihn und Frau Singer gemeinsam zu übertragen. Das Gericht prüft dann, ob die von Frau Singer vorgebrachten Gründe oder sonstige Umstände unter dem Aspekt des Kindeswohls gegen die gemeinsame Sorge sprechen. Dabei wird die Argumentation von Frau Singer kein großes Gewicht haben: Der Grund, in einem noch ungewissen künftigen Partnerstreit um das Kind die besseren Karten zu haben, hat mehr mit den eigenen Interessen der Mutter als mit dem Kindeswohl zu tun.

Leben die Eltern voneinander getrennt, kann der **Vater** sogar beantragen, dass ihm anstelle der Mutter **das alleinige Sorgerecht** übertragen wird (§ 1671 Abs. 2 BGB). Der Antrag hat Erfolg, wenn entweder die Mutter zustimmt oder eine gemeinsame Sorge nicht in Betracht kommt und die Alleinsorge des Vaters dem Kindeswohl am besten entspricht.

Es ergeben sich also folgende **Möglichkeiten der Gestaltung des Sorgerechts** für Kinder, die außerhalb einer Ehe geboren sind:

- Entweder beide Eltern geben die Erklärung ab, die elterliche Sorge gemeinsam übernehmen zu wollen; dann entsteht ohne weiteres die gemeinsame Sorge, einer Gerichtsentscheidung bedarf es nicht.

- Oder die gemeinsame Sorge wird auf Antrag eines Elternteils durch das Familiengericht auf beide gemeinsam übertragen; das kann auch teilweise geschehen (z. B. das Gericht überträgt den Eltern die gemeinsame Gesundheitssorge, im Übrigen bleibt die Mutter allein zuständig).
- Oder auf Antrag des Vaters wird ihm die alleinige Sorge oder ein Teil davon übertragen, sofern die Eltern getrennt leben und die besonderen Voraussetzungen (S. 99) erfüllt sind.
- Wenn und soweit keiner dieser Fälle gegeben ist, behält die Mutter das alleinige Sorgerecht (§ 1626a Abs. 3 BGB).

Wenn die gemeinsame Sorge durch Sorgeerklärungen oder durch gerichtliche Entscheidung einmal begründet ist, können die Eltern nicht nach Belieben davon wieder abgehen, z. B. unter sich vereinbaren, dass die Mutter nun doch das alleinige Sorgerecht innehaben soll. Trennt sich z. B. das Paar, nachdem es die gemeinsame Sorge erhalten hat, so läuft das gemeinsame Sorgerecht wie bei ehelichen Kindern nach Trennung ihrer Eltern einfach weiter (oben S. 75 ff.). Soll die Elternsorge abweichend davon geregelt werden, bedarf es einer gerichtlichen Entscheidung (§ 1671 Abs. 1 BGB).

> **BEISPIEL:** In obigem Fall Schönborn/Tausendpfund hat sich Herr Tausendpfund von seiner Frau scheiden lassen. Sodann haben er und Frau Schönborn Sorgeerklärungen abgegeben. Herr Tausendpfund zieht mit Frau Schönborn und Tina zusammen. Nachdem sie fünf Jahre zusammengelebt haben, zieht Herr Tausendpfund nach einer heftigen Auseinandersetzung wieder aus der gemeinsamen Wohnung aus. Es kann nun streitig werden, wer von den beiden Elternteilen fortan für Tina sorgeberechtigt sein soll. Dies richtet sich nach denselben Regeln, die bei Trennung verheirateter Eltern gelten (§ 1671 Abs. 1 BGB).

Auch in diesem Zusammenhang darf der Begriff der „gemeinsamen Sorge" nicht missverstanden werden. Er bedeutet nicht, dass die Eltern zusammenleben und das Kind gemeinsam betreuen müssen. Die Eltern eines nichtehelichen Kindes können die gemeinsame Sorge auch dann erreichen, wenn sie nicht vorhaben, zusammen zu wohnen. Die Situation ist dann die gleiche wie bei ehelichen Eltern, die sich trennen: Sie sind im Prinzip gemeinsam sorgeberechtigt, aber derjenige, bei dem das Kind lebt, erhält die Befugnis, in Angelegenheiten des täglichen Lebens allein zu entscheiden (§ 1687 Abs. 1 S. 1 bis 3 BGB).

Mit der Begründung der gemeinsamen Sorge ist in solchen Fällen auch noch nicht entschieden, *bei welchem Elternteil* das Kind *faktisch leben* wird. Wenn dies unter den Eltern streitig ist, muss (auch) diese Frage gerichtlich nach § 1628 BGB entschieden werden.

> **Wichtig**
>
> Die neue Rechtslage erhöht den Druck auf die Mütter nichtehelicher Kinder, sich auf das gemeinsame Sorgerecht freiwillig einzulassen, wenn der Vater darauf dringt. Doch ist Vorsicht und rechtliche Beratung geboten. Wenn das Elternpaar eheähnlich zusammenlebt und ein verlässliches Vertrauensverhältnis entstanden ist, wird nichts gegen die Abgabe von Sorgeerklärungen sprechen. Lebt das Paar hingegen nicht zusammen, ist die Abgabe der Sorgeerklärung für Mütter riskant, die sicher sein wollen, dass das Kind bei ihnen bleibt. Wie gesagt ist bei gemeinsamem Sorgerecht nicht festgelegt, bei wem das Kind lebt, wer den Barunterhalt für das Kind und den Betreuungsunterhalt für den Partner zu bezahlen hat. Daher ist vor Abgabe der Sorgeerklärung darauf zu dringen, dass diese Punkte durch begleitende Vereinbarungen geregelt werden. Freilich ist die Verhandlungsposition der Mutter in solchen Fällen schwach, weil der Vater zum gemeinsamen Sorgerecht auch ohne Sorgeerklärung der Mutter – eben durch Gerichtsentscheid – gelangen kann.

Der beschriebene Streit um das gemeinsame Sorgerecht kann auch entstehen, wenn sich die Eltern eines nichtehelichen Kindes wieder getrennt oder nie zusammengelebt haben.

> **BEISPIEL:** In dem vom Bundesverfassungsgericht entschiedenen Fall (S. 98) lebten die Eltern des Kindes nur einige Wochen zusammen und trennten sich noch während der Schwangerschaft der Mutter. Der Vater hatte zunächst seine Vaterschaft angezweifelt, erkannte die Vaterschaft aber an, nachdem diese Zweifel durch das Gutachten eines Sachverständigen beseitigt waren. Als das Kind drei Jahre alt war, ließ der Vater beim Notar eine Sorgeerklärung erstellen. Die Mutter weigerte sich,

> ebenfalls eine Sorgeerklärung abzugeben. Wer wird dies der Mutter verdenken?

Auch in solchen Fällen kann nun also um das Sorgerecht vor Gericht gestritten werden, selbst wenn sich die Eltern zu keinem Zeitpunkt auf die gemeinsame Sorge verständigt hatten oder zu verständigen bereit sind. Ob solche „juristisch korrekten" Entscheidungen dem Wohl der Kinder dienen, steht dahin.

5. Kapitel

Unterhalt bei Trennung und Scheidung

1. Überblick

Das Unterhaltsrecht ist einer der Schwerpunkte in der familienrechtlichen Praxis. Es gehört neben den Fragen zur elterlichen Sorge und des Umgangs mit den Kindern zu den am meisten umkämpften Folgen von Trennung und Scheidung, denn: „Scheiden tut weh!" Dies vor allem deshalb, weil der Zusammenbruch der Familiengemeinschaft oftmals drastische wirtschaftliche Folgen hat. Was für die intakte Gemeinschaft gereicht hat, genügt häufig nicht mehr für die einzelnen Mitglieder der zerbrochenen Familie. Die Verteilung der verfügbaren Mittel ist damit eines der Kernprobleme des Unterhaltsrechts. So wird bisweilen von den Beteiligten um den letzten Cent gerungen.

Die am 1. 1.2008 in Kraft getretene **Unterhaltsrechtsreform** hat das Unterhaltsrecht an die sich wandelnden gesellschaftlichen Verhältnisse angepasst. Die Zahl der so genannten „Mangelfälle" – damit sind die Sachverhalte gemeint, in denen das Einkommen nach der Trennung nicht mehr für alle Familienmitglieder zum (angemessenen) Lebensunterhalt ausreicht – nimmt nach wie vor zu. Ebenso steigt die Zahl der Kinder, die in nichtehelichen Lebensgemeinschaften oder von vornherein nur mit einem Elternteil aufwachsen. Das alte Unterhaltsrecht sah eine Aufteilung des zur Verfügung stehenden Einkommens unter den jeweils Unterhaltsbedürftigen nach einem komplizierten Verteilungsschlüssel vor.

Dieses Vorgehen hatte vielfach zur Folge, dass weder der tatsächliche Unterhaltsbedarf der Kinder noch der des Ehegatten/anderen Elternteils ausreichend befriedigt werden konnte. Vielmehr waren alle auf ergänzende sozialstaatliche Leistungen angewiesen. Ein Leitgedanke der Reform lautete daher: **„Kinder zuerst!"** Die Verteilung der Geldmittel wurde deshalb durch eine Änderung der Rangverhältnisse zugunsten der Unterhaltsansprüche der minderjährigen und ihnen gleichgestellter volljähriger Kinder abgeändert. D. h. nunmehr sind in erster Linie, also stets auch vor dem betreuenden Elternteil, die finanziellen Bedürfnisse der Kinder zu befriedigen, denn sie können nicht selbst für ihren Unterhalt sorgen.

Es sollte aber auch zugleich – und dies war der zweite Leitgedanke der Reform – die **Eigenverantwortung der Gatten nach der Ehe** gestärkt werden. Ausgangspunkt der gesetzgeberischen Überlegungen war dabei der Umstand, dass mittlerweile die Mehrzahl der Frauen eine Berufsausbildung hat und viele von ihnen während der Ehe und auch nach der Geburt von Kindern berufstätig sind. Hieraus hat der Gesetzgeber geschlossen, dass die Ehe heutzutage nicht mehr dieselbe wirtschaftliche Bedeutung und finanzielle Abhängigkeit vom Partner zur Folge hat, wie noch vor dreißig oder vierzig Jahren. Die hohe Zahl der Ehescheidungen ist für ihn zudem offensichtlich auch Gradmesser für die nachlassende Schutzbedürftigkeit der Ehe und des wirtschaftlich schwächeren Ehegatten. Man kann auch formulieren: Die Ehe als lebenslanges „Versorgungsinstitut" ist durch die Reform von 2008 abgeschafft worden. Ein Vertrauen in die beständige Fortdauer durch die Ehe erworbener finanzieller Ansprüche ist nicht mehr „zeitgemäß".

Die bewusst positive Formulierung des Leitgedankens durch den Gesetzgeber – Stärkung der Eigenverantwortung der Ehegatten – verhüllt praktisch die wohl einschneidendste Folge der Unterhaltsreform: Nachehelicher Unterhalt ist durch die geänderten gesetzlichen Vorgaben in den meisten Fällen nur noch befristet oder in der Höhe begrenzt zu zahlen. Einen lebenslangen Unterhaltsanspruch, der auch den in der Ehe erreichten Lebensstandard gewährleistet, gibt es nur noch in Ausnahmefällen.

1. Überblick

Besonders durch die Unterhaltsreform berührt ist der Kinder betreuende Ehegatte: Er hat nach dem Wortlaut des Gesetzes nicht mehr wie früher einen Anspruch auf Unterhalt „solange und soweit von ihm wegen der Pflege oder Erziehung eines gemeinschaftlichen Kindes eine Erwerbstätigkeit nicht erwartet werden kann", sondern er kann nur noch „für mindestens drei Jahre nach der Geburt Unterhalt verlangen. Die Dauer des Unterhaltsanspruchs verlängert sich, solange und soweit dies der Billigkeit entspricht. Dabei sind die Belange des Kindes und die bestehenden Möglichkeiten der Kinderbetreuung zu berücksichtigen." Im Klartext: Ehegatten, die gemeinschaftliche Kinder betreuen, können – anders als nach früherer Rechtslage – bereits ab dem dritten Geburtstag des Kindes verpflichtet werden, eine Erwerbstätigkeit – gegebenenfalls sogar Vollzeitbeschäftigung – aufzunehmen, soweit die Kinderbetreuungsmöglichkeiten und die Belange des Kindes dies zulassen.

Auch wenn das neue Unterhaltsrecht zwischenzeitlich seit geraumer Zeit in Kraft ist, ist eine wirklich zu verallgemeinernde Auskunft darüber, wann und wie lange ein Ehegattenunterhaltsanspruch letztlich zugebilligt wird, nicht abschließend möglich. Der Gesetzgeber hat nämlich durch die zum Teil sehr offene Formulierung seines Gesetzestextes viel Verantwortung auf die Gerichte gelegt. Nach anfänglich zum Teil massiver und radikaler Zurückdrängung der nachehelichen Unterhaltsansprüche, hat sich mittlerweile die Erkenntnis durchgesetzt, dass der Bogen nicht überspannt werden darf. Der intensiven Betrachtung der konkreten Lebensumstände im Einzelfall und etwaiger ehebedingter Nachteile kommt deshalb eine gewichtige Rolle zu. Mittlerweile hat auch die Dauer der Ehe (wieder) an Bedeutung gewonnen. Zum 1.3.2013 ist nämlich § 1578b BGB – die gesetzliche Regelung nach der Unterhaltsansprüche begrenzt und befristet werden können – teilreformiert worden. Hintergrund ist der Umstand, dass auch in Fällen, in denen keine ehebedingten Nachteile beim Unterhaltsbedürftigen vorliegen, es aufgrund der gebotenen nachehelichen Solidarität bei Ehen von langer Dauer unbillig sein kann, den Unterhaltsanspruch zu beschränken.

In der Einzelfallbetrachtung liegt auch die Chance des Unterhaltsbedürftigen! Hierauf muss sich deshalb auch das Augenmerk des

Rechtsuchenden und der Rechtsberater richten, denn: seit der Unterhaltsreform ist vor Gericht viel darzulegen und notfalls zu beweisen. Um vorausschauend in der Trennungs- und Scheidungssituation planen zu können, ist eine ausführliche Information und Sammlung von Fakten folglich bei allen Unterhaltsfragen unerlässlich!

Unterhaltsfragen

Unterhaltsfragen sind fast stets kompliziert. Es ist daher riskant, Vereinbarungen mit dem Partner ohne vorherige fachkundige Beratung zu schließen!

Es sind mit dem Berater viele Fragen anzusprechen und zu klären:

- Besteht im konkreten Fall überhaupt nach dem Gesetz ein Anspruch auf Unterhalt?
- Welche Voraussetzungen müssen persönlich erfüllt sein?
- Wonach bemisst sich die Höhe des Unterhalts?
- Kann der Verpflichtete überhaupt zahlen, d. h. ist er leistungsfähig?
- Wie lange muss Unterhalt gezahlt werden? Gibt es irgendwann Kürzungen?
- Bestehen sonstige Besonderheiten im Einzelfall?

Zur Geltendmachung von Unterhalt ist stets das Bestehen einer (gesetzlichen) **Anspruchsgrundlage** erforderlich. Diese sind im Bürgerlichen Gesetzbuch (BGB) aufgeführt.

Das Gesetz kennt 3 Arten des Ehegattenunterhalts, nämlich

- den Familienunterhalt gemäß § 1360 BGB
- den Trennungsunterhalt gemäß § 1361 BGB
- den nachehelichen Unterhalt gemäß den §§ 1569 ff. BGB.

Für den Fall der Trennung und Scheidung sind darüber hinaus die Ansprüche der Kinder gegen ihre Eltern nach den §§ 1601 ff. BGB von erheblicher praktischer Bedeutung.

Das Bestehen einer der genannten Anspruchsgrundlagen allein bedeutet noch nicht, dass auch tatsächlich Unterhalt geleistet werden muss. Vielmehr müssen weitere, in jedem Unterhaltsfall verschiedene Voraussetzungen erfüllt sein, damit man am Ende monatliche Geldzahlungen erhält. Um diese Voraussetzungen verstehen zu können, wollen wir zunächst die unterhaltsrechtlichen Grundbegriffe und ihre Bedeutung klären.

Derjenige, der Unterhalt geltend macht, wird als **Berechtigter** oder Unterhaltsgläubiger bezeichnet. Die Person, gegen die sich der Unterhaltsanspruch richtet, wird **Verpflichteter** oder Unterhaltsschuldner genannt.

Auch dann, wenn das Gesetz einen Unterhaltsanspruch vorsieht, erhält Unterhalt immer nur derjenige, der bedürftig ist. **Bedürftigkeit** bedeutet, dass die im Gesetz als anspruchsberechtigt benannte Person aufgrund ihrer familiären bzw. ehelichen Verhältnisse Unterhalt tatsächlich benötigt. Unterhalt benötigt danach nur derjenige, der sich mit seinen eigenen finanziellen Mitteln nicht (ehe-)angemessen versorgen kann, obwohl er alles Erforderliche tut.

Was die im Einzelfall vom Gesetz gemeinte notwendige bzw. (ehe-)angemessene Versorgung des Berechtigten ist, nennt man **Bedarf**. Beim Ehegattenunterhalt richtet sich die Höhe des Bedarfs nach den sogenannten *ehelichen Lebensverhältnissen*. Der Bedarf ist immer auch die Höchstgrenze des zu leistenden Unterhalts.

Ist diese Höchstgrenze festgestellt, geht es an die Ermittlung, welcher Unterhalt dem Berechtigten tatsächlich zu zahlen ist. Hierbei kommt es darauf an, welche eigenen Mittel – Einkünfte und/oder gegebenenfalls auch Vermögen – dem Unterhaltsberechtigten zur Verfügung stehen, um seinen Unterhaltsbedarf zu decken.

Entscheidend ist aber natürlich auch, dass der Verpflichtete seinerseits finanziell in der Lage ist, den Unterhaltsbedarf des Berechtigten zu befriedigen; er muss **leistungsfähig** sein. Ihm muss stets ein bestimmter (je nach Unterhaltsanspruch verschiedener) Betrag seines Einkommens übrig bleiben, damit er nicht durch seine Unterhaltsverpflichtungen zum Sozialfall wird oder es zu einer unangemessenen finanziellen Benachteiligung gegenüber dem oder den Unterhaltsgläubigern kommt. Diesen Betrag nennt man **Selbstbehalt**.

In jedem unterhaltsrechtlichen Sachverhalt ist darüber hinaus stets zu prüfen, ob im konkreten Einzelfall der Unterhaltsanspruch aus gesetzlichen **Ausnahmetatbeständen** ausgeschlossen ist, ob er befristet oder herabgesetzt wird, ob bereits **Unterhaltsrückstände** aufgelaufen sind, die nachträglich auszugleichen sind, oder **sonstige** die Höhe des Unterhalts beeinflussende **Umstände** vorliegen.

2. Familienunterhalt

Leben Ehegatten und ihre minderjährigen oder sich noch in der Berufsausbildung befindenden Kinder in der Familiengemeinschaft zusammen, entstehen normalerweise keine unterhaltsrechtlichen Probleme. Die Ehegatten sind einander verpflichtet, durch ihre Arbeit und ihr Vermögen die Familie angemessen zu unterhalten. Ist einem Ehegatten die Haushaltsführung überlassen (sog. Haushaltsführungsehe), so erfüllt er seine Verpflichtung, durch Arbeit zum Unterhalt der Familie beizutragen, in der Regel durch die Führung des Haushalts (§ 1360 BGB).

Soweit der Unterhalt durch die Führung des Haushalts – gegebenenfalls einschließlich der Betreuung der Kinder – erbracht wird, spricht man von **Naturalunterhalt**. Wird Unterhalt durch die Beschaffung der erforderlichen Geldmittel geleistet, nennt man diesen Unterhalt **Barunterhalt**. Barunterhalt und Naturalunterhalt werden grundsätzlich als gleichwertige Leistung angesehen. Wie die Ehegatten im Einzelnen ihre Aufgaben verteilen, können sie selbst bestimmen. Festgelegt ist durch die gesetzliche Regelung nur, dass jeder einen Beitrag erbringen muss.

Gehören zur Familie Kinder, haben diese einen eigenen Unterhaltsanspruch auf angemessenen Unterhalt gegen beide Elternteile (§§ 1601 ff.)

2. Familienunterhalt

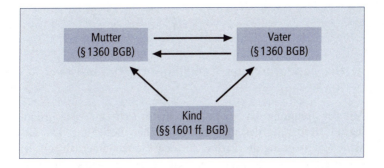

BEISPIEL: Das Ehepaar Müller ist seit sieben Jahren verheiratet. Das Paar hat zwei Kinder im Alter von 3 und 5 Jahren. Bislang hat Frau Müller den Haushalt geführt und ihr Partner eine Erwerbstätigkeit ausgeübt. Herr Müller ist mit seiner beruflichen Situation unzufrieden. Frau Müller hingegen erhält die Möglichkeit, bei ihrem früheren Arbeitgeber eine lukrative Stelle anzutreten. Die Eheleute einigen sich, dass sich von nun an Herr Müller um den Haushalt einschließlich der Betreuung der Kinder kümmert und Frau Müller den finanziellen Unterhalt der Familie übernimmt.
Beide Partner erfüllen nach wie vor ihre gegenseitige Verpflichtung, zum Familienunterhalt beizutragen. Sie haben jedoch ihre Rollen getauscht: Nunmehr ist Frau Müller barunterhaltspflichtig, während Herr Müller seine Unterhaltsverpflichtung als Naturalunterhalt erbringt (§ 1360 S. 2 BGB).

Der angemessene Unterhalt der Familie umfasst alles, was nach den (individuellen) Verhältnissen der Ehegatten erforderlich ist, um die Kosten des Haushalts zu bestreiten und die persönlichen Bedürfnisse der Ehegatten sowie den Lebensbedarf der gemeinsamen unterhaltsberechtigten Kinder zu befriedigen (§ 1360a Abs. 1 BGB). Neben einem wöchentlich oder monatlich im Voraus zu zahlenden Wirtschaftsgeld umfasst er also auch einen Anspruch der Ehegatten auf Taschengeld zur Befriedigung rein persönlicher Interessen. Bei einem durchschnittlichen Familieneinkommen geht man von einem Taschengeldanspruch von in der Regel 5 bis 7 % des um Schulden bereinigten Nettoeinkommens aus.

3. Trennungsunterhalt

(während der Zeit des Getrenntseins)

a) Die Bedeutung der Trennung für den Unterhalt der Ehegatten

Mit der Trennung der Ehegatten vollzieht sich eine erste grundlegende Änderung der unterhaltsrechtlichen Beziehung. Die Gesamtverantwortung der Partner für den Familienunterhalt mit der gegenseitigen Verpflichtung, die Familie durch Geldleistung und Haushaltsführung zu unterhalten, wandelt sich. Sie wird zu einem einseitigen Anspruch des wirtschaftlich schwächeren, also bedürftigen Gatten **auf eine Geldrente** gegen den wirtschaftlich Stärkeren, d. h. Unterhaltspflichtigen (§ 1361 Abs. 1, 3 BGB). Es besteht ein Anspruch auf angemessenen Unterhalt für den bedürftigen Ehegatten, wenn eine gültige Ehe besteht und die Eheleute im Sinne von § 1567 BGB getrennt leben. Zugleich entsteht eine **gesteigerte Eigenverantwortung** der Eheleute, ihren Unterhaltsbedarf selbst zu decken.

> **Wichtig**
>
> Ein Anspruch auf Trennungsunterhalt besteht nur bis zur Rechtskraft der Scheidung, da zu diesem Zeitpunkt die Trennungszeit endet. Der nacheheliche Unterhalt muss daher gesondert eingefordert und – soweit nötig – eingeklagt werden!

Der Kindesunterhalt ist getrennt hiervon ebenfalls gegen den barunterhaltspflichtigen Elternteil geltend zu machen (§§ 1601 ff. BGB). Der andere Elternteil wird in der Regel auch nach der Trennung den Kindesunterhalt als Naturalunterhalt, nämlich durch Betreuung leisten. Der Kindesunterhaltsanspruch ist unabhängig davon, ob die Eltern (noch) getrennt leben oder (schon) geschieden sind. Wurde z. B. während der Trennungsphase der Eltern erfolgreich Kindesunterhalt eingeklagt, so muss der Kindesunterhalt für den Zeitraum ab Rechtskraft der Scheidung nicht erneut eingeklagt werden.

3. Trennungsunterhalt

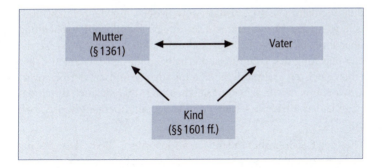

BEISPIEL: Das Ehepaar Müller hat drei Kinder im Alter von 2, 5 und 7 Jahren. Herr Müller ist städtischer Angestellter, Frau Müller führt seit der Geburt des ersten Kindes den Haushalt und betreut die Kinder. Frau Müller erträgt die permanente Eifersucht ihres Gatten nicht mehr und zieht mit ihren Kindern aus der Ehewohnung aus. Die gesetzlichen Regelungen des Familienunterhalts greifen nicht mehr. Vielmehr hat aufgrund der Trennung nunmehr Frau Müller einen einseitigen Anspruch gegen ihren Ehemann auf Trennungsunterhalt gemäß § 1361 BGB. Die Kinder haben wie zuvor einen eigenen Anspruch auf Kindesunterhalt gegen beide Elternteile. Da Frau Müller die Kinder auch weiterhin betreut, erfüllt sie ihre Unterhaltspflicht als Naturalunterhalt. Herr Müller hingegen schuldet den Kindern Barunterhalt.

b) Bedürftigkeit

Wir haben bereits erklärt, dass Unterhalt immer nur derjenige erhält, der bedürftig ist. Eines Unterhalts bedarf nur derjenige, der sich mit seinen eigenen finanziellen Mitteln nicht (ehe-)angemessen versorgen – also seinen Bedarf decken kann, *obwohl er alles Erforderliche tut* bzw. das tut, wozu er nach dem Gesetz verpflichtet ist.

Die Trennungsphase der Eheleute lässt sich als ein Zwischenstadium zwischen dem familiären Zusammenleben und der Auflösung der Ehe durch die Scheidung beschreiben. Die Ehe besteht weiter. Den Partnern soll deshalb die Möglichkeit belassen werden, sich wieder zu versöhnen oder die Neuorientierung vernünftig zu durchdenken. Das ist normalerweise jedoch nur dann noch möglich, wenn den Eheleuten nicht sofort eine endgültige Entscheidung über ihre zukünftige Lebensgestaltung auferlegt wird. Die gesetzliche Regelung des Trennungsunterhalts erhält den Eheleuten daher einen gewissen Freiraum. Sie schränkt den Grundsatz der Eigenverantwortung, der im Fall der Ehescheidung – gerade auch durch das neue Unterhaltsrecht – endgültig Platz greift, übergangsweise noch ein.

Dies zeigt sich insbesondere an § 1361 Abs. 2 BGB: Der bislang nicht berufstätige Gatte ist grundsätzlich nicht verpflichtet, sofort ab dem Zeitpunkt der Trennung eine Erwerbstätigkeit aufzunehmen, um sich selbst unterhalten und seinen Unterhaltsbedarf decken zu können. Im ersten Jahr der Trennung besteht daher in der Regel keine **Erwerbsobliegenheit**. Ausnahmen bestehen nur, wenn besondere Umstände im Einzelfall die Aufnahme einer Erwerbstätigkeit rechtfertigen. Beispielhaft benannt werden können hier vor allem kurze kinderlose Ehen oder gravierende wirtschaftliche Notlagen. Entsprechendes gilt für Fälle, in denen während des Zusammenlebens von einem Partner nur eine Teilzeittätigkeit ausgeübt wurde. Auch hier muss also regelmäßig nicht sofort auf eine Ganztagsarbeit ausgedehnt werden.

> **BEISPIEL:** Herr Müller und Frau Müller trennen sich nach zehnjähriger kinderloser Ehe. Frau Müller war während der Zeit des Zusammenlebens nicht berufstätig, um sich dem aufwändigen Haushalt widmen zu können. Nach der Trennung ist Frau Müller nicht verpflichtet, unverzüglich eine Erwerbstätigkeit aufzunehmen, um sich so selbst unterhalten zu können. Nach einer Übergangszeit – im Beispielsfall aber spätestens nach einem Jahr Trennung – wird ihr jedoch die Aufnahme einer Tätigkeit zuzumuten sein.
> Betrug die Zeit des Zusammenlebens von Herrn und Frau Müller etwa nur zwei Jahre, so wird Frau Müller in der Regel schon vor Ablauf eines Jahres eine Erwerbstätigkeit zumutbar sein. Reichen ihre dann erzielten Einkünfte nicht zur Deckung des Lebensbedarfs auf dem bisherigen Niveau aus, so kann Frau Müller von ihrem Mann eine Aufstockung ihres eigenen Einkommens in Form einer Unterhaltszahlung verlangen (sog. Aufstockungsunterhalt).

3. Trennungsunterhalt

Bei langer Ehedauer, höherem Alter des Unterhaltsberechtigten oder besonders günstigen wirtschaftlichen Verhältnissen während des Zusammenlebens kann im Einzelfall die Verpflichtung zur Aufnahme einer Erwerbstätigkeit auch später als nach einem Trennungsjahr eintreten. Die Verpflichtung, eine Erwerbstätigkeit aufzunehmen, wächst jedoch mit der Dauer der Trennung der Eheleute. Je länger die Trennung andauert, umso mehr muss sich der Unterhaltsberechtigte auf die Endgültigkeit der Trennung einrichten und sich um seine Versorgung durch eigene Erwerbstätigkeit kümmern. Andernfalls könnte nämlich allein durch geschicktes Taktieren und Herauszögern der Ehescheidung der weiterreichende Trennungsunterhaltsanspruch verlängert werden. Je länger die Trennung andauert, desto unwahrscheinlicher wird in der Regel auch die Versöhnung.

> **Wichtig**
>
> Arbeitet derjenige, der aufgrund seiner Bedürftigkeit Unterhalt geltend macht, nicht, obwohl er eine Erwerbsobliegenheit hat, so führt dies in der Regel zu einer Kürzung seiner Unterhaltsansprüche. Er muss sich dann nämlich so behandeln lassen, als übe er eine Erwerbstätigkeit aus. Es wird also so getan, als ob er tatsächlich ein Einkommen erzielt. Das fiktive (= unterstellte) Einkommen wird auf seinen tatsächlichen Unterhaltsbedarf als bedarfsdeckend angerechnet und verringert die Höhe des zu zahlenden Unterhalts.

Soweit aus der Ehe gemeinsame Kinder hervorgegangen sind oder – anders beim Geschiedenenunterhalt – nichteheliche Kinder im Familienverbund aufgenommen, mit versorgt und betreut wurden, ist die Verpflichtung zur Aufnahme einer Erwerbstätigkeit ebenfalls eingeschränkt. Auch nach der Trennung geborene nichteheliche Kinder stehen der sofortigen Verpflichtung zur Aufnahme einer Erwerbstätigkeit regelmäßig entgegen.

Ab wann ein Ehegatte, der Kinder betreut, verpflichtet werden kann, sich ganz oder zumindest teilweise um die Deckung seines Unterhaltsbedarfs zu kümmern, ist nach der **Unterhaltsrechtsreform** ab dem dritten Geburtstag des Kindes grundsätzlich eine Frage des Einzelfalls. Die vor der Reform bis Ende 2007 geltenden Leitlinien der höchstrichterlichen Rechtsprechung des Bundesgerichtshofs, insbesondere das sogenannte Altersphasenmodell, dürfen zu ihrer Beantwortung nicht mehr herangezogen werden. Für den Beginn der Verpflichtung zur Aufnahme einer Erwerbstätigkeit kam es nach diesem Modell allein auf das Alter des Kindes, nicht aber auf vorhandene Betreuungsmöglichkeiten an. Darüber hinaus wurde auch nicht sofort eine volle Erwerbstätigkeit des betreuenden Elternteils erwartet; vielmehr war der Stundenumfang der Erwerbsverpflichtung wiederum altersabhängig gestaffelt. So nahm die höchstrichterliche Rechtsprechung beispielsweise an, dass ein betreuender Elternteil jedenfalls vor der Vollendung des achten Lebensjahres des Kindes keine Verpflichtung zur Aufnahme einer Erwerbstätigkeit hatte. Versuchen einzelner Gerichte, das alte Modell – wenn auch in abgeänderter Form – auf die neue Rechtssituation zu übertragen, hat der Bundesgerichtshof zwischenzeitlich eine klare Absage erteilt. Dies laufe dem Willen des Gesetzgebers zuwider. Damit kommt eine pauschale und verallgemeinernde Beantwortung der Frage, ab wann eine Verpflichtung zur Aufnahme einer Erwerbstätigkeit durch den betreuenden Elternteil besteht, nicht mehr in Betracht.

Sicher fest steht damit, dass in den ersten drei Lebensjahren des Kindes eine Verpflichtung zur Aufnahme einer Erwerbstätigkeit in keinem Fall besteht. Sicher ist auch, dass ab dem dritten Geburtstag kein Vorrang der persönlichen Betreuung mehr besteht. Die Betreuung in öffentlichen Einrichtungen beeinträchtigt vielmehr in der Regel nicht das Kindeswohl. Vorhandene Betreuungsmöglichkeiten sind deshalb grundsätzlich zu nutzen. Die näheren Einzelheiten werden im Zusammenhang mit dem Unterhalt nach Scheidung erläutert.

In nicht wenigen Fällen nimmt der die Kinder betreuende Ehegatte, obwohl er noch keine Erwerbsverpflichtung hat, gleichwohl freiwillig oder – häufiger – notgedrungen eine Erwerbstätigkeit auf, um die persönlichen finanziellen Verluste durch die Trennung und unzureichenden Unterhalt aufzufangen. In einem solchen Fall spricht man von **Einkommen aus unzumutbarem Erwerb**.

> **BEISPIEL:** Frau Riedel hat zwei Kinder im Alter von 2 und 4 Jahren. Sie war bislang nicht berufstätig. Herr Riedel verfügt über ein geringes Einkommen. Hiervon müssen zum Teil noch Kredite für die Anschaffung von Möbeln in Höhe von 300 Euro zurückgeführt werden. Nach der Trennung reicht das Einkommen des Herrn Riedel unter Berücksichtigung seines Selbstbehaltes daher nicht aus, den vollständigen Lebensbedarf seiner Frau und seiner Kinder abzudecken. In dieser Situation nimmt Frau Riedel eine Stelle als Kassiererin im Supermarkt an.

Würde man dieses Einkommen in voller Höhe in die Unterhaltsberechnung einbeziehen, führte dies letztlich dazu, dass die Bedürftigkeit und in der Folge auch die Unterhaltshöhe zum Nachteil des ohne rechtliche Verpflichtung arbeitenden und Kinder betreuenden Gatten geschmälert würde. Gleiches gilt für den Fall einer Mehrarbeit, die die tatsächliche Erwerbsverpflichtung überschreitet. Hier spricht man regelmäßig allerdings nicht von einer unzumutbaren, sondern von einer **überobligatorischen Tätigkeit**. Ein Teil des unzumutbaren/überobligatorischen Einkommens wird zugunsten des Berechtigten bei der Berechnung der Höhe des Unterhaltsanspruchs deshalb außen vor gelassen.

Die entscheidende Frage, in welcher Höhe das Einkommen nicht auf den Unterhaltsanspruch angerechnet wird, hat, hat der Bundesgerichtshof jedoch nicht konkret beantwortet. Er hat vielmehr auch hier betont, dass es insoweit stets auf den Einzelfall ankomme. Dabei sind z. B. Anzahl und Alter der Kinder von Bedeutung, aber auch der zeitliche Umfang der Erwerbstätigkeit. Einer Pauschalierung hat er eine klare Absage erteilt. Einigermaßen verlässliche Aussagen zur Unterhaltshöhe in derartigen Fällen wird nur ein erfahrener Anwalt geben können.

c) Die Höhe des Unterhalts

Um die Unterhaltshöhe festlegen zu können, muss zunächst ermittelt und errechnet werden, welchen **Unterhaltsbedarf** die Eheleute haben. Das Gesetz weist dabei als Maß des Bedarfs die **ehelichen Lebensverhältnisse** aus (§ 1361 Abs. 1 S. 1 BGB). Gemeint sind

5. KAPITEL — Unterhalt bei Trennung und Scheidung

hiermit die Lebens-, Erwerbs- und Vermögensverhältnisse der Ehegatten.

Es gilt mithin in jedem Einzelfall zu überprüfen, was die ehelichen Lebensverhältnisse **geprägt** hat. An erster Stelle steht damit die Frage, welche Einkünfte zum Zeitpunkt der Trennung bzw. zum Zeitpunkt der Geltendmachung des Trennungsunterhalts erzielt werden.

Einkünfte in diesem Sinne sind alle tatsächlichen Einkommen **beider** Gatten aus eigenem Verdienst oder aus Fremdleistungen. Eigeneinkünfte werden in der Regel durch nichtselbstständige oder selbstständige Erwerbstätigkeit erzielt. Dabei gehören sämtliche Lohnfaktoren wie Zuschläge, Spesen, Urlaubs- und Weihnachtsgeld, Trinkgelder etc. mit zum Einkommen. Auch so genannte Sachbezüge, insbesondere Firmen- oder Dienstwagen, stellen einen geldwerten Vorteil dar und werden unterhaltsrechtlich dem Einkommen zugerechnet. Als Einkommen angesehen werden auch Einkünfte mit Lohnersatzfunktion wie vor allem das Kranken- und Arbeitslosengeld. Zum Einkommen zählen darüber hinaus Vermögenserträge, Einnahmen aus Vermietung und Verpachtung, erfolgte Steuererstattungen sowie – praktisch häufig bedeutsam – der Nutzungswert des Wohnens im Eigenheim nach Abzug der monatlichen Zins- und Tilgungsleistungen. Im Einzelfall kommt auch ein Einkommen aus Haushaltsführung für einen neuen Lebensgefährten als zu berücksichtigen in Betracht. Eine erschöpfende Auflistung sämtlicher denkbarer Einkunftsquellen würde den vorliegenden Rahmen sprengen.

> **BEISPIEL:** Herr und Frau Müller sind beide berufstätig. Herr Müller arbeitet als Angestellter bei der Sparkasse, Frau Müller ist halbtags als Verkäuferin tätig. Herr Müller erzielt monatliche Einnahmen von 2000 Euro und erhält darüber hinaus Provisionen für die Vermittlung von Immobilienfinanzierungen. Diese werden nur vierteljährlich in Höhe vom 600 Euro ausbezahlt. Frau Müller verdient 800 Euro. Beide wohnen in einem Eigenheim, für das eine marktübliche Miete von 750 Euro zu zahlen wäre. Monatlich müssen für das Haus 500 Euro Zins- und Tilgungsleistungen aufgebracht werden. Sowohl das Einkommen von Herrn und Frau Müller in Höhe von 2000 und 800 Euro, als auch die Prämien (auf

3. Trennungsunterhalt

> den Monat umgerechnet) sowie der Nutzungswert des mietfreien Wohnens im Eigenheim von 250 Euro (750 Mietwert abzüglich Belastungen) stellen das für die Unterhaltsberechnung maßgebliche Einkommen dar.

Da die Einkünfte gerade aus Erwerbstätigkeit häufig monatlich schwanken, wird zur Ermittlung des Bedarfs ein Durchschnittseinkommen gebildet, um zu einem möglichst realistischen Bild zu gelangen. Bei Einkünften aus nichtselbstständiger Erwerbstätigkeit wird dabei in der Regel ein Schnitt aus den letzten zwölf Kalendermonaten, bei Selbstständigen aus den letzten drei Kalenderjahren gebildet. Soweit innerhalb der genannten Zeiträume **nachhaltige** positive oder negative Veränderungen eingetreten sind, wird dies selbstverständlich berücksichtigt. Beispielhaft genannt werden können hier Gehaltserhöhungen, Eintritt von längerer Arbeitslosigkeit, Veränderungen aufgrund des Wechselns der Steuerklasse etc.

Steuerklassenwechsel

Im Jahr der Trennung können die alten Steuerklassen grundsätzlich beibehalten werden. Spätestens ab 1. Januar des Folgejahres ist ein Steuerklassenwechsel erforderlich. Die Steuerklassen III und IV gelten nämlich nicht mehr, wenn man dauerhaft getrennt voneinander lebt! Der Steuerklassenwechsel führt besonders bei der Steuerklasse III zu nicht unerheblichen Einkommensminderungen.

Steht fest, welche Einkünfte durchschnittlich erzielt werden, so wird in einem nächsten Schritt berücksichtigt, dass den Einnahmen stets auch eine Vielzahl von Ausgaben gegenübersteht. Es muss das so genannte **bereinigte Nettoeinkommen** ermittelt werden. Nicht alle tatsächlich regelmäßig anfallenden Ausgaben werden dabei jedoch unterhaltsrechtlich als Abzugsposten berücksichtigt. Die allgemeinen Lebenshaltungskosten wie z. B. Lebensmittelkauf, Miete, Strom, Telefon etc. werden bei der Unterhaltsberechnung nämlich bereits pauschal im Selbstbehalt, also dem Betrag, der dem Pflichtigen in jedem Fall übrig bleiben muss, berücksichtigt. Sie können deshalb nicht vom Nettoeinkommen abgezogen werden.

5. KAPITEL — Unterhalt bei Trennung und Scheidung

Stets abzuziehen sind die tatsächlich anfallenden Steuern und Sozialabgaben einschließlich der Kranken- und Pflegeversicherungsbeiträge. Ob darüber hinausgehende Vorsorgeaufwendungen wie etwa Unfallversicherungen, Lebensversicherungen, Direktversicherungen, private Rentenversicherungen etc. zu berücksichtigen sind, hängt vom konkreten Einzelfall ab. Insbesondere bei Selbstständigen gelten hier besondere Maßstäbe.

Von besonderer praktischer Bedeutung sind darüber hinaus bei Nichtselbstständigen Abzüge für berufsbedingte Aufwendungen, soweit sie tatsächlich anfallen und nicht vom Arbeitgeber ausgeglichen werden. Häufigster Fall sind Fahrtkosten, die für die Fahrten zwischen Wohnung und Arbeitsstätte anfallen. Liegen beide Orte weiter auseinander, so fallen hierfür bisweilen beträchtliche Ausgaben an. Die verschiedenen Oberlandesgerichte haben für ihre Gerichtsbezirke Leitlinien entwickelt, in denen geregelt ist, in welcher Höhe berufsbedingte Aufwendungen im Rahmen der Unterhaltsberechnung berücksichtigt werden können. Nach der so genannten Düsseldorfer Tabelle etwa werden sie ohne konkreten Nachweis mit 5 % des Nettoeinkommens angesetzt, mindestens jedoch mit 50 Euro (bei geringfügigen Tätigkeiten auch weniger), höchstens mit 150 Euro. Die Leitlinien anderer Oberlandesgerichte sehen demgegenüber z. T. keine Ober- und Untergrenzen vor. Wieder andere rechnen nicht mit Pauschalen, sondern es ist stets ein konkreter Nachweis erforderlich.

Wichtig erscheint in diesem Zusammenhang jedoch vor allem der Hinweis darauf, dass grundsätzlich unterhaltsrechtlich eine Verpflichtung besteht, für Fahrten zwischen Wohnung und Arbeitsstätte das günstigste – d. h. unter Umständen das öffentliche – Verkehrsmittel zu benutzen. In Einzelfällen kann auch ein Wohnortwechsel verlangt werden, wenn aufgrund der hohen Fahrtkosten angemessene Unterhaltsleistungen nicht erbracht werden können.

BEISPIEL: Herr Peters verfügt über ein Nettoeinkommen von 1800 Euro. Er wohnt wie seine getrennt lebende Ehefrau und die drei minderjährigen Kinder in Bayreuth. Sein Arbeitsplatz ist in Nürnberg. Die Strecke von 90 km einfach fährt er täglich mit dem PKW. Hierfür fallen monat-

3. Trennungsunterhalt

lich Fahrtkosten in Höhe von 300 Euro an, die Herr Peters nicht von seinem Arbeitgeber erstattet erhält. Seine Leistungsfähigkeit, seiner Gattin und den Kindern eheangemessenen Trennungsunterhalt bzw. Kindesunterhalt zu zahlen, wird hierdurch erheblich eingeschränkt. Zwischen Nürnberg und Bayreuth existiert eine regelmäßige Bahnverbindung. Das Monatsticket kostet nur 150 Euro. Hier kann Herr Peters zugunsten der Unterhaltsberechtigten darauf verwiesen werden, öffentliche Verkehrsmittel zu benutzen. Im absoluten Mangelfall kann ihm unter Umständen sogar ein Wohnortwechsel angesonnen werden, damit die beträchtlichen Fahrtkosten entfallen und das Geld den Unterhaltsberechtigten (vorrangig den Kindern bis zur Deckung ihres Unterhaltsbedarfs) zur Verfügung steht.

In vielen Unterhaltsfällen spielt darüber hinaus die Abzahlung von Krediten eine große Rolle. Verbindlichkeiten aus der Zeit des Zusammenlebens der Ehegatten sind grundsätzlich als Abzugsposten zu berücksichtigen. Allerdings darf es sich nicht um leichtfertig und zugleich einseitig eingegangene Verbindlichkeiten handeln, wie etwa Spielschulden oder Ausgaben für teure Hobbys etc. Maßgebend ist regelmäßig, ob die Verbindlichkeiten mit ausdrücklicher oder stillschweigender Billigung des Ehepartners eingegangen wurden oder ohnehin beide Ehegatten verpflichtet sind. Als Abzugsposten ist grundsätzlich die monatlich anfallende Ratenzahlung anzusetzen. Gegebenenfalls muss umgeschuldet oder die Höhe der Ratenzahlung gekürzt werden. Nicht entscheidend für die Abzugsfähigkeit vom Einkommen ist, wer die angeschafften Gegenstände nach der Trennung behalten darf!

BEISPIEL: Herr und Frau Meier haben sich zu Beginn ihrer Ehe eine teure Küche per Ratenkauf gekauft. Herr Müller ist Alleinverdiener. Die Raten belaufen sich auf 200 Euro monatlich. Nach der Trennung zieht Herr Meier aus der Ehewohnung aus; Frau und Kind verbleiben. Die Raten für die Küche werden von Herrn Müller weiter entrichtet. Die monatlichen Zahlungen hierfür werden im Rahmen der Unterhaltsberechnung als Abzugsposten vom Nettoeinkommen berücksichtigt. Sie mindern also das für die Unterhaltsberechtigten verfügbare Einkommen. Herr Meier hat darüber hinaus bei einem Spielbankbesuch hohe Verluste hinnehmen müssen. Um diese ausgleichen zu können, hat er ein Darlehen der Scheidung geboren werden, beeinflusst die Unterhaltslast für diese Kinder die Unterhaltshöhe des bedürftigen Ehegatten. Der zu leistende Kindesunterhalt wird in diesen Fällen als die ehelichen Lebensverhältnisse prägend angesehen und ebenfalls vom Nettoeinkommen abgesetzt. (Zu den Einzelheiten der Höhe des Kindesunterhalts vgl. näher unten S. 182 ff.)

> **BEISPIEL:** Herr Müller hat einen Sohn aus einer vorehelichen Beziehung und zahlt während des Zusammenlebens mit seiner Ehefrau regelmäßig Unterhalt an diesen. Nach der Trennung bleibt die Kindesunterhaltsverpflichtung weiter bestehen. Herr Müller kann daher den Kindesunterhalt von seinem Nettoeinkommen absetzen. Frau Müller kann sich nicht darauf berufen, dass es sich nicht um ein gemeinsames Kind handelt und sie deshalb die Zahlungsverpflichtung nicht länger unterhaltsmindernd gegen sich gelten lassen will.

Wichtig

Wer Abzugsposten im Rahmen der Unterhaltsberechnung geltend machen will, ist für die regelmäßige Zahlung und die eheprägende Wirkung nachweispflichtig!

Steht nach Berücksichtigung aller Einnahmen und abzugsfähigen Ausgaben schließlich fest, welches bereinigte eheprägende Nettoeinkommen auf Seiten beider Ehegatten vorliegt, wird in einem nächsten Schritt der tatsächliche Bedarf des einzelnen Ehegatten nach den ehelichen Lebensverhältnissen bestimmt.

In aller Regel erfolgt diese Bestimmung anhand der so genannten **Ehegattenquoten** (Quotenunterhalt). Wie im Zusammenhang mit den berufsbedingten Aufwendungen bereits erwähnt, haben die verschiedenen Oberlandesgerichte für ihre Gerichtsbezirke Leitlinien für die Unterhaltsberechnungen geschaffen. In diesen sind auch die jeweiligen Ehegattenquoten festgelegt. In allen Leitlinien gilt zunächst der **Halbteilungsgrundsatz**. Er besagt, dass der volle Unterhaltsbedarf eines Ehegatten grundsätzlich nicht höher ist bzw. sein kann, als die Hälfte der beiderseitigen bereinigten Einkommen. Die Unterhaltsquote beträgt danach im Grundsatz 50 : 50.

Praktisch gilt die Unterhaltsquote 50: 50 jedoch nur bei Einkünften, die nicht aus einer Erwerbstätigkeit stammen. Beispielhaft genannt werden können hier Renteneinkünfte, Arbeitslosengeld, Zinseinkünfte, Einkünfte aus Vermietung und Verpachtung etc.

In den von Bundesgerichtshof gebilligten Unterhaltsleitlinien wird demgegenüber bei Erwerbseinkünften der Umstand berücksichtigt, dass mit der Erwerbstätigkeit ein höherer Aufwand verbunden ist. Es wird ein so genannter **Erwerbsanreiz** zugebilligt, der sich in der Unterhaltsquote niederschlägt. Die Mehrzahl der Oberlandesgerichte gewährt einen Erwerbstätigenbonus von $1/7$, so dass die Unterhaltsquote $3/7$ zu $4/7$ beträgt. Die bayerischen Oberlandesgerichte hingegen billigen $1/10$ zu, die Quote beträgt hierbei $4,5/10$ zu $5,5/10$ bzw. 45 % zu 55 %. Zu beachten ist, dass der Erwerbstätigenbonus stets nur vom bereinigten Nettoeinkommen abzuziehen ist.

> **BEISPIEL 1:** Herr Meier bezieht aus nichtselbstständiger Tätigkeit ein um Abzugsposten und berufsbedingte Aufwendungen bereinigtes Nettoeinkommen von 2800 Euro. Frau Meier hat während des Zusammenlebens den Haushalt geführt.
> **Unterhaltsberechnung nach Düsseldorfer Tabelle:**
> 2800 Euro · $1/7$ = 400 Erwerbstätigenbonus für Herrn Meier
> 2800 − 400 = 2400 bedarfsbestimmendes Einkommen der Eheleute
> Bedarf des einzelnen Ehegatten: 2400 : 2 = 1200 Euro
> Frau Meier hat also nach den ehelichen Lebensverhältnissen einen tatsächlichen Unterhaltsbedarf von 1200 Euro. Da sie selbst nicht arbeitet, ist dieser Bedarf nicht – auch nicht teilweise – durch eigene Einkünfte gedeckt. Sie ist also bedürftig in Höhe von 1200 Euro. Herr Meier ist seinerseits in der Lage, 1200 Euro zu zahlen, ohne dass sein eigener Selbstbehalt unterschritten wird. Ihm verbleiben 1200 + 400 Euro Erwerbsanreiz, also 1600 Euro. Der Unterhaltsanspruch von Frau Meier beläuft sich daher in diesem Fall auf 1200 Euro.
> **Unterhaltsberechnung nach Süddeutschen Richtlinien:**
> 2800 Euro · $1/10$ (10 %) = 280 Euro. 2800 − 280 = 2520.
> Bedarf: 2520 : 2 = 1260 Euro.
> Unterhaltsanspruch Frau Meier: 1260 Euro.

3. Trennungsunterhalt

Beispiel (handwritten)

> **BEISPIEL 2:** Ist auch Frau Meier berufstätig mit einem bereinigten Nettoeinkommen von 1400 Euro sieht die Unterhaltsberechnung wie folgt aus:
> **Berechnung nach Düsseldorfer Tabelle:**
> 2800 · $1/7$ = 400 Erwerbstätigenbonus für Herrn Meier
> 2800 – 400 = 2400 Euro bedarfsbestimmendes Einkommen Herr Meier
> 1400 · $1/7$ = 200 Erwerbsanreiz für Frau Meier
> 1400 – 200 = 1200 Euro bedarfsbestimmendes Einkommen Frau Meier
> Gesamtbedarf der Eheleute: 2400 + 1200 = 3600 Euro
> 3600 : 2 = 1800 Euro Bedarf des einzelnen Ehegatten
> Der Unterhaltsbedarf von Frau Meier ist aber in Höhe von 1200 Euro durch eigene Einkünfte abgedeckt. Sie daher nur in Höhe der Differenz zwischen eigenem Einkommen und ihrem Bedarf unterhaltsbedürftig. Sie hat daher einen Unterhaltsanspruch von 1800 – 1200 Euro = 600 Euro.
> **Nach den Süddeutschen Leitlinien ist wie folgt zu rechnen:**
> 2800 · $1/10$ (10 %) = 280. 2800 – 280 = 2520. 1400 · $1/10$ (10 %) = 140. 1400 – 140 = 1260. Bedarf: 2520 + 1260 = 3780 : 2 = 1890 Euro. Der Unterhaltsbedarf von Frau Meier ist in Höhe von 1260 Euro durch eigene Einkünfte abgedeckt. Sie hat daher einen Unterhaltsanspruch von 1890 – 1280 = 630 Euro.

d) Leistungsfähigkeit

Dem Unterhaltsverpflichteten muss grundsätzlich ein eigener Unterhalt verbleiben, der den ehelichen Lebensverhältnissen entspricht. Er darf durch Unterhaltszahlungen auch nicht so stark in Anspruch genommen werden, dass er selbst zum Sozialfall wird. In jedem Fall muss ihm ein monatlicher „Mindest-Eigenbedarf", der so genannte **Selbstbehalt** verbleiben. Er beträgt derzeit gegenüber dem getrennt lebenden (und dem geschiedenen) Ehegatten in der Regel 1100 Euro. Allerdings können die Selbstbehaltssätze im Einzelfall auch über- oder unterschritten werden. So gehen die Leitlinien der Oberlandesgerichte beispielsweise davon aus, dass im Selbstbehalt ein Mietkostenanteil enthalten ist, dessen Höhe in den Leitlinien der Gerichte festgelegt wird. Wohnt der Pflichtige mit mehreren Personen zusammen, so kann sein Mietanteil nach Köpfen „gekürzt" werden, was zu einer Verringerung seines Selbstbehalts führt. Es kann sogar der Selbstbehalt völlig entfallen, wenn der Pflichtige neu verheiratet ist und der neue Ehegatte finanziell in der Lage ist, den Unterhalt des Pflichtigen zu tragen.

Sofern der Unterhaltspflichtige mit dem Gedanken spielen sollte, angesichts seiner Unterhaltslasten „doch lieber gleich mit dem Arbeiten aufzuhören", so sei auf Folgendes hingewiesen: Der Unterhaltspflichtige kann sich auf fehlende Leistungsfähigkeit **nicht berufen**, wenn er unterhaltsbezogen **verantwortungslos** oder zumindest **leichtfertig** seine Leistungsunfähigkeit **herbeiführt!** Dies ist insbesondere bei freiwilligem Arbeitsplatzverlust anzunehmen, kann aber auch vorliegen, wenn der Arbeitsplatzverlust selbst verschuldet ist. In derartigen Fällen wird regelmäßig ein fiktives (= unterstelltes) Einkommen des Verpflichteten angesetzt. Es wird also so getan, als habe er noch Einkünfte aus Erwerbstätigkeit. Im Übrigen drohen unter Umständen strafrechtliche Sanktionen wegen der Verletzung von Unterhaltspflichten!

e) Sonderausgabenabzug beim Ehegattenunterhalt

Im Rahmen der Beurteilung der Leistungsfähigkeit ist darüber hinaus auch die Möglichkeit des so genannten begrenzten Realsplittings nach § 10 Abs. 1 Nr. 1 EStG zu beachten. Nach dieser Vorschrift kann auf Antrag des Leistenden und mit Zustimmung des Unterhaltsempfängers (Anlage U) der nach dem Jahr des Trennungseintritts tatsächlich geleistete Ehegattenunterhalt (Trennungs- und nachehelicher Unterhalt) bis zu einer Höhe von 13805 Euro jährlich steuerlich als Sonderausgabe berücksichtigt werden. Dies führt letztlich zu einer Steigerung des auf Seiten des Pflichtigen vorhandenen und für die Unterhaltsberechtigten zur Verfügung stehenden Nettoeinkommens. Der Pflichtige hat sogar unterhaltsrechtlich grundsätzlich die Verpflichtung, das begrenzte Realsplitting durchzuführen. Um den erzielbaren Steuervorteil zugunsten der Unterhaltsberechtigten so rasch wie möglich zur Verfügung zu haben, kommt auch eine Eintragung des Steuervorteils am Anfang des Jahres auf die Lohnsteuerkarte in Betracht; auch dies kann regelmäßig vom Unterhaltspflichtigen verlangt werden.

3. Trennungsunterhalt

Bedeutet das begrenzte Realsplitting auf der einen Seite für den Unterhaltsverpflichten eine Minderung seiner Steuerlast, so kann seine Inanspruchnahme auf der anderen Seite erst überhaupt zu einer bzw. einer höheren Steuerlast des Unterhaltsberechtigten führen, nämlich dann, wenn dieser neben dem Unterhalt sonstige Einkünfte erzielt. Der erlangte Ehegattenunterhalt muss dann als Pendant zum Ausgabenabzug vom Unterhaltsbezieher versteuert werden. Dieser hat jedoch gegen den Pflichtigen wiederum einen Anspruch auf Ausgleich der ihm durch die Versteuerung des Unterhalts entstehenden finanziellen Nachteile. Der Unterhaltsberechtigte kann deshalb seine Zustimmung zum begrenzten Realsplitting so lange verweigern, bis ihm der Pflichtige den Nachteilsausgleich bindend erklärt. Vom Nachteilsausgleich können auch Steuerberaterkosten erfasst werden. Der Unterhaltsberechtigte kann also letztlich verlangen, so gestellt zu werden, wie er ohne Durchführung des Realsplittings stehen würde.

> **Wichtig**
>
> Bezieht der Unterhaltsberechtigte selbst neben dem Unterhalt keine Einkünfte oder ist die Ausgleichsverpflichtung bindend erklärt worden, so muss die Zustimmung zum begrenzten Realsplitting erteilt werden!

Weigert sich der Unterhaltsberechtigte unter den vorgenannten Voraussetzungen, seine Zustimmung zu erteilen, kann er hierauf erfolgreich verklagt werden!

Der Unterhaltspflichtige selbst sollte für den Fall, dass sein Ehegatte neben dem Unterhalt sonstige Einkünfte hat, vor Inanspruchnahme des begrenzten Realsplittings durch einen Steuerberater prüfen lassen, wie sich der Ausgabenabzug einschließlich Nachteilsausgleich tatsächlich auf das Nettoeinkommen auswirkt. Es gibt durchaus auch immer wieder Fallgestaltungen, in denen sich der Sonderausgabenabzug am Ende für beide Seiten finanziell nicht lohnt.

Nur Zahlungen auf Ehegattenunterhalt – nicht jedoch auf Kindesunterhalt – sind steuerlich abzugsfähig und können zu einer geringeren Steuerlast führen.

f) Krankenversicherung und Altersvorsorge

Bereits **ab dem Zeitpunkt der Trennung** ist ergänzend zu **prüfen**, ob durch die Trennung Veränderungen bei der Krankenversicherung eintreten bzw. hierfür neue Kosten entstehen. Insbesondere soweit der Unterhaltsbedürftige keiner eigenen versicherungspflichtigen Erwerbstätigkeit nachgeht, muss geklärt werden, wie lange noch eine Mitversicherung beim Ehegatten besteht. In der gesetzlichen Krankenversicherung läuft die Familienversicherung bis zur Rechtskraft der Scheidung. In allen übrigen Fällen sollte man die Beendigung des Versicherungsverhältnisses genau prüfen. Wird eine eigene Versicherung erforderlich, so kann zusätzlich zum so genannten Elementarunterhalt Krankenversicherungsunterhalt schon vor Rechtskraft der Scheidung geltend gemacht werden.

Bei privaten Krankenversicherungen hat der Unterhaltschuldner für den Fall, dass sein Ehegatte mitversichert ist, die Pflicht, Arztrechnungen der Versicherung vorzulegen und erstattete Beiträge weiterzuleiten. Kündigt der Unterhaltsschuldner die Mitversicherung des Ehegatten, ohne diesen zuvor zu verständigen, macht er sich schadensersatzpflichtig!

Über den so genannten Versorgungsausgleich ist der Bedürftige auch bis zur Rechtshängigkeit des Scheidungsantrages, also dem förmlichen Beginn des Scheidungsverfahrens, an der Altersvorsorge des Ehepartners beteiligt. Ab diesem Zeitpunkt kann grundsätzlich zusätzlich Altersvorsorgeunterhalt geltend gemacht werden.

g) Ausschluss und Beschränkung des Unterhalts

In besonderen Ausnahmefällen kann es schließlich grob unbillig sein, überhaupt einen oder den vollen Unterhaltsanspruch zu gewähren. Für den Trennungsunterhalt ist daher die so genannte Härteklausel des Scheidungsrechts, § 1579 BGB, sinngemäß zu berücksichtigen. Die einzelnen Klauseln werden im Zusammenhang mit dem nachehelichen Ehegattenunterhalt näher erläutert. § 1579 Nr. 1 BGB findet dabei jedoch beim Trennungsunterhalt keine Anwendung. D. h. allein eine kurze Ehedauer reicht auch bei einer kinderlosen Ehe für die Versagung oder Herabsetzung eines Trennungsunterhaltsanspruchs nicht aus.

> **BEISPIEL:** Herr und Frau Müller haben im Mai 2010 geheiratet. Bereits nach der sich sofort anschließenden Hochzeitsreise kriselt es. Schon im August hält Herr Müller es mit seiner nicht erwerbstätigen Frau nicht mehr aus. Er trennt sich von ihr: Grundsätzlich hat Frau Müller trotz der kurzen Zeit des ehelichen Zusammenlebens einen Anspruch auf Trennungsunterhalt.

h) Ende des Anspruchs

Der Trennungsunterhaltsanspruch erlischt, wenn die Parteien sich wieder versöhnen und die Lebensgemeinschaft wieder aufnehmen. Lassen sich die Parteien scheiden, so endet der Trennungsunterhaltsanspruch mit Rechtskraft der Ehescheidung. Der nacheheliche Unterhalt muss gesondert geltend gemacht werden. Der Trennungsunterhaltsanspruch erlischt schließlich auch, wenn Berechtigter oder Verpflichteter sterben.

j) Auskunftsanspruch

Nicht in allen Fällen sind den Ehegatten die tatsächlichen Einkünfte des Partners bzw. gemeinsame Einkünfte genau bekannt. Soll der Unterhalt jedoch korrekt und den tatsächlichen Verhältnissen entsprechend berechnet werden, müssen die Fakten auf dem Tisch liegen. Aus diesem Grund haben die getrennt lebenden Eheleute nach dem Grundsatz von Treu und Glauben grundsätzlich eine gegenseitige Auskunftspflicht (§ 1361 Abs. 4 i. V. m. § 1605 BGB). Diese kann im Weigerungsfall auch gerichtlich erzwungen werden. Zur Überprüfung der erteilten Auskünfte können und sollten gleichzeitig geeignete Belege, etwa Gehaltsabrechnungen, Steuererklärungen und -bescheide etc. verlangt werden! Man unterscheidet insoweit zwischen dem Auskunftsanspruch und dem Beleganspruch.

5. KAPITEL Unterhalt bei Trennung und Scheidung

> **Wichtig**
>
> Sind die Einkommens- und Vermögensverhältnisse nicht hinreichend bekannt und weigert sich der Partner, die tatsächlichen Verhältnisse offen zu legen und auch die entsprechenden Belege vorzuzeigen, sollte unbedingt ein Rechtsanwalt eingeschaltet werden.

Für alle Unterhaltsverfahren gilt das FamFG (Gesetz über das Verfahren in Familiensachen und in den Angelegenheiten der freiwilligen Gerichtsbarkeit). § 235 Abs. 2 FamFG regelt eine ganz wichtige Möglichkeit: Hat nämlich der Auskunftspflichtige trotz vorprozessualer Aufforderung keine Auskunft erteilt, kann der Auskunftsberechtigte im Klageverfahren zusammen mit seinem eigenen Auskunftsanspruch zugleich beantragen, dass das Familiengericht *von Amts wegen* die Auskunft einholt. Dies hat den Vorteil, dass hierdurch regelmäßig das Verfahren beschleunigt wird. Verlangt das Gericht nämlich selbst die Auskunft, wird sie in der Regel auch schneller erteilt.

> **Wichtig**
>
> Wird die Auskunft trotz richterlicher Aufforderung nicht oder nicht vollständig erteilt, kann das Gericht die Auskünfte unmittelbar beim Arbeitgeber, Versicherungsträger, Rentenversicherer, Sozialleistungsträger und beim Finanzamt einholen (§ 236 FamFG).

j) Rückständiger Unterhalt

Mit der – am besten schriftlichen (Nachweisbarkeit!) – Forderung eines konkret bezifferten Unterhaltsbetrages oder mit der Geltendmachung des Auskunftsanspruchs zum Zwecke der Unterhaltsberechnung sollte nach der Trennung nicht allzu lange zugewartet werden. **Unterhalt für die Vergangenheit** kann der Berechtigte nämlich grundsätzlich **nur ab** dem Zeitpunkt fordern, **ab welchem dem Verpflichteten seine Schuld dem Grund und der Höhe nach bekannt ist**. Erst dann befindet er sich mit seiner Leistung im Verzug. Es reicht das Auskunftsbegehren zum Zwecke der Unterhaltsberechnung aus.

> **Wichtig**
>
> Ein rechtlich bindender Verzicht auf Trennungsunterhalt für die Zukunft ist nicht möglich! Er ist gemäß § 134 BGB unwirksam. Für die Vergangenheit kann dagegen auf Trennungsunterhalt verzichtet werden. Andererseits muss Unterhalt nicht zwingend eingefordert werden, wenn man sich entsprechend einigt *und* über die nötigen Eigenmittel verfügt. In einem solchen Fall können nämlich keine Sozialleistungen beansprucht werden!

4. Nachehelicher Ehegattenunterhalt

a) Überblick

Mit der endgültigen Aufhebung der ehelichen Gemeinschaft durch die Ehescheidung vollzieht sich in der unterhaltsrechtlichen Beziehung ein starker Wandel. Ab Rechtskraft der Scheidung greift der **Grundsatz der wirtschaftlichen Eigenverantwortung** endgültig durch. Der Gesetzgeber hat insoweit klar und deutlich vorgegeben: „Nach der Scheidung obliegt es jedem Ehegatten, selbst für seinen Unterhalt zu sorgen. Ist er dazu außerstande, hat er gegen den anderen Ehegatten einen Anspruch auf Unterhalt nur nach den folgenden Vorschriften" (§ 1569 BGB). Dass überhaupt nach der Scheidung noch Unterhaltsansprüche eingeräumt werden, ist letztlich eine Folge der nachehelichen Solidarität. Diese erklärt sich aus der Bedeutung der Ehe in unserem Rechtskreis, die sogar im Grundgesetz verankert ist. Es gilt dabei der Grundsatz, dass der geschiedene Ehegatte an dem in der Ehe erreichten Lebensstandard teilhaben soll.

Die sich aus der Ehe noch ergebende nachwirkende Mitverantwortung – und damit die Teilhabe am erreichten Lebensstandard – reduziert sich aber nach dem Willen des Gesetzgebers seit der Unterhaltsreform deutlich. Dies hat zur Folge, dass jedenfalls länger andauernde oder gar zeitlich unbegrenzte Unterhaltsansprüche entgegen der früheren Rechtspraxis nach der Ehescheidung nicht mehr die Regel sind.

Einen einheitlichen Unterhaltsanspruch wie bei der Trennung gibt es für die Zeit nach der Scheidung nicht. Die §§ 1570 bis 1576 BGB führen vielmehr abschließend auf, in welchen Fällen noch Unterhalt geschuldet wird. Das Gesetz enthält acht verschiedene Tatbestände:

- Unterhalt wegen Betreuung gemeinschaftlicher Kinder (§ 1570 BGB)
- Unterhalt wegen Alters (§ 1571 BGB)
- Unterhalt wegen Krankheit oder Gebrechen (§ 1572 BGB)
- Unterhalt bis zur Erlangung einer angemessenen Erwerbstätigkeit (§ 1573 Abs. 1 BGB)
- Aufstockungsunterhalt (§ 1573 Abs. 2 BGB)
- Wegfall einer nicht nachhaltig gesicherten Erwerbstätigkeit (§ 1573 Abs. 4 BGB)
- Ausbildungsunterhalt (§ 1575 BGB)
- Billigkeitsunterhalt (§ 1576 BGB)

In der Praxis ist der nacheheliche Unterhalt neben der Frage der elterlichen Sorge und des Umgangs mit den gemeinschaftlichen Kindern die umkämpfteste Scheidungsfolge. Das gegenseitige Verständnis für die (wirtschaftliche) Situation des ehemaligen Partners hat in der Trennungszeit bereits häufig gelitten. Möglicherweise sind neue Wunden dadurch entstanden, dass sich einer der Beteiligten einem neuen Partner zugewandt hat etc. Vielfach wird die Trennungsphase auch bereits wirtschaftliche Einschränkungen aufgezeigt haben, so dass jeder Cent zählt. Hieran hat sich auch durch die **Unterhaltsrechtsreform** im Ergebnis nichts geändert. Im Gegenteil: Durch die beiden Leitmotive – „Kinder zuerst" und „Eigenverantwortung der Ehegatten" – werden harte Kämpfe auch um das nach der Scheidung zur Verfügung stehende Geld ausgefochten.

4. Nachehelicher Ehegattenunterhalt

> **Wichtig**
>
> An dieser Stelle sei noch einmal eindringlich daran erinnert, dass der nacheheliche Unterhalt eigenständig gegenüber dem Trennungsunterhalt ist. Er muss neu eingefordert werden, selbst wenn bereits ein Urteil oder sonstiger Titel über den Trennungsunterhalt bestehen sollte!

Übertriebene Ängste, nach der Ehescheidung sofort finanziell vollkommen auf sich allein gestellt zu sein, sind jedoch zumeist grundlos. Anders als in der Vergangenheit wird seit der Unterhaltsreform aber eine weitaus größere **Aktivität und Eigeninitiative** vom Unterhalt begehrenden Ehegatten erwartet. Er hat nach § 1574 Abs. 1 BGB die Unterhaltslast so weit wie möglich zu verringern: „Dem geschiedenen Ehegatten obliegt es, eine angemessene Erwerbstätigkeit auszuüben."

Aufgrund der gestiegenen Eigenverantwortung und der verschieden Unterhaltstatbeständen mit unterschiedlichen Voraussetzungen ist das Recht des nachehelichen Unterhalts deshalb weitaus komplizierter als der Trennungsunterhalt, der dem Unterhaltsbedürftigen noch einen gewissen Spielraum lässt. Hierauf gilt es, sich rechtzeitig – also unbedingt bereits während der Trennungszeit! – einzustellen. Durch Inanspruchnahme fachkundigen Rates ist zu prüfen, welche Erwartungen im Einzelfall zu erfüllen sind und wie die rechtlichen und tatsächlichen Möglichkeiten ausgeschöpft werden können. Dies gilt nicht nur für den Unterhaltsberechtigten, sondern auch für den möglicherweise Unterhaltsverpflichteten. Denn der Gesetzgeber hat zum Schutz vor ausufernden Unterhaltsansprüchen nunmehr auch die Grenzen der Unterhaltsansprüche zugunsten des Unterhaltsverpflichteten verstärkt. Neben den bereits vor der Reform geregelten Schutzmechanismen von so genannten **Einsatzzeiten und Unterhaltsketten**, mit denen sichergestellt werden soll, dass bei jeder nachehelichen Unterhaltsleistung ein persönlicher, zeitlicher und wirtschaftlicher Zusammenhang mit der Ehe besteht, ist die **Herabsetzung und zeitliche Begrenzung der Unterhaltszahlungen** in den Vordergrund gerückt worden (§ 1578b BGB).

5. KAPITEL — Unterhalt bei Trennung und Scheidung

Die Zahl der Fälle, in denen jahrzehnte- oder gar lebenslange Unterhaltsverbindungen bestehen, auch wenn die Ehe in jungen Jahren geschieden wird, wird damit erheblich reduziert. Die nachehelichen Unterhaltsansprüche werden dabei um so mehr beschränkt, je geringer die ehebedingten, auf der Aufgabenverteilung während der Ehe beruhenden Nachteile sind. Bei Ehen von sehr langer Dauer kann es im Einzelfall aus Billigkeitsgründen auch ohne Vorliegen ehebedingter Nachteile zeitlich unbegrenzte Unterhaltsansprüche geben. Auch wenn die Voraussetzungen für den Bezug von nachehelichem Unterhalt strenger geworden sind, darf aber nicht vergessen werden, dass selbstverständlich auch der Verpflichtete nach wie vor unterhaltsrechtliche „Obliegenheiten" hat. Er hat nämlich alles zu tun, um seine Leistungsfähigkeit zu erhalten, eine ihm mögliche Erwerbstätigkeit auszuüben und dadurch ihm zumutbare Einkünfte zu erzielen.

> **Wichtig**
>
> Kommt der Berechtigte oder der Unterhaltsverpflichtete seiner im Einzelfall konkret bestehenden Obliegenheit nicht nach, muss er sich so behandeln lassen, als ob er das Einkommen, das er bei gutem Willen haben könnte, auch tatsächlich erzielen würde.

Auch beim nachehelichen Ehegattenunterhalt gilt die gleiche **Systematik** wie bei allen familienrechtlichen Unterhaltsansprüchen. Die Grundvoraussetzungen sollen daher an dieser Stelle zum Zwecke des Überblicks über die nachfolgenden Ausführungen noch einmal in Erinnerung gerufen werden: Es muss ein Unterhaltstatbestand vorliegen, Bedarf und Bedürftigkeit des Unterhaltsberechtigten sowie die Leistungsfähigkeit des Verpflichteten. Darüber hinaus muss in jedem Fall geprüft werden, ob es Gründe dafür gibt, einen an sich bestehenden Unterhaltsanspruch auszuschließen, ob er herabgesetzt oder befristet werden kann und ob es Besonderheiten im Einzelfall gibt.

Die inhaltliche Bedeutung der Begriffe wurde bereits im Rahmen der Ausführungen zum Trennungsunterhalt erläutert, vgl. oben S. 110 ff. Die dort beschriebenen Voraussetzungen sowie die Methoden zur Unterhaltsberechnung gelten grundsätzlich auch im Rahmen des nachehelichen Unterhalts. Hieran kann man sich zunächst der Einfachheit halber orientieren. Sie werden beim nachehelichen Unterhalt jedoch noch „verfeinert".

Beginnen wir also mit den einzelnen nachehelichen Unterhaltstatbeständen und ihren Voraussetzungen.

b) Unterhalt wegen Betreuung von gemeinsamen Kindern nach § 1570 BGB

Wie bereits erwähnt, folgt aus dem Grundsatz der Eigenverantwortung, dass der geschiedene Ehegatte verpflichtet ist, eine angemessene Erwerbstätigkeit auszuüben, § 1574 Abs. 1 BGB. Allerdings ist im Fall der Betreuung eines oder gar mehrerer Kinder leicht nachzuvollziehen, dass Erwerbstätigkeit und Kinderbetreuung nicht immer und schon gar nicht leicht miteinander zu vereinbaren sind. Diese Schwierigkeit erkennt der Gesetzgeber grundsätzlich an und eröffnet – wie auch schon vor der Unterhaltsreform – für den Fall der Betreuung eines gemeinsamen Kindes nach der Scheidung grundsätzlich einen Unterhaltsanspruch. Allerdings haben sich die Anforderungen an den betreuenden Elternteil, ab wann und unter welchen Voraussetzungen er *neben der Betreuung* eine Erwerbstätigkeit auszuüben hat, um die Unterhaltslast des Verpflichteten zu verringern, erheblich gegenüber der alten Rechtslage vor 2008 verändert.

Nach der aktuellen Fassung des § 1570 BGB kann ein geschiedener Ehegatte von dem anderen zunächst „wegen der Pflege oder Erziehung eines gemeinschaftlichen Kindes **für mindestens drei Jahre nach der Geburt** Unterhalt verlangen".

Der Betreuungsunterhalt dient von seiner Ausrichtung seit je her dem **Wohl der gemeinschaftlichen Kinder** der geschiedenen Eheleute. Früher aber mussten geschiedene Mütter (oder Väter) nach der ständigen Rechtsprechung grundsätzlich erst dann wieder erwerbstätig werden, wenn das Kind etwa acht Jahre alt war. Es galt das so genannte „Altersphasenmodell", mit Hilfe dessen die Gerichte Leitlinien entwickelt hatten, ab welchem Alter des Kindes einem betreuenden Elternteil die Aufnahme einer Teil- oder Vollzeittätigkeit zuzumuten war. Demgegenüber waren nichteheliche Kinder betreuende Eltern regelmäßig bereits ab dem dritten Geburtstag des Kindes wieder verpflichtet, vollumfänglich in das Erwerbsleben einzutreten. Das Bundesverfassungsgericht stellte dann aber fest, dass die unterschiedliche Behandlung der ehelichen und nichtehelichen *Kinder* verfassungswidrig ist: Der Staat sei vielmehr aufgrund des in Artikel 6 Absatz 5 unseres Grundgesetzes verankerten Gebots verpflichtet, allen Kindern – gleich ob in oder außerhalb einer Ehe geboren – die gleichen Bedingungen für ihre leibliche und seelische Entwicklung zu schaffen. Es dürfe deshalb nicht mehr so sein, dass sich nur die geschiedene Mutter (der Vater) dem Kind über einen langen Zeitraum den ganzen oder wenigstens den halben Tag widmen und es so fördern könne, während das nichteheliche Kind nur am Abend eine persönliche Betreuung durch seine Mutter (oder seinen Vater) genießen könne, weil diese (dieser) den ganzen Tag arbeiten müsse.

Nun hätte das Problem in der Weise gelöst werden können, dass man die Verpflichtung zur Aufnahme einer Erwerbstätigkeit bei den nichtehelichen Elternteilen an die weniger strengen Vorgaben für die Geschiedenen angepasst hätte. Dies ist aber nicht geschehen, denn damit wäre letztlich das ausdrückliche Reformziel der Stärkung der Eigenverantwortung zumindest teilweise wieder untergraben worden. Im Ergebnis hat man sich daher mit Blick auf die Reform an den strengeren Vorgaben für die Betreuung nichtehelicher Kinder orientiert, diese aber ein wenig „erweitert".

Nunmehr haben alle Mütter und Väter, die ihr Kind betreuen, zunächst für die Dauer von drei Jahren ab der Geburt des Kindes einen Anspruch auf Betreuungsunterhalt. Dieser Unterhaltszeitraum ist im Einzelfall zu verlängern, solange und soweit dies der Billigkeit entspricht. Für die Gewährung nachehelichen Betreuungsunterhalts ergeben sich daraus folgende Bedingungen:

Gemeinschaftliche Kinder: Der Anspruch auf (nachehelichen) Betreuungsunterhalt setzt zunächst voraus, dass eine Betreuung **gemeinschaftlicher**, also leiblicher oder von beiden Partnern adoptierter Kinder vorliegt. Stiefkinder, Pflegekinder sowie vor- und außerehelicher Kinder sind nicht gemeinschaftlich i. S. d. § 1570 BGB, selbst dann nicht, wenn sie von Anfang an oder über Jahre hinweg bei den Eheleuten gelebt haben.

Rechtmäßige Betreuung: Derjenige Elternteil, der den Betreuungsunterhaltsanspruch für sich in Anspruch nehmen will, muss zur Betreuung der Kinder berechtigt sein. Er muss also entweder Inhaber der alleinigen Sorge oder des sog. Aufenthaltsbestimmungsrechts sein (Feststellung durch gerichtliche Sorgerechtsentscheidung) oder bei gemeinsamer elterlicher Sorge die **tatsächliche Betreuung** ganz oder überwiegend mit (stillschweigender) Zustimmung des anderen Elternteils ausüben. Lebt das Kind in einem Heim oder bei Pflegeeltern, so liegt meistens keine tatsächliche Betreuung vor.

Ab und an kommt es zur Geschwistertrennung und ein Teil der Kinder wird vom einen, der andere vom anderen Elternteil betreut. Beide Elternteile betreuen in diesem Fall rechtmäßig. Eine gegenseitige Verpflichtung zur Leistung von Betreuungsunterhalt besteht gleichwohl nicht. Zumeist wird in diesen Fällen kein Ehegattenunterhalt verlangt. Geschieht dies doch, so muss geprüft werden, ob ein oder beide Elternteile trotz Kinderbetreuung erwerbspflichtig sind.

Pflege- oder Erziehungsbedürftigkeit des Kindes: Aus der gesetzlichen Formulierung „Pflege oder Erziehung" gemeinschaftlicher Kinder wird geschlossen, dass ein Betreuungsunterhaltsanspruch grundsätzlich **nur bei minderjährigen Kindern** vorliegen kann. Bei volljährigen Kindern, selbst wenn diese schwerstbehindert oder auf dem geistigen Stand eines Minderjährigen und damit betreuungsbedürftig sind, konnte vor der Reform ein Unterhaltsanspruch nicht auf § 1570 BGB gestützt werden. Es kam hier im Einzelfall ein Unterhaltsanspruch nach § 1576 BGB in Betracht. Zwischenzeitlich hat der BGH in einer Entscheidung zum § 1570 BGB vom 17. 3. 2010 auch die Betreuung volljähriger Kinder in den Tatbestand eingeschlossen.

Erwerbsobliegenheit: Durch den Gesetzeswortlaut in § 1570 Absatz 1 Satz 1 BGB steht fest, dass der geschiedene Ehegatte – im Falle der Bedürftigkeit und des Erfüllens der vorgenannten Voraussetzungen – in den drei ersten Lebensjahren des Kindes stets einen Anspruch auf Betreuungsunterhalt hat. Dieser Unterhaltsanspruch wird Basisunterhalt genannt. Der betreuende Elternteil kann sich in diesem Zeitrahmen in jedem Fall frei entscheiden, sein Kind selbst zu betreuen. Er muss nicht arbeiten, selbst dann nicht, wenn eine Versorgung des Kindes ohne weiteres durch Dritte möglich wäre. Arbeitet der Unterhaltsberechtigte in dieser Zeit dennoch, so handelt es sich um eine überobligatorische Tätigkeit. Einkünfte, die hieraus erzielt werden, werden nur zum Teil bei der Unterhaltsberechnung berücksichtigt.

Ab dem dritten Geburtstag des Kindes geht der Gesetzgeber dann jedoch davon aus, dass sich Kindererziehung und Berufstätigkeit in der Regel nicht mehr ausschließen. *Ein Vorrang der persönlichen Betreuung durch einen Elternteil gegenüber einer anderen kindgerechten Betreuung besteht ab diesem Zeitpunkt nicht mehr.* Da sich die allgemeine Betreuungssituation für Kinder verbessert habe und es vielfach üblich sei, die Berufstätigkeit nur durch eine „Familienpause" zu unterbrechen, um später wieder in den Teil- oder Vollzeiterwerb zu treten, wird vom Kinder betreuenden Elternteil nunmehr grundsätzlich ein „Wiedereinstieg" in den Beruf erwartet. Die Dauer des Betreuungsunterhaltsanspruchs verlängert sich deshalb nur „solange und soweit dies der Billigkeit entspricht". Unterhalt über den dritten Geburtstag des Kindes hinaus, wird deshalb nur noch dann geschuldet, wenn ein solcher Wiedereinstieg in das Berufsleben im konkreten Einzelfall (noch) nicht oder jedenfalls nicht in vollem Umfang erwartet werden kann. Dies hat Auswirkungen auf die erforderlichen Aktivitäten des Unterhaltsberechtigten.

> **Wichtig**
>
> Derjenige Elternteil, der trotz des Alters des/der Kinder über drei Jahre noch länger <u>Betreuungsunterhalt</u> nach § 1570 BGB erhalten will, muss nun zusätzlich zu den sonstigen Voraussetzungen des Unterhaltsanspruchs darlegen und beweisen, dass von ihm nach wie vor keine oder <u>nur eine eingeschränkte Erwerbstätigkeit verlangt werden kann.</u>

Es müssen also ganz konkrete Gründe dafür vorliegen und auch vorgebracht werden, damit die Unterhaltsverpflichtung des geschiedenen Ehegatten über den dritten Geburtstags des/der Kinder

4. Nachehelicher Ehegattenunterhalt

hinaus ausgedehnt wird. Der Gesetzgeber hat hierbei zwischen kindbezogenen und elternbezogenen (§ 1570 Abs. 2 BGB) Gründen unterschieden.

Als **kindbezogene Gründe** benennt das Gesetz (§ 1570 Abs. 1 Satz 3 BGB) „die Belange des Kindes und die bestehenden Möglichkeiten der Kinderbetreuung". Bei den **Kinderbetreuungsmöglichkeiten** wird zunächst an die Betreuung im Kindergarten angeknüpft und dabei insbesondere auch auf den gesetzlich verankerten Anspruch auf einen Kindergartenplatz, § 24 Absatz 1 SGB VIII, verwiesen. Bei schulpflichtigen Kindern gibt es – zumindest in einigen Bundesländern – die so genannte verlässliche Halbtagsschule und vielfach eine darüber hinausgehende Betreuung nach Unterrichtsende in den Schulen selbst oder in Tagesstätten, Horten usw. Soweit derartige Betreuungsmöglichkeiten vorhanden sind, wird deshalb grundsätzlich vom unterhaltsbedürftigen Ehegatten erwartet, dass er diese Möglichkeiten wahrnimmt. In der damit gewonnenen Zeit muss er – je nach Einzelfall – einer Teilzeit- oder gar Vollzeittätigkeit nachgehen, wenigstens aber sicherlich einem so genannten „Geringverdienerjob". Der Umfang der auszuübenden Erwerbstätigkeit ist dabei vom jeweiligen Alter des betreuten Kindes im Zeitpunkt der Scheidung abhängig und auch von der Anzahl der Kinder. Auf die früher geltenden Grundsätze des Altersphasenmodells darf aber nicht mehr abgestellt werden! Wir haben dies bereits oben im Zusammenhang mit den Erläuterungen zum Trennungsunterhalt beschrieben.

Wichtig ist zu betonen, dass eine Erwerbsverpflichtung stets nur dann in Betracht kommen kann, wenn die Möglichkeit der Kinderbetreuung *tatsächlich* besteht, zumutbar und verlässlich ist. D. h. auf lediglich auf dem Papier bestehende Kinderbetreuungsmöglichkeiten darf niemand verwiesen werden. Vielmehr wird man zu berücksichtigen haben, ob die Betreuungsstelle in angemessenem Umkreis zum Wohn- oder Arbeitsplatz liegt, wie die Schließ- und Ferienzeiten vor Ort ausgestaltet sind und welche alternativen Betreuungsmöglichkeiten geboten werden. Weiter kann es hier darauf ankommen, in welchem Umfang ein Kind im Hinblick auf sein Alter sich selbst überlassen bleiben kann. Es ist auch nicht ausgeschlossen, dass im Einzelfall dem betreuenden Elternteil sogar ein Umzug zuzumuten ist, um die Möglichkeit einer Fremdbetreuung sicherzustellen.

> **Wichtig**
>
> Will der betreuende Elternteil also eine Verlängerung des Basisunterhalts wegen fehlender Betreuungsmöglichkeiten erreichen, muss er ganz konkret darstellen und unter Beweis stellen, wie die konkrete Betreuungssituation in seinem speziellen Fall aussieht. Der potentiell unterhaltsverpflichtete Elternteil seinerseits sollte ebenfalls sehr sorgfältig die Betreuungsmöglichkeiten für seine Kinder ausloten, um den Behauptungen der Gegenseite nötigenfalls entgegentreten zu können.

Selbst wenn es tatsächlich hinreichende Betreuungsmöglichkeiten gibt, kommt dessen ungeachtet die Verpflichtung zur Aufnahme einer (Teil-)Erwerbstätigkeit nur dann in Betracht, wenn dies **mit den Belangen des Kindes vereinbar** ist. Nach der Auffassung des Gesetzgebers sind die Belange des Kindes immer dann betroffen, wenn und soweit das Kind im Vergleich zu seinen Altersgenossen in besonderem Maße betreuungsbedürftig ist. Er selbst hat im Rahmen der Vorstellung seiner Reform den Beispielsfall benannt, dass ein Kind „im Einzelfall durch die Scheidung der Eltern emotional besonders belastet ist und deshalb besser zu Hause betreut wird". Der betreuende Elternteil ist hier gehalten, das Vorliegen der besonderen Betreuungsbedürftigkeit darzutun und gegebenenfalls unter Beweis zu stellen. In Betracht kommen als kindbezogene Gründe, die der Aufnahme einer Erwerbstätigkeit entgegenstehen können, überdies vor allem *dauerhafte* Gesundheitsstörungen, Behinderungen und schwere Verhaltensauffälligkeiten. Leichtere Erkrankungen, wie die üblichen Kinderkrankheiten, Erkältungen, Ohrenentzündungen, Grippe etc. rechtfertigen dagegen unter dem Gesichtspunkt der Kindesbelange keine Verlängerung des Unterhaltsanspruchs, auch wenn die Kinder für die Dauer der Erkrankung unzweifelhaft vorübergehend besonderer Betreuung bedürfen. Kindbezogene Gründe können sich auch aus der Notwendigkeit zur Hausaufgabenbetreuung ergeben, wenn eine solche in der Fremdbetreuung nicht ausreichend gewährleistet ist. Weiter kommen sportliche und musische Betätigungen oder anderen Hobbies in Betracht, insbesondere, wenn damit Fahrdienste des betreuenden Elternteils verbunden sind. Freilich darf dabei aber das rechte (Aus)Maß nicht aus den Augen verloren werden. Aus dem Gebot der gegenseitigen Rücksichtnahme folgt insoweit, dass bislang praktizierte organisatorische Abläufe unter Umständen geändert oder Aktivitäten eingeschränkt werden müssen.

Liegen kindbezogene Gründe für die Verlängerung des Betreuungsunterhaltsanspruchs über die Vollendung des dritten Lebensjahres hinaus nicht vor, besteht noch die Möglichkeit, sich auf sogenannte **elternbezogene Gründe** zu berufen, um den Anspruch zeitlich auszudehnen. In § 1570 Abs. 2 BGB heißt es: „Die Dauer des Unterhaltsanspruchs verlängert sich darüber hinaus, wenn dies unter Berücksichtigung der Gestaltung von Kinderbetreuung und Erwerbstätigkeit in der Ehe sowie der Dauer der Ehe der Billigkeit entspricht."

Mit dieser Vorschrift hat der Gesetzgeber den *besonderen Schutz von Ehe und Familie* zum Ausdruck gebracht. Diese Verlängerungsmöglichkeit steht deshalb nicht im Zusammenhang mit dem Wohl des Kindes und den denkbaren Kinderbetreuungsmöglichkeiten, sondern rechtfertigt sich **aus der nachehelichen Solidarität** gegenüber dem betreuenden Ehegatten. Ob im Einzelfall eine derartige Verlängerungsmöglichkeit gegeben ist – und für wie lange – richtet sich dabei nach dem in der Ehe gewachsenen Vertrauen in die dort praktizierte Rollenverteilung und Kinderbetreuung. Gemeint sind hier insbesondere Fälle, in denen nach *gemeinsamer Absprache* ein Ehegatte seine Erwerbstätigkeit im Interesse der Kindererziehung dauerhaft aufgegeben oder zurückgestellt hat, ohne die Absicht, alsbald ins Berufsleben zurückkehren zu wollen. Die vom Gesetzgeber gewählte Formulierung „die Dauer des Unterhaltsanspruchs verlängert sich darüber hinaus, wenn dies ... der Billigkeit entspricht" macht auch für den juristischen Laien deutlich, dass hiervon vielfältige Fallgestaltungen erfasst sein können.

Gerade dann, wenn man sich auf während der Ehe getroffene Abreden berufen will, sollte man sich bewusst sein, dass der geschiedene Ehegatte sich möglicherweise nicht mehr an eine derartige Absprache „erinnert" oder sie vehement bestreitet. Es stellt sich auch die Frage, ob bei der getroffenen Absprache der Fall der Ehescheidung überhaupt schon mitbedacht war. Es bestehen daher in einer Vielzahl von Fällen sicherlich erhebliche Probleme des Nachweises. Zu denken ist im Rahmen der elternbezogenen Gründe aber auch an Fallgestaltungen, in denen der betreuende Elternteil mit dem Zusammentreffen von Betreuung und Erwerbstätigkeit unzumutbar belastet ist. Dies ist aber nicht schon deshalb gegeben, weil Kinderbetreuung und Erwerbstätigkeit an einem Tag mehr als acht Stunden in Anspruch nehmen. Vielmehr müssen im Einzelfall Feststellungen zu ganz konkreten individuellen Belastungen getroffen werden.

Festzuhalten ist deshalb auch im Rahmen des § 1570 Abs. 2 BGB, dass diejenigen Umstände, die für die Verlängerung des Unterhaltsanspruchs aus Gründen der nachehelichen Solidarität sprechen, sorgfältig zusammengestellt, vorgebracht und notfalls auch bewiesen werden müssen, um zu einer Unterhaltsverlängerung zu gelangen. Gelingt es nicht, kind- oder elternbezogene Gründe für eine Verlängerung des Unterhaltsanspruchs über den dritten Geburtstag des Kindes hinaus vorzutragen und nachzuweisen, hat dies durchgreifende Konsequenzen.

> **Wichtig**
>
> Besteht nach den Feststellungen des Gerichts eine Verpflichtung zur Aufnahme einer Erwerbstätigkeit und wird diese gleichwohl nicht ausgeübt, so muss sich der Unterhalt begehrende Ehegatte im Rahmen der Unterhaltsbemessung so behandeln lassen, als erziele er zumutbare Einkünfte! Es ist daher darauf zu achten, dass frühzeitig – also bereits in der Trennungszeit – fachkundiger Rat eingeholt wird, um abzuklären, ab wann und in welchem Umfang Erwerbsbemühungen aufgenommen werden müssen. Regelmäßig muss bereits vor Erreichen des dritten Geburtstages mit der Suche nach einer angemessenen Erwerbstätigkeit begonnen werden.

4. Nachehelicher Ehegattenunterhalt

> **BEISPIEL 1:** Herr und Frau Meier haben eine kleine Tochter von eineinhalb Jahren, die ab und an auch von der Großmutter betreut wird. Die Ehe wird geschieden; die Tochter bleibt bei Frau Meier. Frau Meier steht ein Unterhaltsanspruch gegenüber Herrn Meier zu. Sie ist aufgrund des Alters des Kindes nicht verpflichtet einer Erwerbstätigkeit nachzugehen, auch dann nicht, wenn die Großmutter bereit wäre, das Kind für längere Zeit zu betreuen, damit sie einer Erwerbstätigkeit nachgehen könnte.

> **BEISPIEL 2:** Herr und Frau Singer haben zwei gesunde Kinder im Alter von 5 und 9 Jahren. Das Jüngste besucht halbtags den Kindergarten und das Ältere die Grundschule, die über keine Betreuungsmöglichkeit nach Schulschluss um 13.00 Uhr verfügt. Andere Möglichkeiten zur Betreuung der Kinder nach 13.00 Uhr gibt es nicht. Die Ehe wird geschieden; die Kinder bleiben bei Frau Singer. Frau Singer ist aufgrund der tatsächlichen Betreuungssituation der Kinder wohl verpflichtet, einer Teilzeittätigkeit bis mittags nachzugehen. Soweit ihr Unterhaltsbedarf nach den ehelichen Verhältnissen hierdurch nicht abgedeckt ist, hat sie einen Unterhaltsanspruch nach § 1570 BGB wegen der Betreuung der gemeinschaftlichen Kinder.

> **BEISPIEL 3:** Herr und Frau Stiegler lassen sich scheiden. Frau Stiegler hat in die Ehe zwei Kinder aus einer früheren Beziehung eingebracht. Die Kinder sind zum Zeitpunkt der Scheidung 2 und 5 Jahre alt; sie bleiben bei Frau Stiegler, die weiterhin nicht arbeiten will, weil sie dies während der Ehe auch nicht musste. Obwohl das jüngste Kind das dritte Lebensjahr noch nicht vollendet hat, besteht kein Anspruch auf Betreuungsunterhalt gegenüber Herrn Stiegler, da Frau Stiegler keine gemeinschaftlichen Kinder betreut.

Bisweilen teilen Eltern die Betreuung der Kinder auf (sog. Wechselmodell), so dass zweifelhaft sein kann, welchem Elternteil Betreuungsunterhalt zusteht. Bevor man sich für ein derartiges Modell entscheidet, sollte man wegen der damit verbundenen Abgrenzungsschwierigkeiten und möglichen finanziellen Einbußen unbedingt fachkundigen Rat einholen.

Der Unterhaltsanspruch des § 1570 BGB kann unter Umständen aus Billigkeitsgründen nach § 1578b BGB in der Höhe im Vergleich zum tatsächlich errechneten Unterhalt herabgesetzt werden. Vgl. dazu unten l).

c) Unterhalt wegen Alters nach § 1571 BGB

Der bedürftige geschiedene Ehegatte kann vom anderen auch dann nachehelichen Unterhalt verlangen, (solange und) soweit von ihm zum Zeitpunkt der Ehescheidung **oder** nach der Beendigung der Pflege oder Erziehung eines gemeinschaftlichen Kindes **oder** des Wegfalls der Voraussetzungen für einen Unterhaltsanspruch nach § 1572 BGB (Unterhalt wegen Krankheit) bzw. § 1573 BGB (Unterhalt wegen Erwerbslosenunterhalt und Aufstockungsunterhalt) eine angemessene Erwerbstätigkeit **wegen seines Alters** nicht mehr erwartet werden kann.

Die Vorschrift des § 1571 BGB knüpft den Unterhaltsanspruch an zwei Grundbedingungen, die zusammen erfüllt sein müssen:

Es muss zunächst ein Alter erreicht sein, ab dem eine Erwerbstätigkeit nicht mehr zumutbar ist. Das Gesetz selbst nennt keine feste Altersgrenze.

- Nach einhelliger Auffassung ist das Alter für einen Unterhaltsanspruch nach § 1571 BGB jedenfalls dann gegeben, wenn der Unterhalt Begehrende das Regelrentenalter erreicht hat (derzeit 67 Jahre).

> **Wichtig**
>
> Wichtig ist insofern zu wissen, dass die Regelung des § 1571 BGB auch für den Fall gilt, dass eine Altersrente bezogen wird, diese jedoch den Unterhaltsbedarf nach den ehelichen Lebensverhältnissen nicht abdeckt!

Auch der Unterhaltsanspruch wegen Alters ist – wie alle nachehelichen Ehegattenunterhaltsansprüche – unter dem Gesichtspunkt des in § 1569 BGB normierten Grundsatzes der Eigenverantwortung auszulegen! Schwieriger wird die Beurteilung der Altersfrage deshalb schon dann, wenn der Unterhaltsberechtigte vorzeitig in den Ruhestand geht. Hier spielen häufig arbeitsmarkt- bzw. sozialpolitische Gründe eine tragende Rolle. So muss anhand des konkreten Einzelfalls und der Berufssparte, in welcher der Bedürftige tätig war, geprüft werden, ob eine weiter gehende Beschäftigung bis zur Regelaltersgrenze zumutbar oder die Inanspruchnahme des vorzeitigen Ruhegeldes angemessen ist.

Schließlich kann im konkreten Einzelfall ein Altersunterhaltsanspruch auch schon weit vor Erreichen des Regelrentenalters gegeben sein, nämlich dann, wenn in einem bestimmten Alter bei der Berufssparte des Bedürftigen typischerweise keine **angemessene** Tätigkeit mehr gefunden werden kann oder es zweifelhaft ist, ob der Bedürftige den Anforderungen an seine Berufssparte körperlich oder geistig noch gewachsen ist. Angemessen ist nach der Definition des § 1574 Abs. 2 BGB „eine Erwerbstätigkeit, die der Ausbildung, den Fähigkeiten, einer früheren Erwerbstätigkeit, dem Lebensalter und dem Gesundheitszustand des geschiedenen Ehegatten entspricht, soweit eine solche Tätigkeit nicht nach den ehelichen Lebensverhältnissen unbillig wäre." Es muss also stets sorgfältig geprüft werden, welche Tätigkeit als jeweils angemessen in Betracht kommt und ob dies noch zumutbar ist. Im Gegensatz zur früheren Rechtslage ist dabei nicht mehr vorrangig der soziale Status bei der Ehescheidung zu berücksichtigen, sondern es kommt hauptsächlich auf die Arbeitsmarktlage und die Zeitdauer, in welcher keine Berufstätigkeit ausgeübt wurde an. Nach dem weiteren Wortlaut des Gesetzes sind „bei den ehelichen Lebensverhältnissen … (auch) insbesondere die Dauer der Ehe sowie die Pflege und Erziehung eines gemeinschaftlichen Kindes zu berücksichtigen". In der Regel wird beispielsweise eine 50-jährige Frau, die 20 Jahre den Haushalt geführt und Kinder erzogen hat, noch eine Erwerbstätigkeit ausüben müssen. Im Einzelfall kann andererseits einer 55-jährigen Frau nach 30 Jahren Hausfrauendasein ein Unterhaltsanspruch wegen Alters zustehen. Denkbar ist es auch, dass zwar eine Ganztagsbeschäftigung unzumutbar ist, aber eine Teilzeitbeschäftigung aufgenommen werden muss.

- Ist die „Altershürde" überwunden, so setzt der Anspruch auf Altersunterhalt als zweite Bedingung das Vorliegen eines bestimmten Einsatzzeitpunktes voraus. Dies bedeutet, dass der Anspruch nur dann „einsetzen" kann, wenn das maßgebliche Alter bereits zum Zeitpunkt der Scheidung erreicht ist oder unmittelbar im Anschluss an die nach Scheidung noch fortgeführte Pflege und Erziehung gemeinschaftlicher Kinder oder unmittelbar nach Wegfall eines Unterhaltsanspruchs wegen Krankheit oder Erwerbslosigkeit erreicht wird.

Voraussetzung für einen Unterhaltsanspruch wegen Alters ist nicht, dass die Unterhaltsbedürftigkeit ehebedingt ist. Ein Anspruch nach § 1571 BGB kann daher auch vorliegen, wenn der bedürftige Ehegatte bei Eheschließung schon älter war oder gar das Rentenalter bereits erreicht und Rente bezogen hatte (so genannte Altersehe)!

Wichtig

Der Laie ist sicherlich kaum in der Lage, abschätzen zu können, ob bei ihm konkret Aussicht auf Altersunterhalt besteht. Daher sollte in derartigen Fällen stets fachkundiger Rat eingeholt werden!

BEISPIEL: Herr und Frau Müller waren 35 Jahre miteinander verheiratet. Das gemeinsame Kind wohnt nicht mehr zu Hause. Frau Müller hat vor der Ehe eine Ausbildung als Bankkauffrau absolviert und nur kurz in ihrem Beruf gearbeitet. Seit der Heirat hat sie nur den Haushalt geführt. Als das Paar sich scheiden lässt, ist Frau Müller 57 Jahre alt. Angesichts des Umstandes, dass Frau Müller in ihrem erlernten Beruf praktisch keinerlei Möglichkeiten zum Wiedereinstieg hat und aufgrund des Alters von 57 Jahren wenig Aussichten hat, auf dem Berufsmarkt eine angemessene Tätigkeit zu finden, wird man hier wohl zu einem Unterhaltsanspruch wegen Alters gelangen. Zu berücksichtigen ist insoweit auch die lange Ehedauer.

Der Unterhaltsanspruch kann nach § 1578b BGB aus Billigkeitsgründen zeitlich befristet oder in seiner Höhe herabgesetzt werden. Vgl. dazu unten l).

d) Unterhalt wegen Krankheit oder Gebrechen

§ 1572 BGB gewährt dem bedürftigen Ehegatten einen Unterhaltsanspruch, wenn von diesem entweder

- zum Zeitpunkt der Ehescheidung oder nach Beendigung der Pflege,
- nach Beendigung der Erziehung eines gemeinschaftlichen Kindes,
- nach Beendigung der Ausbildung, Fortbildung oder Umschulung, oder
- nach dem Wegfall eines Anspruchs nach § 1573 (Ausbildung, Fortbildung, Umschulung)

wegen Krankheit, anderer Gebrechen oder Schwäche der körperlichen oder geistigen Kräfte eine *angemessene Erwerbstätigkeit* (vgl. § 1574 Abs. 2 BGB) nicht erwartet werden kann.

Krankheitsunterhalt kann also bei Bedürftigkeit grundsätzlich dann verlangt werden, wenn ein bestimmter Einsatzzeitpunkt vorliegt und eine Erkrankung oder ein Gebrechen Grund für die volle oder teilweise Erwerbsunfähigkeit ist.

Unter Krankheit bzw. Gebrechen in diesem Sinne sind objektiv fassbare, regelwidrige Körper- oder Geisteszustände zu verstehen, die einer ärztlichen Behandlung bedürfen und zugleich zur Erwerbsunfähigkeit oder -minderung führen. **Der Begriff Krankheit knüpft dabei an die gesetzlichen Regelungen des Sozialversicherungs- und Beamtenrechts an.**

Wird vom Bedürftigen eine Erwerbsunfähigkeitsrente bezogen, so ist vom Vorliegen einer Krankheit im Sinne des § 1572 BGB auszugehen. In allen anderen Fällen ist das Vorliegen sorgfältig zu prüfen. Im Einzelfall können sogar Alkohol- oder Medikamentensucht sowie Fettleibigkeit zu einem Unterhaltsanspruch führen. Bloße Unpässlichkeiten, übliche Abnutzungserscheinungen oder geringe Vitalität erfüllen die Anspruchsvoraussetzungen nicht. Problematisch sind im Übrigen Fälle so genannter Unterhaltsneurosen („Flucht in die Krankheit").

Das Hauptproblem dieses Unterhaltstatbestandes ist also letztlich der **Nachweis einer vollen oder teilweisen Erwerbsunfähigkeit**. Der Unterhaltsbedürftige ist in einem gerichtlichen Verfahren insoweit in vollem Umfang beweispflichtig.

> **Wichtig**
>
> Die Vorlage bloßer ärztlicher Atteste reicht normalerweise nicht aus. Vielmehr muss regelmäßig ein förmliches Sachverständigengutachten durch eine Facharzt oder Arbeitsmediziner eingeholt werden!

Keine Voraussetzung des Unterhaltstatbestandes ist, dass die Krankheit ehebedingt ist, also sich während der Ehe entwickelt hat. Auch Erkrankungen, die bereits vor der Eheschließung bestanden haben, können zu einem Unterhaltsanspruch nach § 1572 BGB führen. Allerdings kann der Unterhaltsanspruch im Rahmen einer Billigkeitsprüfung im Einzelfall gemäß § 1578b BGB zeitlich begrenzt und/oder in der Höhe herabgesetzt werden. Zum Zeitpunkt der Scheidung latent vorhandene Erkrankungen rechtfertigen einen Anspruch nach § 1572 BGB nur dann, wenn sie in *engem* zeitlichen Zusammenhang mit der Ehescheidung ausbrechen und zugleich zur teilweisen oder vollen Erwerbsunfähigkeit führen.

> **BEISPIEL:** Frau Stiefler leidet seit ihrer Kindheit an einer seltenen Knochenerkrankung, die bislang jedoch zu keinerlei nennenswerter Beeinträchtigung geführt hat. Auch während ihrer Ehe treten keine Besonderheiten auf. Erst kurz nach der Trennung des Paares nach 30 Ehejahren, aber noch vor der Ehescheidung entwickelt sich der Krankheitsverlauf jedoch plötzlich dramatisch. Frau Stiefler ist in ihrer Bewegungsfähigkeit stark eingeschränkt und nicht mehr in der Lage, einer Erwerbsfähigkeit nachzugehen. Ein (dauerhafter) Unterhaltsanspruch ist hier zu bejahen.

> **BEISPIEL:** Wie vor, allerdings besteht die Möglichkeit einer Heilbehandlung zur Wiederherstellung der Erwerbsfähigkeit. Frau Stiefler hat einen Anspruch auf Unterhalt nach § 1572 BGB; allerdings ist sie verpflichtet, alle Möglichkeiten der Behandlung auszuschöpfen, um ihre Erwerbs-

fähigkeit wieder herzustellen. Wenn der Behandlungs- und Heilerfolg ausreichend sicher vorhersehbar ist, kommt eine zeitliche Befristung des Anspruchs nach § 1578b BGB in Betracht.

BEISPIEL: Herr und Frau Loose waren kinderlos verheiratet. Beide waren erwerbstätig und verdienten je 2000 Euro. Ein Jahr nach Rechtskraft der Scheidung erkrankt Herr Loose schwer und wird erwerbsunfähig. Ein Unterhaltsanspruch von Herrn Loose gegen Frau Loose scheidet aus, da es am Einsatzzeitpunkt des Anspruchs mangelt. Die Krankheit ist erst nach Rechtskraft der Ehescheidung zum Ausbruch gekommen und war bei der Scheidung nicht bereits latent vorhanden.

Erhält der Unterhaltsberechtigte bereits Lohnersatzleistungen – z. B. Krankengeld, Berufs- oder Erwerbsunfähigkeitsrente, Unfallrente o. Ä. – wird dies im Rahmen der Bemessung des Unterhalts bedarfsmindernd angerechnet. Der Unterhaltsberechtigte ist unterhaltsrechtlich auch verpflichtet, entsprechende Leistungsanträge zu stellen, um die Unterhaltslast des Verpflichteten so gering wie möglich zu halten!

Der Unterhaltsanspruch kann nach § 1578b BGB aus Billigkeitsgründen zeitlich befristet oder in seiner Höhe herabgesetzt werden. Vgl. dazu unten l).

e) Unterhalt wegen Erwerbslosigkeit

Die Vorschrift des § 1573 BGB enthält vier verschiedene Unterhaltsansprüche, nämlich:

- Unterhalt bis zur Erlangung einer angemessenen Erwerbstätigkeit nach § 1573 Abs. 1 BGB
- Erwerbslosenunterhalt nach § 1573 Abs. 3 BGB
- Unterhalt bei nicht nachhaltig gesicherter Erwerbstätigkeit gemäß § 1573 Abs. 4 BGB und
- Aufstockungsunterhalt nach § 1573 Abs. 2 BGB (hierzu unter f)

Die Unterhaltstatbestände des § 1573 Abs. 1, Abs. 3 und Abs. 4 BGB lassen sich unter dem Schlagwort „Unterhalt wegen Arbeitslosigkeit" zusammenfassen. Allerdings darf dies nicht zu der Annahme verleiten, es gäbe nach der Scheidung im Falle der Arbeitslosigkeit stets nachehelichen Unterhalt.

Der **Unterhaltsanspruch nach § 1573 Abs. 1 BGB** soll vielmehr nur denjenigen Ehegatten schützen und unterstützen, der während der Endphase der Ehe nicht erwerbstätig war und zum Zeitpunkt der Rechtskraft der Ehescheidung überhaupt keine oder nicht sofort eine angemessene Erwerbstätigkeit findet. Der Anspruch setzt daher voraus, dass der Bedürftige aus arbeitsmarktpolitischen Gründen **keine angemessene Beschäftigung** findet und ihm daher der **soziale Abstieg** droht.

Vom Unterhalt begehrenden Teil kann nicht erwartet werden, dass er schlechthin jede Tätigkeit annimmt. Gemäß § 1574 BGB sind vielmehr nur solche Tätigkeiten angemessen, die der Ausbildung, den persönlichen Fähigkeiten, einer früheren Erwerbstätigkeit, dem Alter und dem Gesundheitszustand entsprechen, „soweit eine solche Tätigkeit nicht nach den ehelichen Lebensverhältnissen unbillig wäre". Bei der Beurteilung ist insbesondere auch die Dauer der Ehe sowie die Pflege und Erziehung eines gemeinschaftlichen Kindes zu berücksichtigen. In der Praxis problematisch sind vor allen Dingen Fälle, in denen die Ehegatten in wirtschaftlich guten Verhältnissen gelebt haben, weil der verdienende Partner eine gehobene Berufsposition innehat.

So kann fraglich sein, ob von der „Chefarztgattin" nach 20-jähriger Ehedauer erwartet werden kann, dass sie wieder in ihren erlernten Beruf als Kindergärtnerin arbeitet oder von der gelernten Erzieherin, die mit einem Ingenieur verheiratet war, dass sie nunmehr als Telefonistin arbeitet. Die Fallgestaltungen sind äußerst vielseitig, so dass fachkundige Beratung eingeholt werden sollte. Durch die vom Grundsatz der Eigenverantwortung geprägte **Unterhaltsrechtsreform** in Bezug auf den nachehelichen Ehegattenunterhalt ist nun klargestellt, dass es jedenfalls **keine unbegrenzte Lebensstandardgarantie** mehr gibt. Der Wortlaut des Gesetzes wurde durch die Unterhaltsreform erweitert. Aufgenommen wurde, dass als angemessen auch eine Erwerbstätigkeit anzusehen ist, die einer früheren Erwerbstätigkeit entspricht (§ 1574 Abs. 2 Satz 1 BGB). Hieraus ist zu schließen, dass ein Einstieg in einen vor der Ehe ausgeübten Beruf grundsätzlich angemessen ist. Auch die Chefarztgattin kann daher je nach weiteren Umständen des Einzelfalls verpflichtet sein, nötigenfalls wieder als Kindergärtnerin zu arbeiten. Der Gesetzgeber hat bei der Vorstellung seiner Reformziele weitere Beispielsfälle benannt, die hier zur Verdeutlichung herangezogen werden können:

> **BEISPIEL:** Die Ehefrau ist gelernte Rechtsanwaltsgehilfin. Der Ehemann ist Rechtsanwalt und Partner in einer großen Anwaltssozietät. Aus der Ehe sind keine Kinder hervorgegangen; die Frau hat ihre Beruftätigkeit aufgegeben und den Haushalt geführt. Wenn die Ehegatten sich bereits nach kurzer Zeit wieder scheiden lassen, kann von der Frau erwartet werden, dass sie wieder als Rechtsanwaltsgehilfin berufstätig wird.

> **BEISPIEL:** Der Ehemann, der nicht die deutsche Staatsangehörigkeit besitzt, hat in seinem Heimatland Ingenieurwissenschaften studiert und dort für kurze Zeit im erlernten Beruf gearbeitet, bevor er seiner in Deutschland lebenden Frau nachgezogen ist. Aufgrund nicht ausreichender Sprachkenntnisse und weil seine Zeugnisse nicht anerkannt werden, übernimmt er die Leitung eines kleinen Lebensmittelgeschäfts seines Schwiegervaters und bleibt dort für mehrere Jahre tätig. Nachdem das Arbeitsverhältnis vom Schwiegervater im Zuge der Ehescheidung gekündigt wurde, ist der Ehemann arbeitslos. Künftig wird von ihm erwartet werden können, dass er sich nicht nur auf Arbeitsstellen in dem von ihm erlernten Ingenieurberuf, sondern insbesondere auch auf – möglicherweise geringer dotierte – Arbeitsstellen aus dem Einzelhandelsbereich, in dem er zuletzt tätig war, bewirbt.

Wichtig

Der Unterhaltsbedürftige ist verpflichtet, nachzuweisen, dass er sich ernsthaft und intensiv um die Aufnahme einer angemessenen Beschäftigung bemüht hat und weiter bemüht. An den Nachweis werden von den Gerichten strenge Maßstäbe angelegt.

Erforderlich sind insbesondere Aufgabe von und Antwort auf tatsächlich in Betracht kommende Stellenanzeigen, Vorsprache bei möglichen Arbeitgebern, Kontaktaufnahme mit dem Arbeitsamt etc. und zwar in einem großen und regelmäßigen Umfang. Zum Teil werden von den Gerichten zwanzig bis dreißig Bewerbungen im Monat verlangt! Vorsicht – die Gerichte prüfen die Ernsthaftigkeit der Stellensuche genau! Insbesondere reichen zahlreiche Bewerbungen kurz vor einem Gerichtstermin nicht aus.

Der Unterhaltsanspruch gemäß § 1573 Abs. 3 BGB ist inhaltlich mit dem Anspruch nach § 1573 Abs. 1 BGB vollkommen identisch mit Ausnahme des Einsatzzeitpunktes. Ein Anspruch auf nachehelichen Unterhalt bis zur Erlangung einer angemessenen Erwerbstätigkeit kann daher nicht nur im Zeitpunkt der Rechtskraft der Scheidung, sondern auch noch dann einsetzen, wenn vorher bestehende Unterhaltsansprüche wegen Kinderbetreuung, Alters, Krankheit oder Ausbildung fortgefallen sind.

§ 1573 Abs. 4 BGB stellt schließlich die letzte denkbare Anspruchsgrundlage im Falle der Erwerbslosigkeit dar. Auch er bietet grundsätzlich einen Unterhaltsanspruch solange eine angemessene Erwerbstätigkeit nicht gefunden wird. Voraussetzung ist hiernach jedoch, dass dem Unterhaltsbedürftigen nach der Rechtskraft der Scheidung oder nach dem Ende eines Unterhaltsanspruchs nach den §§ 1570–1572 BGB bzw. 1575 BGB zwar zunächst die Wiedereingliederung in das Erwerbsleben (scheinbar) gelungen ist, er die Erwerbstätigkeit aber kurzfristig wieder verloren hat und damit der **Unterhalt nicht nachhaltig gesichert** werden konnte. Bei diesem Tatbestand kommt es also maßgeblich darauf an, festzustellen, ob die aufgenommene Tätigkeit bei Beurteilung **zum Einsatzzeitpunkt** (d. h. Rechtskraft der Ehescheidung, Ende des Unterhaltsanspruchs wegen Kinderbetreuung etc.) nach objektiven Maßstäben und allgemeiner Lebenserfahrung mit einer gewissen Sicherheit als dauerhaft angesehen werden konnte oder ob befürchtet werden musste, dass der Bedürftige die Arbeitsstelle in absehbarer Zeit durch außerhalb seiner Entschließungsfreiheit liegende Umstände wieder verlieren würde. Es ist leicht ersichtlich, dass hier nur durch eine konkrete Einzelfallbetrachtung festgestellt werden kann, ob die Geltendmachung des Unterhaltsanspruchs Aussicht auf Erfolg bietet.

4. Nachehelicher Ehegattenunterhalt

Als groben Anhaltspunkt kann man sich jedoch zwei Beispiele vor Augen führen: Besteht zum Einsatzzeitpunkt lediglich eine Beschäftigung im Rahmen einer Arbeitsbeschaffungsmaßnahme oder befand sich der Bedürftige noch in der Probezeit, so wird man kaum von einem bereits nachhaltig gesicherten Unterhalt sprechen können. Bestand jedoch zum Zeitpunkt der Scheidung eine bereits länger andauernde Erwerbstätigkeit und geht der Arbeitsplatz nur wenige Tage nach der Rechtskraft der Scheidung verloren, so entsteht kein Unterhaltsanspruch. Der Unterhalt war nämlich zum Einsatzzeitpunkt nachhaltig gesichert! An diesem Beispiel kann man eindringlich nachvollziehen, welch enorme unterhaltsrechtliche Bedeutung die unterschiedlichen Einsatzzeitpunkte haben. Im schlimmsten Fall können wenige Tage von Bedeutung für das Bestehen oder Nichtbestehen eines Anspruchs sein.

Um den Unterhaltsverpflichteten vor unbegrenzten Unterhaltsansprüchen des geschiedenen Partners zu schützen und zugleich auch dem Grundsatz der wirtschaftlichen Eigenverantwortung Rechnung zu tragen, kann der Erwerbslosenunterhalt nach § 1578b BGB aus Billigkeitsgründen zeitlich begrenzt oder herabgesetzt werden!

Von der bereits nach der alten Rechtslage (§ 1573 Abs. 5 BGB) bestehenden Möglichkeit, den Erwerbslosenunterhalt zeitlich zu befristen, soll nach dem Willen des Gesetzgebers verstärkt Gebrauch gemacht werden. Es kommt auch – allein oder zusätzlich – eine betragsmäßige Herabsetzung des Unterhaltsbetrages in Betracht. Ob und ab wann solche Begrenzungen in Betracht kommen, obliegt einer Billigkeitsprüfung im Einzelfall und hängt wesentlich davon ab, „inwieweit durch die Ehe Nachteile im Hinblick auf die Möglichkeit eingetreten sind, für den eigenen Unterhalt zu sorgen. Solche Nachteile können sich vor allem aus der Dauer der Pflege oder Erziehung eines gemeinschaftlichen Kindes, aus der Gestaltung von Haushaltsführung und Erwerbstätigkeit während der Ehe sowie aus der Dauer der Ehe ergeben" (§ 1578b Abs. 1 BGB). Wurden keine Kinder betreut und sind – wie insbesondere bei kurzen Ehen – auch keine ehebedingten Nachteile entstanden, wird der Anspruch auch nur auf einen kurzen Zeitraum befristet zugesprochen werden. Zur Unterhaltsbefristung bzw. Herabsetzung vgl. die Ausführungen unten unter Punkt l).

f) Aufstockungsunterhalt

Von den Unterhaltstatbeständen des § 1573 kommt dem Aufstockungsunterhalt nach **§ 1573 Abs. 2 BGB** die größte praktische Bedeutung zu. Die Vorschrift billigt dem Berechtigten letztlich – zumindest übergangsweise – eine gewisse „Lebensstandardgarantie" zu. Der Unterhaltsanspruch kommt dann zum Tragen, wenn der Unterhaltsberechtigte trotz Erfüllung seiner Erwerbsobliegenheit und Ausübung einer angemessenen Tätigkeit (§ 1574 BGB!) seinen vollen Unterhaltsbedarf nach den ehelichen Lebensverhältnissen nicht selbst abdecken kann. In der Regel ist dies der Fall, wenn ein größeres Einkommensgefälle zwischen den Ehegatten besteht. Hier besteht die Gefahr, dass der geringer Verdienende durch die Scheidung „ohne wenn und aber" zu einem sozialen Abstieg gezwungen wird. Ein Aufstockungsunterhaltsanspruch greift jedoch nur dann ein, soweit keine Unterhaltsansprüche wegen Betreuung, Alters oder Krankheit vorliegen; der Anspruch ist daher stets nachrangig. Auch hinsichtlich der Ansprüche wegen Erwerbslosigkeit kann man – obwohl im Gesetz nicht ausdrücklich festgeschrieben – von der Nachrangigkeit ausgehen. Darüber hinaus dient der Unterhaltsanspruch nach § 1573 Abs. 2 BGB nicht dazu, jede noch so kleine **Einkommensdifferenz auszugleichen.** Bei errechneten Unterhaltsansprüchen von unter 50–60 Euro entfällt regelmäßig ein Unterhaltsanspruch, je nach Einkommensverhältnissen auch bei höheren Differenzen.

Ebenso wie der Erwerbslosenunterhalt nach § 1573 Abs. 1 kann der Aufstockungsunterhalt gemäß § 1578b BGB aus Billigkeitsgründen zeitlich begrenzt oder herabgesetzt werden. Die **Unterhaltsreform** hat bereits dazu geführt, dass die Gerichte von den Möglichkeiten der Befristung und Herabsetzung des Unterhalts in größerem Umfang Gebrauch machen. Nähere Ausführungen hierzu unter Punkt l).

BEISPIEL: Herr und Frau Hümmer waren während ihrer zehnjährigen kinderlosen Ehe beide berufstätig. Herr Hümmer arbeitet als Filialleiter einer großen Bank und verdient 3000 Euro netto. Frau Hümmer ist Arzthelferin und erzielt ein Einkommen von 1200 Euro netto. Nach den süddeutschen Leitlinien ergäbe sich folgender Unterhaltsanspruch: 3000 · 10 % = 300; 3000 − 300 = 2700. 1200 · 10 % = 120; 1200 − 120 = 1080. Bedarf: 2700 + 1080 = 3780 : 2 = 1890. Der eheangemessene Unterhaltsbedarf von Frau Hümmer beläuft sich mithin auf 1890 Euro. Hiervon kann sie 1020 Euro allein abdecken. Es verbleibt ein Aufstockungsunterhaltsanspruch von 810 Euro. Nach der Düsseldorfer Tabelle errechnet sich ein Unterhaltsanspruch von 772 Euro. Gemäß § 1578b BGB ist von einer Befristung des Unterhaltsanspruches auszugehen.

g) Ausbildungsunterhalt

Der Tatbestand des **§ 1575 BGB** hat in der Praxis eine geringe Bedeutung. Allerdings kommt es ab und an vor, dass ein Ehegatte – zumeist die Ehefrau – eine Schul- oder Berufsausbildung im Zusammenhang mit der Ehe abbricht. Gründe hierfür sind in der Regel die Geburt eines Kindes oder ein Ortwechsel an den Wohnort des Gatten. Wird die Ausbildung im Laufe der Ehe nicht fortgesetzt, kann im Einzelfall ein Anspruch gegen den Ehegatten auf Ausbildungsunterhalt vorliegen. Ein allgemeiner Anspruch auf eine Ausbildung besteht nicht. Neben dem – nachvollziehbaren – Abbruch der Ausbildung ist weitere Voraussetzung eines Unterhaltsanspruchs, dass ein erfolgreicher Abschluss der Ausbildung zu erwarten ist. Es kann gewählt werden zwischen der ursprünglich aufgenommenen oder aber einer entsprechenden neuen Ausbildung; Ziel muss jedoch immer die nachhaltige Sicherung des eigenen Einkommens sein; dies setzt auch eine reale Beschäftigungschance nach Abschluss der Ausbildung voraus. Die **Verwirklichung** eines alten **Lebenstraums** oder etwa die Finanzierung eines **Studiums** zum **bloßen Vergnügen** löst keinen Unterhaltsanspruch aus.

Ein Anspruch auf Ausbildungsunterhalt kann auch zum Zwecke der Umschulung oder Fortbildung gegeben sein. Auch hierbei muss allerdings das Ziel die nachhaltige Einkommenssicherung sein. Ein derartiger Anspruch kommt etwa dann in Betracht, wenn der Gatte bei abgeschlossener Ausbildung den Anschluss in seinem Beruf verpasst hat und die Kenntnisse aufgefrischt werden können, um ehebedingte Nachteile auszugleichen.

Sowohl Ausbildung als auch Fortbildung und Umschulung müssen so bald als möglich aufgenommen werden. Eine allgemein erst während der Trennung begonnene Ausbildung muss nicht nach § 1575 finanziert werden.

h) Billigkeitsunterhalt

Gewissermaßen als Auffangtatbestand fungiert die Regelung des **§ 1576 BGB**. Mit ihr sollen Härtefälle, in denen die Versagung eines Unterhaltsanspruchs grob unbillig wäre, ausgeglichen werden. Die Regelung kommt nur dann überhaupt zum Tragen, wenn keine der Vorschriften der §§ 1570 bis 1575 BGB eingreift. Praktisch relevant sind hier nahezu ausschließlich Fälle, in denen ein volljähriges gemeinsames behindertes Kind oder aber ein früher gemeinsames Pflegekind betreut wird. Denkbar sind aber auch Fälle, in denen beispielsweise langjährig und aufopfernd die schwer kranken Schwiegereltern gepflegt wurden.

i) Bedarf und Bedürftigkeit

Liegt im konkreten Fall eine der oben dargestellten Anspruchsgrundlagen vor und werden ihre besonderen Voraussetzungen erfüllt, geht damit nicht automatisch ein Zahlungsanspruch einher. Wie beim Trennungsunterhalt muss für den nachehelichen Unterhalt zusätzlich ein Unterhaltsbedarf des Berechtigten festgestellt werden und seine Bedürftigkeit bestehen.

In § 1578 Abs. 1 Satz 1 BGB heißt es hierzu: „Das Maß des Unterhalts bestimmt sich nach den ehelichen Lebensverhältnissen."

Gemeint sind mit „den ehelichen Lebensverhältnissen" allgemein zum einen die Erwerbs-, Einkommens- und Vermögensverhältnisse der Ehegatten, soweit die hieraus erzielten Einkünfte herangezogen werden, um den tatsächlichen Lebensunterhalt zu decken. In erster Linie bestimmen und prägen diese Einkünfte den *Lebensstandard* der Eheleute. Neben den rein wirtschaftlichen Faktoren werden die Lebensverhältnisse aber regelmäßig auch von weiteren Umständen mitgeprägt. Zu benennen sind z. B. das Vorhandensein von ehelichen und/oder außerehelichen Kindern, die Gestaltung der Ehe als Hausfrauenehe, das Vorliegen gesundheitlicher Beeinträchtigungen eines Ehegatten etc.

Kam es beim Trennungsunterhalt für die Bestimmung des Unterhaltsbedarfs auf die ehelichen Lebensverhältnisse zum Zeitpunkt der Trennung an („von welchen Einkünften lebte man"), sind beim nachehelichen Unterhalt grundsätzlich die Verhältnisse zum Zeitpunkt der Rechtskraft der Ehescheidung maßgeblich für die Bedarfsbestimmung und damit Teilhabe an dem in der Ehe erreichten Lebensstandard. D. h. es wird zunächst – gewissermaßen im Rahmen einer Momentaufnahme – der Bedarf ermittelt und zur Grundlage der Berechnung des Unterhaltsanspruchs gemacht. Ist der in der Ehe erreichte Lebensstandard zu diesem Zeitpunkt hoch und sind die Einkommensverhältnisse günstig, ist entsprechend auch der Unterhaltsbedarf des Unterhaltsberechtigten hoch.

BEISPIEL 1: Herr Meier ist zum Zeitpunkt der Ehescheidung berufstätig und verfügt über ein bereinigtes Einkommen von 2800 Euro. Auch Frau Meier arbeitet und hat ein bereinigtes Nettoeinkommen von 1400 Euro.
Bedarfsbestimmung nach Düsseldorfer Tabelle:
$2800 \cdot 1/7 = 400$ Erwerbstätigenbonus für Herrn Meier
$2800 - 400 = 2400$ Euro bedarfsbestimmendes Einkommen Herr Meier
$1400 \cdot 1/7 = 200$ Erwerbsanreiz für Frau Meier
$1400 - 200 = 1200$ Euro bedarfsbestimmendes Einkommen Frau Meier
Gesamtbedarf der Eheleute: $2400 + 1200 = 3600$ Euro
$3600 : 2 = 1800$ Euro Bedarf Frau Meier
Nach den Süddeutschen Leitlinien ist wie folgt zu rechnen:
$2800 \cdot 1/10$ (10 %) = 280. $2800 - 280 = 2520$. $1400 \cdot 1/10$ (10 %) = 140. $1400 - 140 = 1260$. Bedarf: $2520 + 1260 = 3780 : 2 = 1890$ Euro Bedarf Frau Meier.

BEISPIEL 2: Arbeitet Frau Meier stattdessen nicht, ist auch ihr Unterhaltsbedarf geringer, weil bedarfsbestimmend nur das Einkommen von Herrn Meier ist. Er würde dann nur $2800 - 400 = 2400 : 2 = 1200$ Euro betragen (bzw. nach den Süddt. Leitlinien 1260 Euro.)

5. KAPITEL — Unterhalt bei Trennung und Scheidung

> **BEISPIEL 3:** Noch deutlicher ist die Wechselwirkung zwischen Einkommen und Bedarf zu erkennen, wenn man lediglich von einem Einkommen des Herrn Meier in Höhe von 2000 Euro ausgehen würde. Der Bedarf von Frau Meier betrüge dann entsprechend den geringeren Einkommensverhältnissen nur 2000 − 286 = 1714 : 2 = 857 Euro (bzw. 900 Euro nach den Süddt. Leitlinien.)

Liegt insoweit jeweils auch Bedürftigkeit des Berechtigten vor und ist der Verpflichtete ohne Unterschreitung seines Selbstbehaltes leistungsfähig, wird ein entsprechend hoher Unterhaltsanspruch festgestellt.

Nachdem es sich aber bei der Feststellung der ehelichen Lebensverhältnisse eben um eine Momentaufnahme im Zeitpunkt der Ehescheidung handelt, stellt sich die Frage, was passiert, wenn sich *nach* der Ehescheidung die Verhältnisse ändern, etwa durch Veränderungen des Einkommens der Beteiligten oder aber durch Hinzutreten neuer oder das Wegfallen von während der Ehe noch bestehenden Unterhaltspflichten z. B. für Kinder.

Eigentlich – so ist der Wortlaut des § 1578 Abs. 1 BGB grundsätzlich zu verstehen – soll der Berechtigte an dem *während der Ehe* und zu ihrem Endpunkt *erreichten Lebensstandard* auch nach der Scheidung weiter teilhaben. Streng genommen dürfte deshalb eine Veränderung nach Rechtskraft der Ehescheidung nicht mehr zu Veränderungen am Unterhalts*bedarf* nach den ehelichen Lebensverhältnissen führen. Denn: die Ehe ist beendet und die dortigen Lebensverhältnisse sind durch die Momentaufnahme fixiert. Dies könnte – konsequent zu Ende gedacht – im Extremfall dazu führen, dass der einmal festgestellte Unterhaltsbedarf des Berechtigten vollumfänglich auch dann noch befriedigt werden müsste, wenn der Unterhaltsverpflichtete beispielsweise arbeitslos geworden ist und gar nicht mehr über die zum Zeitpunkt der Scheidung noch vorhandenen Einkünfte verfügt.

> **BEISPIEL:** Herr Stangl und seine Frau waren 20 Jahre verheiratet, bevor ihre Ehe geschieden wurde. Frau Stangl hat während der Ehe nie gearbeitet. Herr Stangl verdiente zum Zeitpunkt der Ehescheidung 3500

4. Nachehelicher Ehegattenunterhalt

> Euro netto. Der Unterhaltsanspruch von Frau Stangl wurde nach den süddt. Leitlinien ermittelt: 3500 × 10 % Erwerbsanreiz = 350, Bedarf der Eheleute daher 3500 − 350 = 3150; der Bedarf von Frau Stangl beträgt die Hälfte hiervon, also 1575 Euro. Sie ist auch bedürftig, da sie über kein eigenes Einkommen oder Vermögen verfügt und im Beispielsfall unterstellt wird, dass sie nicht verpflichtet ist, ein Erwerbseinkommen zu erzielen. Herr Stangl ist ohne Gefährdung seines eigenen Selbstbehalts von 1100 Euro auch in der Lage, den Unterhaltsbedarf vollständig zu decken. Der Unterhaltsanspruch von Frau Stangl nach den ehelichen Lebensverhältnissen zum Zeitpunkt der Scheidung beläuft sich daher auf 1575 Euro. Dieser Unterhalt wird ihr im Scheidungsverfahren auch zugesprochen.
>
> 1 Jahr nach der Ehescheidung wird Herr Stangl unverschuldet arbeitslos. Ihm gelingt es zwar, eine neue Stelle zu finden, hier verdient er aber trotz aller Anstrengungen nur noch 3000 Euro monatlich. Wäre der Bedarf nach den ehelichen Lebensverhältnissen quasi unabänderlich mit dem Zeitpunkt der Ehescheidung fixiert, betrüge dieser bei Frau Stangl nach den ehelichen Lebensverhältnissen streng genommen immer noch 1575 Euro. Müsste Herr Stangl diesen Betrag trotz der bei ihm eingetretenen wirtschaftlichen Veränderungen tatsächlich weiter bezahlen, bliebe ihm nur noch ein Betrag von 1475 Euro. Dieser würde zwar seinen Selbstbehalt nicht unterschreiten, aber Herr Stangl hätte jetzt weniger Geld zur Verfügung als seine von ihm unterhaltene geschiedene Ehefrau.

Das dies nicht unbedingt das gedachte und gewünschte Ergebnis des nachehelichen Unterhaltsrechts ist, ist durchaus nachvollziehbar, jedenfalls dann, wenn Veränderungen eintreten, die letztlich unverschuldet sind und auch während der bestehenden Ehe hätten eintreten können. Es stellt sich daher die Frage, was aus der fortlaufenden gleichberechtigten Teilhabe an den (bereits abgeschlossenen) *gemeinsamen* ehelichen Lebensverhältnissen wird, wenn sich nach der Scheidung die *individuellen* Verhältnisse der Ex-Partner nachhaltig verändern.

Über die Beantwortung dieser Frage gibt es immer wieder rege wissenschaftliche und gerichtliche Auseinandersetzungen, denn sie ist nicht nur von grundlegender Bedeutung für die Höhe des Unterhalts, sondern letztlich auch für seine Dauer und damit Verlässlichkeit des erreichten Lebensstandards. Waren die Gerichte anfänglich sehr konsequent in der Fortschreibung der einmal festgestellten ehelichen Lebensverhältnisse, wurde im Laufe der Zeit das Stichtagsprinzip, nämlich die Rechtskraft der Ehescheidung als Fixpunkt für die Bestimmung der ehelichen Lebensverhältnisse, immer weiter aufgeweicht. An die Stelle der „wirklichen" ehelichen Lebensverhältnisse zur Bedarfsbestimmung sind zwischenzeitlich die „sich wandelnden" (*nach-*)ehelichen Lebensverhältnisse getreten.

Danach wirken sich zunächst Einkommensveränderungen auf Seiten beider Ehegatten, auch wenn sie erst nach der Scheidung eintreten, auf den Unterhalt nach den ehelichen Lebensverhältnissen aus. Voraussetzung ist allerdings, dass die eingetretene Einkommensreduzierung oder gar der Wegfall des Einkommens dem Unterhaltspflichtigen nicht vorwerfbar sein dürfen. Es darf also kein Verstoß gegen eine Erwerbsobliegenheit, also Verpflichtung zum Erwerb vorliegen.

> In unserem oben benannten **BEISPIEL** werden daher der Unterhaltsbedarf und der Unterhaltsbetrag, der an Frau Stangl zu zahlen ist, an die gewandelten tatsächlichen Verhältnisse angepasst. Frau Stangl hat nach dem neuen Einkommen ihres Mannes von 3000 Euro daher nur noch einen Unterhaltsbedarf von 3000 – 300 = 2700 Euro : 2 = 1350 Euro.

Berücksichtigt werden umgekehrt auch Einkommenserhöhungen, allerdings nur dann, wenn sie schon in der noch laufenden Ehe angelegt waren. Beispielhaft genannt werden können hier etwa tariflich vorgesehene Lohnerhöhungen oder Einkommenserhöhungen aufgrund höheren Dienstalters. Hieran hätte der Berechtigte auch teilgehabt, wenn die Ehe nicht geschieden worden wäre. Die Einkommenserhöhungen dürfen hingegen nicht auf einem plötzlichen Karrieresprung nach der Scheidung beruhen, denn dieser hat nichts mehr mit der abgeschlossenen Ehe zu tun. Auswirkungen haben auch der Wegfall von aus der Ehezeit resultierenden Darlehensverpflichtungen oder der Wegfall von Unterhaltsansprüchen der Kinder. Als Schlagworte kann man sich in soweit merken:

4. Nachehelicher Ehegattenunterhalt

> **Wichtig**
>
> Eine Herabsetzung des Unterhalts nach unten ist grundsätzlich stets möglich, es sei denn es liegt ein vorwerfbares Verhalten des Unterhaltspflichtigen vor. Eine Heraufsetzung aufgrund deutlich verbesserter Einkommensverhältnisse nach Rechtskraft der Ehescheidung kommt stets nur dann in Betracht, wenn die Steigerung bereits in der Ehe angelegt war.

Seit einer Entscheidung des Bundesgerichtshofs aus dem Jahr 2001 werden auch die **Einkünfte** einer Hausfrau (eines Hausmanns), die (der) erst nach der Scheidung erstmals wieder erwerbstätig wird, als **eheprägende** Einkünfte angesehen, obwohl während der Ehe tatsächlich keine Erwerbstätigkeit ausgeübt wurde und damit die *Erwerbstätigkeit* nicht in der Ehe angelegt war und die ehelichen Lebensverhältnisse geprägt hat. Damit hat das Gericht eine lange kritisierte Benachteiligung der Hausfrauen im Rahmen des Unterhaltsrechts beseitigt. Bis zur Änderung der Rechtsprechung wurde der Unterhaltsbedarf in diesen Fällen nämlich ausschließlich (nach dem Stichtagsprinzip auch konsequent) nach dem Einkommen des bereits während der Ehe arbeitenden Gatten bemessen. Das neu hinzugekommene Einkommen der Frau wurde auf den so errechneten Unterhaltsbedarf angerechnet und im Ergebnis vom Unterhalt abgezogen. Nunmehr wird insoweit berücksichtigt, dass auch die Tätigkeit der Hausfrau die ehelichen Lebensverhältnisse geprägt hat. Ihr „neues" Erwerbseinkommen wird als Surrogat, d. h. Ersatz für die bisherige Familienarbeit angesehen, die auch einen Wert hat. Man benutzt also praktisch einen Trick, um die neuen Einkünfte noch als die ehelichen Lebensverhältnisse prägend einordnen zu können. Daher errechnet sich der Unterhaltsbedarf nun anhand des bereits vorhandenen Einkommens des Mannes und des hinzugetretenen Gehalts der Frau, was im Ergebnis zu höheren Unterhaltsansprüchen führt.

BEISPIEL 1: Herr Steinlein ist Versicherungsmakler und verdient 3600 Euro netto. Frau Steinlein hat sich während der Ehe dem Haushalt und der Kindererziehung gewidmet. Beide Kinder sind seit kurzem aus dem

5. KAPITEL — Unterhalt bei Trennung und Scheidung

Haus. Es kommt zur Scheidung der Parteien. Frau Steinlein macht ihr Hobby zum Beruf und wird Reiseleiterin. Sie verdient jetzt 1800 Euro netto. Nach alter Rechtsprechung richtete sich der Unterhaltsbedarf von Frau Steinlein ausschließlich nach dem Nettoeinkommen ihres Mannes. Der Bedarf betrug beispielsweise nach den Düsseldorfer Leitlinien (Anrechnungsmethode) $3/7$ von 3600 Euro, also aufgerundet 1543 Euro. Mit ihrem eigenen Einkommen von 1800 Euro war der Unterhaltsbedarf vollständig abgedeckt; ein Unterhaltsanspruch gegen Herrn Steinlein bestand nicht mehr. Nach der Rechtsprechungsänderung beträgt der Unterhaltsanspruch jetzt beispielsweise $3/7$ der Differenz zwischen beiden Einkommen (sog. Differenzmethode), also $(3600 - 1800) \times 3/7$. Dies entspricht einem Betrag von gerundet 771 Euro. Frau Steinlein verfügt jetzt über 2571 Euro, Herrn Steinlein verbleiben 2829 Euro.

BEISPIEL 2: Herr Fiedler arbeitete bis kurz nach der Scheidung als kaufmännischer Sachbearbeiter in einem Lebensmittelgroßhandel. Er erzielte ein monatliches Nettoeinkommen von 2200 Euro. Unerwartet wird er zum Abteilungsleiter berufen und verdient nun 3500 Euro. Frau Fiedler hat erst nach der Scheidung eine Erwerbstätigkeit als Sekretärin aufgenommen. Vorher hat sie den Haushalt geführt. Sie verdient jetzt 1500 Euro. Der Unterhaltsbedarf von Frau Fiedler errechnet sich hier aus dem früheren Einkommen des Herrn Fiedler in Höhe von 2200 Euro sowie ihrem jetzigen Einkommen. Hätte Herr Fiedler keinen Karrieresprung gemacht, sondern nach der Scheidung eine tarifliche Lohnerhöhung auf 2500 Euro erhalten, so würde der Unterhaltsbedarf aus 2500 und 1500 Euro bestimmt.

Im Zusammenhang mit der Unterhaltsreform gibt es aber noch andere Faktoren, die die Unterhaltshöhe nach den ehelichen Lebensverhältnissen im Nachhinein noch beeinflussen können. Wie gravierend nachteilig die Auswirkungen der Berücksichtigung sich wandelnder Verhältnisse sein können, zeigt sich zum Beispiel in Fällen, in denen der Unterhaltspflichtige *nach* der Ehescheidung auch noch neu geborenen Kindern zum Unterhalt verpflichtet wird und/oder einem neuem Ehegatten oder Elternteil. Nur in praktisch seltenen Fällen reicht nämlich das Einkommen des Unterhaltspflichtigen aus, alle alten und neu entstandenen Unterhaltsansprüche voll zu

4. Nachehelicher Ehegattenunterhalt

befriedigen. Zwar bleiben die neuen Belastungen bei der Bemessung des Bedarfs nach den ehelichen Lebensverhältnissen zunächst außen vor. Sie holen den bedürftigen Ehegatten aber im Rahmen der Prüfung der Leistungsfähigkeit des Pflichtigen wieder ein. Denn durch die Regelung der Rangverhältnisse im sogenannten Mangelfall sind die Unterhaltsansprüche des „alten" Ehegatten eben nicht vorrangig zu befriedigen. Die neue Familie des Pflichtigen wird nicht auf das durch den Unterhalt des geschiedenen Ehegatten reduzierte Resteinkommen verwiesen. Vielmehr muss nach den gewandelten Vorgaben – insoweit auch des Gesetzes – der „alte" Ehegatte Abschied von „seinen" ehelichen Lebensverhältnissen nehmen und sich nicht nur nachrangig hinter die neugeborenen Kinder einordnen, sondern gegebenenfalls auch noch Unterhaltseinbußen aufgrund von Unterhaltsansprüchen des neuen Ehegatten hinnehmen.

Bereits durch die Geburt nachehelicher Kinder kann es bei engeren wirtschaftlichen Verhältnissen also sogar zum sofortigen Wegfall des nachehelichen Unterhaltsanspruchs kommen, da bei der Verteilung der vorhandenen Mittel Kindesunterhaltsansprüche immer vorrangig zu befriedigen sind. Bestehen daneben auch noch Unterhaltsansprüche eines neuen Ehegatten, sind auch dessen Unterhaltsansprüche mit in die Unterhaltsberechnung einzubeziehen. Lediglich dann, wenn der neue Ehegatte gut verdient und keine Kinder betreut, müssen keine so gravierenden Nachteile durch die zweite Ehe befürchtet werden.

Bereits diese Beispiele zeigen deutlich, dass die nachehelichen Ehegattenunterhaltsansprüche damit – auch was ihre zum Zeitpunkt der Ehescheidung festgestellte Höhe anbelangt – alles andere als dauerhaft und verlässlich sind. Man könnte auch sagen, in all diesen Fällen nimmt der „alte" Ehegatte an den ehelichen Lebensverhältnissen der neuen Ehe teil, statt an denjenigen seiner (geschiedenen) Ehe, wie es § 1578 BGB eigentlich vorgibt. Mit dem Wortlaut des § 1578 Abs. 1 Satz 1 BGB und der Teilhabe an den ehelichen Verhältnissen im Sinne der Teilhabe am während der Ehe erreichten Lebensstandard hat dies nicht mehr viel zu tun! Der Satz, es gibt keine Lebensstandardgarantie mehr, ist deshalb sicherlich zutreffend. Im Rahmen dieses Ratgebers wäre eine weitere Vertiefung dieser Fragen allerdings zu weitgehend. Wie „gerichtsfest" ihre persönlichen ehelichen Lebensverhältnisse sind, sollten sie im Gespräch mit ihrem Anwalt klären.

Steht der maßgebliche Bedarf nach den ehelichen Lebensverhältnissen fest, ist in einem weiteren Schritt zu überprüfen, ob eine tatsächliche **Unterhaltsbedürftigkeit** in Höhe dieses Bedarfs besteht. Neben der Frage, inwieweit der Berechtigte seinen Bedarf durch eigenen Verdienst und/oder unzumutbare oder überobligatorische Einkünfte abdecken kann, muss auch geklärt werden, ob der Unterhaltsberechtigte sein Vermögen zur Unterhaltsdeckung einsetzen muss. § 1577 BGB bestimmt: Nachehelichen Unterhalt kann der geschiedene Ehegatte nicht verlangen, „solange und soweit er sich aus seinen Einkünften und seinem Vermögen selbst unterhalten kann". Durch den nachehelichen Vermögensausgleich stehen manchem Gatten plötzlich beträchtliche Vermögenswerte zur Verfügung. Der ein oder andere verfügte vielleicht auch bereits vor der Scheidung über ein größeres Vermögen, so dass Unterhaltsansprüche ganz entfallen können. Es kommt hier stets auf eine Beurteilung im Einzelfall unter Berücksichtigung der beiderseitigen Vermögensverhältnisse an. Aus dem Zugewinnausgleich erlangtes Vermögen muss der Berechtigte in seinem Stamm grundsätzlich nicht verwerten. Ihn trifft jedoch die *unterhaltsrechtliche Verpflichtung, das Vermögen möglichst ertragreich anzulegen* und hierdurch Kapitaleinkünfte zu erzielen, die die Unterhaltslast des Pflichtigen mindern.

> **Wichtig**
>
> Soweit bei einem oder beiden Ehegatten nennenswertes Vermögen vorhanden ist, sollte unbedingt im Hinblick auf die unterhaltsrechtlichen Auswirkungen anwaltlicher Rat eingeholt werden!

j) Krankenversicherung und Altersvorsorge

Bereits bei den Erläuterungen zum Trennungsunterhalt wurde auf die möglichen Auswirkungen der Trennung auf die Krankenvorsorge sowie die Alterssicherung hingewiesen. Mit der Rechtskraft der Ehescheidung enden die bestehenden Ansprüche auf Mitversicherung in der Krankenversicherung sowie die Teilhabe an der Altersvorsorge des Gatten durch Versorgungsausgleich endgültig. Auch ein abgeleiteter Beihilfeanspruch fällt weg. Binnen einer *Frist von drei Monaten ab Rechtskraft der Ehescheidung* kann der bislang mitversicherte Ehegatte sich entscheiden, ob er sich nunmehr selbst bei der bisherigen Krankenversicherung absichern möchte oder aber zu einer anderen Versicherung wechseln möchte. Das alte Versicherungsverhältnis wird so lange in der „Schwebe" gehalten.

> **Wichtig**
>
> Im Zusammenhang mit der Unterhaltsermittlung sollte daher unbedingt anwaltlich abgeklärt werden, ob neben dem üblichen Unterhaltsanspruch noch ein Anspruch auf Krankheits- und Altersvorsorgeunterhalt besteht.

Dies ist insbesondere dann von großer Bedeutung, wenn wegen Kinderbetreuung oder aus anderen Gründen eine Erwerbstätigkeit nicht ausgeübt werden kann! Zu beachten ist aber auch, dass der als Krankenvorsorge- und Altersvorsorge geleistete Unterhalt auch tatsächlich nachweisbar zweckentsprechend eingesetzt werden muss. Geschieht dies nicht, können unter Umständen weitere Unterhaltsleistungen versagt werden.

k) Leistungsfähigkeit des Unterhaltsverpflichteten

Es ist selbstverständlich, dass der Verpflichtete zu Unterhaltszahlungen nur im Rahmen seiner persönlichen Leistungsfähigkeit verpflichtet ist. Die absolute Grenze bildet auch beim nachehelichen Unterhalt der so genannte Selbstbehalt. Zur Erinnerung: Gegenüber dem Unterhaltsanspruch des Ehegatten beträgt der Selbstbehalt derzeit 1100 Euro. Aber Achtung: Hat der Unterhaltspflichtige mutwillig zum Nachteil der Unterhaltsberechtigten sein Einkommen so reduziert, dass sein Selbstbehalt tangiert ist, kann er trotzdem verpflichtet sein, Unterhaltsleistungen zu erbringen, weil bei der Unterhaltsberechnung unterstellt wird, er habe höhere Einkünfte!

Ist der Verpflichtete nicht in der Lage, einen die Existenz des Bedürftigen sichernden Unterhalt zu leisten bzw. errechnet sich ein solcher aufgrund der Einkommens- und Vermögensverhältnisse der Ehegatten nicht, so bleibt den Betroffenen entweder die wirtschaftlich erzwungene Arbeitsaufnahme bzw. unter Umständen der Gang zum Sozialamt.

l) Befristung und Herabsetzung des Unterhalts

Da eine Unterhaltsverpflichtung gegenüber dem Gatten für den Verpflichteten im Einzelfall eine immense finanzielle Belastung und erhebliche Einschränkung in seiner eigenen künftigen Lebensgestaltung bedeuten kann, kommt der Frage, ob und unter welchen Voraussetzungen Unterhaltsansprüche zeitlich beschränkt, in der Höhe reduziert oder gar vollständig ausgeschlossen werden können, praktisch ebenfalls eine große Bedeutung zu.

Mit der bereits erwähnten Möglichkeit zur **zeitlichen Begrenzung und/oder Herabsetzung** eines Unterhaltsanspruchs durch den anlässlich der Reform 2008 neu geschaffenen **§ 1578b BGB** soll verstärkt sichergestellt werden, das Unterhaltsansprüche nicht ins Uferlose und in nicht mehr nachvollziehbarer Weise geschuldet werden. Wie wir am Begriff der sich „wandelnden ehelichen Lebensverhältnisse" bereits aufgezeigt haben, zeigt sich auch hier: Es gibt keine Lebensstandardgarantie mehr. Der Unterhalt soll nach dem Willen des Gesetzgebers im Ergebnis – nur noch – einen _Nachteilsausgleich_ gewährleisten, soweit und solange der Bedürftige durch die Rollenverteilung in der Ehe nicht ausreichend für den eigenen Unterhalt sorgen kann. Dem Unterhaltsberechtigten soll damit einerseits Zeit gegeben werden, den Schritt in die wirtschaftliche Eigenständigkeit zu gehen; andererseits soll Unterhalt nur solange und soweit gewährt werden, als ehebedingte Nachteile oder die nacheheliche Solidarität bei Ehen von langer Dauer dies (noch) rechtfertigen.

Die Möglichkeit der zeitlichen Befristung gab es bis zur Reform nur bei den Unterhaltsansprüchen nach § 1573 Abs. 1 bis 4 BGB. Jetzt gilt grundsätzlich für **alle nachehelichen Unterhaltsansprüche** die

4. Nachehelicher Ehegattenunterhalt

Möglichkeit der zeitlichen Befristung. Allerdings konnten bereits nach altem Recht grundsätzlich alle Unterhaltsansprüche – also auch der Anspruch auf Betreuungsunterhalt, Alters- und Krankheitsunterhalt *aus Billigkeitsgründen* auf den sogenannten *angemessenen Lebensbedarf* herabgesetzt werden. Dies bedeutet, dass maßgebend für die Höhe bzw. Obergrenze des Unterhaltsanspruchs dann nicht mehr die ehelichen Lebensverhältnisse sind, sondern geprüft wird, wie sich die individuelle Lebenssituation ohne Ehe voraussichtlich entwickelt hätte. Es kommt also faktisch als Höchstbedarf nur noch das Einkommen in Betracht, dass der Berechtigte ohne die Ehe zur Verfügung hätte. Aus dem Begriff der Angemessenheit schließt der BGH aber zugleich, dass dieser Bedarf jedenfalls oberhalb des Existenzminimums liegen soll, selbst dann, wenn vor der Eheschließung keine Einkünfte vom Berechtigten erzielt wurden. In der Praxis wurde früher von dieser Möglichkeit der Herabsetzung des Unterhalts nur selten Gebrauch gemacht. Durch die Neuschaffung des § 1578b ist das Augenmerk jedoch jetzt unzweifelhaft größer geworden. Die Gerichte machen mittlerweile regen Gebrauch vor allem von der zeitlichen Begrenzung des nachehelichen Unterhalts.

Für den Betreuungsunterhalt nach § 1570 BGB hat der Bundesgerichtshof zwischenzeitlich entschieden, dass dieser zwar nach wie vor in der Höhe herabgesetzt werden kann, trotz der Regelung des § 1578b BGB aber nicht zu befristen ist. Im Rahmen der Prüfung des § 1570 BGB ist nämlich bereits eine Billigkeitsabwägung mit allen kind- und elternbezogenen Gründen durchzuführen. Führt diese Abwägung dazu, den Unterhalt über den dritten Geburtstag hinaus zu gewähren, können dieselben Gründe nicht zu einer Befristung nach § 1578b BGB führen. Die einzelnen Voraussetzungen des Betreuungsunterhaltsanspruchs haben wird bereits oben unter Punkt b) kennen gelernt. Soll ein eingeräumter Betreuungsunterhalt enden, muss also nach einer gewissen Zeit jeweils neu geprüft werden, ob noch kind- oder elternbezogene Gründe vorliegen, die einen Betreuungsunterhaltsanspruch rechtfertigen.

Für die Herabsetzung oder zeitliche Befristung der nachehelichen Unterhaltsansprüche ergibt sich folgendes:

5. KAPITEL — Unterhalt bei Trennung und Scheidung

- Es muss geprüft werden, ob und in welchem Umfang „auch unter Wahrung der Belange eines dem Berechtigten zur Pflege und Erziehung anvertrauten gemeinschaftlichen Kindes" ein ungeschmälerter bzw. zeitlich unbegrenzter Unterhaltsanspruch unbillig wäre, § 1578b Abs. 1 Satz 1 und Abs. 2 Satz 1 BGB.

- Dies hängt insbesondere davon ab, „inwieweit durch die Ehe Nachteile im Hinblick auf die Möglichkeit eingetreten sind, für den eigenen Unterhalt zu sorgen, oder eine Herabsetzung des Unterhaltsanspruchs unter Berücksichtigung der Dauer der Ehe unbillig wäre. Nachteile ... können sich vor allem aus der Dauer der Pflege oder Erziehung eines gemeinschaftlichen Kindes sowie aus der Gestaltung von Haushaltsführung und Erwerbstätigkeit während der Ehe ergeben", § 1578b Abs. 1 Satz 2 und 3 BGB.

Ein Unterhaltsanspruch kann also um so eher zeitlich beschränkt und/oder in der Höhe beschränkt werden, je geringer die durch die Scheidung zu Tage tretenden ehebedingten Nachteile sind. Gerade bei kürzeren kinderlosen Ehen halten sich die ehebedingten Nachteile regelmäßig in Grenzen, so dass hier die Vornahme von Kürzungen am wahrscheinlichsten ist. Ein allmähliches „Abschmelzen" des Unterhaltsanspruchs ist darüber hinaus in Fällen denkbar, in denen schwere Erkrankungen aufgetreten sind, die an der Ausübung einer Erwerbstätigkeit hindern oder bei Langzeitarbeitslosigkeit.

Eine über viele Jahre hinweg andauernde Betreuung gemeinsamer Kinder unter Aussetzung einer vor der Ehe bzw. Geburt von Kindern ausgeübten Erwerbstätigkeit führt wohl in vielen Fällen zu ehebedingten Nachteilen. In der Regel wird nämlich dann beim Wiedereinstieg in den Beruf nicht das Einkommen zu erzielen sein, das der Berechtigte bei ununterbrochener Berufstätigkeit erzielen würde. Allerdings zählen bei der Feststellung der ehebedingten Nachteile nach Auffassung der Rechtsprechung insoweit <u>nicht die Zeiten der Kindererziehung, die vor der Eheschließung legen</u>!

Ein ehebedingter Nachteil kann in einer kinderlosen Ehe auch dann vorliegen, wenn ein Ehegatte dem anderen zu dessen beruflicher Entfaltung durch Übernahme der gesamten Haushaltsführung der Rücken frei gehalten und dabei eigene Erwerbsaussichten zurückgestellt hat.

4. Nachehelicher Ehegattenunterhalt

Alleine eine lange Ehedauer ohne Erleiden von ehebedingten Nachteilen führt für sich genommen nicht zu einem unbegrenzten oder unbefristeten Unterhaltsanspruch. Vielmehr müssen weitere Faktoren hinzukommen, die eine Einschränkung des Unterhaltsanspruchs unbillig machen. Zu denken ist insoweit an den bei sehr langen Ehen häufig vorliegenden Vertrauenstatbestand in Bezug auf den Fortbestand der Ehe, die lange gewachsene wirtschaftliche, soziale und persönliche Verflechtung etc.

Es liegen zwischenzeitlich schon eine Reihe von Entscheidungen – auch des Bundesgerichtshofs (BGH) vor, die aber nur zur groben Orientierung dienen können, denn: Es sind insoweit viele Fallgestaltungen denkbar und wie immer kommt es bei der Beurteilung auch hier auf den Einzelfall an.

BEISPIELE aus der Rechtsprechung:
- In einer kinderlosen Ehe mit einer Ehedauer von sieben Jahren kann der Aufstockungsunterhalt auf ein Jahr begrenzt werden.
- Bei einer kinderlosen Ehe von 9 Jahren ohne ehebedingte Nachteile kann der Aufstockungsunterhalt auf drei Jahre befristet werden.
- Nach einer Ehe von 21 Jahren kommt eine Befristung des Aufstockungsunterhalts in Betracht, wenn der Ehegatte in seinem früheren Beruf tätig ist und ein vergleichbares Einkommen wie vor der Ehe erzielt.
- Lässt sich bei einer Krebserkrankung eine Prognose über die Entwicklung der Krankheit und das Ob und Wie einer zukünftigen Erwerbsmöglichkeit nicht sicher treffen, kommt eine Befristung nicht in Betracht.
- Eine Herabsetzung des Krankheitsunterhalts in Stufen kommt auch noch nach 23-jähriger Ehe mit Betreuung von zwei Kindern in Betracht.
- Bei einer 62-jährigen Frau, die zu Beginn der Ehe ihre Erwerbstätigkeit aufgegeben und Kinder erzogen hat, kommt nach 33-jähriger Ehe eine Befristung nicht in Betracht, wenn sie keine Erwerbstätigkeit mehr finden kann.
- Die geraume Zeit vor Eheschließung aufgenommene Kinderbetreuung und ein damit verbundener Arbeitsplatzwechsel begründen keinen ehebedingten Nachteil. Die Zeit der vorehelichen Kinderbetreuung ist auch nicht der Ehedauer zuzurechnen. (BGH)

- Ein ehebedingter Nachteil im Sinne des § 1578b BGB liegt nicht nur vor, wenn der unterhaltsberechtigte Ehegatte ehebedingt von der Aufnahme einer Erwerbstätigkeit absieht oder eine bereits ausgeübte Erwerbstätigkeit aufgibt, sondern auch dann, wenn er ehebedingt seinen Arbeitsplatz wechselt und dadurch Nachteile erleidet. (BGH)
- Eine lange Ehedauer rechtfertigt für sich genommen insbesondere dann keinen fortdauernden Unterhalt nach den – die eigene Lebensstellung übersteigenden – ehelichen Lebensverhältnissen, wenn beide Ehegatten während der Ehe vollschichtig berufstätig waren und die Einkommensdifferenz lediglich auf ein unterschiedliches Qualifikationsniveau zurückzuführen ist, das bereits zu Beginn der Ehe vorlag. (BGH)

Ganz wichtig ist es, über die Problematik der **Darlegungs- und Beweislast** Bescheid zu wissen: Grundsätzlich muss der Unterhalts*verpflichtete* die Umstände darlegen und beweisen, die zu einer Herabsetzung oder Befristung des Unterhalts führen können. Er muss darlegen, dass keine ehebedingten Nachteile vorliegen. Hat der Unterhaltspflichtige solche Tatsachen vorgetragen, darf der Unterhaltsberechtigte sich nicht darauf beschränken, lediglich die Behauptungen des Verpflichteten pauschal zurückzuweisen und zu bestreiten, weil doch dieser eigentlich die Beweislast hat. Den Berechtigten trifft vielmehr eine sogenannte *sekundäre Beweislast*, d. h. er muss seinerseits konkrete Umstände darlegen und beweisen, die gegen eine zeitliche Begrenzung bzw. Herabsetzung des Unterhalts sprechen, d. h. vorbringen, welche ehebedingten Nachteile bei ihm entstanden sein sollen. Der BGH hat deutlich hervorgehoben, dass es den Gerichten in Fällen eines Sachvortrags ohne ganz konkrete und nachprüfbare Anhaltspunkte in den Ausführungen des Unterhaltsberechtigten verwehrt ist, einen ehebedingten Nachteil des Berechtigten zu Lasten des Unterhaltspflichtigen anzunehmen. Regelmäßig muss deshalb auch eine „fiktive Erwerbsbiografie" vorgetragen werden.

Wichtig

Der Unterhaltsberechtigte muss also unbedingt – nachvollziehbar und nachprüfbar – erklären, was aus seinem Erwerbsleben ohne Ehe und Kindererziehung voraussichtlich geworden wäre.

In einem solchen Vortrag steckt viel Arbeit, die der Bedürftige gemeinsam mit dem Anwalt leisten muss. Neben Alter, Schulbildung, erreichtem Abschluss, Berufsausbildung einschließlich aller Besonderheiten, Erfahrungen, möglichen Aufstiegschancen mit der Darlegung des dadurch erzielbaren Einkommens etc. müssen auch die Unterbrechungen und die Gründe hierfür dargelegt werden, so wie natürlich die aktuelle Situation einschließlich des aktuellen Einkommens. Wurde ein entsprechender Sachvortrag gemacht, liegt es schlussendlich am Unterhaltspflichtigen, den Vortrag zu widerlegen.

Wichtig zu wissen ist auch, dass der Unterhalts*pflichtige* seinerseits bereits im ersten Unterhaltsverfahren alle ihm bereits bekannten Umstände vortragen sollte, die für eine Befristung oder Herabsetzung sprechen könnten. Andernfalls kann es im Einzelfall passieren, dass er später mit diesem Vorbringen nicht mehr gehört wird.

m) Ausschluss des Unterhalts

Fälle ehelichen Fehlverhaltens werden von § 1578b BGBG nicht erfasst. Deshalb enthält § 1579 BGB verschiedene „Härtegründe", die zu einem völligen Ausschluss, einer Herabsetzung oder zeitlichen Begrenzung des Unterhaltsanspruchs wegen *grober Unbilligkeit* führen können. Obwohl im Rahmen der Ehescheidung das Schuldprinzip keine Geltung mehr hat, sah sich der Gesetzgeber bereits vor geraumer Zeit – zu Recht – gezwungen, gleichwohl im Rahmen des Unterhaltsrechts gewissermaßen die Notbremse zu ziehen, um dem allgemeinen Gerechtigkeitsempfinden grob widersprechende Folgen des verschuldensunabhängigen Scheidungs- und Unterhaltsrechts zu vermeiden. Ein Unterhaltsanspruch ist (und war auch nach alter Rechtslage bereits) „zu versagen, herabzusetzen oder zeitlich zu begrenzen, soweit die **Inanspruchnahme** des Verpflichteten auch unter Wahrung der Belange eines dem Berechtigten zur Pflege oder Erziehung anvertrauten gemeinschaftlichen Kindes **grob unbillig** wäre".

Wie bereits dem Wortlaut des Gesetzes zu entnehmen ist, handelt es sich um eine Vorschrift, die nur *schwerwiegende Fallgestaltungen* erfasst. Dem Richter steht bei der Beurteilung der Frage, ob § 1579 BGB zur Anwendung gelangt, ein Ermessensspielraum zu. Dies gilt auch für die konkrete Rechtsfolge im Einzelfall. Der Richter muss den Sachverhalt sehr sorgfältig überprüfen und die widerstreitenden Interessen aller von der Entscheidung Betroffenen sorgfältig abwägen. Dies gilt umso mehr, wenn der Unterhaltsanspruch eines gemeinschaftliche Kinder betreuenden Ehegatten betroffen ist. Hier kommt häufig nur eine Herabsetzung des Unterhaltsanspruchs in Betracht, da andernfalls die Kindesbelange zu stark beeinträchtigt sein können. Ein absoluter Ausschluss des Unterhaltsanspruchs bei Kinderbetreuung war bislang die große Ausnahme. In Anbetracht der Änderungen durch die **Unterhaltsrechtsreform**, die ohnehin einen früheren Einstieg des Kinder betreuenden Gatten in das Erwerbsleben vorsieht, ist allerdings anzunehmen, dass häufiger ein völliger Ausschluss in Betracht kommen kann.

Voraussetzung der Anwendung der Härteklausel ist **neben** dem Bestehen einer groben Unbilligkeit, das Vorliegen eines der acht Regelbeispiele bzw. eines Härtefalls im Sinne der Vorschrift.

Die einzelnen **Ausschlussgründe** des § 1579 BGB:

Ziffer 1 ermöglicht einen nachehelichen Unterhaltsausschluss, wenn die Ehe nur von kurzer Dauer war. Bei Ehen bis zu einer Dauer von maximal drei Jahren sollte ein Vorliegen dieses Härtefalls stets sorgfältig überprüft werden. In diesem Zeitrahmen bestehen in der Regel recht gute Aussichten. In ganz wenigen Ausnahmefällen haben die Gerichte auch Ehen bis zu einer Dauer von fünf Jahren als „kurz" angesehen. Durch § 1578b BGB mit der Möglichkeit der Befristung von allen Unterhaltsansprüchen, dürfte die Problematik jetzt jedenfalls in der Praxis deutlich abgeschwächt sein.

> **Achtung**
>
> Ziffer 1 findet ausschließlich beim nachehelichen Ehegattenunterhalt Anwendung; ein Ausschluss bereits des Trennungsunterhalts kann mit ihr nicht begründet werden!

4. Nachehelicher Ehegattenunterhalt

> **BEISPIEL:** Herr und Frau Grün haben am 20. 7. 2007 die Ehe geschlossen. Ihre Ehe ist kinderlos. Im März 2009 trennt sich Herr Grün von seiner Frau. Die Ehe wird im Mai 2010 geschieden. Herr Grün kann sich auf einen Unterhaltsausschluss wegen kurzer Ehedauer berufen.
> Hätten Herr und Frau Grün ein gemeinsames Kind im Alter von einem Jahr, käme ein Unterhaltsausschluss trotz der kurzen Ehe wegen der Berücksichtigung der Kindesbelange nicht in Betracht. Frau Grün hätte vielmehr einen Betreuungsunterhaltsanspruch nach § 1570 BGB.

Ziffer 2 sieht die Möglichkeit eines Unterhaltsausschlusses bei Zusammenleben des Unterhaltsberechtigten mit einem Partner in einer „verfestigten Lebensgemeinschaft" vor. Durch die **Unterhaltsrechtsreform** hat der Gesetzgeber in dieser Vorschrift einen Härtefall hervorgehoben, bei dem kein vorwerfbares Verhalten wie bei Nr. 3–7 notwendig ist. Erforderlich ist vielmehr, dass die Beziehung so verfestigt ist, dass die nichteheliche Lebensgemeinschaft gleichsam an die Stelle der Ehe tritt. Dies setzt regelmäßig eine bestimmte Zeitdauer der auch nach außen in Erscheinung tretenden Beziehung von mindestens zwei bis drei Jahren voraus. Anhaltspunkte für das Vorliegen einer solchen Beziehung sind daher – neben der Dauer der Partnerschaft als solcher – auch das gemeinsame Auftreten als Paar in der Öffentlichkeit, die gemeinsame Freizeit- und Urlaubsgestaltung, Integration in das Familienleben des anderen, finanzielle Versorgung des Haushalts oder Zuschüsse dafür, Versorgung im Krankheitsfall etc. Intime Beziehungen zwischen den Partnern sind keine zwingende Voraussetzung für die Annahme des Ausschlussgrundes. Grundsätzlich kann im Einzelfall auch eine „distanzierte" Lebensgemeinschaft, bei der die Partner nicht in einer gemeinsamen Wohnung leben, so verfestigt sein, dass sie einen Unterhaltsausschlussgrund darstellt. Wesentlich ist, dass eine Beziehung vorliegt, bei der die Partner gegenseitig füreinander einstehen, indem sie sich gegenseitig Hilfe und Unterstützung gewähren, so dass der Berechtigte in der Partnerschaft etwa „wie in einer Ehe" versorgt ist.

> **BEISPIEL:** Herr und Frau Sieber haben sich nach langer Ehe scheiden lassen. Da Herr Sieber stets gut verdiente, erhält Frau Sieber einen Aufstockungsunterhalt zu ihrem eigenen wesentlich geringeren Einkom-

5. KAPITEL — Unterhalt bei Trennung und Scheidung

men aus Halbtagsbeschäftigung. Ein Jahr nach der Scheidung zieht Frau Sieber zu Herrn Schneider. Die beiden wirtschaften gemeinsam und treten auch in der Öffentlichkeit als Paar auf. Herr Sieber meint, er müsse nun keinen Unterhalt mehr für Frau Sieber zahlen. Nach der erst kurzen Zeit des Zusammenlebens mit einem neuen Partner kommt ein Unterhaltsausschluss noch nicht in Betracht. Herr Sieber muss weiter zahlen. In Betracht kommt aber eine Kürzung des Aufstockungsunterhalts. Frau Sieber muss sich nämlich möglicherweise ihre „Haushaltsführung" für Herrn Schneider als fiktives Gehalt auf ihr Einkommen anrechnen lassen.

BEISPIEL: Nach dem Ablauf von drei Jahren bemüht sich Herr Sieber wieder um einen Unterhaltsausschluss. Frau Sieber lebt immer noch mit Herrn Schneider zusammen und meint, dass ihr aufgrund der langen Ehedauer immer noch ein Aufstockungsunterhaltsanspruch zustünde, obwohl sie fest mit Herrn Schneider liiert ist. Hier wird Herr Sieber aller Voraussicht nach Erfolg mit seinem Begehren haben.

Nach Ziffer 3 kommt ein Unterhaltsausschluss in Betracht, wenn der Unterhaltsberechtigte eine gravierende Straftat gegenüber dem Verpflichteten begangen hat. Als solche kommen etwa strafbare sexuelle Verfehlungen gegenüber dem Verpflichteten oder den Kindern, schwere Körperverletzungen und Beleidigungen, die über das „übliche" Maß ehelicher Auseinandersetzungen hinausgehen oder auch Prozessbetrug in Betracht. Ein solcher kann zum Beispiel durch das Verschweigen einer Erwerbstätigkeit oder Einkünften verwirklicht werden.

BEISPIEL: Herr und Frau Dreier sind seit 15 Jahren verheiratet. Die Ehe hat sich auseinander entwickelt, weil Herr Dreier seit einigen Jahren lieber die Zeit in der Kneipe statt mit seiner Frau verbringt. Frau Dreier verdient gut; ihr Mann ist arbeitslos. Wenn Herr Dreier von seinem Kneipenbummel angetrunken heimkommt, zwingt er seine Frau regelmäßig zum Beischlaf. Wenn sie ihm nicht gefügig ist, schreckt er auch vor Schlägen nicht zurück. Hier kann ein Unterhaltsausschluss gegenüber Herrn Dreier angenommen werden.

4. Nachehelicher Ehegattenunterhalt

Ziffer 4 erfasst Fälle der mutwilligen, auf den Unterhalt bezogenen Herbeiführung der Bedürftigkeit. Hierunter fallen insbesondere die Verschwendung vorhandenen Vermögens, provozierte Kündigungen oder freiwillige Aufgabe eines sicheren Arbeitsplatzes, bei – schwer nachzuweisender – unterhaltsbezogener Mutwilligkeit im Einzelfall auch Alkohol-, Drogen- oder Tablettenabhängigkeit.

> **BEISPIEL:** Ehepaar Schiller war sechs Jahre verheiratet. Beide waren berufstätig. Herr Schiller möchte sich schon seit Jahren seinen Lebenstraum verwirklichen und nur noch als freier Autor arbeiten. Frau Müller ist strikt dagegen, weil es sich ihrer Meinung nach um eine brotlose Kunst handelt. Nach der Trennung der Parteien gibt Herr Schiller seinen sicheren Arbeitsplatz als Bankkaufmann auf und beginnt zu schreiben. Er möchte jetzt Unterhalt von Frau Schiller: Verwirkung des Unterhaltsanspruchs, da Herr Schiller freiwillig seinen Arbeitsplatz aufgegeben hat.

Ziffer 5 setzt die mutwillige Verletzung der Vermögensinteressen des Unterhaltsverpflichteten voraus. Beispielhaft genannt werden können hier das Anschwärzen beim Arbeitgeber, wissentlich falsche oder leichtfertige Strafanzeigen gegenüber dem Verpflichteten, Schädigung von Geschäftsbeziehungen etc.

> **BEISPIEL:** Herr und Frau Kreuter sind seit 13 Jahren kinderlos verheiratet. Herr Kreuter ist Geschäftsführer eines großen Unternehmens und in der Branche hoch geschätzt, sie führt den aufwändigen Haushalt. Herr Kreuter möchte dem täglichen Einerlei entfliehen. Die Parteien trennen sich. Frau Kreuter ist derart außer sich und wütet herum: „Du wirst schon sehen, was du davon hast!" Sie startet eine regelrechte Kampagne gegen ihren Mann. Sie wirft ihm in der Öffentlichkeit vor, immer schon unredlich gewesen zu sein und Gelder in die eigene Tasche gesteckt zu haben. Sie informiert auch den Arbeitgeber ihres Mannes darüber, dass er mit vielen Sekretärinnen ein Verhältnis habe. Herr Kreuter wehrt sich natürlich gegen die Vorwürfe, kann aber nicht verhindern, dass er seinen Posten als Geschäftsführer am Hauptsitz des Unternehmens verliert und in ein Tochterunternehmen versetzt wird: Das Unternehmen kann sich öffentliche Diskussionen um seinen Geschäftsführer nicht leisten. Frau Kreuter dürfte in diesem Fall ihre Unterhaltsansprüche verwirkt haben.

Nach Ziffer 6 kann ein Unterhaltsanspruch auch entfallen, wenn der Unterhalt begehrende Ehegatte trotz Erwerbsfähigkeit mindestens ein Jahr lang seiner Unterhaltspflicht gegenüber der Familie nicht nachkommt, weil er etwa sein Gehalt vertrinkt oder verspielt und die Familie dadurch in eine Notlage gerät.

> **BEISPIEL:** Ehepaar Müller hat zwei Kinder. Herr Müller ist dem täglichen Stress im Beruf nicht gewachsen. Er beginnt zu trinken und zu spielen, um sich von seinem Frust abzulenken. Das Einkommen reicht vorne und hinten nicht mehr, da viel Geld von den Spielautomaten verschlungen wird. Frau Müller ist gezwungen, sich eine Arbeit zu suchen, um die Familie über Wasser zu halten. Herr Müller sieht dies als willkommene Gelegenheit, der Familie sämtliche Einkünfte vorzuenthalten. Schließlich wird er arbeitslos und die Ehe geschieden. Auch hier wird man davon ausgehen können, dass Herrn Müller keine Unterhaltsansprüche gegen seine Ehegattin zustehen, auch wenn diese gut verdient.

Ziffer 7 erfasst Fälle, in denen ein offensichtlich schwerwiegendes und klar einseitig beim Unterhaltsbedürftigen liegendes Fehlverhalten insbesondere vor oder während der Trennungszeit vorliegt. Hierunter sind vor allem Verstöße gegen die eheliche Treuepflicht zu verstehen. Allerdings führt nicht bereits ein einmaliger Treuebruch zur Verwirkung des Unterhaltsanspruchs. In Betracht kommen können aber die Aufnahme eines nachhaltigen intimen Verhältnisses gegen den Willen des Ehegatten, wechselnde Intimpartnerschaften oder das Zusammenleben mit einem neuen Partner in eheähnlicher Gemeinschaft gegen den Willen des Ehegatten, obwohl die Ehe noch nicht geschieden ist. Eine Ausnahme gilt aber dann, wenn sich der Verpflichtete selbst vorher bereits von den ehelichen Bindungen losgesagt hat oder ihm vorwerfbare Eheverfehlungen angelastet werden können.

> **BEISPIEL:** Herr Dörr ist 55 Jahre und seit 10 Jahren mit seiner jetzt 35 Jahre alten Frau verheiratet. Frau Dörr pflegt einen gehobenen Lebensstil und lässt sich von ihrem Mann liebevoll umsorgen. Irgendwann packt sie die Abenteuerlust. Bei ihren nächtlichen Streifzügen durch die Discotheken, lernt sie immer neue Männer kennen und lieben. Ihr Mann weiß nichts von ihrem Doppelleben. Als ein Freund ihn unterrichtet, dass

> seine Frau schon „stadtbekannt" ist, fällt Herr Dörr aus allen Wolken und lässt sich scheiden. Frau Dörr können Unterhaltsansprüche versagt werden.

Ziffer 8 bietet schließlich einen Auffangtatbestand für andere schwerwiegende Gründe. In Betracht kommen hier etwa Scheinehen oder Fälle von lediglich kurzem Zusammenleben, aber langer Trennungszeit, so dass keine Ehe von kurzer Dauer mehr vorliegt und Ziffer 1 keine Anwendung findet. Denkbar sind auch Fälle schwerer Umgangsvereitelungen, in denen mit allen Mitteln – dem Wohl des Kindes entsprechende – Umgangskontakte mit dem Unterhaltspflichtigen unterbunden werden.

Nicht alles was auf den ersten Blick unbillig erscheint, fällt in den Anwendungsbereich des § 1579 BGB. Vorsicht ist insbesondere geboten, Parallelen zu Fällen aus der Bekanntschaft oder Verwandtschaft zu ziehen. Es gibt praktisch nie zwei gleiche Fälle!

Wichtig

Derjenige Gatte, der sich auf § 1579 BGB berufen will, ist hinsichtlich des Vorliegens der Voraussetzungen eines der Regelbeispiele und der groben Unbilligkeit nachweispflichtig!

n) Rangverhältnisse

Die in den §§ 1582 und 1609 BGB geregelten Rangverhältnisse sind dann von Bedeutung, wenn mehrere Unterhaltsbedürftige vorhanden sind, aber das vorhandene Geld des Unterhaltspflichtigen unter Berücksichtigung seines Selbstbehaltes nicht ausreicht, um alle Unterhaltsansprüche in voller Höhe zu befriedigen. Man spricht hier von einem **Mangelfall**.

Sind neben dem unterhaltsberechtigten Ehegatten noch unhaltsbedürftige Kinder vorhanden, so gehen diese seit der **Unterhaltsreform** dem Ehegatten bei der Verteilung der finanziellen Mittel vor. Nach alter Rechtslage galt zwischen den unterhaltsberechtigten minderjährigen Kindern, dem sie betreuenden Ehegatten sowie in bestimmten Fällen auch im Verhältnis zu einem neuen Ehegatten der gleiche Rang und das vorhandene Geld wurde prozentual nach einem komplizierten Rechenwerk verteilt. Dies hatte regelmäßig zur Folge, dass im in der Praxis relativ häufig vorkommenden Mangelfall weder die Unterhaltsansprüche der Minderjährigen noch die der Ehegatten vollends befriedigt werden konnten. Alle Unterhaltsbedürftigen waren daher in derartigen Fällen regelmäßig auf ergänzende Sozialleistungen angewiesen. Das minderjährige Kind ist nicht in der Lage, selbst für seinen Unterhalt zu sorgen. Es kann – anders als ein sozialhilfebedürftiger Erwachsener nicht zur Aufnahme einer Erwerbstätigkeit angehalten werden. Vor diesem Hintergrund hat der Gesetzgeber die Befriedigung der Kindesunterhaltsansprüche durch den Unterhaltspflichtigen in den Vordergrund gestellt: „**Kinder zuerst!**" war eines der Hauptmotive der Unterhaltsreform und hat deshalb auch die Verteilung der vorhandenen Geldmittel geprägt. Aufgrund der geringen Einkommenshöhe vieler Unterhaltsverpflichteter (hervorgerufen auch durch die Verpflichtung zum Steuerklassenwechsel nach der Trennung, vgl. oben S. 117) und bei Vorhandensein mehrerer minderjähriger Kinder wird die Zahl der Fälle, in denen noch Geldmittel zur Leistung von Ehegattenunterhaltsansprüchen vorhanden sind, voraussichtlich weiter stark zurückgehen.

Sind im Einzelfall keine minderjährigen Kinder vorhanden oder reichen die Geldmittel über die Befriedigung der Kindesunterhaltsansprüche hinaus, so können auch die unterhalb des ersten Ranges in § 1609 BGB geregelten Rangverhältnisse Bedeutung erlangen, wenn mehrere bedürftige Ehegatten vorhanden sind und/oder volljährige Kinder. Die nachfolgenden Ränge (insgesamt gibt es sieben!) sind dabei wiederum maßgeblich von Überlegungen zum Kindeswohl geprägt. Im zweiten Rang stehen daher – gleichberechtigt nebeneinander – sowohl der erste als auch eventuell ein zweiter Kinder betreuender Ehegatte und – dies ist ebenfalls neu – nicht verheiratete Elternteile, die Kinder betreuen. Schließlich fällt hierunter auch ein Ehegatte bei langer Ehedauer. Im dritten Rang stehen Ehegatten, die nicht unter Nummer 2 fallen, im vierten Rang Kinder, die nicht unter Nummer 1 fallen usw.

176

Wie man sieht, sind die Regelungen zu den Rangverhältnissen auch nach der Reform noch sehr kompliziert. Sind derartige Familienverhältnisse zu verzeichnen, sollte immer ein kundiger Rechtsanwalt eingeschaltet werden, um den Umfang der eigenen Ansprüche bzw. Verpflichtungen, wem man denn nun Unterhalt schuldet, erkennen zu können!

o) Ende des nachehelichen Unterhaltsanspruchs

Der nacheheliche Unterhaltsanspruch endet zum einen dann, wenn die Voraussetzungen des Tatbestandes, nach welchem Unterhalt gewährt wurde, nicht mehr vorliegen. Beispielhaft genannt werden kann hier beispielsweise der Unterhaltsanspruch wegen Betreuung gemeinschaftlicher Kinder, wenn diese ein Alter erreicht haben, in dem die Erwerbsobliegenheit des Betreuenden einsetzt. In den Fällen der §§ 1570 ff. ist dabei stets zu prüfen, ob nicht im Anschluss ein anderer Unterhaltstatbestand eingreift.

Mit dem Tod oder der erneuten Heirat des Unterhaltsberechtigten endet der jeweilige Unterhaltsanspruch ebenfalls (§ 1586 Abs. 1 BGB). Ein Anspruch wegen Kinderbetreuung nach § 1570 BGB kann jedoch dann wieder aufleben, wenn die neue Ehe wieder aufgelöst wird. In diesem Fall können dann auch nach Beendigung der Pflege oder Erziehung gemeinschaftlicher Kinder die Unterhaltstatbestände der §§ 1571–1573 und § 1575 BGB eingreifen.

Stirbt der Verpflichtete, so geht der Unterhaltsanspruch nicht automatisch unter. Vielmehr wird in diesem Fall die Unterhaltsverpflichtung zur **Nachlassverbindlichkeit**, die die Erben trifft (§ 1586b BGB). Diese haften allerdings nicht unendlich, sondern nur mit dem Nachlass und „nicht über den Betrag hinaus, der dem Pflichtteil entspricht, welcher dem Berechtigten zustände, wenn die Ehe nicht geschieden worden wäre". Der geschiedene Unterhaltsberechtigte soll nämlich nicht besser gestellt sein als der Ehegatte, dessen Ehe durch Tod aufgelöst wird.

p) Auskunftsanspruch

Wie zur Vorbereitung der Geltendmachung des Trennungsunterhaltsanspruchs kann auch für den nachehelichen Ehegattenunterhalt gegenseitig ein Auskunftsanspruch geltend gemacht werden. Insoweit kann auf die Ausführungen zum Trennungsunterhalt verwiesen werden. Schließlich besteht sogar eine **Pflicht zur ungefragten Auskunftserteilung**, wenn das Verschweigen von wesentlichen Änderungen der Einkommens- und Vermögensverhältnisse unredlich und illoyal erscheint.

q) Abfindung, rückständiger Unterhalt und Unterhaltsverzicht

Der nacheheliche Unterhalt ist grundsätzlich als Barunterhalt in Form einer monatlich im Voraus zu leistenden **Unterhaltsrente** vom Verpflichteten zu erbringen (§ 1585 BGB). Dem Unterhaltsberechtigten ist durch § 1585 Abs. 2 BGB auch die Möglichkeit gegeben, statt der monatlichen Zahlung eine **Kapitalabfindung** zu verlangen, wenn ein wichtiger Grund vorliegt und dies den Verpflichteten nicht unbillig belastet.

> **Wichtig**
>
> Der Unterhalts*verpflichtete* kann vom Unterhaltsberechtigten nicht die Annahme einer Abfindung mit Kapital verlangen.

Für eine Kapitalabfindung können gute Gründe sprechen. Da der Laie aber kaum in der Lage sein dürfte, seine potenziellen Unterhaltsansprüche zu errechnen und vernünftig hochzurechnen, sollte hier stets ein Fachmann eingeschaltet werden. Gerade vor dem Hintergrund der zwischenzeitlich umfassenderen Möglichkeiten der Befristung und Herabsetzung des Unterhalts ist sorgfältig abzuwägen!

Die Geltendmachung von **rückständigem nachehelichen Unterhalt** setzt wie beim Trennungsunterhalt voraus, dass sich der Verpflichtete mit seiner Leistung in Verzug befindet. D. h. Unterhalt kann grundsätzlich nur ab Rechtskraft der Scheidung und dem **Zeitpunkt** gefordert werden, ab dem der Verpflichtete **Kenntnis** vom Grund und der Höhe der Schuld hat! Wie beim Trennungsunterhalt reicht bereits das Auskunftsverlangen aus, um den Pflichtigen in Verzug zu setzten.

> **Wichtig**
>
> Ein auf den nachehelichen Unterhaltsanspruch gerichtetes Auskunftsverlangen löst die Verzugswirkungen nur dann aus, wenn es *nach* Rechtskraft der Scheidung erfolgt!

Der nacheheliche Unterhalt muss in jedem Fall, also auch dann, wenn bereits Trennungsunterhalt bezogen wird, gesondert gegenüber dem Verpflichteten geltend gemacht werden. Beide Ansprüche sind nämlich verschieden und gehen nicht automatisch ineinander über!

Auch beim Verzug des Unterhaltsverpflichteten können beim nachehelichen Unterhalt Rückstände für mehr als ein Jahr vor Rechtshängigkeit einer Unterhaltsklage nur noch im – seltenen – Ausnahmefall gefordert werden, § 1585b Abs. 3 BGB. Unter Umständen verliert man also einen Teil seiner Ansprüche, wenn man zu lange mit der gerichtlichen Geltendmachung zuwartet.

Anders als beim Trennungsunterhalt kann auf nachehelichen Unterhalt grundsätzlich rechtswirksam **verzichtet** werden. Dies geschieht in Form eines Unterhaltsvertrages gemäß § 1585c BGB. Der Vertrag kann vor, während oder nach der Ehe geschlossen werden. Für den Abschluss eines derartigen Vertrages galt bis zur **Unterhaltsrechtsreform** stets Formfreiheit; d. h. es war keine notarielle Vereinbarung notwendig.

> **Achtung**
>
> Nach neuer Rechtslage ist ein Verzicht auf nachehelichen Unterhalt *vor Rechtskraft der Ehescheidung* nur noch dann wirksam, wenn er entweder notariell beurkundet oder in einem Verfahren in Ehesachen gerichtlich protokolliert worden ist!

Vor dem 1.1.2008 abgeschlossene Vereinbarungen behalten ihre Gültigkeit auch ohne Einhaltung der Formvorschriften, d. h. in der Vergangenheit bereits getroffene privat vereinbarte Unterhaltsverzichte bleiben wirksam! Nach rechtskräftigem Abschluss des Scheidungsverfahrens getroffene Vereinbarungen zum nachehelichen Unterhalt sind ebenfalls weiterhin formfrei möglich.

Grundsätzlich ist ein Verzicht auf den nachehelichen Unterhalt auch nicht sittenwidrig im Sinne des § 138 BGB. Anders sieht die Rechtslage jedoch dann aus, wenn der Vertrag zu Lasten Dritter, insbesondere der Sozialbehörden geschlossen wird. Ein wirksamer Unterhaltsverzicht setzt also in jedem Fall voraus, dass beide Parteien zum Zeitpunkt des Vertragsschlusses davon ausgehen können, auch in Zukunft in der Lage zu sein, sich eigenständig zu unterhalten.

In der Vergangenheit war grundsätzlich auch ein Unterhaltsverzicht einer gemeinschaftliche Kinder betreuenden Ehefrau auf den Betreuungsunterhalt relativ unproblematisch möglich und wirksam. Es wurde lediglich in gravierenden Einzelfällen von den Gerichten angenommen, dass die Berufung auf den Unterhaltsverzicht dem Unterhaltspflichtigen nach Treu und Glauben (§ 242 BGB) verwehrt sein sollte, wenn überwiegende schützwürdige Interessen gemeinschaftlicher Kinder entgegenstünden (sog. Ausübungskontrolle).

Das Bundesverfassungsgericht hat dann jedoch in zwei Entscheidungen aus dem Jahr 2001 festgestellt, dass ein Unterhaltsverzicht einer gemeinschaftliche Kinder betreuenden Ehefrau sowohl gegen die Bedürfnisse der Kinder als auch der Ehefrau selber verstoßen und daher **von vornherein unwirksam sein kann**. Es hat ausgeführt: „Die Eheschließungsfreiheit rechtfertigt nicht die Freiheit zu unbegrenzter Ehevertragsgestaltung und insbesondere nicht eine einseitige ehevertragliche Lastenverteilung" (FamRZ 2001, S. 343 ff., 346). In der Folge hat der Bundesgerichtshof seine Rechtsprechung den Vorgaben des Bundesverfassungsgerichts angepasst. Die „Gerichtsfestigkeit" von Vereinbarungen, die einen Unterhaltsverzicht zum Gegenstand haben, ist dadurch erheblich erschüttert worden. Der Bundesgerichtshof hat zwar betont, dass nach wie vor zwischen den Ehegatten grundsätzlich Vertragsfreiheit hinsichtlich der Scheidungsfolgen gilt. Ein totaler Unterhaltsverzicht ist daher nicht generell verboten. Allerdings darf der Schutzzweck der gesetzlichen Regelungen durch Vereinbarungen nicht nach Belieben unterlaufen werden. Ein solches Unterlaufen liegt vor, wenn durch die Vereinbarung eine offenbar einseitige und durch die individuelle Gestaltung der ehelichen Lebensverhältnisse nicht gerechtfertigte Lastenverteilung entsteht, die für den belasteten Ehegatten – bei angemessener Berücksichtigung der Belange des anderen Ehegatten und seines Vertrauens in die Geltung der getroffenen Abrede – bei verständiger Würdigung des Wesens der Ehe unzumutbar erscheint. Hieraus erschließt sich, dass eine **Gesamtbetrachtung der getroffenen Vereinbarungen** – einschließlich der Regelungen zum Zugewinn- und Versorgungsausgleich! – vor dem Hintergrund der konkreten (ehelichen) Verhältnisse stattzufinden hat. Bei dieser Betrachtung wiegen die Belastungen des betreffenden Ehegatten umso schwerer, je mehr die getroffene Regelung in den Kern des gesetzlichen Scheidungsfolgenrechts eingreift. Der Gerichtshof hat zur Durchführung der Prüfung quasi eine Art Ranking vorgegeben. Dabei stellt er den Betreuungsunterhalt, der (auch) das zu betreuende Kind schützt, an die oberste Stelle. In diesem Bereich dürfte zukünftig ein Totalverzicht nur noch im Ausnahmefall haltbar sein. Umgestaltungen, die z. B. Unterhaltshöhe betreffen, sind hingegen – in angemessenem Rahmen – noch möglich. Den Versorgungsausgleich hat der BGH in seiner Bedeutung mit derjenigen des Altersunterhalts gleichgestellt und damit ebenfalls seine besondere Bedeutung hervorgehoben. Den weitest gehenden Spielraum für vertragliche Regelungen sieht das Gericht bei der Frage des Zugewinnausgleichs.

Ob und in welchen Fällen ein **Unterhaltsverzicht** – auch unter Berücksichtigung der neuen Rechtslage – sinnvoll bzw. überhaupt zulässig und formbedürftig ist, sollte daher stets von **fachkundiger Seite** *vor* Vertragsschluss **geprüft** werden. Bereits vorhandene Vereinbarungen können aufgrund der gewandelten Rechtsprechung (nicht aufgrund der Gesetzesänderung!) unwirksam geworden sein. Nach wie vor gilt jedoch:

5. KAPITEL Unterhalt bei Trennung und Scheidung

> **Wichtig**
>
> Lassen Sie sich niemals in einer „schwachen Stunde" zu einem Unterhaltsverzicht überreden. Ihre Unterschrift kann weit reichende nachteilige Folgen haben! Genauso seien potenziell Unterhaltsverpflichtete eindringlich davor gewarnt, sich ohne vorherige Beratung zu lebenslangen oder unabänderbaren Unterhaltsleistungen zu verpflichten!

5. Kindesunterhalt

a) Grundsätze

Im Fall der Trennung und Scheidung der Eltern wird neben den Fragen nach dem Ehegattenunterhalt auch die Problematik des Kindesunterhalts akut. Die Kinder haben gemäß §§ 1601 ff. BGB einen eigenen, seit der **Unterhaltsrechtsreform** sogar im Verhältnis zum bedürftigen, betreuenden Elternteil vorrangigen (vgl. § 1609 BGB) Anspruch auf angemessenen Unterhalt. Dieser Unterhaltsanspruch hat seine Grundlage nicht in der elterlichen Sorge, sondern vielmehr im **Verwandtschaftsverhältnis** zwischen Eltern und Kindern. § 1601 BGB erfasst daher nicht ausschließlich die Fälle des Kinder-Eltern-Unterhalts, sondern den Verwandtenunterhalt insgesamt.

In erster Linie haften für den Kindesunterhalt die Eltern (vor den Großeltern). Hierbei ist es unerheblich, ob es sich um eheliche oder nichteheliche Kinder handelt. Entscheidend ist insoweit nur die Frage, ob es sich bei der in Anspruch genommenen Person (rechtlich) um einen Elternteil handelt. Darüber hinaus hängt auch der Kindesunterhalt wie der Trennungs- und Geschiedenenunterhalt von mehreren Grundfaktoren ab:

- Gesetzliche Anspruchsgrundlage § 1601 BGB
- Bedürftigkeit des Unterhalt Begehrenden § 1602 BGB
- Unterhaltbedarf und Berechnung der Höhe des Unterhalts § 1610 BGB

5. Kindesunterhalt

- Leistungsfähigkeit des Verpflichteten § 1603 BGB
- Besonderheiten im Einzelfall

Im Fall von Trennung und Scheidung der Eltern liegen die praktischen Kernfragen des Kindesunterhaltsrechts im Bereich der minderjährigen, unverheirateten sowie ihnen gleichgestellten volljährigen Kinder. Den Minderjährigen gleichgestellt sind dabei volljährige, unverheiratete Kinder bis zur Vollendung des 21. Lebensjahres, solange sie im Haushalt der Eltern oder eines Elternteils leben **und** sich in der allgemeinen Schulausbildung befinden (§ 1603 Abs. 2 S. 2 BGB). Die nachfolgenden Ausführungen sind im Wesentlichen auf diese Gruppe beschränkt.

Die Eltern haften grundsätzlich anteilig für den Kindesunterhalt. Sie sind als Verwandte in gerader Linie beide unterhaltsverpflichtet. Der Kindesunterhalt erfasst den gesamten Lebensbedarf eines Kindes einschließlich der Kosten einer angemessenen Vorbildung für einen Beruf. Die Eltern sind insoweit also auch verpflichtet, ihren Kindern nach den zur Verfügung stehenden Möglichkeiten eine Schul- oder Berufsausbildung zu finanzieren, die den Neigungen und Begabungen der Kinder entspricht. Während dieser Zeit sind Kinder grundsätzlich nicht verpflichtet, ihren Unterhalt durch eigene Erwerbstätigkeit zu verdienen. Die Kinder sind aber den Eltern gegenüber verpflichtet, jedwede Ausbildung zügig und zielstrebig abzuschließen, um die Unterhaltslast der Eltern in Grenzen zu halten.

Der die Kinder betreuende Elternteil erfüllt dabei regelmäßig seine Unterhaltsverpflichtung durch Gewährung von Naturalunterhalt (Betreuungsunterhalt), d. h. durch kostenfreies zur Verfügung Stellen von Nahrung, Wohnung, Kleidung, Pflege etc. Da die Kinder nach der Trennung bzw. der Scheidung der Eltern zumeist bei einem Elternteil bleiben, geht es in unterhaltsrechtlichen gerichtlichen oder außergerichtlichen Verfahren daher immer nur um den so genannten Barunterhalt, also die Gewährung einer Geldrente durch den nicht betreuenden Elternteil. Ausnahmsweise kann es auch um die Barunterhaltspflicht beider Elternteile gehen, wenn volljährige Kinder nicht mehr bei den Eltern leben.

> **Wichtig**
>
> Ein minderjähriges unverheiratetes Kind ist im Normalfall stets bedürftig.

Es verfügt noch nicht über eine eigene Lebensstellung oder Möglichkeiten, sich selbst zu unterhalten. Selbst wenn es Vermögen hat, braucht es den Vermögensstamm in der Regel nicht zu Unterhaltszwecken verwerten; lediglich Einkünfte aus seinem Vermögen – etwa Zinseinkünfte, Dividenden oder eigene Mieteinkünfte – muss es sich auf seinen Unterhaltsanspruch anrechnen lassen. Soweit eine Ausbildungsvergütung bezogen wird, ist auch diese nach den in Leitlinien der Oberlandesgerichte aufgestellten Grundsätzen anzurechnen. Den Minderjährigen gleichgestellte volljährige Kinder leiten üblicherweise ihre Lebensstellung ebenfalls noch von den Eltern ab.

Die **Höhe des Kindesunterhalts** richtet sich infolgedessen grundsätzlich nach der Lebensstellung der Eltern, also deren Einkommens- und Vermögensverhältnissen. Beim Getrenntleben der Eltern oder sofern diese bereits geschieden sind, wird jedoch in der Regel allein auf die wirtschaftlichen Verhältnisse desjenigen Elternteils abgestellt, der seine Unterhaltsverpflichtung durch Barunterhalt erbringen muss. Dies ist leicht einsichtig, denn dieser kann seinen Kindern nicht mehr bieten, als es sein finanzieller Rahmen unter Berücksichtigung sonstiger Verpflichtungen zulässt. Ist das Einkommen nicht bekannt, besteht gemäß § 1605 BGB eine Auskunftspflicht des pflichtigen Elternteils, soweit dies zur Feststellung der Höhe des Unterhalts erforderlich ist! Wird die Auskunft nicht freiwillig erteilt, kann der Unterhaltspflichtige zur Erteilung der Auskunft und zur Vorlage von Belegen zur Prüfung der Richtigkeit der Angaben verklagt werden. Die Klage ist in nahezu allen Fällen erfolgreich und die Kosten sind vom Unterhaltspflichtigen zu tragen.

Für die Unterhaltsverfahren gilt das FamFG (Gesetz über das Verfahren in Familiensachen und in den Angelegenheiten der freiwilligen Gerichtsbarkeit). § 235 Abs. 2 FamFG regelt eine ganz wichtige

Möglichkeit: Hat nämlich der Auskunftspflichtige trotz vorprozessualer Aufforderung keine Auskunft erteilt, kann der Auskunftsberechtigte zusammen mit seinem eigenen Auskunftsanspruch zugleich beantragen, dass das Familiengericht von Amts wegen die Auskunft einholt. Dies hat den Vorteil, dass hierdurch regelmäßig das Verfahren beschleunigt wird. Verlangt das Gericht nämlich selbst die Auskunft, wird sie in der Regel auch schneller erteilt.

> **Wichtig**
>
> Wird die Auskunft trotz richterlicher Aufforderung nicht oder nicht vollständig erteilt, kann das Gericht die Auskünfte unmittelbar beim Arbeitgeber, Versicherungsträger, Rentenversicherer, Sozialleistungsträger und beim Finanzamt einholen (§ 236 FamFG).

Durch die Unterhaltsreform neu eingefügt wurde die Vorschrift des § 1612a BGB, die einen so genannten **Mindestunterhalt** festschreibt. Neue Berechnungsgrundlage bei den Kindesunterhaltsansprüchen ist danach nicht mehr wie in der Vergangenheit die „Regelbetrag-Verordnung", sondern das **steuerliche Existenzminimum**. Die Berechnung knüpft damit an die Höhe des jeweils gültigen Kinderfreibetrages an. Zu Grunde gelegt wird der jeweils doppelte Kinderfreibetrag, also zurzeit 2184 Euro × 2 = 4368 : 12 = 364 Euro, wobei je nach Alter ein prozentualer Zu- oder Abschlag vorgenommen wird. Damit wurde eine Anpassung des Kindesunterhaltsrechts an das Steuer- und Sozialrecht durchgeführt, was zur Vereinfachung des Unterhaltsrechts führen soll. Aufgehoben wurde damit auch die nach alter Rechtslage noch bestehende Unterscheidung bei den Kindesunterhaltssätzen in den alten und den neuen Bundesländern.

Im Gesetzestext selbst sind damit aber immer noch keine festen Sätze verankert, nach denen sich die Höhe des Unterhaltsanspruchs in Abhängigkeit vom Einkommen des Verpflichteten genau ablesen oder festlegen lässt. Die Rechtsprechung hat deshalb bereits in der Vergangenheit erkannt, dass der angemessene Barunterhaltsanspruch eines Kindes in Anlehnung an den gesetzlich definierten Mindestunterhalt nicht wie nach einer mathematischen Formel be-

5. KAPITEL — Unterhalt bei Trennung und Scheidung

stimmt werden kann. Um zu einer möglichst gleichmäßigen Behandlung des Kindesunterhaltsanspruchs zu gelangen, ist der angemessene, auf Erfahrungswerten beruhende Unterhaltsanspruch daher von den Gerichten in Tabellen festgelegt. Eine Vorreiterrolle kommt hierbei der Düsseldorfer Tabelle (vgl. Anhang) zu, die in sämtlichen Gerichtsbezirken grundsätzlich zur Unterhaltsbemessung herangezogen und durch Leitlinien der Oberlandesgerichte ergänzt wird.

Die neue, ab 1. 1. 2013 geltende Düsseldorfer Tabelle ist in zehn Einkommensgruppen sowie vier Altersstufen unterteilt, nämlich 0–5 Jahre, 6–11 Jahre, 12–17 Jahre sowie ab 18 Jahre. Sie weist damit je nach Einkommensverhältnissen und Alter des Kindes einen Unterhaltsbedarf aus. Bei den in den verschiedenen Einkommensgruppen angegebenen Ausgangsbeträgen sind jeweils die **bereinigten Nettoeinkünfte** des Pflichtigen gemeint (vgl. hierzu die Ausführungen oben S. 117 ff.). In aller Regel gehen die Gerichte bei der Unterhaltsberechnung vom jeweiligen Tabellensatz aus. Dies bedeutet aber nicht, dass nicht aus besonderen Gründen auch Abweichungen nach oben oder unten je nach Anzahl der Unterhaltsberechtigten und unter Berücksichtigung des Selbstbehalts des Unterhaltsverpflichteten erfolgen könnten. Die Tabellensätze der Düsseldorfer Tabelle sind in Anlehnung an den Mindestbedarf – nämlich auf den Fall zugeschnitten, dass der Pflichtige zwei Unterhaltsberechtigten Unterhalt schuldet.

> **BEISPIEL:** Herr Liebscher verfügt über ein bereinigtes Nettoeinkommen von 2350 Euro. Er ist lediglich einem Kind im Alter von 2 Jahren gegenüber unterhaltsverpflichtet. Nach seinen Einkommensverhältnissen wäre er grundsätzlich in Einkommensgruppe 4 der Düsseldorfer Tabelle und Altersstufe 1 einzuordnen. Bei ihm wird jedoch – in aller Regel – eine Höherstufung um eine Einkommensgruppe vorgenommen, weil er nur einem Kind unterhaltsverpflichtet ist. Nach Einkommensgruppe 5 schuldet er daher einen Kindesunterhalt von 381 Euro. Hiervon ist der hälftige Kindergeldanteil in Höhe von 92 Euro abzuziehen. Dies ergibt sich aus § 1612b Nr. 1 BGB. Herr Liebscher muss daher 289 Euro zahlen.

5. Kindesunterhalt

Die Düsseldorfer Tabelle enthält auch einen sog. **Bedarfskontrollbetrag**. Dieser soll eine ausgewogene Verteilung des Einkommens zwischen dem Unterhaltspflichtigen und den Kindern gewährleisten. Ist der Pflichtige nach seinem Nettoeinkommen zum Beispiel in Gruppe 7 der Düsseldorfer Tabelle einzuordnen, führt die Anwendung der sich nach dieser Gruppe ergebenden Tabellensätze jedoch dazu, dass der Bedarfskontrollbetrag unterschritten wird, so ist der Tabellenbetrag einer niedrigeren Einkommensgruppe anzusetzen, bei der der Bedarfskontrollbetrag gewahrt bleibt.

Es kommt in der Praxis insbesondere recht häufig vor, dass selbst die untersten in der Düsseldorfer Tabelle ausgewiesenen Bedarfsbeträge bei mehreren Unterhaltsberechtigten nicht voll geleistet werden können.

In einem derartigen **Mangelfall** wird das nach Abzug des Selbstbehalts zur Verfügung stehende Einkommen des Pflichtigen nach Rangverhältnissen prozentual gleichmäßig verteilt. Nach der Gesetzesänderung stehen im ersten Rang nur noch die minderjährigen unverheirateten und ihnen gleichgestellte Kinder. Reicht das Einkommen des Pflichtigen nicht aus, geht daher der Ehegatte zumeist leer aus und das vorhandene Geld muss anteilig unter den Minderjährigen verteilt werden. Im Mangelfall liegt der tatsächlich zu zahlende Kindesunterhalt deshalb regelmäßig unter dem Mindestbedarf!

> **BEISPIEL:** Herr Meier verfügt über ein bereinigtes Nettoeinkommen von 1600 Euro. Er hat drei unterhaltsberechtigte Kinder im Alter von 5, 8 und 12 Jahren. Nach der Düsseldorfer Tabelle beliefe sich der nach der Einkommensgruppe 1 zu zahlende Unterhalt – also mit Kindergeldanrechnung – auf jeweils 225, 272 und 334 Euro, mithin auf eine Gesamtsumme von 831 Euro. Herrn Meier bleiben also nur 769 Euro für sich selbst übrig. Der Selbstbehalt des erwerbstätigen Pflichtigen beträgt jedoch 1000. Tatsächlich verteilbar sind im Beispielsfall nur 1600 – 1000 Euro, d. h. 600 Euro insgesamt. Die Mangelfallquote beträgt 600 : 831 × 100 = 72,20 % des Mindestunterhalts der jeweiligen Altersstufe. Zu leisten sind daher (gerundet) 163, 196 und 241 Euro, also insgesamt 600 Euro Kindesunterhalt.

> **BEISPIEL:** Herr Fischer ist getrennt lebend und hat einen zweijährigen Sohn. Dieser wird von der Mutter betreut, die über kein Einkommen verfügt. Herr Fischer verdient bereinigt 1500 Euro netto. Unterhaltsberechnung nach Süddt. Leitlinien: 1500 Euro – 225 Euro Kindesunterhalt = 1275 Euro. 1275 Euro – 10 % Erwerbsanreiz = 1148 Euro. Der volle Bedarf der Ehefrau beträgt danach 1148 Euro : 2 = 574 Euro. Müsste Herr Fischer den vollen Unterhalt an seine Frau und sein Kind zahlen, würde jedoch sein Selbstbehalt von 1000 Euro gegenüber dem Kind und 1100 Euro gegenüber dem Ehegatten unterschritten (1500 – 225 – 574 = 701). Die Kindesunterhaltsansprüche sind daher in voller Höhe vorrangig zu befriedigen; Frau Meier erhält nur 175 Euro (1500 – 225 Kindesunterhalt – 1100 Selbstbehalt gegenüber Ehegatten = 175).

Seltener kommt es vor, dass der Verpflichtete ein Einkommen über Einkommensgruppe 10 der Düsseldorfer Tabelle erzielt. Für diesen Fall werden die Tabellensätze nicht pauschal angehoben; vielmehr muss der Berechtigte hier jeweils konkret nachweisen, dass er tatsächlich einen höheren Unterhaltsbedarf als nach seiner Altersstufe ausgewiesen hat.

Wichtig zu wissen ist schließlich auch, dass in den Tabellenbeträgen keine **Krankenversicherungsbeiträge für die Kinder** enthalten sind. Sofern eine Familienmitversicherung bei den Eltern besteht, erlangt dieser Umstand keine Bedeutung. Sind die Kinder jedoch privat selbst versichert, muss der Krankenversicherungsbeitrag vom Pflichtigen zusätzlich geleistet werden. Allerdings ist der Beitrag dann bei der Bildung des bereinigten Nettoeinkommens als Abzugsposten zu berücksichtigen.

Selbst wenn das zur Verfügung stehende Einkommen zur Bedarfsdeckung aller Unterhaltsberechtigten reicht, handelt es sich bei den in den Tabellen genannten Beträgen nicht um die Beträge, die der Verpflichtete tatsächlich leisten muss, den sog. **Zahlbetrag**. Stets ist nämlich auch noch zu beachten, dass das den Eltern gewährte Kindergeld verrechnet wird (§ 1612b Abs. 1 BGB). Wird das Kind von einem Elternteil betreut, dann ist das Kindergeld zur Hälfte anzurechnen, andernfalls in voller Höhe. Bezieht der Unterhaltspflichtige das Kindergeld, so muss der in der nach der Düsseldorfer Tabelle ausgewiesene Unterhaltsbetrag (vor Kindergeldverrechnung) plus hälftiges Kindergeld gezahlt werden.

> **BEISPIEL:** Herr Müller ist unterhaltspflichtig für sein Kind nach Einkommensgruppe 3 und Altersstufe 1 der Düsseldorfer Tabelle. Das Kindergeld beträgt derzeit 184 Euro für das 1. bis 3. Kind. Bezieht er (noch) das Kindergeld so muss er 349 Euro + 92 Euro = 441 zahlen. Bezieht die betreuende Mutter das Kindergeld so muss er zahlen: 349 Euro − 92 Euro Kindergeldanteil, also 257 Euro. Mit dem Kindergeld das die Mutter erhält stehen für das Kind dann ebenfalls wieder 257 + 184 = 441 Euro zur Verfügung.

Man sieht auf diese Weise zugleich, dass es für die Höhe des Kindesunterhalts letztlich auch darauf ankommt, wer das Kindergeld tatsächlich bezieht.

Kindergeld

Es ist wichtig, darauf zu achten, dass derjenige, der die Kinder betreut, auch tatsächlich das Kindergeld erhält, wie es gesetzlich vorgeschrieben ist (§ 64 Abs. 2 S. 1 EStG)! Gegebenenfalls sollte man sich sofort nach der Trennung mit der Kindergeldkasse in Verbindung setzen.

b) Mehrbedarf und Sonderbedarf

In den Sätzen der Düsseldorfer Tabelle sind über den Regelbedarf des Kindes hinausgehende laufende finanzielle Bedürfnisse, wie z. B. Kosten für Kindergarten, Nachhilfeunterricht etc. nicht enthalten. Die hierfür anfallenden Beträge können bei der Unterhaltsberechnung als so genannter **Mehrbedarf** bedarfserhöhend angesetzt werden, wenn sie regelmäßig anfallen und die Kosten auslösende Maßnahme sachlich begründet ist. Sofern beide Elternteile leistungsfähig sind, haben sie Kosten hierfür grundsätzlich auch anteilig aufzubringen.

Ebenfalls nicht in den Sätzen der Düsseldorfer Tabelle berücksichtigt sind unregelmäßig auftretende, außergewöhnlich hohe Ausgaben, vor allem einmalig auftretende Bedarfsposten des Kindes. Hierunter fallen vor allem Kosten für mehrtägige Klassenfahrten, kieferorthopädische Behandlung, unvorhergesehene Krankheitskosten etc. Bei diesen notwendigen Ausgaben handelt es sich um **Sonderbedarf**. Bereits die Wortwahl macht deutlich, dass es sich hierbei um Ausnahmekosten handeln muss. Grundsätzlich haften auch für diese Kosten die Eltern anteilig im Rahmen ihrer jeweiligen Leistungsfähigkeit.

c) Leistungsfähigkeit des Unterhaltsverpflichteten

Für die Geltendmachung von Kindesunterhalt sieht das Recht eine Beweiserleichterung für den Unterhaltsberechtigten vor. Wird (nur) der Mindestunterhalt verlangt, muss der Berechtigte nichts zum Einkommen des Schuldners vortragen, sondern nur zu seiner eigenen Bedürftigkeit, die aber bei minderjährigen Kindern im Regelfall vorliegt. Mindestunterhalt bedeutet aber nicht, dass immer jedenfalls dieser Betrag tatsächlich gezahlt werden muss, denn: Unterhalt kann vom Verpflichteten nur so weit gefordert werden, als dessen Leistungsfähigkeit dies zulässt. § 1603 BGB regelt dementsprechend: „Unterhaltspflichtig ist nicht, wer bei Berücksichtigung seiner sonstigen Verpflichtungen außerstande ist, ohne Gefährdung seines angemessenen Unterhalts den Unterhalt zu gewähren.". Die Leistungsverpflichtung und -fähigkeit des Verpflichteten endet daher regelmäßig spätestens beim Existenzminimum bzw. **Selbstbehalt** von 1000 Euro für erwerbstätige und bzw. 800 Euro für nicht erwerbstätige Unterhaltspflichtige!

Allerdings stehen die minderjährigen und ihnen gleichgestellte volljährige, unverheiratete Kinder insoweit noch unter einem besonderen gesetzlichen Schutz: Den Eltern obliegt nämlich gegenüber diesen Kindern eine gesteigerte Unterhaltsverpflichtung. Sie müssen quasi „das letzte Hemd" und „die letzte Scheibe Brot" mit ihnen teilen. § 1603 Abs. 2 BGB legt den Eltern – gerade auch dem barunterhaltspflichtigen Elternteil – auf, alle verfügbaren Mittel zu ihrem und dem Kindesunterhalt gleichmäßig zu verwenden. Dem entspricht es auch, dass der Unterhaltspflichtige darlegen und beweisen muss, dass er nicht einmal den Mindestunterhalt zahlen kann.

5. Kindesunterhalt

Es ist leider ein bekanntes Übel, dass gerade in der Trennungs- und Scheidungssituation um jeden Cent gefeilscht wird. Aus diesem Grund lässt es mancher Elternteil auch an der nötigen Anstrengung missen, zumutbare Einkunftsquellen auszunutzen oder zu erschließen, um den Kindern den angemessenen Unterhalt zukommen lassen zu können. Es gilt das Motto: „Warum buckeln, wenn ich selbst nichts von dem Geld habe?" Oftmals liegt diesem Gedankengang auch die Vorstellung zu Grunde, dass der betreuende Elternteil sich mittels des Kindesunterhalts ein angenehmes Leben verschafft. Abgesehen davon, dass es sich bei Letzterem um ein leider weit verbreitetes Vorurteil handelt, da Kinder tatsächlich eine Menge Geld kosten, sollte nie vergessen werden, dass auf dieser Basis geführte Unterhaltsstreitereien für die Kinder vielfach schwerwiegende seelische Folgen haben.

Um Derartiges zu verhindern, trifft den Unterhaltsschuldner die **Verpflichtung**, seine **Arbeitskraft** im Interesse der Unterhaltsberechtigten so gut wie möglich **einzusetzen**. Unterlässt er einen solchen Einsatz und ist ihm hierbei ein verantwortungsloses bzw. zumindest leichtfertiges erwerbsplanerisches Fehlverhalten vorwerfbar, so muss sich der Verpflichtete fiktiv solche Einkünfte zurechnen lassen, die er durch eine zumutbare Tätigkeit erzielen könnte. Hierbei sind freilich realitätsnahe Maßstäbe anzusetzen, die vom jeweiligen Arbeitsmarkt und den individuellen Fähigkeiten des Pflichtigen abhängen und deshalb nicht pauschal beurteilt werden dürfen. Kündigt der Unterhaltsverpflichtete beispielsweise seinen sicheren Arbeitsplatz, um sich ohne besonderen Grund einer geringer entlohnten Stelle zuzuwenden, so wird er unterhaltsrechtlich gleichwohl noch nach seinen alten Einkommensverhältnissen behandelt. Verliert der Verpflichtete unverschuldet seinen Arbeitsplatz, so muss er alles Zumutbare für die Erlangung einer neuen Arbeit unternehmen, evtl. Kündigungsschutzklage erheben oder sogar den Wohnort wechseln. Auch ein Wechsel in die „Hausmannrolle" bei einer neuen Partnerschaft, aus der ein Kind hervorgegangen ist, entlastet regelmäßig keineswegs von den Unterhaltspflichten gegenüber der „alten" Familie. Betreibt ein Selbstständiger ein völlig unrentables Geschäft, so kann er im Einzelfall sogar verpflichtet sein, eine abhängige Beschäftigung anzunehmen bzw. sich einkommensmäßig so stellen zu lassen, wie bei einer entsprechenden abhängigen Beschäftigung. Der Bundesgerichtshof hat auch entschieden, dass z. B. Zahlungen des Unterhaltsverpflichteten auf zusätzliche Altersversorge neben der gesetzlichen oder die Kosten für Zusatzkrankenversicherungen nicht zu berücksichtigen sind, wenn andernfalls der Mindestunterhalt nicht aufgebracht werden kann. Schließlich kann ein Unterhaltsverpflichteter, der erhebliche Schuldlasten zu tragen hat, die dazu führen, dass der Mindestunterhalt nicht geleistet werden kann, sogar verpflichtet sein, ein Privatinsolvenzverfahren einzuleiten.

Wird mehr Unterhalt als der Mindestunterhalt verlangt, muss der Berechtigte darlegen und beweisen, dass der Verpflichtete in der Lage ist, den beantragten Unterhalt zu zahlen.

d) Rückständiger Unterhalt, Verzug

Die Zahlung rückständigen Kindesunterhalts kann nach § 1613 BGB grundsätzlich nur dann vom Pflichtigen verlangt werden, wenn

- der Pflichtige zur Zahlung eines konkret bezifferten Unterhaltsbetrages angemahnt worden ist oder
- der Pflichtige auf Unterhalt verklagt wird ab dem Zeitpunkt der Rechtshängigkeit einer Unterhaltsklage/Stufenklage oder
- der Pflichtige zum Zwecke der Geltendmachung des Unterhalts aufgefordert worden ist, Auskunft über seine Einkünfte und gegebenenfalls sein Vermögen zu erteilen.

In allen Fällen wird dabei der rückständige Unterhalt ab dem Ersten des Monats geschuldet, in den die Mahnung, Rechtshängigkeit oder Aufforderung zur Auskunftserteilung fällt.

BEISPIEL: Herr Schlüchter erhält am 30.5. ein Aufforderungsschreiben zur Auskunftserteilung zum Zwecke der Geltendmachung des Kindesunterhaltsanspruchs. Nach Auskunftserteilung wird ihm 3 Monate später der zu zahlende Unterhaltsbetrag mit Zahlungsaufforderung mitgeteilt. Rückständiger Unterhalt ist hier bereits ab dem 1.5. geschuldet.

In den festgelegten Ausnahmefällen des § 1613 Abs. 2 BGB kann im Einzelfall auch dann rückständiger Unterhalt verlangt werden, wenn der Berechtigte an der rechtzeitigen Geltendmachung aus Gründen, die in den Verantwortungsbereich des Verpflichteten fallen, gehindert war. Häufigste Fälle sind hierbei die gerichtliche Vaterschaftsfeststellung und ein unbekannter Aufenthaltsort des Pflichtigen.

> **Kindesunterhaltsansprüche**
>
> Sollen Kindesunterhaltsansprüche geltend gemacht werden, so ist darauf zu achten, dass dies so schnell wie möglich geschieht, u. U. noch am Letzten des Monats, damit die Unterhaltsansprüche insoweit für diesen Monat nicht verloren gehen. Dabei sollte zu Beweiszwecken die Schriftform gewählt werden. Am sichersten ist ein Einschreiben mit Rückschein.

e) Verwirkung des Kindesunterhaltsanspruchs

Eine Verwirkung des Kindesunterhalts kommt nur in den – praktisch äußerst seltenen – Fällen des § 1611 BGB in Betracht. Diese Vorschrift gilt allerdings **nicht für minderjährige Kinder**, sondern nur für Volljährige, auch wenn diese sich noch in der allgemeinen Schulausbildung befinden. Voraussetzung einer derartigen Unterhaltsverwirkung ist ein schweres sittliches Verschulden bzw. eine schwere Verfehlung gegen den Unterhaltsverpflichteten oder dessen nahe Angehörige. Eine den persönlichen Kontakt zum Unterhaltspflichtigen ablehnende Haltung reicht in keinem Fall allein aus, eine Verwirkung des Unterhaltsanspruchs anzunehmen.

f) Rangfolge zwischen mehreren Kindern und unterhaltsberechtigtem Ehegatten

Für den Fall, dass der Unterhaltspflichtige nicht alle Unterhaltsansprüche vollständig befriedigen kann (Mangelfall) spielt die gesetzlich festgelegte Rangfolge der Berechtigten eine bedeutsame Rolle. Hier gilt seit der Unterhaltsreform die Rangfolge des § 1609 BGB.

...inderjährigen und ihnen gleichgestellten Kinder stehen im ersten Rang, also auch vor dem betreuenden Elternteil (vgl. hierzu auch oben S. 175 ff.

g) Unterhaltsverzicht und Freistellungsvereinbarung zwischen den Eltern

§ 1614 BGB klärt eindeutig, dass ein Verzicht auf laufenden bzw. künftigen Kindesunterhalt unzulässig und damit rechtlich gesehen nichtig ist. Dies gilt auch für einen Teilverzicht, zumindest dann, wenn die Tabellensätze der Düsseldorfer Tabelle um mehr als ein Drittel unterschritten werden. Ein Unterhaltsverpflichteter kann sich beim Kindesunterhalt – ebenso wie bei Trennungsunterhalt – nicht wirksam darauf berufen, es sei auf ihn verzichtet worden!

Rechtlich bislang zulässig – und vom Verzicht zu unterscheiden – sind jedoch so genannte vertragliche Freistellungsvereinbarungen zwischen den Eltern. Hierbei stellt ein Elternteil den anderen quasi intern von Unterhaltsansprüchen der Kinder frei. Sie beinhalten lediglich, dass sich ein Elternteil verpflichtet, den gesamten Kindesunterhalt allein zu bestreiten und keine familienrechtlichen Ausgleichsansprüche gegen den anderen Elternteil geltend zu machen. Eine derartige Freistellungsvereinbarung hat nur im Innenverhältnis zwischen den Eltern Bedeutung. Die Kinder können nach wie vor ihre Unterhaltsansprüche auch gegenüber dem „freigestellten" Elternteil geltend machen. Ob im konkreten Einzelfall tatsächlich eine wirksame Freistellungsvereinbarung vorliegt, ist anhand allgemeiner Vertragsauslegungsregeln zu prüfen. In jedem Fall sollten vor Vertragsschluss die rechtlichen Folgen sorgfältig überdacht und berücksichtigt werden, dass als Alternative der Kindesunterhalt – ohne Not – nicht geltend gemacht werden braucht. Dies setzt freilich die tatsächliche Leistungsfähigkeit des freistellenden Elternteils voraus!

BEISPIEL: Herr und Frau Rot sind geschieden. Beide sind berufstätig und verdienen gut. Sie haben zwei Kinder im Alter von 10 und 14 Jahren. Im Zuge der Scheidung haben sie vereinbart, dass Frau Rot Herrn Rot von den Kindesunterhaltsansprüchen freistellt. Die Kinder können Herrn Rot gleichwohl zu Unterhaltszahlungen auffordern und mit Erfolg verklagen. Herr Rot hat dann jedoch einen – einklagbaren – Anspruch auf Frau Rot, ihm die Unterhaltszahlungen zurückzuzahlen, ihn also „freizustellen".

Achtung

Höchste Vorsicht bei derartigen Abreden! Immer erst anwaltlichen Rat einholen.

h) Vertretung minderjähriger Kinder nach Trennung der Eltern

Ein **minderjähriges Kind** kann seine Unterhaltsansprüche ohne gesetzlichen Vertreter nicht wirksam geltend machen. Es wird durch den jeweils Sorgeberechtigten vertreten (§ 1629 Abs. 1 S. 2 BGB). Soweit – wie dies regelmäßig der Fall ist – nach Trennung der Eltern noch beide sorgeberechtigt sind, wird das Kind durch den Elternteil vertreten, bei dem es lebt. Kommt es zu einem gerichtlichen Unterhaltsverfahren, muss dieser Elternteil den Unterhaltsanspruch des Kindes in seinem eigenen Namen einklagen. Eine hierbei ergehende Entscheidung wirkt dabei für oder auch gegen das Kind. Nach der rechtskräftigen Scheidung muss das Kind den Unterhalt in seinem eigenen Namen einklagen. Der Elternteil, bei dem das Kind lebt, ist hierbei sein gesetzlicher Vertreter und als solcher zu benennen.

Volljährige Kinder müssen ihre Unterhaltsansprüche gegen die Eltern oder einen Elternteil stets im eigenen Namen einklagen, auch wenn sie noch privilegiert sind und im Haushalt eines Elternteils leben. Wird ein Kind während eines laufenden Unterhaltsverfahrens volljährig, so muss das Kind den Rechtsstreit in eigenem Namen fortführen. Es tritt ein so genannter gesetzlicher Parteiwechsel im Unterhaltsverfahren ein, dem der Gegner nicht zustimmen muss.

Kommt es während eines laufenden Verfahrens zu einem **Wechsel des Aufenthalts** des Kindes – sei es einvernehmlich, sei es durch

Sorgerechtsentscheidung des Gerichts – wird die Unterhaltsklage unzulässig. Sie muss dann entweder zurückgenommen werden oder wird vom Gericht als unzulässig abgewiesen. Ging es beim Unterhaltsverfahren auch um von einem Elternteil bereits „verauslagte" Unterhaltsrückstände, so müssen diese nun im Wege eines Ausgleichsanspruchs zwischen den Eltern zurückverlangt werden.

i) Vereinfachte Titulierung eines Kindesunterhaltsanspruchs

Das Bestehen eines bezifferten Unterhaltsanspruchs allein bedeutet noch nicht, dass in allen Fällen der Pflichtige tatsächlich freiwillig seinen Unterhalt leistet. Vielmehr benötigt man einen so genannten **Titel**, um einen bestehenden Unterhaltsanspruch auch notfalls beim Pflichtigen vollstrecken zu können. Die Jugendämter bieten hierfür die Möglichkeit der Erstellung einer **Jugendamtsurkunde** an, in welcher sich der Pflichtige zur Leistung des berechneten – und vom ihm anerkannten – Unterhalts verpflichtet. Die Erstellung der Jugendamtsurkunden ist kostenfrei und bietet damit allen Beteiligten die günstigste und schnellste Möglichkeit, einen Titel zu schaffen. Es empfiehlt sich daher stets, vom Verpflichteten auch im Falle der Einigkeit über den Kindesunterhaltsanspruch die Vorlage einer solchen Jugendamtsurkunde zu verlangen.

> **Wichtig**
>
> Der Berechtigte hat auch dann, wenn freiwillig gezahlt wird, einen Anspruch auf Titulierung des Kindesunterhalts!

In einer Jugendamtsurkunde sollte ein dynamischer Unterhalt festgeschrieben werden. Dies hat den Vorteil, dass nicht bei jedem Wechsel der Altersstufe des Kindes eine neue Jugendamtsurkunde errichtet werden muss, um den aktuellen erhöhten Unterhaltsbetrag vollstrecken zu können. Es besteht gegenüber dem Unterhaltsschuldner sogar ein Anspruch auf Errichtung eines dynamischen Titels. Man muss sich also nicht mit einem statischen Titel zufrieden geben! **Alte Jugendamtsurkunden (und auch sonstige Unterhalts-**

titel) haben auch nach der Unterhaltsrechtsreform über 2008 hinaus ihre Gültigkeit behalten! Je nachdem, ob sich hierdurch Änderungen in der Unterhaltshöhe ergeben haben (z. B. durch den Vorrang des Kindesunterhalts!), kommt eine **Anpassung an die nunmehr vorliegenden Verhältnisse** in Betracht. Dies geschieht nicht automatisch, sondern der derjenige, der abändern lassen will, muss aktiv werden!

Wurde der Unterhalt in einer Jugendamtsurkunde nicht als feststehender Betrag, sondern als Prozentsatz des jeweils aktuellen Regelbetrags der Regelbetragsverordnung ausgewiesen, ist der nunmehr nach der Gesetzesänderung zu leistende Betrag mittels der gesetzlichen Übergangsregelungen des § 36 Nr. 3 EGZPO in einen Prozentsatz vom Mindestunterhalt umzurechnen. Der alte Titel behält dabei aber seine Gültigkeit, d. h. zu zahlen ist hieraus der Betrag der sich nach dem jeweiligen umgerechneten neuen Prozentsatz des Mindestunterhalts ergibt.

> **BEISPIEL:** Ist in Altersstufe 1 ein Unterhalt in Höhe von 100 % des Regelbetrags nach der Regelbetragsverordnung tituliert, so war unter Anrechnung des Kindergeldes ein Betrag von 196 Euro zu zahlen. Jetzt werden dieser bisher geleistete Zahlbetrag und das hälftige Kindergeld addiert, die Summe mit 100 multipliziert und das ganze durch den gesetzlichen Mindestunterhalt der jeweiligen Altersstufe geteilt: heraus kommt der neue gültige Prozentsatz. Im Beispielsfall sind nun zu zahlen: 196 + 92 · 100 : 317 = 90,85 % des Mindestunterhalts der Altersstufe 1. Also ist weiter zu rechnen 317 (Mindestunterhalt nach Altersstufe 1) · 90,85 % = 287,99 Euro, aufgerundet 288 Euro. Hiervon ist wiederum das hälftige Kindergeld in Höhe von 92 Euro abzuziehen. Zu zahlen sind also demnach nach wie vor 196 Euro. **Achtung:** Nicht bei jeder Umrechnung kommt derselbe Betrag heraus!

Weigert sich der Pflichtige, eine Jugendamtsurkunde errichten zu lassen, so bleibt nur das gerichtliche Verfahren. Auch hierbei gibt es gegenüber der normalen Unterhaltsklage noch eine weitere Möglichkeit, rasch zu einem Unterhaltstitel zu gelangen. Es handelt sich hierbei um das so genannte **vereinfachte Verfahren zur Festsetzung von Kindesunterhalt**, §§ 645 ff. ZPO. Das vereinfachte Verfahren wird vom Rechtspfleger bei den Amtsgerichten (Familiengerichten) durchgeführt und ist sehr formell. Es ähnelt dem Mahnverfahren. Der Einschaltung eines Rechtsanwalts bedarf es hierfür nicht. Erhebt der Pflichtige binnen bestimmter Frist keine Einwände hinsichtlich seiner Leistungsfähigkeit und legt nicht die zum Nachweis erforderlichen Belege vor, so wird der Unterhalt festgesetzt. Hiergegen kann der Pflichtige wiederum nur durch rechtzeitige Erhebung einer speziellen Abänderungsklage (§ 654 ZPO) vorgehen.

Anstelle des vereinfachten Verfahrens kann selbstverständlich auch eine normale Unterhaltsklage erhoben werden. Dies empfiehlt sich vor allen Dingen, wenn bereits im Vorfeld abzusehen ist, dass der Pflichtige zahlreiche Einwendungen gegen den Unterhaltsanspruch vorbringen wird. Bei der Erhebung einer normalen Unterhaltsklage gilt der Anwaltszwang, d. h. die Klage kann nur durch einen zugelassenen Rechtsanwalt erhoben werden.

j) Unterhaltsvorschussleistungen

Nach dem Unterhaltsvorschussgesetz (UVG) besteht schließlich für Kinder bis zum 12. Lebensjahr für die Dauer von längstens sechs Jahren ein Anspruch auf Unterhaltsvorschuss, wenn der Pflichtige den Unterhalt nicht regelmäßig zahlt, das Geld jedoch dringend benötigt wird. Über die Voraussetzungen und die Antragstellung geben die Jugendämter Auskunft. Soweit Unterhaltsvorschussleistungen erbracht werden, gehen die Unterhaltsansprüche in der gewährten Höhe auf das Land über, welches dann in der Regel Regress beim Unterhaltspflichtigen nimmt. Während die Unterhaltsvorschussleistungen gezahlt werden, wird häufig parallel ein Unterhaltsklageverfahren durchgeführt, um die Leistungsfähigkeit des Pflichtigen zu überprüfen und den entsprechenden Unterhalt zu titulieren.

Wichtig

Bei besonders engen wirtschaftlichen Verhältnissen – wenn praktisch kein oder nur ein ganz geringer Unterhalt gezahlt wird, sollte stets das Jugendamt aufgesucht werden, um Unterhaltsvorschussleistungen zu beantragen!

6. Zusatzinformationen

a) Darlegungs- und Beweislast

Wie bereits eingangs der Darstellung des Unterhalts bei Trennung und Scheidung ausgeführt, sind Unterhaltsfragen fast stets kompliziert. Es ist daher ratsam, unterhaltsrechtliche Entscheidungen nicht ohne vorherige fachkundige Beratung durch das Jugendamt oder einen Rechtsanwalt zu regeln. Unterhaltsrechtliche Sachverhalte können weit reichende Folgen haben! So ist beispielsweise auch zu beachten, dass jede Partei in einem Unterhaltsverfahren die für sie **günstigen Voraussetzungen** einer Rechtsnorm **darlegen** und **beweisen** muss. So muss derjenige, der Unterhalt einfordern will (Antragsteller), nachweisen, dass er einen Unterhaltsanspruch hat, bedürftig ist und ihm Unterhalt in der verlangten Höhe zusteht. Eine Ausnahme besteht insoweit nur hinsichtlich der Geltendmachung des Mindestunterhalts. Hier muss der Berechtigte nur seine Bedürftigkeit darlegen und gegebenenfalls beweisen. Der Pflichtige (Antragsgegner) hingegen ist beweispflichtig hinsichtlich seiner mangelnden Leistungsfähigkeit, d. h. insbesondere in Bezug auf die Höhe seines niedrigeren Einkommens sowie sonstiger Einwendungen wie z. B. Verwirkung, kein Verzug etc.

b) Verletzung von Unterhaltspflichten

Grundsätzlich ist es Sache des Einzelnen, seine Ansprüche selbst zu verfolgen. Um den Unterhaltspflichtigen auf Unterhalt verklagen zu können, muss der Berechtigte allerdings „seiner habhaft" sein, d. h. seinen Wohn- und Aufenthaltsort kennen. Es kommt aber immer wieder vor, dass Unterhaltspflichtige jeglichen Kontakt zur Familie abbrechen und auch trotz größter Anstrengungen für den Betroffenen nicht auffindbar sind. Soweit in derartigen Fällen Unterhaltsvorschüsse oder Sozialhilfe geleistet werden, schalten die Sozialbehörden sich üblicherweise mit in die Suche ein. Es können auch öffentliche Zustellungen erfolgen, die aber im Rahmen von Unterhaltsverfahren meist wenig bringen. Wichtig ist daher zu wissen, dass Unterhaltspflichtige, die sich ihrer gesetzlichen Unterhaltspflicht entziehen und damit den Lebensbedarf der Berechtigten gefährden, sich nach § 170 StGB wegen Verletzung der Unterhaltspflicht strafbar machen können. Ein solcher Fall kann auch dann vorliegen, wenn der akute Unterhaltsbedarf durch die Hilfe z. B. des Sozialamts gedeckt wird. Soweit konkrete Anhaltspunkte für das Begehen einer solchen Straftat vorliegen, sind die Strafverfolgungsbehörden zum Einschreiten und zur Aufnahme von Ermittlungen verpflichtet. Diese Ermittlungen beinhalten auch das Aufspüren des Aufenthaltsorts des Pflichtigen. Konnte zwar noch ein Unterhaltstitel (z. B. Urteil, Jugendamtsurkunde) gegen den Verpflichteten erwirkt werden, ist jedoch eine Vollstreckung nicht mehr möglich, weil sich der Verpflichtete abgesetzt hat oder sonst wie die Vollstreckung vereitelt, kommt ebenfalls eine Straftat – nämlich Vollstreckungsvereitelung – in Betracht. Auch hier gilt bei entsprechenden Anhaltspunkten eine Verpflichtung der Strafbehörden zum Einschreiten.

c) Finanzielle Hilfen bei der Rechtsverfolgung

Alleinerziehende haben einen Anspruch, vom Jugendamt – kostenfrei – bei der Geltendmachung von Kindesunterhaltsansprüchen unterstützt zu werden. Im Übrigen sollte man auf die Einholung anwaltlichen Rats nicht wegen vermeintlich hoher Kosten verzichten.

Eine Partei, die nach ihren persönlichen und wirtschaftlichen Verhältnissen die Kosten einer Prozessführung nicht, nur zum Teil oder nur in Raten aufbringen kann, erhält auf Antrag durch das Familiengericht **Verfahrenskostenhilfe**. Für das außergerichtliche Verfahren (anwaltliche Beratung im Vorfeld einer Klageerhebung) kann **Beratungshilfe** bei der Rechtsantragsstelle der Amtsgerichte beantragt werden. Schließlich gibt es in familienrechtlichen Verfahren über Familien- und Trennungsunterhalt (nicht nachehelicher Unterhalt!) sowie beim Kindesunterhalt auch noch die Möglichkeit der Geltendmachung eines **Prozesskostenvorschusses** gegen den pflichtigen Gegner bzw. bei Kindesunterhaltsansprüchen gegen beide Elternteile. Ein solcher Anspruch geht dem Anspruch auf Verfahrenskostenhilfe vor. Er setzt voraus, dass die beabsichtigte Rechtsverfolgung nicht mutwillig ist und hinreichende Aussicht auf Erfolg besteht. Darüber hinaus muss der Pflichtige nach seinen finanziellen Verhältnissen entsprechend leistungsfähig sein. Dies ist spätestens dann nicht mehr der Fall, wenn er selbst Verfahrenskostenhilfe beantragen könnte.

d) Familiengerichtliches Verfahren

Bei unterhaltsrechtlichen Streitigkeiten – Ehegattenunterhalt und Kindesunterhalt – handelt es sich um Familiensachen, die vor den Amtsgerichten in einer Spezialabteilung für Familiensachen, dem Familiengericht, behandelt werden. In Familiensachen entscheidet grundsätzlich der Richter, und zwar in der ersten Instanz als Einzelrichter. Welches Familiengericht örtlich zuständig ist, hängt davon ab, ob bereits ein Scheidungsverfahren vor Gericht anhängig ist. Ist ein Scheidungsverfahren anhängig, d. h. der Scheidungsantrag bereits eingereicht, so ist das für das Scheidungsverfahren örtlich zuständige Gericht auch für die Unterhaltssachen zuständig.

Ist noch kein Scheidungsverfahren von einer Partei eingeleitet oder ist das Scheidungsverfahren bereits rechtskräftig abgeschlossen, so gilt Folgendes: Für Unterhaltsverfahren über den Kindesunterhalt minderjähriger Kinder ist das Familiengericht ausschließlich örtlich zuständig, bei dem das Kind oder sein gesetzlicher Vertreter seinen allgemeinen Gerichtsstand hat. Gemeint ist damit das Gericht, in dessen Gerichtsbezirk das Kind mit dem betreuenden Elternteil lebt. Für den Ehegattenunterhalt ist das Gericht örtlich zuständig, in dessen Gerichtsbezirk der Pflichtige (Antragsgegner) lebt. Ist in diesem Fall bereits ein Verfahren wegen Unterhalts für ein minderjähriges Kind an dessen Wohnort anhängig, so kann auch der Ehegattenunterhaltsspruch dort geltend gemacht werden. Durch diese Verbindung der Verfahren wird letztlich erreicht, dass sich ein und dasselbe Gericht zusammenhängend mit „einer" Familienunterhaltssache befasst, was für sämtliche Beteiligten mit Vorteilen verbunden ist.

e) Sicherung des Unterhalts durch vorläufigen Rechtsschutz

Familiengerichtliche Unterhaltsverfahren können wegen der Komplexität der Materie und der manchmal notwendigen Beweiserhebungen nicht immer zügig abgeschlossen werden. Dies bedeutet für die betroffenen Unterhaltsberechtigten, dass sie – sofern keine Ansprüche auf soziale Unterstützung bestehen – bisweilen in arge finanzielle Bedrängnis geraten können. Aus diesem Grund kommt der einstweiligen Anordnung (§ 246 FamFG) große praktische Bedeutung zu. Mit ihrer Hilfe kann der Unterhalt schnell geregelt werden, wenn ein Zuwarten bis zu einer Entscheidung innerhalb einer etwaigen Hauptsache mit erheblichen Nachteilen verbunden wäre. Nach dem seit dem 1.9.2009 geltenden FamFG ist die Anhängigkeit eines Hauptsacheverfahrens bzw. eines entsprechenden Verfahrenskostenhilfeantrags keine Voraussetzung mehr für die Zulässigkeit eines Anordnungsverfahrens. Es besteht Anwaltszwang!

f) Änderung von Unterhaltsansprüchen

Die Voraussetzungen für die Gewährung eines Unterhaltsanspruchs können sich im Laufe der Zeit ändern, manchmal sogar mehrfach. Aus diesem Grund sieht das Gesetz die Möglichkeit vor, ausgeurteilte oder anderweit titulierte Unterhaltsansprüche (z. B. gerichtlicher Vergleich, Jugendamtsurkunde) im Wege einer Abänderungsklage abzuändern und an die neuen Verhältnisse anzupassen. Nach § 238 FamFG kommt eine Abänderung dann in Betracht, wenn sich die für die ursprüngliche Beurteilung des Unterhaltsanspruchs festgestellten Grundlagen wesentlich und nachhaltig verändert haben. Dies kann beispielsweise der Fall sein bei Änderungen der Kindesunterhaltsbeträge nach der Düsseldorfer Tabelle, bei wesentlicher Veränderung der Einkommensverhältnisse etc. und – betrachtet man gerade die Unterhaltsreform – durch Änderung der Rangverhältnisse und Wegfall oder Begrenzung von Ehegattenunterhalt wegen des Vorliegens einer Erwerbsverpflichtung. Wurde der Kindesunterhalt durch Jugendamtsurkunde tituliert und dabei zugleich als dynamischer Betrag festgesetzt, so tritt die Abänderung für den dynamisierten Bereich (Änderung der Altersstufe des Kindes) ohne weiteres ein.

Auch außergerichtliche Vergleiche zwischen den Parteien können abgeändert werden. Dies geschieht jedoch nicht mit einer Abänderungsklage, sondern – sofern die Parteien sich nicht wiederum außergerichtlich einigen können – mittels einer schlichten Reduzierung des Unterhalts auf Seiten des Pflichtigen oder mittels einer Klage auf erhöhte Unterhaltsleistung seitens des Berechtigten.

Sofern nach gewisser Zeit ein Unterhaltsanspruch weder dem Grund noch der Höhe nach besteht, so besteht ein Anspruch des Pflichtigen auf Herausgabe des Titels bzw. auf Unterlassung der Vollstreckung aus dem Titel.

g) Unterhaltsfälle mit Auslandsberührung

Bei allen Unterhaltsfällen mit Auslandsberührung, sei es, dass eine oder beide Parteien ausländische Staatsangehörige sind, sollte immer unverzüglich ein Rechtsanwalt eingeschaltet werden. Über das Internationale Privatrecht sowie zahlreiche zwischenstaatliche Abkommen lässt sich durch den Anwalt rasch aufklären, ob deutsches Unterhaltsrecht überhaupt Anwendung findet oder der Sachverhalt vor einem deutschen Gericht auf der Grundlage ausländischen Unterhaltsrechts geprüft und abgewickelt werden muss.

7. Unterhaltsansprüche zwischen nicht miteinander verheirateten Eltern

a) Überblick

Viele Kinder werden außerhalb einer ehelichen Gemeinschaft geboren. Die Zahl nichtehelicher Lebensgemeinschaften steigt stetig an. Darüber hinaus werden zahlreiche Kinder auch außerhalb jeglicher Gemeinschaft der Eltern geboren. Auch in solchen Fällen sind die Kinder und ihre Eltern im Hinblick auf Unterhaltsansprüche nicht „rechtlos" gestellt.

Nichteheliche und eheliche **Kinder** sind in ihrem Status gleichgestellt. Es gelten die Grundsätze des Verwandtenunterhalts nach den **§§ 1601 ff. BGB**. Auch die außerhalb der Ehe geborenen Kinder haben daher gegen ihre Eltern einen Unterhaltsanspruch. Der betreuende Elternteil erfüllt seine Unterhaltsverpflichtung durch seine Betreuungsleistung sowie Naturalunterhalt. Der andere Elternteil ist grundsätzlich barunterhaltspflichtig. Insoweit kann auf die Ausführungen zum Kindesunterhalt verwiesen werden.

Die **Unterhaltsansprüche zwischen den nicht miteinander verheirateten Eltern** sind ausschließlich in den **§§ 1615l ff. BGB** geregelt. Von den Vorschriften sind nicht nur die – in der Praxis am häufigsten vorkommenden – Unterhaltsansprüche der nichtehelichen Mutter gegen den Vater des Kindes, sondern auch umgekehrt die Unterhaltsansprüche des das Kind betreuenden nichtehelichen Vaters gegenüber der Kindsmutter erfasst. Die gesetzlichen Unterhaltsansprüche zwischen verheirateten bzw. geschiedenen Eltern, insbesondere der Betreuungsunterhaltsanspruch des § 1570 BGB, finden keine – auch keine entsprechende – Anwendung. Vielen nichtehelichen Eltern ist gar nicht bewusst, dass nicht nur Unterhaltspflichten gegenüber dem Kind bestehen. Oftmals kommt dann das „böse Erwachen".

Die Unterhaltsansprüche nach §§ 1615l ff. BGB sind Ausfluss der Schwangerschaft und der daraus folgenden Notwendigkeit der Kinderbetreuung. Auch nichteheliche Kinder sollen in ihren ersten drei Lebensjahren in den Genuss einer persönlichen Betreuung durch einen Elternteil kommen, auch dann, wenn Dritte die Betreuung übernehmen könnten. Daher stehen dem nichtehelich betreuenden und bedürftigen Elternteil im Interesse des Kindes „für mindestens drei Jahre nach der Geburt" Unterhaltsansprüche zu. § 1615l Abs. 2 BGB sieht darüber hinaus – wortgleich mit § 1570 BGB – eine Verlängerungsmöglichkeit vor, „solange und soweit dies der Billigkeit entspricht. Dabei sind insbesondere die Belange des Kindes und die bestehenden Möglichkeiten der Kinderbetreuung zu berücksichtigen". Insofern kann diesbezüglich auf die entsprechenden Ausführungen zum Ehegattenunterhalt verwiesen werden (siehe oben S. 132 ff.). Die Unterhaltsansprüche greifen also was die Berücksich-

7. Unterhaltsansprüche zwischen nicht miteinander verheirateten Eltern

tigung der Kindesinteressen anbelangt, ebenso weit wie die Ansprüche (ehemals) verheirateter Elternteile. Wesentlich ist hierbei, dem nichtehelichen Kind grundsätzlich die gleichen Lebensverhältnisse zu sichern wie dem in einer Ehe geborenen Kind. Dies gebietet der Gleichstellungsauftrag aus Artikel 6 Abs. 5 GG.

Elternbezogene Gründe können bei Unterhaltsansprüchen nach § 1615l BGB grundsätzlich auch eine Verlängerung des Unterhaltsanspruchs bewirken, wenn der Unterhaltsverpflichtete gegenüber dem berechtigten Elternteil einen besonderen Vertrauenstatbestand geschaffen hat. Dies kann nach der Rechtsprechung des Bundesgerichtshofs z. B. dann der Fall sein, wenn die Eltern das Kind in der Erwartung eines dauerhaften Zusammenlebens gezeugt haben und übereinstimmend beschlossen haben, dass ein Elternteil das Kind betreut und der andere für den Unterhalt sorgt. Bei Kindern, die das Ergebnis eines „one night stand" sind, wird insoweit umgekehrt deutlich, dass man schwerlich Gründe für eine Verlängerung des Unterhaltsanspruchs aus Vertrauensgesichtspunkten finden wird.

Auch bei den Unterhaltsansprüchen nicht miteinander verheirateter Eltern kommt es neben einer gesetzlichen Anspruchsgrundlage auf die Bedürftigkeit des Unterhalt Begehrenden und natürlich die Leistungsfähigkeit des Verpflichteten an. Insoweit gelten auch hier die oben dargestellten Grundsätze (siehe oben S. 111 ff.). Da sich der Bedarf nicht wie bei 1578 BGB nach den „ehelichen Lebensverhältnissen" richten kann, bestimmt sich das Maß des Unterhalts nach der Lebensstellung des betreuenden Elternteils. War er vor der Geburt des Kindes erwerbstätig, so richtet sich sein Bedarf nach seiner früheren Erwerbstätigkeit.

Weitere allgemeine Voraussetzung der Unterhaltsansprüche ist, dass die Vaterschaft rechtswirksam gerichtlich festgestellt worden ist (§ 1600d BGB) oder der Vater die Vaterschaft förmlich anerkannt hat (§ 1594 Abs. 1 BGB) oder die Vaterschaft nicht bestreitet. Die Jugendämter stehen hinsichtlich der Klärung der Vaterschaftsfrage hilfreich zur Seite! Sie sind verpflichtet, Alleinerziehende insoweit nach allen Seiten hin zu unterstützen. Selbstverständlich kann auch jederzeit anwaltlicher Rat eingeholt werden.

b) Unterhaltsansprüche der Mutter des Kindes gegen den Vater

Die nicht verheiratete Kindesmutter kann gegen den Vater drei verschiedene Unterhaltsansprüche haben:

- Unterhalt bis zur und nach der Geburt des Kindes gemäß § 1615l Abs. 1–3 BGB,
- Erstattung der Schwangerschafts- und Entbindungskosten gemäß § 1615l Abs. 1 Satz 1 BGB sowie
- Anspruch bei Tot- oder Fehlgeburt des Kindes gemäß § 1615n Satz 1 und 2 BGB in Verbindung mit § 1615l Abs. 1 Satz 2 BGB.

Nach § 1615l BGB können der Kindesmutter grundsätzlich für frühestens vier Monate vor bis mindesten drei Jahre nach der Geburt Unterhaltsansprüche gegen den Kindesvater zustehen. Diese Unterhaltsansprüche sind in verschiedene Zeiträume untergliedert und haben unterschiedliche Voraussetzungen. Der Gesetzgeber hat dabei zwischen einem „allgemeinen" Unterhaltsanspruch und einem zusätzlichen Bedingungen unterliegenden „besonderen" Unterhaltsanspruch unterschieden.

Allgemeiner Unterhaltsanspruch: Allgemein kann die Kindesmutter nach § 1615l Abs. 1 BGB für den Zeitraum von **sechs Wochen vor bis acht Wochen nach der Geburt Unterhalt** für sich verlangen, wenn sie bedürftig und der Kindesvater leistungsfähig ist. Von einer tatsächlichen Bedürftigkeit der Kindesmutter kann in der Regel nur dann ausgegangen werden, wenn sie in keinem Arbeitsverhältnis steht und nicht in der gesetzlichen Krankenversicherung versichert ist, und daher kein Mutterschaftsgeld erhält. (Arbeitgeber und Krankenversicherung können hinsichtlich der von ihnen zu erbringenden Leistungen keinen Regress beim Vater des Kindes nehmen! Zahlt jedoch das Sozialamt an die Mutter, so ist der Vater von seiner Leistungspflicht nicht befreit. Der Anspruch auf Unterhaltszahlungen geht dann nämlich auf die Sozialbehörden über.)

Geschuldet wird vom Kindesvater grundsätzlich der nach der Lebensstellung der Mutter des Kindes angemessene Unterhalt. Da-

7. Unterhaltsansprüche zwischen nicht miteinander verheirateten Eltern

mit stellt sich die Frage, wie der Bedarf der Mutter und damit die Höhe des Unterhalts im Einzelfall festgelegt werden.

War die Mutter **vor der Geburt des Kindes erwerbstätig**, so richtet sich ihr Bedarf nach ihrem früheren Erwerbseinkommen. Ob Unterhalt tatsächlich in dieser Höhe zu leisten ist, richtet sich dann wiederum danach, ob der Vater nach Abzug des Kindesunterhalts und sonstiger Abzugsposten unter Beachtung seines Selbstbehalts in der Lage ist, den Bedarf der Mutter in voller Höhe abzudecken.

> **BEISPIEL:** Herr Gröschel und Frau Seiler leben seit einem Jahr zusammen. Herr Gröschel verdient bereinigt 5000 Euro, Frau Seiler verdient 2000 Euro. Als Frau Seiler schwanger wird, verlässt Herr Gröschel sie. Mit Kindern kann er nichts anfangen. Frau Seiler hört sechs Wochen vor der Geburt auf zu arbeiten und betreut nach der Geburt ausschließlich die kleine Tochter. Sie verlangt jetzt Unterhalt vom Vater ihrer Tochter: Nach den Süddt. Leitlinien erhielte das Kind 416 Euro (508 abzüglich 92 Euro Kindergeld), Frau Seiler 2000 Euro, entsprechend ihrem Bedarf aus der Zeit der Berufstätigkeit, da Herr Gröschel den vollen Unterhaltsbedarf von Frau Seiler und dem Kind mit seinem Einkommen abdecken kann. Ihm verbleiben 2584 Euro. Der Selbstbehalt gegenüber der nichtehelichen Mutter beträgt 1100 Euro. (Könnte Herr Gröschel mangels eigenem hohen Einkommen das frühere Gehalt von Frau Seiler nicht voll aufbringen, würde der Unterhalt für Frau Seiler entsprechend der Leistungsfähigkeit und dem Selbstbehalt von Herrn Gröschel gekürzt.)

Hat die Kindesmutter keine Berufstätigkeit ausgeübt, wird von den Gerichten ein Mindestbedarf (Existenzminimum) angesetzt. Dieser beträgt derzeit 800 Euro.

> **BEISPIEL:** Hätte im Fall oben Frau Seiler nicht vor der Geburt des Kindes gearbeitet, würde ihr Bedarf mit 800 Euro angesetzt. Für das Kind wären nach den Süddt. Leitlinien 416 Euro (508 abzüglich 92 Euro Kindergeld) zu leisten, Frau Seiler erhielte aber trotz des hohen Einkommens von Herrn Gröschel nur 800 Euro, also den Mindestbedarf.

Erhält die Mutter des nichtehelichen Kindes Lohnfortzahlung oder Krankengeld werden diese Zahlungen auf den Bedarf angerechnet; Erziehungsgeld wirkt sich hingegen nicht bedarfsmindernd aus. Darüber hinaus besteht grundsätzlich auch eine Verpflichtung, vorhandenes Vermögen bis auf einen „Notgroschen" einzusetzen, wenn dessen Verwertung nicht unwirtschaftlich ist.

Nicht jeder Vater ist finanziell in der Lage, neben dem Kindesunterhalt auch den vollen Unterhaltsbedarf der Kindsmutter abzudecken. Es muss daher stets die individuelle **Leistungsfähigkeit** überprüft werden. Für die Feststellung des bereinigten Nettoeinkommens des Pflichtigen gelten die allgemeinen Grundsätze. Insoweit kann auf die Ausführungen zum Unterhalt bei Trennung und Ehescheidung verwiesen werden (vgl. S. 117 ff.). Eine gesteigerte Erwerbspflicht gegenüber der Kindesmutter – wie beim Unterhalt für minderjährige Kinder – besteht nicht. Zudem hat der Vater des nichtehelichen Kindes gegenüber dessen Mutter einen **erhöhten Selbstbehalt**. Dieser beträgt zurzeit 1100 Euro.

> **BEISPIEL:** Herr Zeisig und Frau Reisig hatten eine kurze Affäre, in deren Verlauf Frau Reisig schwanger wurde. Sie entbindet nach der Trennung einen kleinen Sohn. Vor der Affäre hat sie nicht gearbeitet. Nun verlangt sie vom Kindsvater, der 1500 Euro verdient, Unterhalt für sich und das Kind. Mit dem Einkommen des Herrn Zeisig kann der Unterhaltsanspruch des Kindes (nach dem Einkommen Gruppe 1 = 225 Euro) und Frau Reisig (Mindestbedarf 800 Euro) nicht abgedeckt werden. Gegenüber Frau Reisig besteht zudem ein erhöhter Selbstbehalt in Höhe von 1100 Euro. Unterhaltsberechnung: 1500 – 225 – 800 = 475 Euro. Der Unterhalt der Mutter ist daher zu kürzen auf 800 – 1100 + 475 = 175 Euro. Das Kind erhält 225 Euro. Herrn Zeisig verbleiben 1100 Euro.

Besonderer Unterhaltsanspruch: Über den Zeitraum von sechs Wochen vor bis zu acht Wochen nach der Geburt hinaus besteht ein Unterhaltsanspruch von **höchstens vier Monaten vor** bis **mindestens drei Jahren nach der Geburt** nur dann, wenn die Mutter des nichtehelichen Kindes entweder

- bedingt durch die Schwangerschaft selbst oder durch eine durch die Schwangerschaft oder Entbindung verursachte Erkrankung keiner oder jedenfalls nur eingeschränkt einer Erwerbstätigkeit nachgehen kann (§ 1615l Abs. 2 Satz 1 BGB) oder
- von ihr wegen der Pflege oder Erziehung des Kindes eine Erwerbstätigkeit nicht erwartet werden kann (§ 1615l Abs. 2 S. 2 BGB).

7. Unterhaltsansprüche zwischen nicht miteinander verheirateten Eltern

Der erstgenannte besondere Unterhaltsanspruch kommt nur dann in Betracht, wenn die Schwangerschaft, Entbindung oder eine dadurch verursachte Erkrankung mindestens mitursächlich dafür ist, dass eine Erwerbstätigkeit nicht aufgenommen werden kann. An dieser Regelung ist ersichtlich, dass der Kindesvater nur insoweit unterhaltsverpflichtet ist, als die Unterhaltsbedürftigkeit der Kindesmutter von ihm verursacht wurde. War die Mutter z. B. bereits vor der Schwangerschaft nicht erwerbstätig oder aus anderen Gründen an der Erwerbstätigkeit verhindert, scheidet auch ein Anspruch nach § 1615l Abs. 2 Satz 1 BGB aus.

Praktisch wesentlich bedeutsamer ist jedoch der zweite genannte besondere Unterhaltsanspruch. Er greift nur für den Zeitraum ab acht Wochen bis mindestens drei Jahre nach der Geburt ein. Bei ihm kommt es letztlich nur darauf an, dass das Kind von seiner Mutter betreut wird, betreuungsbedürftig ist und daher von der Mutter eine Erwerbstätigkeit nicht erwartet werden kann.

Der Kindesmutter wird mit diesem Unterhaltsanspruch wie der „ehelichen" Mutter auch praktisch unter finanziellen Aspekten ein Recht auf eigene Betreuung des Kindes eingeräumt. Bis zu einem Kindesalter von drei Jahren geht das Gesetz durch die gewählte Formulierung nämlich grundsätzlich davon aus, dass das Kind betreuungsbedürftig ist und seiner Mutter eine Erwerbstätigkeit nicht zuzumuten ist. Die Mutter des nichtehelichen Kindes muss also nicht nachweisen, dass sie keine anderweitige Betreuungsmöglichkeit für das Kind hat. Selbst wenn sie eine solche hätte, ist sie unterhaltsrechtlich grundsätzlich gegenüber dem Vater nicht verpflichtet, diese anzunehmen, um erwerbstätig sein zu können. Das Novum seit der **Unterhaltsreform**: Soweit und solange dies der Billigkeit entspricht, verlängert sich der Unterhaltsanspruch über das dritte Lebensjahr des Kindes hinaus. Hier kann vollumfänglich auf die Ausführungen zu § 1570 Abs. 1 BGB verwiesen werden, vgl. S. 133 ff. Aus elternbezogenen Gründen kommt eine Verlängerung nur ausnahmsweise in Betracht.

Hinsichtlich der Bedürftigkeit, der Höhe des Unterhalts sowie der Leistungsfähigkeit des Pflichtigen gelten die bereits oben aufgezeigten Grundsätze.

Auch **Schwangerschafts- und Entbindungskosten** können von der Mutter des nichtehelichen Kindes beansprucht werden, soweit nicht die Krankenversicherung hierfür eintritt und finanzielle Bedürftigkeit besteht. Zu diesen Kosten gehören u. a. auch Schwangerschaftskleidung und Kosten für Schwangerschaftsgymnastik.

Bis auf den Unterhalt nach der Geburt des Kindes können grundsätzlich alle Kosten und damit Unterhaltsansprüche auch dann entstehen, wenn es zu einer Tot- oder Fehlgeburt kommt. Zu erstatten sind in der Regel dann zusätzlich auch die Kosten der Beerdigung des Kindes.

Für den Fall, dass die Mutter eines nichtehelichen Kindes infolge der Schwangerschaft oder Entbindung stirbt, muss der Vater auch die Kosten ihrer Beerdigung tragen, soweit diese nicht von den Erben erlangt werden können.

Im Mangelfall, d. h. für den Fall, dass der Kindesvater mehreren Personen gegenüber unterhaltspflichtig ist und nicht sämtliche Ansprüche voll erfüllen kann, steht die nichteheliche Mutter im Rang den minderjährigen und volljährigen privilegierten Kindern des Unterhaltsverpflichteten nach.

c) Unterhaltsansprüche des Vaters gegenüber der Mutter

Dem Vater eines nichtehelichen Kindes kann nach § 1615l Abs. 4 BGB für die Zeit von acht Wochen nach der Geburt bis mindestens drei Jahre ein Anspruch auf Unterhalt gegen die Mutter zu stehen. Voraussetzung hierfür ist, dass in diesem Fall ausschließlich der Vater die Kindesbetreuung wahrnimmt. Der Anspruch des Vaters kann grundsätzlich auch dann vorliegen, wenn der Vater nicht die elterliche Sorge für das Kind innehat, ihm jedoch die Betreuung übertragen wurde.

6. Kapitel

Zugewinnausgleich: Der Kampf ums „Eingemachte"

1. Überblick: Worum geht es?

Scheidung bedeutet gewöhnlich auch, dass die Ehegatten sich in Bezug auf das Vermögen auseinandersetzen müssen. Was zu teilen ist und wie die Auseinandersetzung vorgenommen wird, hängt hauptsächlich davon ab, in welchem **Güterstand** die Ehegatten leben.

Der gesetzliche Güterstand ist die **Zugewinngemeinschaft**. Sie tritt mit der Heirat automatisch ein, wenn nicht die Verlobten vorher durch Ehevertrag einen anderen Güterstand gewählt haben (siehe nächsten Abschnitt). Zugewinngemeinschaft bedeutet: Mit der Eheschließung ändert sich an der Zuordnung der Güter zunächst nichts – jeder Ehegatte bleibt Inhaber seines Eigentums. Jeder verwaltet auch sein Vermögen selbst; was er in der Ehe erwirbt, gehört ihm. Aber: Wenn die Ehe aufgelöst wird, wird eine Rechnung aufgemacht. Es wird festgestellt, wie viel an Vermögen jeder Ehegatte während der Ehe hinzugewonnen hat (**Zugewinn**). Derjenige, der den höheren Zugewinn erzielt hat, muss die Hälfte des Überschusses an den anderen abgeben. Grundgedanke ist: Was die Ehegatten während der Ehe erwirtschaften, haben sie letztlich beide „verdient", gleichgültig, bei welchem Partner sich der Gewinn realisiert hat. Der Gesetzgeber hat dabei vor allem an diejenigen Ehen gedacht, in denen ein Partner, wie z. B. die Hausfrau, um der Familie willen seine Berufstätigkeit reduziert oder ganz aufgibt. Auch er soll gleichberechtigt an den Vermögensmehrungen teilhaben, die der andere durch volle Erwerbstätigkeit erzielen kann.

Die Zugewinngemeinschaft wird den Ehegatten nicht aufgezwungen. Sie können durch **Ehevertrag** einen anderen Güterstand wählen. Der Ehevertrag muss beim **Notar** geschlossen werden (§ 1410 BGB).

> **Wichtig:**
>
> Verträge, die sich auf den Güterstand beziehen, sind nur gültig, wenn sie beim Notar geschlossen werden. Bei Vereinbarungen, welche die Zuordnung der Vermögen der Ehegatten ordnen wollen, muss stets überlegt werden, ob sie nicht unter diese Formpflicht fallen!

2. Die vertraglichen Wahlgüterstände

Anstelle der Zugewinngemeinschaft haben die Ehegatten nach dem Gesetz die Wahl zwischen folgenden Möglichkeiten:

(a) Sie können **Gütertrennung** vereinbaren (§ 1414 BGB). Dann bleiben die Vermögen getrennt, und es findet bei Auflösung der Ehe auch kein Zugewinnausgleich statt. Die Ehe ist gegenüber dem Vermögen „neutral". Das schließt nicht aus, dass zwischen den Ehegatten Vermögensbeziehungen bestehen können wie zwischen beliebigen Personen, z. B. wenn sie Miteigentümer einer Wohnung werden oder eine Gesellschaft zusammen gründen. Insoweit gilt für sie das Recht wie zwischen Miteigentümern oder Gesellschaftern allgemein. Um Gütertrennung zu erreichen, genügt es, wenn der gesetzliche Güterstand ausgeschlossen oder aufgehoben wird oder wenn die Ehegatten „den Ausgleich des Zugewinns" ausschließen (§ 1414 BGB).

(b) Die Ehegatten können ferner die **Gütergemeinschaft** wählen (§§ 1415 ff. BGB). Ist ein solcher Ehevertrag vor der Heirat geschlossen, so wachsen mit der Eheschließung das Vermögen der Frau und das Vermögen des Mannes zu einem gemeinschaftlichen Gut (**Gesamtgut**) zusammen. Auch was während der Ehe erworben wird, fällt in das Gesamtgut. Ausgenommen vom gemeinschaftlichen Vermögen sind nur das **Sondergut**, d. h. Gegenstände, die nicht übertragbar sind, sowie das **Vorbehaltsgut**. Zum Vorbehaltsgut gehören vor allem diejenigen Vermögensgegenstände, die einem Ehegatten mit der Bestimmung zugewendet werden, dass das Erworbene Vorbehaltsgut sein soll, sowie Gegenstände, die im Ehevertrag von vornherein aus dem Gesamtgut ausgenommen wurden.

Die Gütergemeinschaft entspricht einer hohen Ethik der Ehe: So wie die Herzen eins sind, so auch das Vermögen. Für den, der mehr in die Ehe einbringt oder in der Ehe erwirbt, ist der Güterstand nicht ungefährlich. Er ist auch recht umständlich, weil ausführlich geregelt werden muss, wer das Gesamtgut verwaltet, wer über die Gegenstände verfügen kann, wer für welche Schulden haftet. Im Falle der Scheidung ergibt sich die Notwendigkeit einer komplizierten Auseinandersetzung des Gesamtguts (§§ 1471 ff. BGB). Die Gütergemeinschaft ist daher nur noch regional verbreitet, z. B. in bäuerlichen Kreisen Bayerns.

Die Gütergemeinschaft kann auch in der Weise vereinbart werden, dass nur dasjenige, was die Ehegatten *während der Ehe erwerben*, in das Gesamtgut fällt, während die in die Ehe mitgebrachten Gegenstände Vorbehaltsgut bleiben. Man spricht dann von **Errungenschaftsgemeinschaft** (Gesamtgut ist das, was die Eheleute während der Ehe „erringen"). Die Errungenschaftsgemeinschaft ist in vielen europäischen Ländern der gesetzliche Güterstand.

(c) In diesem Zusammenhang ist wichtig, dass auch in der **ehemaligen DDR** eine Art Errungenschaftsgemeinschaft den gesetzlichen Güterstand gebildet hat: die „**Eigentums- und Vermögensgemeinschaft**" (§ 13 Familiengesetzbuch der DDR). Danach gehörten alle von einem oder beiden Ehegatten während der Ehe durch Arbeit oder aus Arbeitseinkünften erworbenen Gegenstände beiden Ehegatten gemeinsam. Bei Herstellung der deutschen Einheit mutete der Einigungsvertrag den Eheleuten, die in diesem Güterstand lebten, einen jähen Wechsel zu: Vom

3. Oktober 1990 an gilt auch für diese Ehen die Zugewinngemeinschaft als gesetzlicher Güterstand. Doch konnte jeder Ehegatte bis zum Ablauf einer zweijährigen Frist erklären, dass die Eigentums- und Vermögensgemeinschaft fortbestehen solle. Soweit dies geschehen ist, gilt der gesetzliche Güterstand des DDR-Rechts weiter. Bei Scheidung sind dann nach wie vor die Bestimmungen des Familiengesetzbuchs der DDR maßgebend.

(d) Im Übrigen können die Eheleute durch Ehevertrag den gesetzlichen Güterstand oder die Gütergemeinschaft **in einzelnen Punkten verändern** – in welchen Punkten und wie weit das möglich ist, bedarf eingehender notarieller Beratung. Eheverträge können auch noch während der Ehe geschlossen werden, die Eheleute können den Güterstand auch während der Ehe wechseln.

> **BEISPIEL:** Vor der Heirat vereinbaren die Verlobten Gütergemeinschaft. Die Ehe wird dann geschlossen. Nach 5 Jahren schließt das Paar einen neuen Ehevertrag, in dem nun die Gütergemeinschaft aufgehoben wird. Dann tritt von diesem Zeitpunkt an Gütertrennung ein (§ 1414 S. 2 BGB). Nach weiteren 4 Jahren schließen die Ehegatten einen erneuten Ehevertrag, mit dem sie den gesetzlichen Güterstand der Zugewinngemeinschaft wählen.

Die in den Eheverträgen getroffenen Regelungen über den Güterstand können in ein amtliches Register (**Güterrechtsregister**) eingetragen werden. Dieses Register wird bei den Amtsgerichten geführt und soll sicherstellen, dass interessierte Dritte von den güterrechtlichen Verhältnissen Kenntnis nehmen können.

> **Wichtig:**
>
> Güterrechtliche Vereinbarungen können weitreichende steuerliche Folgen haben. Auch diese sind mit dem Notar vor einem güterrechtlichen Vertrag zu klären!

3. Die richterliche Kontrolle der Eheverträge

Nach dem Gesetz steht es den Ehegatten frei, welchen Güterstand sie wählen wollen, insbesondere ob sie es bei dem gesetzlichen Güterstand der Zugewinngemeinschaft belassen oder ob sie sich stattdessen für die Gütertrennung entscheiden wollen. Doch setzt die Rechtsprechung des Bundesverfassungsgerichts (FamRZ 2001, 343, 985) der Vertragsfreiheit dann Grenzen, wenn die Vereinbarung einen der Ehegatten stark benachteiligt und dies auf der einseitigen Dominanz des anderen bei den Vertragsverhandlungen beruht. In solchem Fall müssen die Familiengerichte nach Auffassung des Verfassungsgerichts den Vertrag daraufhin überprüfen, ob er sittenwidrig ist (§ 138 BGB) oder die Berufung auf ihn gegen Treu und Glauben verstößt (§ 242 BGB). Anlass für das Eingreifen des Verfassungsgerichts waren außergewöhnliche Fälle, in denen schwangere Frauen bei der Eheschließung von ihren Partnern veranlasst worden waren, vertraglich in weitgehende Rechtsnachteile für den Fall der Scheidung einzuwilligen. Auch der Bundesgerichtshof (FamRZ 2004, 601) bejaht die richterliche Kontrolle von Vereinbarungen unter den Ehegatten, um zu verhindern, dass durch den Vertrag eine evident einseitige, durch die individuellen Lebensverhältnisse nicht gerechtfertigte Lastenverteilung entsteht, die für den benachteiligten Ehegatten unzumutbar ist.

Diese Rechtsprechung besagt nicht, dass die Gütertrennung überhaupt nicht mehr als Güterstand gewählt werden kann, doch ist bei der Option für diese Möglichkeit eingehende Rechtsberatung erforderlich. Zwar hat der Bundesgerichtshof klargestellt, dass der gesetzliche Güterstand der Zugewinngemeinschaft nicht zum Kernbereich des Scheidungsfolgenrechts gehört und dass nach wie vor grundsätzlich Vertragsfreiheit im Güterrecht herrscht. Doch kann im Einzelfall gleichwohl die Vereinbarung der Gütertrennung juristisch zweifelhaft sein, z. B. wenn sie mit dem Ausschluss anderer gesetzlicher Scheidungsfolgen (Unterhaltsverzicht, Ausschluss des Versorgungsausgleichs, Verzicht auf gesetzliches Erb- und Pflichtteilsrecht) kombiniert wird. Auch ist Vorsicht geboten, wenn Ehegatten, die in

Zugewinngemeinschaft leben, während der Ehe den Güterstand wechseln und auf Gütertrennung übergehen wollen; denn in diesem Fall müsste an sich der bis dahin aufgelaufene Zugewinnausgleich durchgeführt werden. Soll das nach dem Vertrag ausgeschlossen sein, so wird dem Ausgleichsberechtigten der Verzicht auf ein schon erworbenes Recht zugemutet, was im Einzelfall von den Gerichten als unfair beurteilt werden kann.

4. Der gefesselte Ehegatte – geschäftliche Beschränkungen in der Zugewinngemeinschaft

Wir hatten gesehen, dass im gesetzlichen Güterstand jeder Ehegatte Inhaber seines Vermögens bleibt und es auch selbständig verwaltet. Doch sind seiner wirtschaftlichen Bewegungsfreiheit mit Rücksicht auf die Interessen des anderen Teils Grenzen gesetzt. In bestimmten Fällen ist nämlich seine Befugnis, Verpflichtungen einzugehen oder Verfügungen über sein Vermögen vorzunehmen, vom Gesetz beschränkt, und zwar in zwei Fällen:

(a) wenn es um Gegenstände geht, die zwar ihm gehören, die aber in den ehelichen Haushalt eingebracht sind (**Haushaltsgegenstände**, § 1369 BGB);

(b) wenn er über sein **Vermögen im Ganzen** verfügen oder sich zu einer solchen Verfügung verpflichten will (§ 1365 BGB).

In beiden Fällen bedarf der Ehegatte der Zustimmung seines Partners.

Bei **Haushaltsgegenständen** ist das ohne weiteres einsichtig. Jeder Ehegatte hat ein Recht zu Mitbesitz und Mitbenutzung des ehelichen Hausrats, gleichgültig wer Eigentümer ist. Folgerichtig will das Gesetz verhindern, dass ein Ehegatte durch Verfügung über sein Eigentum das Mitbenutzungsrecht des anderen vereitelt.

> **BEISPIEL:** In der Ehe Adler kriselt es. Herr Adler hat eine Druckgrafik mit in die Ehe gebracht, die im Wohnzimmer hängt und Frau Adler sehr gut gefällt. Sie gefällt aber auch Herrn Jung, dem Skatfreund von Herrn

4. Der gefesselte Ehegatte – geschäftliche Beschränkungen

> Adler. Herr Adler verkauft die Grafik an Herrn Jung für 150 Euro, was ungefähr ihrem Wert entspricht.
> Die Grafik ist, da sie die eheliche Wohnung schmückt, Gegenstand des ehelichen Haushalts. Herr Adler kann, obwohl er Eigentümer ist, ohne die Zustimmung seiner Frau nicht darüber verfügen und sich dazu auch nicht verpflichten (§ 1369 BGB).
> Erst recht könnte Herr Adler nicht über die Haushaltsgegenstände verfügen, die seiner Frau gehören!

Praktisch wichtiger ist die Beschränkung der wirtschaftlichen Bewegungsfreiheit bei **Verfügungen über das Vermögen im Ganzen** bzw. der Verpflichtung hierzu (§ 1365 BGB). Nach der Rechtsprechung fallen darunter auch Geschäfte, die sich nur auf einen **einzelnen Gegenstand** beziehen, der aber **tatsächlich** das ganze Vermögen ausmacht. Jedenfalls gilt das, wenn dem Geschäftspartner die Vermögensverhältnisse des Verfügenden bekannt oder evident sind. Und es soll auch schon genügen, wenn das Geschäft **fast das ganze Vermögen** des Verfügenden betrifft.

> **BEISPIEL:** Herr Bolle ist Eigentümer eines unbebauten Grundstücks. Außer persönlicher Habe hat er sonst kein nennenswertes Vermögen. Um Spielschulden zu tilgen, verkauft er das Grundstück an Herrn Doll, der die Vermögensverhältnisse des Bolle kennt. Seiner Frau sagt Herr Bolle davon nichts.
> Schon der Kaufvertrag mit Doll bedarf der Zustimmung von Frau Bolle, weil das Grundstück fast das ganze Vermögen des Ehemannes ausmacht und Doll diesen Umstand kennt. Zunächst tritt ein Schwebezustand ein. Wenn Frau Bolle ihre Genehmigung verweigert, wird der Vertrag endgültig unwirksam. Auch das Eigentum an dem Grundstück kann Herr Bolle dem Doll nicht ohne Zustimmung seiner Frau verschaffen.

Die geschilderte Einschränkung der rechtsgeschäftlichen Freiheit ist praktisch sehr bedeutsam. Bei Grundstücksgeschäften holen die Notare vorsorglich die Zustimmung des jeweiligen Ehepartners ein, damit z. B. der Verkauf eines Grundstücks nicht an § 1365 BGB scheitern kann. Das alles gilt nur in der Zugewinngemeinschaft, nicht bei Gütertrennung!

Damit ein Ehegatte den anderen nicht **willkürlich** in der Vermögensverwaltung behindern kann, ist die Einschaltung des Familiengerichts möglich (§ 111 Nr. 9, § 261 Abs. 2 FamFG): Das Gericht kann die nötige Zustimmung ersetzen, wenn das geplante Geschäft den Grundsätzen einer ordnungsmäßigen Vermögensverwaltung entspricht (§ 1365 Abs. 2 BGB).

An der Regelung ist vieles ungereimt, ihr Nutzen zweifelhaft. Es kommt überhaupt nicht darauf an, ob das Geschäft wirtschaftlich vorteilhaft ist oder nicht. Andererseits ist nach der Gerichtspraxis die Aufnahme von Schulden und Stellung von Bürgschaften generell nicht zustimmungspflichtig, obwohl solche Geschäfte das Vermögen sehr viel eher gefährden als der Verkauf eines Gegenstandes!

5. Der Zugewinnausgleich im Todesfall

Im Fall, dass die Zugewinngemeinschaft durch Tod eines Ehegatten endet, sollen keine komplizierten Rechnungen angestellt werden, wer nun den höheren Zugewinn erzielt hat. Das Gesetz sieht vielmehr einen pauschalen Ausgleich in der Weise vor, dass sich der gesetzliche Erbteil des überlebenden Ehepartners um $1/4$ der Erbschaft erhöht (§ 1371 Abs. 1 BGB).

> **BEISPIEL:** Das Ehepaar Engerling lebt im gesetzlichen Güterstand. Eines Tages stirbt Herr Engerling, ohne ein Testament zu hinterlassen. Er wird von seiner Frau und seinen drei Söhnen beerbt.
> Ohne Berücksichtigung des Güterstandes ergäben sich folgende Anteile: Frau Engerling erhält $1/4$ des Nachlasses (§ 1931 Abs. 1 S. 1 BGB), die Söhne teilen sich den Rest, erhalten also auch je $1/4$ der Erbschaft (§ 1924 Abs. 1, 4 BGB). Da aber Zugewinngemeinschaft besteht, ändern sich die Quoten: Frau Engerling erhält ein weiteres Viertel (§ 1371 Abs. 1 BGB), insgesamt also $1/2$. Die Söhne müssen sich die andere Hälfte teilen, jeder erhält nur $1/6$.

Dabei kommt es nicht darauf an, ob während der Ehe überhaupt Zugewinne gemacht wurden und welcher Ehegatte den höheren Zugewinn erzielt hat! In der Zugewinngemeinschaft werden die Kinder erbrechtlich klar benachteiligt. Das ist aber vom Gesetz so gewollt.

Auch bei Tod eines Ehegatten kann es im Übrigen zu einem regulären Zugewinnausgleichsverfahren kommen, z. B. wenn der Verstorbene den überlebenden Ehegatten enterbt und auch sonst nicht bedacht hat (§ 1371 Abs. 2 BGB). Der Anspruch des Überlebenden richtet sich dann gegen die Erben!

> **BEISPIEL:** Im obigen Fall hat Herr Engerling seine Frau durch Testament enterbt, ohne sonst eine Bestimmung zu treffen. Die Söhne erben in diesem Fall zu je $1/3$. Frau Engerling bleibt ihr Pflichtteil. Zudem kann sie von ihren Söhnen als den Erben Ausgleich des Zugewinns verlangen, wenn Herr Engerling in der Ehe den höheren Zugewinn erzielt hatte.

6. Zugewinnausgleich bei der Scheidung

a) Der Ausgleichsanspruch

Wenn die Zugewinngemeinschaft durch Scheidung endet, so hat derjenige Ehegatte, der während des Güterstandes den geringeren Zugewinn gemacht hat, einen Ausgleichsanspruch gegen den anderen Teil, und zwar in Höhe der Hälfte des vom anderen erzielten Gewinnüberschusses (§ 1378 Abs. 1 BGB). Im Regelfall geht die Ausgleichsforderung auf Geldzahlung, ausnahmsweise kann auch die Übertragung von Vermögensgegenständen angeordnet werden (§ 1383 BGB). Der Ausgleichsanspruch wird durch Antrag beim Familiengericht geltend gemacht (§ 111 Nr. 9, § 261 FamFG).

b) Die Feststellung der Zugewinne

Um den Zugewinnausgleichsanspruch festzustellen, sind detaillierte Berechnungen nötig. Denn es muss geklärt werden, um wie viel sich das Vermögen jedes Ehegatten **während des Güterstandes wertmäßig erhöht** hat – das ist sein **Zugewinn**. Bei jedem Ehegatten sind folglich zwei Vermögensstände gegenüberzustellen:

- das **Anfangsvermögen**, d. h. das Vermögen, das jeder Ehegatte zu Beginn des Güterstandes (meist: bei Eheschließung) hatte, und

6. KAPITEL — Zugewinnausgleich: Der Kampf ums „Eingemachte"

- das **Endvermögen**, d. h. das Vermögen, das jeder Ehegatte am Ende des Güterstandes hatte. Bei Scheidung ist der maßgebende Endstichtag der Tag der Erhebung des Scheidungsantrags (§ 1384 BGB).

Zugewinn jedes Ehegatten ist der Betrag, um den der Wert seines Endvermögens den seines Anfangsvermögens übersteigt.

Um das **Anfangs- und das Endvermögen festzustellen**, sind folgende Einzelschritte nötig:

- Es ist festzustellen, welche Vermögensgegenstände jeder Ehegatte am jeweiligen Stichtag hatte.
- Für diese einzelnen Gegenstände ist der Geldwert zu beziffern, den die Gegenstände damals, d. h. zum jeweiligen Stichtag hatten.
- Aus den Einzelwerten ist die Wertsumme zu bilden.
- Davon sind die am betreffenden Stichtag bestehenden Schulden abzuziehen.

BEISPIEL: Das Ehepaar Fuhrmann (Eheschließung September 1985) lässt sich scheiden. Der Scheidungsantrag wird im Mai 2009 rechtshängig. Die Eheleute leben von Beginn an im gesetzlichen Güterstand. Frau Fuhrmann macht einen Zugewinnausgleichsanspruch geltend. In der folgenden Aufstellung sind die Beträge des Anfangsvermögens von DM auf Euro umgerechnet.

Frau Fuhrmann

Anfangsvermögen (Vermögen bei Eheschließung):		Endvermögen (Vermögen bei Scheidungsantrag):	
Sparkonto	15.000	Sparkonto	35.000
Obligationen	80.000	Aktien	125.000
Grundstück	250.000	Grundstück	500.000
Schmuck	5.000	Schmuck	10.000
	350.000		670.000
abzüglich Schulden	50.000	abzüglich Schulden	170.000
	300.000		500.000

Frau Fuhrmann hat einen Zugewinn von 500.000 minus 300.000 = 200.000 € erzielt.

6. Zugewinnausgleich bei der Scheidung

Herr Fuhrmann

Anfangsvermögen		Endvermögen	
Girokonto	10.000	Girokonto	10.000
Aktien	20.000	Festgeldkonten	240.000
Festgeldkonten	180.000	Pfandbriefe	200.000
Mietshaus	800.000	Mietshaus	900.000
	1.110.000		1.350.000
abzüglich Schulden	150.000	abzüglich Schulden	10.000
	960.000		1.340.000

Herr Fuhrmann hat einen Zugewinn von 1.340.000 minus 960.000 = 380.000 € erzielt.

Da der Zugewinn von Herrn Fuhrmann höher ist, hat er die Hälfte des Überschusses herauszugeben. Der Anspruch der Frau beträgt 380.000 (Zugewinn des Mannes) – 200.000 (Zugewinn der Frau) = 180.000 : 2 = 90.000 €.

Dabei ist zu bedenken:

Die Werte der einzelnen Gegenstände richten sich nach dem jeweiligen Stichtag, z. B. der Wert der Aktien im Anfangsvermögen von Frau Fuhrmann nach dem Börsenkurs zur Zeit der Eheschließung, das Mietshaus im Endvermögen von Herrn Fuhrmann nach dem Marktwert zur Zeit der Erhebung des Scheidungsantrags.

Es ist völlig gleichgültig, ob die Vermögensgegenstände des Anfangsvermögens im Endvermögen noch vorhanden oder zwischenzeitlich durch andere ersetzt sind. Entscheidend ist, was zum jeweiligen Stichtag **real vorhanden** ist. Welche Erwerbsvorgänge dazu geführt haben, ist grundsätzlich ohne Bedeutung.

Offenkundig hat – im Beispiel – Herr Fuhrmann die Aktien, die er zu Beginn der Ehe hatte, inzwischen verkauft und den Erlös anderweitig angelegt, während das Mietshaus möglicherweise noch dasselbe ist wie zu Anfang – all das ist gleichgültig.

Das bedeutet: Auch wenn die Vermögensgegenstände im Anfangsvermögen dieselben sind wie am Endstichtag, kann ein Zugewinn entstehen, wenn der Wert dieser Gegenstände während der Ehe ansteigt. Das kann insbesondere bei Grundstücken oder bei Aktien der

6. KAPITEL Zugewinnausgleich: Der Kampf ums „Eingemachte"

Fall sein. Auch in solchen Fällen geht das Gesetz davon aus, dass die Gewinne „gemeinschaftlich erwirtschaftet" sind!

Seit der Reform des Zugewinnausgleichs im Jahres 2009 können Anfangsvermögen und Endvermögen auch eine **negative Größe** ausmachen, wenn das Vermögen im betreffenden Zeitpunkt überschuldet ist (§ 1374 Abs. 3, § 1375 Abs. 1 S. 2 BGB). Zuvor waren die Vermögensstände mit mindestens dem Wert 0 anzusetzen gewesen, was zu Ungerechtigkeiten geführt hatte.

> **BEISPIEL:** Herr Gansel ist zu Beginn der Ehe überschuldet (Überschuldung 40 000 €). Es gelingt ihm, bis zur Erhebung des Scheidungsantrags die Schuldenlast abzutragen und darüber hinaus seine Vermögensbilanz positiv zu gestalten (reales Endvermögen *plus* 20 000 €). Frau Gansel hatte zu Beginn der Ehe Vermögen im Wert von 10 000 €, am Ende von 30 000 €.
>
> **Nach dem bis 1. 9. 2009 geltenden Recht** ergab sich: Das Anfangsvermögen von Herrn Gansel wurde mit 0 angesetzt, obwohl es real überschuldet war; sein Endvermögen betrug 20 000 €. Folglich hatte er einen Zugewinn von 20 000 €. Frau Gansel hatte einen Zugewinn in Höhe von 30 000 − 10 000 = 20 000 €. Die Zugewinne waren also gleich, es ergab sich damit kein Zugewinnausgleichsanspruch, obwohl *real gesehen* Herr Gansel während der Ehe deutlich mehr hinzugewonnen hat als seine Frau.
>
> **Nach neuem Recht** ist die Lage anders. Da auch überschuldete Vermögensstände real beziffert werden, gilt nun: Bei Herrn Gansel ergibt sich ein Anfangsvermögen von *minus* 40 000 €, ein Endvermögen von *plus* 20 000 €, damit ein Zugewinn von 60 000 € (denn um diesen Betrag ist das Endvermögen höher als das Anfangsvermögen). Da Frau Gansel, wie gezeigt, einen Zugewinn von 20 000 € gemacht hat, ist der Zugewinn des Herrn Gansel höher. Nun hat Frau Gansel einen Ausgleichsanspruch in Höhe der Hälfte der Differenz, also (60 000 − 20 000) : 2 = 20 000 €.

Nach dem neuen Recht kann auch das Endvermögen negativ sein. Das hat zur Folge dass selbst ein am Ende überschuldeter Ehegatte einen Zugewinn gemacht haben kann.

6. Zugewinnausgleich bei der Scheidung

> **BEISPIEL:** Frau Mahler hatte am Anfangsstichtag ein Vermögen, das nur aus einem Grundstück im Wert von 60 000 € bestand, gleichzeitig hatte sie Kreditverbindlichkeiten in Höhe von 100 000 €. Ihr Anfangsvermögen beträgt also *minus* 40 000 €. Am Endstichtag ist das Grundstück 70 000 € wert, die Verbindlichkeiten haben sich auf 90 000 € vermindert. Nun beträgt also, wenn keine weiteren Vermögensgegenstände vorhanden sind, ihr Endvermögen *minus* 20 000 €. Obwohl die beiden Vermögensbilanzen negativ sind, hat Frau Mahler einen Zugewinn von 20 000 € gemacht. Denn ihr Endvermögen übersteigt ihr Anfangsvermögen um 20 000 €.
> Wenn nun andererseits Herr Mahler ein Anfangsvermögen von 60 000 €, ein Endvermögen von 100 000 €, folglich einen Zugewinn von 40 000 € gemacht hat, so hat Frau Mahler Anspruch auf die Hälfte der Differenz der Zugewinne, als (40 000 – 20 000) : 2 = 10 000 Euro.

c) Die Berücksichtigung der Geldentwertung

Im Falle Fuhrmann (oben S. 220) haben wir einen wichtigen Gesichtspunkt noch nicht berücksichtigt, nämlich die fortlaufende Entwertung des Geldes, die sich seit der Nachkriegszeit fast kontinuierlich ereignet hat. So war die DM im Jahre 1970 sehr viel mehr „wert" als im Jahre 2000, d. h. man konnte 1970 für die gleiche Summe Geldes sehr viel mehr Güter kaufen als im Jahre 2000. Auch nach der Umstellung auf den Euro ist mit solchen Entwicklungen zu rechnen, auch wenn die Kaufkraft der neuen Währung bisher relativ stabil geblieben ist. Damit nun keine Scheingewinne ausgeglichen werden müssen, die nur Folge der Geldentwertung sind, rechnen die Gerichte den Wert des Anfangsvermögens auf den Kaufkraftwert des Geldes am Tag des Endstichtags um. Dies geschieht mit Hilfe des Verbraucherpreisindexes, welchen das Statistische Bundesamt fortlaufend erstellt (siehe FamRZ 2009, 11; 1913, 925). Dadurch verändern sich natürlich die Zugewinne und die Höhe des Ausgleichsanspruchs.

> **BEISPIEL:** Herr und Frau Brause sind seit Januar 1991 verheiratet und leben von Beginn an im gesetzlichen Güterstand. Herrn Brause hat am Tag der Eheschließung ein Anfangsvermögen, das damals insgesamt

100 000 € wert ist (von DM in € umgerechnet). Im September 2008 wird der Scheidungsantrag von Frau Brause rechtshängig. Wie hoch ist das „bereinigte" Anfangsvermögen des Herrn Brause? Man benötigt für die Rechnung den Verbraucherpreisindex für Januar 1991 (= 74,2) und den für September 2008 (= 107,2). Man rechnet nun wie folgt: 100 000 × 107,2 : 74,2 = 144.474,39 € (Index nach: Verbraucherpreise in Deutschland, Basis 2005, FamRZ 2009, 11).

d) Das Herausrechnen von Erbschaften und Schenkungen

Man wird sich fragen: Fallen wirklich alle Erwerbsvorgänge in den Zugewinnausgleich? Auch das, was ein Ehegatte z. B. während der Ehe von seinen Eltern ererbt hat? Die Antwort lautet: Nein! Was ein Ehegatte während der Ehe von Todes wegen erwirbt und was ihm geschenkt wird, soll er mit dem anderen bei der Scheidung nicht teilen müssen. Das Gesetz erreicht dies, indem der Wert des Nachlasses oder der Schenkung dem Anfangsvermögen des Empfängers zugerechnet wird (§ 1374 Abs. 2 BGB) – es wird so getan, als ob der Ehegatte diese Vermögensgegenstände schon von Anfang an gehabt hätte. Allerdings: Wertsteigerungen, die der Gegenstand zwischen dem Zeitpunkt der Zuwendung und dem Endstichtag erfährt, gehen in die Ausgleichsrechnung ein!

BEISPIEL: Herr und Frau Hartig leben von Beginn der Ehe an im gesetzlichen Güterstand. Nach der Heirat beerbt Frau Hartig ihre Eltern, der Nachlass ist im Zeitpunkt des Erbfalls 500 000 € wert, weil ein schönes Grundstück dazu gehört. Dieser Betrag ist dem Anfangsvermögen von Frau Hartig hinzuzurechnen. Im Endvermögen wird das ererbte Gut – soweit es noch vorhanden ist – aber mit dem Wert angesetzt, den es bei Erhebung des Scheidungsantrags hat. Sind die ererbten Gegenstände z. B. jetzt 800 000 € wert, so ist dieser Betrag im Endvermögen anzusetzen, die Wertsteigerung des ererbten Gutes fällt also in den Zugewinn!

Auch was einem Ehegatten während des Güterstandes geschenkt wird, ist dem Anfangsvermögen hinzuzurechnen; der entsprechende Wert fällt damit nicht in den Zugewinnausgleich.

6. Zugewinnausgleich bei der Scheidung

BEISPIEL: Frau Ludwig, im gesetzlichen Güterstand verheiratet, erhält nach der Eheschließung von ihrer Lieblingstante Berta ein Aktienpaket im damaligen Wert von 20 000 € geschenkt. Obwohl die Schenkung *nach* dem Anfangsstichtag stattfindet, wird der Wert der Schenkung dem Anfangsvermögen hinzugerechnet. Im Falle einer Scheidung soll Herr Ludwig nicht an diesem Geschenk teilhaben.

Man sollte sich klar machen: Je höher das Anfangsvermögen, desto geringer der Zugewinn! Je höher das Endvermögen, desto höher der Zugewinn!

Was allerdings **sich die Ehegatten gegenseitig** während des Güterstandes **geschenkt** haben, bleibt von der Aufstockung des Anfangsvermögens ausgenommen. So entscheidet jedenfalls die gegenwärtige Rechtsprechung. Das bedeutet, dass ein Ehegatte ein Geschenk, das er dem anderen gemacht hat, möglicherweise über den Zugewinnausgleich zum Teil wieder zurückholen kann.

BEISPIEL: Das Ehepaar Ortmann lebt im gesetzlichen Güterstand. Nach der Heirat schenkt Frau Ortmann ihrem Mann ein Grundstück im Wert von 100 000 €. Wir nehmen der Einfachheit halber an, dass die Eheleute weder am Anfang noch am Ende ein sonstiges Vermögen haben und dass das Grundstück inflationsbereinigt den gleichen Wert behält. Kommt es zu Scheidung und zu einem Zugewinnausgleichsverfahren, so stellt sich die Lage wie folgt dar: Das Anfangsvermögen von Frau Ortmann beträgt 100 000 €, denn in diesem Augenblick hat sie das Grundstück noch. Ihr Endvermögen beläuft sich auf 0, denn sie hat das Grundstück nicht mehr und auch sonst kein Vermögen. Folglich ist der Zugewinn von Frau Ortmann = 0, das Endvermögen ist sogar geringer als das Anfangsvermögen. Herr Ortmann hat ein Anfangsvermögen von 0; das spätere Geschenk seiner Frau wird, da vom Ehegatten stammend, seinem Anfangsvermögen nicht nach § 1374 Abs. 2 zugerechnet. Das Endvermögen von Herrn Ortmann beträgt 100 000 €, da er nun das Grundstück hat. Der Zugewinn von Herrn Ortmann beläuft sich also auf 100 000 €. Seine Frau hat also einen Ausgleichsanspruch in Höhe von 50 000 €; sie holt sich die Hälfte ihres einstigen Geschenkes im Zugewinnausgleich wieder zurück.

e) Unfaire Vermögensminderungen zwischen den Stichtagen

In der Ehekrise denken manche Ehegatten, die bei Scheidung voraussichtlich ausgleichspflichtig sein werden, darüber nach, wie sie den Ausgleich verhindern oder mindern können. Es liegt nahe, noch vor der Erhebung des Scheidungsantrags Vermögen beiseite zu schaffen, damit das Endvermögen und somit der Zugewinn möglichst niedrig ausfallen. Dem versucht das Gesetz einen Riegel vorzuschieben. Unfaire Vermögensminderungen zwischen den Stichtagen werden dadurch unschädlich gemacht, dass sie dem **Endvermögen des verfügenden Ehegatten hinzugerechnet** werden (§ 1375 Abs. 2 S. 1 BGB). Es wird also so angesehen, als seien die Vermögensgegenstände in seinem Endvermögen noch vorhanden.

> **BEISPIEL:** Herr Ibach hat, obwohl verheiratet, eine Freundin. Als er merkt, dass sich seine Frau mit Scheidungsabsichten trägt, schenkt er der Freundin das ihm gehörende Ferienhaus in den Alpen im Wert von 350 000 €, weil er einen hohen Zugewinnausgleichsanspruch seiner Frau fürchtet.
> Das nützt Herrn Ibach nichts. Zwar ist, wenn nun Frau Ibach die Scheidung beantragt, das Haus nicht mehr im Endvermögen des Mannes vorhanden. Der Wert des Hauses wird aber trotzdem dem Endvermögen hinzugerechnet (§ 1375 Abs. 2 S. 1 Nr. 1 BGB).

Die Hinzurechnung betrifft alle **unentgeltlichen Zuwendungen**, die nicht einer sittlichen Pflicht oder der Rücksicht auf den Anstand entsprechen. Ferner werden dem Endvermögen die Werte hinzugerechnet, die ein Ehegatte zwischen den Stichtagen **verschwendet** hat, ferner alle Vermögensminderungen, die in der **Absicht** vorgenommen worden sind, **den anderen Ehegatten zu benachteiligen**.

> **BEISPIEL:** Die Ehe der Krauses gerät in die Krise, weil Frau Krause sich in ihren Golflehrer Bob verliebt hat. Herr Krause ist tief verletzt. Als er merkt, dass Frau Krause an Scheidung denkt, fängt er an, sein während der Ehe angehäuftes Vermögen zu verschleudern. „Das Biest soll nichts

6. Zugewinnausgleich bei der Scheidung

davon haben!" denkt er sich und lädt seine Freunde, aber auch fremde Menschen zu teuren Partys ein. Er kauft teure Sportautos, die er dann alsbald mit erheblichem Verlust wieder verkauft, wohnt in teuren Hotelsuiten. Bargeld, das er sich von der Bank hat aushändigen lassen, verbrennt er sogar. Diese Verhaltenweisen fallen unter die Anrechnungsvorschrift des § 1375 Abs. 2 S. 1 BGB: Es handelt sich teils um unentgeltliche Zuwendungen, teils um Verschwendungen, teils – das Verbrennen des Geldes – um Vermögensminderungen in Benachteiligungsabsicht. Alle diese verschleuderten Werte werden, wenn der Scheidungsantrag erhoben wird, seinem Endvermögen zugerechnet, als seien sie noch vorhanden.

Zuwendungen an Dritte werden dem Endvermögen **ausnahmsweise nicht hinzugerechnet**, wenn sie einer **sittlichen Pflicht** oder der **Rücksicht auf den Anstand** entsprechen. Wann diese Voraussetzungen gegeben sind, erscheint oft zweifelhaft. Unter Zuwendungen mit Rücksicht auf den Anstand versteht man die üblichen Geburtstags- und Festtagsgeschenke an nahestehende Personen, z. B. das Taufgeschenk an das Patenkind, etc. Unter die Pflichtschenkungen zählt man z. B. Hilfsmaßnahmen zugunsten bedürftiger Verwandter oder Freunde, auch Zuwendungen an wohltätige Organisationen. Doch müssen sich solche Zuwendungen in dem Rahmen halten, welcher der Vermögenslage und den ehelichen Verhältnissen angemessen ist. Es kann also ein Ehegatte nicht den anderen um den Zugewinnausgleich bringen, indem er vor dem Endstichtag große Teile seines Vermögens einer Wohlfahrtsorganisation spendet.

BEISPIEL: Angenommen, im obigen Fall verschleudert Herr Krause sein Vermögen nicht sinnlos, sondern spendet den größten Teil seines Vermögens dem Roten Kreuz für soziale Zwecke. Obwohl er damit etwas Gutes tut, kann jedenfalls nicht die gesamte Zuwendung als „einer sittlichen Pflicht entsprechend" angesehen werden. Vielmehr ist der Wert der Zuwendung (zumindest größtenteils) seinem Endvermögen hinzuzurechnen. Der Grund ist: Herr Krause soll zwar nicht gehindert werden, sein Vermögen für soziale Zwecke zu spenden, er soll dies aber *nicht auf Kosten des Zugewinnausgleichsanspruchs seiner Frau* tun können.

Zu beachten ist: Die geschilderte Zurechnung von Vermögensminderungen findet nicht statt, wenn der andere Ehegatte mit der Zuwendung oder Verschwendung einverstanden war. Gleiches gilt, wenn die Vermögensminderung mindestens 10 Jahre vor Beendigung des Güterstandes eingetreten ist (§ 1375 Abs. 3 BGB).

f) Die Anrechnung von Zuwendungen unter den Ehegatten

Oft wenden sich Ehegatten einander während der Ehe unentgeltlich Vermögensgegenstände zu. Kommt es zur Scheidung und ist derjenige Ehegatte, der die Zuwendung gemacht hat, zugewinnausgleichspflichtig, so möchte er, dass der andere Ehegatte sich das schon vorweg Empfangene auf seinen Ausgleichsanspruch anrechnen lassen muss. Ob das möglich ist, hängt in erster Linie davon ab, was der zuwendende Ehegatte bei dem Vermögenstransfer bestimmt hat (§ 1380 Abs. 1 S. 1 BGB). Zum Beispiel kann ein Mann seiner Frau ein Grundstück zuwenden mit der ausdrücklichen Erklärung, dass der Wert des Grundstücks auf einen möglichen Zugewinnausgleichsanspruchs der Frau – falls es soweit kommen sollte – angerechnet werden soll.

Wird eine solche Bestimmung nicht getroffen, so gilt eine gesetzliche Vermutung. Anzurechnen sind alle Zuwendungen, die wertvoller sind als die unter den Gatten üblichen Gelegenheitsgeschenke (§ 1380 Abs. 1 S. 2 BGB). Bedeutende Vermögensobjekte wie Grundstücke, Anlagekapital etc. werden also im Zweifel angerechnet, die üblichen Geburtstags- und Weihnachtsgeschenke hingegen nicht (wenn vom Schenker nichts anderes bestimmt ist).

Die Anrechnung geschieht mit Hilfe komplizierter Rechnungen, für die fachlicher Rat vonnöten ist. Die Anrechung läuft darauf hinaus, dass der Empfänger insgesamt nicht besser stehen soll, als wenn er die Zuwendung nicht erhalten hätte – die Zuwendung war dann sozusagen nur eine Vorausleistung auf den künftigen Zugewinnausgleich.

g) Die Höhenbegrenzung des Ausgleichsanspruchs

Die Zumutung, im Anschluss an die Scheidung dem Ex-Partner eine Vermögenssumme zahlen zu müssen, kann für den ausgleichspflichtigen Ehegatten eine große wirtschaftliche Belastung bedeuten. Das Gesetz ist daher bestrebt, die Lage des Pflichtigen in einigen Punkten zu erleichtern. So kann das Gericht auf Antrag die Stundung der Ausgleichsforderung anordnen (S. 231). Wichtiger noch ist, dass der **Ausgleichsanspruch der Höhe nach begrenzt** wird: Der Pflichtige soll sich nicht überschulden müssen, um die Ausgleichsforderung bezahlen zu können. Deshalb sagt § 1378 Abs. 2 S. 1: „Die Höhe der Ausgleichsforderung wird durch den Wert des Vermögens begrenzt, das nach Abzug der Verbindlichkeiten bei Beendigung des Güterstandes vorhanden ist." Das bedeutet: Mehr, als der pflichtige Ehegatte am Ende nach Abzug seiner Schulden tatsächlich an positivem Vermögen besitzt, braucht er dem anderen Ehegatten nicht zu leisten. Es kann also sein, dass die Ausgleichsforderung *niedriger* ist, als zunächst nach den erzielten Zugewinnen ausgerechnet. Für diese Höhenbegrenzung ist im Scheidungsfall der Tag der Rechtshängigkeit des Scheidungsantrags maßgebend (§ 1384 BGB), der gleiche Tag also, nach dem sich auch der Bestand des Endvermögens richtet.

> **BEISPIEL:** Das Ehepaar Seibert lässt sich scheiden. Herr Seibert hat ein Anfangsvermögen von 0 und ein Endvermögen von 10 000 €, damit einen Zugewinn von 10 000 €. Frau Seibert hatte ein Anfangsvermögen von *minus* 50 000 € und ein Endvermögen von *plus* 20 000 €. Ihr Zugewinn beträgt 70 000 €. Daraus ergibt sich ein Ausgleichsanspruch von Herrn Seibert von (70 000 *minus* 10 000) : 2 = 30 000 €. Am Tag der Rechtshängigkeit des Scheidungsantrags (§ 1384) hat Frau Seibert aber nur einen Vermögensüberschuss von 20 000 €; über diesen hinaus ist sie zur Leistung nicht verpflichtet (§ 1378 Abs. 2 S. 1). Herr Seibert kann von seiner Frau also nur 20 000 € verlangen.

Die Höhenbegrenzung nach § 1378 Abs. 2 S. 1 kann sogar dazu führen, dass ein Ehegatte überhaupt nicht ausgleichspflichtig ist, obwohl er in der Ehe den eindeutig größeren Zugewinn gemacht hat.

BEISPIEL: Herr Sachs ist zu Beginn der Ehe überschuldet (Überschuldung 500 000 €). Es gelingt ihm, bis zur Erhebung des Scheidungsantrags die Schuldenlast erheblich zu mindern (Überschuldung nur noch 200 000 €). Frau Sachs hatte zu Beginn der Ehe Ersparnisse von 10 000 €, am Ende von 30 000 €.

Da seit der Reform von 2009 auch negative Vermögensbilanzen anzusetzen sind, ergibt sich: Herrn Sachs hatte ein Anfangsvermögen von *minus* 500 000, ein Endvermögen von *minus* 200 000. Damit hat er einen Zugewinn von 300 000 € erzielt, denn um diesen Betrag ist das Endvermögen höher als das Anfangsvermögen. Frau Sachs hat einen Zugewinn von nur 20 000 € zu verbuchen. Damit hat sie an sich einen Ausgleichsanspruch in Höhe der Hälfte der Differenz, also (300 000 − 20 000) : 2 = 140 000 €.

Hier greift nun die Höhenbegrenzung des § 1378 Abs. 2 S. 1 ein. Herr Sachs hatte bei Erhebung des Scheidungsantrags keine positive Vermögensbilanz aufzuweisen. Es sind keine Vermögenswerte vorhanden, welche die Schulden übersteigen. Also kann Frau Sachs von ihrem Mann keinen Zugewinnausgleich verlangen. Das ist bedenklich, da Herr Sachs sein Vermögen während des Güterstandes um 300 000 € vermehren konnte!

Wichtig:

Da im Scheidungsfall sowohl für die Errechnung des Endvermögens als auch für die Höhenbegrenzung der Tag der Rechtshängigkeit des Scheidungsantrags maßgeblich ist, berühren Vermögensentwicklungen, sich nach diesem Datum ergeben, die Höhe der Zugewinnausgleichsforderung nicht mehr. Das kann zu ungerechten Ergebnissen führen, wenn z. B. ein Ehegatte Aktien besitzt, die am Tag der Rechtshängigkeit des Scheidungsantrags hoch stehen, später aber im Verlaufe des Zugewinnausgleichsverfahrens durch einen Börsencrash stark an Wert verlieren. Denn dann errechnen sich das Endvermögen und auch die Höhenbegrenzung nach der Vermögensbilanz mit den hohen Aktienkursen, der Zugewinnausgleich soll aber in einem Zeitpunkt bezahlt werden, in dem dieser Vermögensstand gar nicht mehr gegeben ist. Hier hilft nur die Härteklausel des § 1381 (S. 232).

Die Höhenbegrenzung soll demjenigen Ehegatten, der sein Vermögen durch **unfaire Vermögensminderungen** geschmälert hat (S. 226 ff.), nicht zugute kommen. Der Höchstbetrag für die Ausgleichsforderung wird in solchen Fällen um den Wert der illoyalen Vermögensminderung erhöht (§ 1378 Abs. 2 S. 2 BGB).

> **BEISPIEL:** Das Ehepaar Schulze, im gesetzlichen Güterstand lebend, lässt sich scheiden. Im Zugewinnausgleichverfahren stellt sich die Lage wie folgt dar. Herr Schulze hat ein Anfangsvermögen von 0, ein reales Endvermögen von 50 000 €. Während der Ehe hat er seiner Geliebten einen Sportwagen zum Wert von 80 000 € geschenkt; sein Endvermögen ist also auf 130 000 € zu erhöhen (§ 1375 Abs. 2 S. 1 Nr. 1). Sein Zugewinn beträgt also 130 000 €. Frau Schulze hat ein Anfangsvermögen von 10 000 €, ein Endvermögen von 20 000 €, folglich einen Zugewinn von 10 000 €.
> Es ergibt sich für Frau Schulze ein Ausgleichsanspruch in Höhe von (130 000 – 10 000) : 2 = 60 000 €. Die Höhe des Anspruchs ist jedoch auf den Wert des bei Rechtshängigkeit des Scheidungsantrags (§ 1384) vorhandenen Vermögens begrenzt, also auf 50 000 €. Da Herr Schulze jedoch illoyale Vermögensminderungen getätigt hat, erhöht sich diese Grenze auf 50 000 + 80 000 = 130 000. Damit ist der Anspruch von Frau Schulze in Höhe von 60 000 € voll zu erfüllen. Das bedeutet praktisch, dass Herr Schulze Schulden in Höhe von 10 000 € aufnehmen muss, um seine Ausgleichsschuld erfüllen zu können.

h) Die Möglichkeit der Stundung des Ausgleichsanspruchs

Der Zugewinnausgleich kann zu hohen Ausgleichsforderungen führen. Es ist zu bedenken, dass auch das **betriebliche Vermögen** eines Ehegatten sowie **Gesellschaftsanteile** in das Anfangs- und das Endvermögen fallen, ja sogar der so genannte Good Will einer Arzt- oder Anwaltspraxis. Geschäftsinhaber, die in der Zugewinngemeinschaft leben, befinden sich bei Scheidung nicht selten in einer schwierigen Situation, weil sie möglicherweise Kredite aufnehmen müssen, um die Ausgleichsforderung ihres geschiedenen Partners erfüllen zu können. Soweit die oben beschriebene Höhenbegrenzung nicht eingreift, gibt es ein weiteres Mittel, um dem Ausgleichsschuldner zu helfen: Das Gericht kann auf seinen Antrag anordnen, dass die Forderung aus Billigkeitsgründen gestundet wird (§ 1382 BGB). Voraussetzung ist, dass die sofortige Zahlung „zur Unzeit" erfolgen würde, zum Beispiel, wenn der Ausgleichspflichtige einen Wertgegenstand in einer äußerst ungünstigen Marktsituation verkaufen müsste, um den Ausgleich zahlen zu können. „Zur Unzeit" würde die sofortige Zahlung auch erfolgen, wenn sie die Wohn- und Lebensverhältnisse der gemeinschaftlichen Kinder nachhaltig verschlechtern würde.

> **BEISPIEL:** Das Ehepaar Schumann wird geschieden, nachdem Frau Schumann ihren Mann und die beiden Kinder (9 und 7 Jahre) verlassen hat. Frau Schumann klagt auf Zugewinnausgleich. Herr Schumann müsste, um den geltend gemachten Betrag zahlen zu können, das ihm gehörige Wohnhaus verkaufen, in dem er mit den Kindern lebt und in dem die Kinder ihren Lebensmittelpunkt haben.

i) Korrektur des Zugewinnausgleichs bei grober Unbilligkeit

Im Einzelfall kann der Zugewinnausgleich so ungerecht sein, dass das Ergebnis auch bei einer Stundung als unerträglich erscheint. Dem Zahlungspflichtigen steht dann ein Leistungsverweigerungsrecht zur Seite, soweit der Ausgleich nach den Umständen des Falles grob unbillig wäre (§ 1381 Abs. 1 BGB). Die Rechtsprechung ist allerdings hier sehr zurückhaltend. Gegenüber dem Argument, dieser oder jener Erwerbsvorgang habe mit dem Sinn des Zugewinnausgleichs nichts zu tun, stellen sich die Gerichte geradezu taub. So hat z. B. ein durch Unfall dauerhaft und schwer geschädigter Mann das Schmerzensgeld und die Entschädigung, die er von der Versicherung des Schädigers wegen seiner geminderten Erwerbsfähigkeit erhalten hatte, durch den Zugewinnausgleich mit seiner Frau teilen müssen – ein empörendes Ergebnis! Dass Lottogewinne, die während der Ehe bei einem der Partner angefallen sind, über den Zugewinnausgleich zu teilen sind, hat der BGH erst kürzlich für gerechtfertigt erklärt (NJW 2013, 3645). Die Gerichte sind ferner nicht sehr geneigt, dem Vorwurf ehewidrigen Fehlverhaltens bei Anwendung der Härteklausel große Bedeutung beizumessen. Wenn das Fehlverhalten auf **wirtschaftlichem Gebiet** liegt, verlangt allerdings das Gesetz (§ 1381 Abs. 2 BGB) die Berücksichtigung. Hatte das Fehlverhalten aber keine wirtschaftlichen Auswirkungen, so bedarf es schon krasser Fälle, um die Gerichte zur Anwendung der Härteklausel zu bewegen.

> **BEISPIELE:** So genügte es nach der Rechtsprechung nicht, dass eine Frau in sechsjähriger Ehe über 3 Jahre lang Beziehungen zu einem anderen Mann unterhalten hatte, um ihr den Zugewinnausgleich zu versagen. Wird im Ehebruch ein (zunächst „scheineheliches") Kind gezeugt, so sind die Aussichten des ausgleichspflichtigen Ehemannes besser, weil er hier auch einen wirtschaftlichen Schaden hat.

Auch langes Getrenntleben allein soll die Verweigerung der Ausgleichszahlung im Allgemeinen nicht rechtfertigen, wohl aber kann die grobe Unbilligkeit bejaht werden, wenn der Zugewinn von der neuen Lebensgefährtin des getrennt lebenden Ehegatten wesentlich miterwirtschaftet wurde.

j) Praktische Probleme

In der Durchführung bereitet der Zugewinnausgleich viele praktische Probleme. Das fängt schon bei der Frage an, welche Gegenstände die Ehegatten am Anfangs- und am Endstichtag jeweils besessen haben. Das **Anfangsvermögen** betreffend mutet das Gesetz den Ehegatten zu, ein Vermögensverzeichnis anzulegen, jeder Ehegatte kann verlangen, dass der andere daran mitwirkt (§ 1377 Abs. 2 BGB). In Wirklichkeit tut das fast niemand. Doch wird dann, wenn kein Verzeichnis erstellt wurde, vermutet, dass zu Beginn des Güterstandes kein Vermögen vorhanden war (§ 1377 Abs. 3 BGB) – jeder Ehegatte muss dann also beweisen, dass er schon am Anfang etwas gehabt hat. Je höher das Anfangsvermögen, desto kleiner der Zugewinn und umgekehrt!

Derjenige Ehegatte, der den Zugewinnausgleichsanspruch geltend macht, hat die Voraussetzungen seines Anspruchs **darzulegen und zu beweisen**. Das ist schwierig, weil er in die Vermögensverhältnisse des anderen oft keinen Einblick hat. Deshalb gewährt das Gesetz den Ehegatten gegenseitige **Ansprüche auf Auskunft** über ihre Vermögensverhältnisse. Derartige Auskunftsansprüche entstehen bereits in dem Augenblick, in dem ein Ehegatte die Scheidung der Ehe beantragt hat. Jeder Ehegatte kann dann vom anderen Auskunft über dessen Vermögen verlangen, soweit es für die Berechnung des Anfangs- und des Endvermögens maßgeblich ist (§ 1379 Abs. 1 S. 1 Nr. 2 BGB). Die Auskunft betrifft somit den Stand des Anfangsvermögens, mögliche Aufstockungen nach § 1374 Abs. 2 BGB, den Stand des Endvermögens und eventuelle unfaire Vermögensminderungen, die dem Endvermögen hinzuzurechnen sind.

Die Auskunftsansprüche werden beim Familiengericht geltend gemacht, ihre Erfüllung kann erzwungen werden. Es sind für den jeweiligen Stichtag Bestandsverzeichnisse vorzulegen (§ 260 Abs. 1 BGB). Eventuell muss der auskunftgebende Ehegatte an Eides Statt versichern, dass er nach bestem Wissen den Bestand so vollständig angegeben habe, als er dazu imstande sei (§ 260 Abs. 2 BGB). Auf Aufforderung des anderen Teils müssen Belege vorgelegt werden (§ 1379 Abs. 1 S. 2 BGB).

Zusätzlich gibt das Gesetz den Ehegatten auch noch **Ansprüche auf Auskunft des Vermögens**, das sie im Zeitpunkt der Trennung hatten (§ 1379 Abs. 1 S. 1 Nr. 1 und § 1379 Abs. 2 BGB). Diese Ansprüche haben wir bereits behandelt (oben S. 13 f.). Sie haben den Sinn, unfaire Vermögensminderungen aufzudecken, die ein Ehegatte nach der Trennung gemacht hat, um den Zugewinnausgleich zu seinen Gunsten zu manipulieren.

Erhebliche Probleme bereitet die **Bewertung der Gegenstände** zu den jeweiligen Stichtagen. Bei Börsenpapieren ist der Wert nach dem Kurs des betreffenden Tages leicht festzustellen. Aber was ist ein Grundstück wert, ein Bäckereibetrieb, eine Arztpraxis, ein Gemälde? Der Zugewinnausgleich ist ein Tummelplatz der Sachverständigen, die mit unterschiedlichen Methoden und Begriffen („Verkehrswert", „Substanzwert", „Liquidationswert", „Ertragswert") operieren und oft zu recht unterschiedlichen Ergebnissen gelangen. Die Fixierung des Wertes ist oft deshalb unsicher, weil im

Zeitpunkt der Wertschätzung noch gar nicht überblickt werden kann, ob sich die damit verbundenen Hoffnungen erfüllen.

> **BEISPIEL:** Eine Ehefrau hat am Endstichtag eine fällige Forderung von 100 000 € gegen ein Unternehmen, das als sehr seriös gilt. In ihrem Endvermögen wird die Forderung mit ihrem vollen Betrag angerechnet; diese erhöht also das Endvermögen um 100 000 €. Auf dieser Basis wird nach der Scheidung der Zugewinnausgleich durchgeführt. Die Frau ist ausgleichspflichtig und erfüllt die Ausgleichsforderung ihres Ex-Mannes. Zwei Monate später stellt sich heraus, dass das Unternehmen zahlungsunfähig ist und dass die Ehefrau von dem Geld nichts sehen wird. Sie hat die 100 000 € aber schon im Zugewinnausgleich gegenüber ihrem geschiedenen Mann ausgeglichen!

In solchen Fällen wissen die Gerichte keinen Weg zur Gerechtigkeit. Unsichere Rechte sind zu schätzen, und wenn eben falsch geschätzt wurde, hat derjenige Ehegatte Pech gehabt, zu dessen Lasten sich die Fehlschätzung auswirkt. Ein „Nachkarten" durch ein neues Verfahren, das eine Entscheidung über den Zugewinnausgleich berichtigen könnte, lassen die Gerichte nicht zu.

k) Vereinbarungen

Durch Ehevertrag können die Eheleute, wie bereits dargestellt (S. 212), einen anderen Güterstand als die Zugewinngemeinschaft wählen. Sie können es auch bei der Zugewinngemeinschaft belassen, aber deren Regeln modifizieren. So sind z. B. Vereinbarungen möglich, dass bestimmte Vermögensgegenstände wie das Betriebsvermögen, das ein Unternehmer innehat, aus dem Zugewinnausgleich ausgeklammert bleiben sollen oder dass Gegenstände, die identisch dem Anfangs- und dem Endvermögen angehören, mit ihrem jeweiligen Wert aus dem jeweiligen Stichtagsvermögen herauszurechnen sind.

Auch im Vorfeld einer Scheidung sind Vereinbarungen über den Zugewinnausgleich möglich. Dabei muss man freilich beachten, dass nach § 1378 Abs. 3 S. 2 BGB eine Vereinbarung, welche die Ehegatten während eines Scheidungsverfahrens für den Fall der Scheidung über den Zugewinnausgleich treffen, der **notariellen Beurkundung** bedarf. Auch vor der Rechtshängigkeit eines Scheidungsverfahrens können die Ehegatten nach herrschender Auffassung bereits Vereinbarungen über die künftige Durchführung des Zugewinnausgleichs treffen, sofern die notarielle Form gewahrt wird. Hierbei ist die Rechtsprechung über die richterliche Vertragskontrolle (oben S. 215) zu beachten.

7. Vorzeitiger Ausgleich

Um zu seinem Ausgleichsanspruch zu kommen, muss ein Ehegatte nicht unbedingt warten, bis es zur Scheidung kommt. Möglicherweise ist auch der andere Ehegatte an einer rascheren Zugewinnausgleichsregelung interessiert. Daher räumt das Gesetz in bestimmten Fällen den Ehegatten die Befugnis ein, einen „vorzeitigen Zugewinnausgleich" herbeizuführen. Freilich setzt das **besondere Gründe** voraus. Es ist also nicht so, dass ein Ehegatte zu jeder beliebigen Zeit Antrag auf Zugewinn stellen könnte.

Die Gründe für den vorzeitigen Zugewinnausgleich sind folgende:

- Ohne weiteres kann der vorzeitige Ausgleichs herbeigeführt werden, wenn die Ehegatten **drei Jahre** oder länger **getrennt** leben (§ 1385 Nr. 1 BGB).

- Gleiches gilt wenn vom anderen Ehegatten **illoyale Vermögensminderungen** (S. 226 ff.) oder Verfügungen über das ganze Vermögen (S. 216 ff.) zu befürchten sind, welche möglicherweise die Ausgleichsforderung gefährden (§ 1385 Nr. 2 BGB).

- Dem steht der Fall gleich, dass andere Ehegatte längere Zeit hindurch seine **wirtschaftlichen Verpflichtungen** aus der Ehe (z. B. die Unterhaltspflicht) schuldhaft **nicht erfüllt** hat und anzunehmen ist, dass er sie auch künftig nicht erfüllen wird (§ 1385 Nr. 3 BGB).

- Schließlich kann ein Ehegatte den vorzeitigen Ausgleich herbeiführen, wenn der andere sich ohne ausreichenden Grund beharrlich **weigert**, ihn über den **Bestand seines Vermögens zu unterrichten** (§ 1385 Nr. 4 BGB). Zwar sind die Ehegatten nicht verpflichtet, sich fortlaufend eine detaillierte Auskunft über ihr

7. Vorzeitiger Ausgleich

Vermögen zu geben; gleichwohl sind sie aus dem Gedanken der ehelichen Lebensgemeinschaft gehalten, den Partner in großen Zügen über ihre Vermögenslage zu unterrichten.

Für den vorzeitigen Zugewinnausgleich stellt das Gesetz zwei Formen zur Verfügung. Wenn der antragsberechtigte Ehegatte annehmen kann, dass er gegen den anderen einen Ausgleichsanspruch hat, so kann er **„vorzeitigen Ausgleich des Zugewinns bei vorzeitiger Aufhebung der Zugewinngemeinschaft"** verlangen (§ 1385 BGB). Das bedeutet, dass er die Aufhebung des Güterstandes verlangt *und zugleich* seine Ausgleichsforderung geltend macht. Stattdessen besteht für jeden Ehegatten auch die Möglichkeit, zunächst nur die **„vorzeitige Aufhebung der Zugewinngemeinschaft"** zu verlangen (§ 1386 BGB). Dann wird, wenn der Antrag begründet ist, zunächst nur der Güterstand der Zugewinngemeinschaft aufgehoben, die Geltendmachung eines Ausgleichsanspruchs ist dann einem weiteren Verfahren überlassen.

Beachte:

Den vorzeitigen Ausgleich und die vorzeitige Aufhebung des Güterstandes kann nur derjenige Ehegatte verlangen, der im konkreten Fall antragsberechtigt ist. Das ist bei dreijährigem Getrenntleben jeder Ehegatte, in den anderen Fällen aber nur derjenige, der durch das Verhalten des anderen (illoyale Vermögensminderungen etc.) in seinen Rechten gefährdet ist. Derjenige, der sich selbst unfair verhält, kann den vorzeitigen Ausgleich in diesen Fällen nicht verlangen!

Ist der Antrag auf vorzeitigen Ausgleich bzw. vorzeitige Aufhebung des Güterstandes begründet, so ist sowohl für Bestand und Berechnung des Endvermögens als auch für die Höhenbegrenzung (S. 229) der Tag maßgebend, an dem der entsprechende Antrag rechtshängig geworden ist. Die weitere wirtschaftliche Entwicklung bis zu einem möglichen Scheidungsverfahren ist dann für den Zugewinnausgleich ohne Bedeutung.

6. KAPITEL — Zugewinnausgleich: Der Kampf ums „Eingemachte"

> **BEISPIEL:** Die Ehe der in Zugewinngemeinschaft lebenden Landmanns ist in der Krise. Frau Landmann ist seit drei Jahren aus der Ehewohnung ausgezogen. Scheidungsantrag ist nicht gestellt, weil die Ehegatten als gläubige Katholiken die Scheidung ablehnen. Frau Landmann, die während der Ehe weniger Ersparnisse erzielt hat als ihr Mann, beantragt nun „vorzeitigen Ausgleich bei vorzeitiger Aufhebung der Zugewinngemeinschaft". Der Ausgleichsanspruch berechnet sich dann nach den Vermögensständen, die im Zeitpunkt der Erhebung dieses Antrags gegeben sind. Vermehrt sich das Vermögen von Herrn Landmann *nach diesem Zeitpunkt*, z. B. durch eine Hausse an der Börse, so partizipiert daran Frau Landmann nicht mehr.

Man sieht, dass der „vorzeitige Ausgleich" auch als taktisches Instrument genutzt werden kann. So wird der voraussichtlich ausgleichspflichtige Teil möglichst rasch die Chance des vorzeitigen Ausgleichs nutzen, wenn er in der Zukunft gute Gewinne erwartet.

7. Kapitel

Meine Rente – Deine Rente: der Versorgungsausgleich

1. Der Grundgedanke

Vom Zugewinnausgleich ausgenommen sind Anrechte auf Renten aus einer Alters- und Invaliditätsvorsorge. Diese Versorgungswerte betreffend hat der Gesetzgeber ein **eigenständiges Ausgleichsinstrument** geschaffen: den Versorgungsausgleich. Der Grundgedanke ist aber ganz ähnlich wie beim Zugewinnausgleich: Die Versorgungswerte, welche jeder Ehegatte *während der Ehe erworben* hat, sollen gleichberechtigt auch dem anderen zugute kommen. Das Gesetz geht davon aus, dass in der Ehe auch die Anrechte auf Altersversorgung auf gemeinschaftlicher Wertschöpfung beruhen. Zwar werden diese Anrechte nicht fortlaufend geteilt (etwa zum Ende jedes Jahres), aber im Fall der Scheidung findet auch hier ein Ausgleich statt, der die gegenseitige Teilhabe der Ehegatten verwirklichen soll.

Der Versorgungsausgleich wird **völlig unabhängig vom ehelichen Güterrecht** und damit auch vom Zugewinnausgleich durchgeführt. Es ist also gleichgültig, welchen Güterstand die Ehegatten gewählt haben. Auch wenn die Eheleute sich ehevertraglich für die Gütertrennung entschieden haben, findet bei Scheidung der Versorgungsausgleich statt. Die Ehegatten können freilich durch Vertrag auch den Versorgungsausgleich ausschließen (unten S. 244), doch muss dies durch einen Vertrag geschehen, der dies ausdrücklich vorsieht.

Das Gesetz legt auf den Versorgungsausgleich als allgemeine Scheidungsfolge gesteigerten Wert. Deshalb wird, wie wir bereits gesehen haben, das Verfahren in der Regel auch ohne Antrag der Ehegatten eingeleitet und von Gericht **vom Amts wegen** in den Verfahrensverbund mit der Scheidungssache genommen (§ 137 Abs. 2 S. 2 FamFG). Bei einer Ehezeit von bis zu drei Jahren bedarf es freilich des Antrags eines Ehegatten (§ 3 Abs. 3 Vorsorgungsausgleichsgesetz), ebenso für die Durchführung des schuldrechtlichen Versorgungsausgleichs (S. 243).

Der Versorgungsausgleich ist durch die Scheidungsrechtsreform von 1976 eingeführt worden. Im Jahre 2009 wurden die einschlägigen Regelungen grundlegend reformiert. Im BGB findet sich nur noch eine einzige Vorschrift (§ 1587), das Wesentliche ist nun in einem besonderen Gesetz („Versorgungsausgleichsgesetz") geregelt.

Bei dem Ausgleichspflichtigen pflegt der Versorgungsausgleich wenig Begeisterung auszulösen. Oft wird er überrascht. Da der Versorgungsausgleich erst bei Scheidung durchgeführt wird, merken die Eheleute während der Ehe von diesem Ausgleichsinstrument nichts. Erst wenn die Scheidung erfolgt und das Gericht im Verbund mit der Scheidung über den Versorgungsausgleich entscheidet, wird dem Ausgleichspflichtigen klar, dass er einen Teil seiner Altersversorgung verliert. Er bringt dann oft wenig Verständnis dafür auf, dass die durch seine Berufsarbeit begründeten Versorgungswerte mit dem Ex-Partner geteilt werden. Durch den Versorgungsausgleich kann sich für einen Ehegatten eine empfindliche Versorgungslücke ergeben, die er zwar jetzt (im Zeitpunkt der Scheidung) noch nicht bemerkt, die er aber im Alter schmerzlich zu spüren bekommen wird. Es ist daher dem Pflichtigen dringend anzuraten, diese Lücke nach Möglichkeit so schnell wie möglich wieder zu schließen, z. B. durch Auffüllen mit Hilfe von Beitragszahlungen.

> Versorgungsausgleichspflichtige Ehegatten sollten sich bei der Scheidung fachkundig informieren lassen, welche Versorgungslücke für sie nun entstanden ist und welches die günstigste Möglichkeit ist, diese Lücke rechtzeitig zu schließen.

2. Welche Anrechte unterliegen dem Versorgungsausgleich?

Nun darf nicht der Eindruck entstehen, als sei mit dem Versorgungsausgleich automatisch „die halbe Rente weg". Man muss sich klarmachen, *welche Anrechte* überhaupt ausgeglichen werden und in *welchem Umfang*. Dazu folgende Informationen:

- Dem Versorgungsausgleich unterliegen nur solche Anrechte, die der Absicherung im **Alter oder für den Fall der Invalidität** (verminderte Erwerbsfähigkeit, Berufsunfähigkeit, Dienstunfähigkeit) dienen. Dazu gehören die Anrechte aus einer gesetzlichen Rentenversicherung (z. B. Angestelltenversicherung), aus einer Beamtenversorgung, aus berufständischen Versorgungseinrichtungen (z. B. Ärzteversorgung), aus einer betrieblichen Altersversorgung und aus privaten Alters- und Invaliditätsversicherungen (z. B. einer Lebensversicherung auf Rentenbasis).

- Nur solche Anrechte werden beim Versorgsausgleich angesetzt, die auf die Zahlung einer **Rente** gerichtet sind (Ausnahmen bei der betrieblichen Altersversorgung). Lebensversicherungen, die im Versicherungsfall eine Kapitalleistung vorsehen, sind nicht in den Versorgungsausgleich einbezogen (wohl aber sind sie im Zugewinnausgleich anzusetzen!).

- Die Anrechte müssen **durch Arbeit** oder Vermögen geschaffen oder aufrechterhalten sein. Unfallversicherungen oder zivilrechtliche Ansprüche auf eine Schadensersatzrente wegen geminderter Erwerbsfähigkeit sind nicht zu berücksichtigen.

- Das Wichtigste: Die Ausgleichspflicht erstreckt sich nur auf den Teil der Versorgungsanrechte, **die in der Ehezeit erworben** wurden. Die Ehezeit *beginnt* mit dem ersten Tag des Monats, in dem die Ehe geschlossen wurde. Sie *endet* am letzten Tag des Monats vor Zustellung des Scheidungsantrags. Es ist also nicht so, dass die Ehegatten jeweils die Hälfte ihrer Anrechte an den anderen abgeben müssen, vielmehr *nur die Hälfte desjenigen Anteils, der in die Ehezeit fällt*. Daraus ergibt sich die Notwendigkeit, bei jedem Versorgungsanrecht den **Ehezeitanteil** zu berechnen.

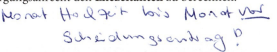

> **BEISPIEL:** Herr Albert ist ab 1. Januar 1978 Beamter des Freistaates Bayern. Er heiratet am 14. Juli 1984. Frau Albert beantragt im Frühjahr 2010 die Scheidung; der Scheidungsantrag wird Herrn Albert am 17. Mai 2010 zugestellt.
> Die Ehezeit läuft vom 1. Juli 1984 bis 30. April 2010. Dem Versorgungsausgleich unterliegt also nur der Teil der Beamtenversorgung von Herrn Albert, der auf diesen Zeitraum entfällt. Die vorher und nachher erworbenen Anrechte bleiben ihm voll erhalten.

3. Die Durchführung des Versorgungsausgleichs

Durch die neue Reform ist die Durchführung des Ausgleichs wesentlich vereinfacht worden. Früher war – ähnlich wie beim Zugewinnausgleich – zunächst bei jedem Ehegatten die Summe der in der Ehezeit erworbenen Werte zusammenzurechnen; ausgleichspflichtig war derjenige, der insgesamt die höheren Werte erreicht hatte. Seit 1. 9. 2009 entfällt im Regelfall die Gesamtsaldierung. Der Ausgleich findet vorzugsweise als so genannter **interner Wertausgleich** statt. Das bedeutet: **Alle Versorgungsanrechte** werden, soweit ihr Erwerb in die Ehezeit fällt, **real geteilt.** Es ist also nicht mehr der *eine* Partner der Ausgleichsberechtigte und der *andere* der Ausgleichspflichtige. Vielmehr sind *beide*, sofern sie ehezeitliche Versorgungswerte gebildet haben, *zugleich berechtigt und verpflichtet*.

> **BEISPIEL:** Adam ist mit Eva seit 22. September 1994 verheiratet. Am 19. Januar 2009 wird der Scheidungsantrag des Adam der Eva zugestellt. Adam ist seit 1. März 1990 Bundesbeamter, Eva ist seit 1. Januar 1992 als Angestellte bei einem Unternehmen für Telekommunikation beschäftigt.
> Adam hat Versorgungswerte aus der Beamtenversorgung vom 1. März 1990 bis heute erworben. Im Versorgungsausgleich ist der Ehezeitanteil an dieser Versorgung (1. September 1994 bis 31. Dezember 2008) mit Eva hälftig zu teilen. *Insofern* ist Adam der Verpflichtete, Eva die Berechtigte.

> Eva hat Versorgungswerte aus der gesetzlichen Angestelltenversicherung. Den Ehezeitanteil an dieser Versorgung hat sie ihrerseits mit Adam hälftig zu teilen. Insoweit ist sie die Verpflichtete, Adam der Berechtigte.

Es findet also eine wechselseitige Teilung der in die Ehezeit fallenden Versorgungswerte statt. Das kann dazu führen, dass ein Ehegatte durch Scheidung Anrechte in einer Versorgungsanstalt erwirbt, mit der er beruflich gar nichts zu tun hatte, wie unser Beispiel zeigt: Die „Nichtbeamtin" Eva erhält Versorgungsanrechte in einer Beamtenversorgung, der Beamte Adam hingegen eine Versorgung in der Angestelltenversicherung, auch wenn er niemals als Angestellter tätig war.

Der beschriebene Wertausgleich durch „interne Teilung" bildet den Regelfall. Für bestimmte Fälle sieht das Gesetz auch andere Ausgleichsformen vor, deren Einzelheiten hier nicht dargestellt zu werden brauchen. Erwähnt sei, dass unter bestimmten Voraussetzungen der Ausgleich in schuldrechtlicher Form stattfindet. Hier werden nicht Anrechte auf eine künftige Versorgung geteilt, vielmehr ist ein geschiedener Ehegatte, **der bereits eine Rente bezieht,** verpflichtet, seinerseits den entsprechenden Anteil an den fortlaufenden Versorgungsleistungen an den anderen weiterzugeben (**„schuldrechtlicher Versorgungsausgleich"**).

4. Härteklausel

Soweit die Durchführung des Ausgleichs als grob unbillig erscheint, kann das Gericht den Ausgleich *ausschließen* oder *von der Halbteilung abweichen* (§ 27 Versorgungsausgleichsgesetz). Das Gesetz nennt keine einzelnen Fallgruppen der Unbilligkeit. Generell ist gesagt, dass die Härteklausel nur greift, wenn die „gesamten Umstände des Einzelfalls es rechtfertigen, von der Halbteilung abzuweichen." So kann die Durchführung des Versorgungsausgleichs grob unbillig sein, wenn der Ausgleichsberechtigte bereits eine eigene Versorgung hat, während der Verpflichtete auf seine Versorgungsanrechte dringend angewiesen ist. Die Härteklausel kann ferner eingreifen, wenn ein Ehegatte seine Versorgungsanrechte zu Lasten des anderen unfair manipuliert hat. Die Rechtsprechung macht von der Härteklausel aber nur zurückhaltend Gebrauch – das Ausgleichsergebnis muss nach allen Umständen als unerträglich erscheinen. Allein die Tatsache, dass ein Ehegatte das Scheitern der Ehe einseitig verschuldet hat, lässt die Rechtsprechung nicht genügen.

5. Vereinbarungen

Die Regeln über den Versorgungsausgleich sind den Ehegatten nicht zwingend auferlegt. Sie können von vornherein oder später eine Vereinbarung über diesen Gegenstand treffen (Einzelheiten in § 6 Versorgungsausgleichsgesetz). Insbesondere hofft der Gesetzgeber, dass die komplizierten Berechnungen des Versorgungsausgleichs in möglichst vielen Fällen durch angemessene Scheidungsvereinbarungen vermieden werden.

Bei Vereinbarungen über den Versorgungsausgleich sind folgende Punkte besonders zu beachten.

- Soll der Vertrag vor Rechtskraft der Entscheidung über den Wertausgleich geschlossen werden, so bedarf er der **notariellen Beurkundung** oder der Aufnahme in ein gerichtliches Vergleichsprotokoll. Wird die Vereinbarung im Rahmen eines Ehevertrags geschlossen, so ist die ehevertragliche Form maßgeblich.

- Der Versorgungsausgleich kann durch Vereinbarung auch **ganz ausgeschlossen** werden, auch schon durch Vereinbarung vor der Eheschließung. Freilich muss eine solche Vereinbarung, um bestandsfest zu sein, der gerichtlichen Wirksamkeits- und Ausübungskontrolle standhalten. Einseitige Benachteiligungen eines Ehegatten können dazu führen, dass der Vertrag unwirksam ist oder dass der Begünstigte sich nicht darauf berufen darf (S. 215).

- Möglich sind auch **sonstige Vereinbarungen**, die darauf abzielen, den Versorgungsausgleich ganz oder zum Teil abweichend von den gesetzlichen Regeln durchzuführen. Das Gesetz nennt die Möglichkeit, den Versorgungsausgleich in die Regelung der sonstigen ehelichen Vermögensverhältnisse einzubeziehen, also ein Gesamtpaket zu schnüren. Durch Vertrag kann auch für die

5. Vereinbarungen

Durchführung des schuldrechtlichen Versorgungsausgleichs optiert werden. Ferner können die Ehegatten die Durchführung des Wertausgleichs durch Vereinbarungen modifizieren. Freilich darf in diesem Zusammenhang nicht einseitig in die Rechte der Versorgungsträger eingegriffen werden; daher können durch Vereinbarungen der Ehegatten Anrechte nur übertragen oder begründet werden, wenn das Regelwerk des betroffenen Versorgungsträgers dies zulässt und dieser zustimmt.

8. Kapitel

Sonstige Fragen der Vermögensauseinandersetzung

Außer den güterrechtlichen Beziehungen können zwischen den Ehegatten mannigfaltige Rechtsverhältnisse entstehen, wie sie zwischen beliebigen Personen möglich sind. Es kann z. B. sein, dass der eine Partner dem anderen ein Darlehen gibt. Oder er leistet für ihn eine Bürgschaft. Oder er schließt mit ihm einen Arbeitsvertrag und arbeitet als dessen Bürohilfe. Oder er gründet mit ihm eine Gesellschaft, die Computer-Software vertreibt. Oder er schenkt ihm ein Paket Aktien, usw.

Auch aus solchen besonderen Beziehungen kann bei Trennung und Scheidung Streit entstehen. Dafür gelten dann zunächst einmal die allgemeinen gesetzlichen Vorschriften wie für beliebige Personen, also die Vorschriften des BGB über Darlehensvertrag, Bürgschaft, und so fort. Die Tatsache, dass es sich um Eheleute handelt, kann gleichwohl rechtliche Bedeutung haben – die eheliche Lebensgemeinschaft und die sonstigen Rechtsbeziehungen lassen sich nicht völlig voneinander trennen. Auf einige Problembereiche wollen wir näher eingehen.

1. Geschenkt ist geschenkt – oder?

Wenn ein Paar verlobt war, das Verlöbnis aber in die Brüche ging, so hat jeder einen Anspruch auf Rückgabe der Geschenke, soweit der andere dadurch noch bereichert ist (§ 1301 BGB). Dieser Anspruch wird anscheinend selten eingeklagt. Man geniert sich, Geschenke zurückzuverlangen: „Geschenkt ist geschenkt" lautet ein weit verbreitetes Sprichwort.

Wie ist es aber bei Ehescheidung? Sind auch da die gegenseitigen Geschenke zurückzugeben? Das wäre, etwa nach 20 Ehejahren, eine komplizierte Sache. Das Gesetz sieht dergleichen auch nicht vor. Eine Vorschrift, die wie beim Verlöbnis einen Rückgabeanspruch gewährt, gibt es für den Fall der Ehescheidung nicht. Jeder darf grundsätzlich das Geschenkte behalten.

Damit ist das Problem allerdings noch nicht völlig erledigt. Denn auch für Schenkungen unter Ehegatten gilt das allgemeine Schenkungsrecht. Danach kann der Schenker in zwei Fällen das Geschenk zurückfordern: (Bsp. Eltern / Kindes Haus?)

(1) wenn er **später so verarmt**, dass er sich nicht mehr angemessen unterhalten oder seine Unterhaltspflichten nicht mehr erfüllen kann (§ 528 BGB);

(2) wenn sich der Beschenkte durch eine **schwere Verfehlung** gegen den Schenker oder einen nahen Angehörigen des Schenkers eines **groben Undanks** schuldig macht. In diesem Fall kann der Schenker seine Zuwendung widerrufen und seine Gabe bzw. ihren Wert zurückverlangen, soweit der Beschenkte noch bereichert ist (§ 530, § 531 Abs. 2 BGB).

Man kann sich leicht vorstellen, dass die Sache mit dem „groben Undank" die Gemüter erregt. Wenn ein Ehepaar sich trennt, stehen oft gegenseitige Vorwürfe im Raum: „Du hast mich grundlos verlassen!", „Du hast mich betrogen" und so weiter. Und bei wertvollen Geschenken liegt es dann nahe, mit solchen Begründungen die Rückgabe zu verlangen. Dürfen im System der Zerrüttungsscheidung Verschuldensvorwürfe überhaupt noch eine Rolle spielen?

Die Sache ist streitig. Die Gerichte vertreten im Allgemeinen die Ansicht, dass ehewidriges Verhalten eine schwere Verfehlung darstellen **kann**, die den Vorwurf des groben Undanks begründet. Umstritten ist nur, wie schwer die Eheverfehlung sein muss, ob der „normale Ehebruch" genügt oder ein „exzessives Fehlverhalten" die Voraussetzung bildet.

1. Geschenkt ist geschenkt – oder?

> **BEISPIEL:** Eine Ehefrau schenkt und überträgt ihrem Mann einen Miteigentumsanteil an der ihr gehörigen Wohnung, in der das Paar lebt. Der Mann nutzt alsbald eine Dienstreise der Frau, um seine Freundin in die Wohnung einzuladen und mit ihr dort Ehebruch zu begehen. In einem solchen Fall ist „grober Undank" bejaht worden. Dies ist besonders dann gerechtfertigt, wenn sich der Mann in einem Zeitpunkt hat beschenken lassen, in dem das ehewidrige Verhältnis schon bestand.
> Grober Undank wurde auch in dem Fall bejaht, in dem der beschenkte Ehegatte den anderen verleumdet und dadurch in seinem gesellschaftlichen Ruf schwer geschädigt hat.

Bei sehr wertvollen Geschenken, die während der Ehe gemacht wurden, ist jedenfalls an den Schenkungswiderruf zu denken, wenn sich der Beschenkte später ausgesprochen unfair verhalten hat. Doch sind, ehe man dem Beschenkten den Widerruf erklärt, einige wichtige Überlegungen anzustellen, die wiederum rechtlichen Rat erfordern.

Zunächst einmal können solche Geschenke **nicht widerrufen** und zurückgefordert werden, die einer **sittlichen Pflicht oder der Rücksicht auf den Anstand** entsprechen (§ 534 BGB). Unter die „Anstandsschenkungen" zählt man die üblichen Gelegenheitsgeschenke wie Geburtstags- und Weihnachtsgeschenke, soweit sie das bei entsprechendem Einkommen übliche Maß nicht überschreiten. Die Goldkette zu Weihnachten ist also widerrufsfest – es käme sonst zu einer unerträglichen Rückabwicklung der in langen Ehejahren laufend gemachten Zuwendungen.

Wichtiger noch: Bei Zuwendungen unter Ehegatten nehmen die Gerichte oft an, dass **keine Schenkung** gegeben ist und somit ein Widerruf wegen groben Undanks ausscheidet. Man sagt: Nicht alles, was sich Ehegatten zuwenden, ist „unentgeltlich". Viele Zuwendungen erklären sich als Ausgleich für geleistete Mitarbeit und als angemessene Beteiligung an den Früchten des ehelichen Zusammenlebens, sie dienen letztlich der Verwirklichung und Ausgestaltung der ehelichen Gemeinschaft. Man spricht von **ehebedingten Zuwendungen**, die nach Auffassung der Gerichte keine Schenkungen sind, daher auch nicht dem Widerruf wegen groben Undanks unterliegen. Das typische Beispiel ist die Beteiligung des anderen Ehegatten am Eigenheim, das nur durch den berufstätigen Teil finanziert wird, dem anderen aber mitgehören soll.

> **BEISPIEL:** Die Eheleute Dehmel führen eine Alleinverdienerehe. Frau Dehmel führt den Haushalt, Herr Dehmel ist berufstätig. Man spart auf ein Häuschen auf dem Lande. Eines Tages ist es so weit: Von dem Geld, das Herr Dehmel von seinem Gehalt zurückgelegt hat, wird ein Grundstück gekauft, das beide Ehegatten zu Miteigentum von je 1/2 erwerben. Auf dem Grundstück wird ein Haus gebaut.
> Man kann sagen: Herr Dehmel wendet seiner Frau das Miteigentum an dem Grundstück zu. Denn mit seinem Geld wird das Grundstück finanziert. Gleichwohl handelt es sich nicht um eine Schenkung, sondern um eine ehebedingte Zuwendung. Denn die Zuwendung erfolgt im Hinblick darauf, dass Frau Dehmel auf eigene Berufstätigkeit um der Familie willen verzichtet und dass man sich das Grundstück letztlich gemeinsam erspart hat.

Liegt eine ehebedingte Zuwendung vor, so kommt eine Rückforderung wegen groben Undanks nicht in Frage. Freilich lässt die Rechtsprechung auch hier eine Möglichkeit offen: Im Falle des Scheiterns der Ehe kann es unangemessen sein, wenn der Empfänger die Zuwendung behalten darf. Deshalb kommt eine (teilweise) Rückgängigmachung der Zuwendung wegen Wegfalls der Geschäftsgrundlage in Betracht. Dafür sind dann aber nicht Eheverfehlungen maßgebend, vielmehr der Gedanke, dass der Zuwendende nun nach Trennung der Eheleute an dem zugewendeten Objekt nicht mehr teilhaben kann (z. B. das der Frau zugewendete Haus nicht mehr mitbewohnen kann).

Die Grenze zwischen Schenkungen und ehebedingten Zuwendungen ist nicht leicht zu ziehen. Bei alledem spielt auch eine Rolle, in welchem Güterstand die Ehegatten leben. Bei Zugewinngemeinschaft muss man sich gut überlegen, ob ein Schenkungswiderruf überhaupt Vorteile bringt. Bei ehebedingten Zuwendungen ist ohnehin erst das Ergebnis des Zugewinnausgleichs abzuwarten; erst wenn dieses völlig unangemessen ist, kommt ein Anspruch wegen „Wegfalls der Geschäftsgrundlage" in Frage.

2. Gemeinsame Wertschöpfung in einer „Innengesellschaft"

Ausgleichsforderungen eines Ehegatten gegen den anderen bei Trennung oder Scheidung können auch aus **Gesellschaftsrecht** begründet sein. Das ist nicht nur dann der Fall, wenn die Ehegatten durch ausdrückliche Vereinbarung eine Gesellschaft gegründet haben, die nach außen als solche auftritt (etwa eine offene Handelsgesellschaft, die elektronische Software vertreibt). Vielmehr anerkennt die Rechtsprechung schon dann ein gesellschaftsrechtliches Verhältnis, wenn zwar nach außen keine Gesellschaft sichtbar wird, aber **im Innenverhältnis eine Kooperation der Ehegatten zu einem das eheliche Leben überschreitenden Zweck** stattfindet (so genannte Innengesellschaft). Eine derartige Konstruktion hat die Rechtsprechung z. B. in Fällen der wesentlichen Mitarbeit eines Ehegatten im Betrieb des anderen gewählt.

> **BEISPIEL:** Herr Kneitinger betreibt ein Fitness-Studio, das schlecht floriert. Als die Kinder etwas älter sind, kümmert sich seine Ehefrau, eine Sportlehrerin, um den Betrieb. Herrn Kneitinger ist das sehr recht, sieht er doch, wie das Studio durch die Fachkompetenz und den Charme seiner Frau aufblüht. Ausdrückliche Vereinbarungen, etwa ein Arbeitsvertrag, werden nicht geschlossen. Einige Jahre später scheitert die Ehe, der Betrieb ist hingegen durch seinen angewachsenen Kundenstamm und seinen guten Ruf sehr wertvoll geworden.

In solchen Fällen wird angenommen, dass die Ehegatten auch ohne ausdrückliche Abrede einen Gesellschaftsvertrag geschlossen haben, der zwar keine Gesellschaft im Geschäftsverkehr mit Dritten, aber ein gesellschaftsrechtliches Verhältnis unter den Ehegatten entstehen lässt. Dieses Verhältnis berechtigt Frau Kneitinger bei Auflösung der Gesellschaft, ihren Anteil am Betriebsvermögen in der Form eines finanziellen Ausgleichs (analog § 738 Abs. 1 S. 2 BGB) zu verlangen. Die Beteiligungsquote bemisst sich nach ihrem Einsatz für die Wertschöpfung. Die Auflösung der Gesellschaft wird mit der endgültigen Trennung der Ehegatten und dem dadurch bedingten Ende der Mitarbeit angenommen.

Leben im geschilderten Fall die Eheleute Kneitinger im gesetzlichen Güterstand, so kann es freilich sein, dass Frau Kneitinger schon durch den Zugewinnausgleich zu einer angemessenen Teilhabe an den Früchten ihrer Arbeit kommen kann.

(1) Wenn die Ehegatten Gütertrennung vereinbart haben, so können bei Trennung und Scheidung gleichwohl Ausgleichsansprüche des einen gegen den anderen aus allgemeinen Rechtsgrundlagen bestehen, z. B. auf Rückgabe einer Schenkung, auf Ausgleich ehebedingter Zuwendung, auf Teilhabe an einer Innengesellschaft u. a. m. Gütertrennung macht also – was den Vermögensausgleich betrifft – nicht völlig rechtlos!

(2) Auch wenn die Eheleute im gesetzlichen Güterstand leben und daher ein Zugewinnausgleich stattfindet oder stattfinden kann, kommen möglicherweise darüber hinaus die genannten allgemeinen Ansprüche in Betracht, zumal wenn der Zugewinnausgleich zu einem eklatant ungerechten Ergebnis führt. Wenn Ihr Anwalt Ihnen also mitteilt, beim Zugewinnausgleich sei „nichts zu holen", so fragen Sie nach weiteren möglichen Ansprüchen. Diese liegen in allen Fällen nahe, in denen ein Ehegatte Arbeits- und Vermögensleistungen erbracht hat, die dauerhaft das Vermögen des anderen vermehrt haben.

(3) Der Vermögensausgleich bei Trennung oder Scheidung ist eine juristisch komplizierte Sache, bei der fachlich versierter Rat unumgänglich ist. Völlig falsch wäre die „edle" Haltung: „Von diesem Mann/dieser Frau möchte ich kein Geld." Wenn die Sachlage klar ist, sollte man auf seine wohlerworbenen Rechte nicht verzichten. Die Regeln über den Vermögensausgleich haben den Sinn, zu verhindern, dass ein Teil durch die Leistungen des anderen dauerhaft bereichert seiner Wege gehen kann.

Ein **BEISPIEL** kann das deutlich machen: Wir nehmen an, im obigen Beispiel lebte das Ehepaar Kneitinger im gesetzlichen Güterstand. Herr Kneitinger war am Anfang der Ehe mit 200 000 € überschuldet, sein

> Anfangsvermögen betrug also *minus* 200 000 €. Bei Erhebung des Scheidungsantrags hatte er durch den Wert des Fitness-Studios, an dem seine Frau entscheidend mitgearbeitet hat, seine Vermögensbilanz ausgeglichen, sein Endvermögen beträgt also 0. Damit hat Herr Kneitinger einen Zugewinn von 200 000 € erzielt. Gleichwohl kann er nicht zugewinnausgleichspflichtig sein, selbst wenn Frau Kneitinger keinen Zugewinn zu verbuchen hätte. Das liegt an der Höhenbegrenzung des Anspruchs auf Zugewinnausgleich (oben S. 229): Da Herr Kneitinger bei Rechtshängigkeit des Scheidungsantrags keine positive Vermögensbilanz aufweisen kann, schuldet er trotz seines beträchtlichen Zugewinns nichts (§ 1578 Abs. 2 S. 1 BGB).

In solchen Fällen kann ein Ausgleichsanspruch auf den Gedanken der „Innengesellschaft" gestützt werden: Die Ehegatten haben mit der Zusammenarbeit im Betrieb des Mannes einen über die eheliche Gemeinschaft hinausreichenden wirtschaftlichen Zweck verfolgt und waren daher zu einer Innengesellschaft verbunden, die mit dem Scheitern der Ehe aufgelöst ist. Die Frau hat Anspruch auf einen Wertanteil, der ihrem Einsatz für die Vermögensbildung entspricht. Auch für derartige gesellschaftsrechtliche Beteiligungsansprüche, die in einem Zusammenhang mit Trennung oder Scheidung der Eheleute stehen, sind die Familiengerichte zuständig (§ 266 Abs. 1 Nr. 3 FamFG).

3. Gemeinsames Eigentum

Wie schon erwähnt, erwerben die Eheleute oft gemeinsames Eigentum, vor allem am **Familienheim**. Bei Trennung und Scheidung fragt sich dann, was mit den gemeinsamen Gütern geschehen soll. Nicht selten ist das Eigenheim, auf das man gespart und hingearbeitet hat, gerade fertig, die Familie gerade eingezogen, und plötzlich bricht die Ehekrise aus!

Die Sache ist dramatisch: Jeder Miteigentümer kann jederzeit die Aufhebung der Miteigentümergemeinschaft verlangen (§ 749 Abs. 1 BGB). Grundstücke, die in Miteigentum stehen, werden auf Antrag eines Ehegatten zwangsversteigert und dann der Erlös geteilt (§ 753

Abs. 1 S. 1 BGB; § 180 Zwangsversteigerungsgesetz). Das Eigenheim kann also ein trauriges Schicksal haben, das man ihm aber vernünftigerweise erspart – durch Vereinbarungen, die regeln, welcher der beiden Ehegatten das Objekt übernimmt und wie der andere dafür entschädigt wird.

Bevor ein Antrag auf Teilungsversteigerung gestellt wird, muss Folgendes bedacht werden: Solange die Ehe noch besteht, kann es im gesetzlichen Güterstand der Zugewinngemeinschaft sein, dass ein Ehegatte den Antrag nicht ohne Zustimmung des anderen stellen kann. Dies kommt dann in Betracht, wenn der Grundstücksanteil praktisch das ganze Vermögen desjenigen ausmacht, der den Versteigerungsantrag stellen will (§ 1365 Abs. 1 BGB, dazu oben S. 216 ff.).

Ferner kann der andere Ehegatte erreichen, dass das beantragte Versteigerungsverfahren einstweilen eingestellt wird, wenn dies zur Abwendung einer ernsthaften Gefährdung des Wohls eines gemeinschaftlichen Kindes erforderlich ist (§ 180 Abs. 3 Zwangsversteigerungsgesetz). Das kann z. B. der Fall sein, wenn es sich um das Familienheim handelt und der Ehegatte, der die Kinder betreut, keine andere angemessene Wohnung finden kann.

Oft unterhalten die Ehegatten auch ein **gemeinschaftliches Bankkonto**, auch wenn nur einer von ihnen regelmäßige Erwerbseinkünfte hat oder wenn die Ehegatten verschieden hohe Monatseinkommen beziehen. Der Bank gegenüber pflegen dann beide Ehegatten jeweils selbständig verfügungsbefugt zu sein. Für das Verhältnis unter den Ehegatten besteht im Regelfall eine **gleiche Berechtigung** am Guthaben, gleichgültig, ob beide berufstätig sind oder nicht. Denn auch die Haushaltsführung ist ein gleichwertiger Beitrag zum Familienunterhalt. Hebt ein Ehegatte nach der Trennung vom gemeinsamen Konto mehr ab, als ihm nach diesen Grundsätzen gebührt, so kann er zur Rückzahlung verpflichtet sein.

Zur Rechtslage an Ehewohnung und Haushaltsgegenständen siehe oben S. 35 ff.

4. Zu den Schulden

Bei Trennung und Scheidung sind die Eheleute nicht selten verschuldet. Es entsteht dann die Frage, wer nun, nachdem die Eheleute auseinander gehen, Zins und Tilgung in der Zukunft bezahlen soll. Dabei ist es wichtig, das Verhältnis zu den Gläubigern (Außenverhältnis) und das Verhältnis der Ehegatten untereinander (Innenverhältnis) klar zu unterscheiden.

Im **Verhältnis zu den Gläubigern** (Außenverhältnis) ändert sich durch Trennung und Scheidung nichts. Es schuldet derjenige Ehegatte, der eine entsprechende Verpflichtung eingegangen ist, z. B. derjenige, der bei der Bank ein Darlehen aufgenommen und sich zur Rückzahlung verpflichtet hat.

> Der Güterstand der Zugewinngemeinschaft zieht nicht etwa eine Haftung für die Schulden des Partners nach sich. Viele Leute wissen das nicht und meinen, sie müssten für die Verbindlichkeiten des Partners geradestehen – das ist nicht der Fall! Gleiches gilt bei Gütertrennung; völlig anders ist die Lage hingegen bei Gütergemeinschaft.

BEISPIEL: Herr und Frau Förster leben im gesetzlichen Güterstand. Herr Förster hat ein Mietshaus von seinen Eltern geerbt, das er mit großem Aufwand saniert. Er nimmt zu diesem Zweck bei der Bank ein Baudarlehen auf.
Frau Förster haftet weder für die Zinsen noch für die Tilgungsraten. Sie hat mit dem Darlehen nichts zu tun. Das gilt auch dann, wenn die Försters in dieses Haus einziehen sollten.

Weil das so ist, versuchen die Banken, die Ehepartner ihres Schuldners in die Haftung hineinzuziehen: Sie machen die Gewährung des Kredits davon abhängig, dass der andere Ehepartner **vertraglich die Mithaftung** oder eine **Bürgschaft** übernimmt. Wenn sich der andere Ehegatte darauf einlässt, kann er in Anspruch genommen werden. Unter bestimmten Voraussetzungen behandelt die Rechtsprechung die Mithaftung des Ehepartners, der keinerlei eigenes Interesse an dem Kredit hat, als sittenwidrig und nichtig (§ 138 Abs. 1 BGB), doch sollte man es nicht darauf ankommen lassen. Besser ist es, eine solche Haftung für die Schulden des Partners gar nicht erst zu übernehmen.

> Verlangt eine Bank bei den Kreditverhandlungen mit einem Ehegatten die Mithaftung des anderen, der mit dem Geschäft gar nichts zu tun hat, so ist größte Vorsicht am Platz. Man muss sich fragen: Wie wichtig ist der Kredit für die Versorgung der Familie? Werde ich je in der Lage sein, das Geld notfalls auch aufzubringen? Ist die Bank nicht schon anderweitig, z. B. durch Grundschulden, gesichert?

Eine gemeinsame Schuldenhaftung ist dann gerechtfertigt, wenn die zu finanzierende Maßnahme beiden Ehegatten zugute kommt. Das klassische Beispiel ist das Eigenheim.

Auch in der Hausfrauenehe, in der der Ehemann aus seinem Einkommen allein den Schuldendienst für das erbaute Familienheim leistet, ist es gewöhnlich gerechtfertigt, dass die Ehefrau die Mithaftung übernimmt, vor allem wenn sie als Miteigentümerin im Grundbuch eingetragen ist.

Wenn die Ehegatten dem Gläubiger gegenüber **gemeinsam haften**, ergibt sich die zweite Frage, wie die **Schuldenlast im Verhältnis unter den Ehegatten selbst** (Innenverhältnis) **zu verteilen** ist. Kann z. B. der Partner, der die Zins- und Tilgungsleistungen für eine bestimmte Zeit allein erbracht hat, vom anderen hälftigen Ausgleich verlangen? Das hängt ganz von den konkreten Umständen ab, insbesondere davon, ob der Kredit beiden Ehegatten zugute gekommen ist (etwa bei Finanzierung des Eigenheims) oder nur einem (etwa bei Mithaftung für die Geschäftsschulden des anderen). Wer für die Schulden seines Ehepartners ohne eigenes Interesse an der Angelegenheit einsteht, um auf Wunsch der Bank den Kredit abzusichern, kann vom Partner in der Regel vollen Ausgleich verlangen, wenn er aus der Mitverpflichtung in Anspruch genommen wird. Es kann auch ein Anspruch gegen den Partner gegeben sein, nach der Scheidung von der Mithaftung freigestellt zu werden, etwa dadurch, dass der Partner dem Gläubiger anderweitige Sicherheiten stellt.

Eine gemeinsame Schuldenhaftung kann sich auch daraus ergeben, dass ein Ehegatte ein Geschäft auf Kredit abschließt, mit dem der angemessene Lebensbedarf der Familie gedeckt werden soll. Solche Geschäfte berechtigten und verpflichten ohne weiteres auch den anderen Ehegatten (Schlüsselgewalt, § 1357 BGB), auch wenn dieser davon nichts weiß (siehe oben S. 11).

9. Kapitel

Ehescheidung und Namensrecht

1. Gleichberechtigung auch im Namensrecht

Vorbei sind die Zeiten, da der Ehemann seiner geschiedenen Frau verbieten konnte, den Ehenamen – der obligatorisch der Mannesname war – weiterzuführen. Inzwischen haben wir auch im Namensrecht die volle Gleichberechtigung der Geschlechter erreicht. Sowohl der Name des Mannes als auch der Name der Frau kann, je nach Wahl der Brautleute, gemeinsamer Ehename werden. Zudem brauchen die Ehegatten seit 1991 überhaupt keinen gemeinsamen Ehenamen mehr zu führen: Jeder kann den Namen, den er bei Eheschließung trägt, beibehalten, so dass die Eheleute verschiedene Namen tragen (§ 1355 Abs. 1 S. 3 BGB).

Bei der Scheidung ändert sich am Namen der Geschiedenen grundsätzlich nichts, doch erfreut uns der Gesetzgeber hier mit einigen Namensoptionen. Um sie zu verstehen, zunächst ein allgemeiner Blick auf das Ehenamensrecht.

2. Die Bestimmung eines gemeinsamen Ehenamens

Der Standesbeamte fragt die Verlobten vor der Eheschließung, ob sie einen **gemeinsamen Ehenamen** wählen wollen und gegebenenfalls welchen. Zur Wahl standen bisher der Geburtsname des Mannes und der Geburtsname der Frau (§ 1355 Abs. 2 BGB). Doch hat das Bundesverfassungsgericht entschieden, dass außerdem auch ein in früherer Ehe angeheirateter Name in der neuen Ehe zum Ehenamen bestimmt werden kann (Entscheidung vom 18. 2. 2004, FamRZ 2004, 515). Hingegen darf als Ehename kein aus den Namen des Mannes und der Frau kombinierter Doppelname gewählt werden.

> **BEISPIEL:** Ein Mann, geborener Schall, will eine geschiedene Frau heiraten, die von Geburt an Rauch hieß. Im Zeitpunkt der Eheschließung führt die Frau aber den Namen Faust, weil sie zuvor mit Herrn Faust verheiratet und dieser Name zum Ehenamen bestimmt worden war. Als gemeinsamen Ehenamen könnten die Eheschließenden nun wählen: Schall (Geburtsname des Mannes), Rauch (Geburtsname der Frau) oder Faust (Name, den die Frau im Zeitpunkt der Eheschließung führt). Hingegen können sie aus diesen Namen keinen Doppelnamen als Ehenamen bilden (also nicht Schall-Rauch oder Schall-Faust etc.).

Hat jemand als Geburtsnamen oder als aktuell geführten Namen bereits einen Doppelnamen, so kann auch dieser Doppelname gewählt werden; es können nur nicht aus Anlass der Heirat *neue* Doppelnamen gebildet werden.

Die **Kinder** aus der Ehe erhalten automatisch den von den Ehegatten bestimmten Ehenamen als Geburtsnamen (§ 1616 BGB).

3. Der persönliche Namenszusatz

Bestimmen die Verlobten einen gemeinsamen Ehenamen, so muss also ein Partner „zurückstecken" und den Namen wechseln. Dies wird dadurch abgemildert, dass dieser Partner seinen bisherigen Namen als persönlichen Namenszusatz führen darf (§ 1355 Abs. 4 BGB). Dazu ist notwendig, dass er gegenüber dem Standesbeamten eine entsprechende Erklärung abgibt. Der persönliche Namenszusatz kann dem Ehenamen vorangestellt oder auch angefügt werden. Der betreffende Ehegatte kann nach seiner Wahl entweder den Geburtsnamen oder den Namen hinzufügen, den er im Zeitpunkt, da der Ehename bestimmt wird, führt. Das heißt im Klartext: Auch der angeheiratete Name aus früherer Ehe kann hinzugefügt werden.

Nehmen wir an, im obigen **BEISPIEL** wird bei der Heirat als gemeinsamer Ehename der Mannesname, also Schall gewählt. Die Ehefrau kann dann als Namenszusatz sowohl ihren Geburtsnamen Rauch als auch den zuletzt geführten Namen Faust voranstellen oder hinanfügen. Es stehen ihr folgende Namen zur Auswahl:
– Rauch-Schall,
– Schall-Rauch,
– Faust-Schall,
– Schall-Faust.

WICHTIG:

Der persönliche Namenszusatz beschränkt sich auf den Ehegatten, der ihn führt, und geht nicht auf die gemeinsamen Kinder über!

BEISPIEL: Im obigen Fall hat das Ehepaar zwei Kinder. Der Ehemann heißt Schall, die Kinder heißen Schall und nur die Ehefrau trägt einen der genannten Doppelnamen.

Ist der Ehename schon Doppelname, so darf kein persönlicher Namenszusatz geführt werden – das Gesetz will verhindern, dass Dreifachnamen entstehen.

4. Kein Zwang zum gemeinsamen Ehenamen

Man sieht: Es gibt aus Anlass der Heirat eine Reihe von Möglichkeiten, den Namen zu verändern! Die weitere Möglichkeit hatten wir schon angedeutet: Die Ehegatten brauchen überhaupt keinen gemeinsamen Ehenamen zu führen und heißen dann nach der Heirat ebenso wie zuvor. Zwar sagt das Gesetz, die Eheleute **sollen** einen Ehenamen wählen (§ 1355 Abs. 1 S. 1 BGB), wenn sie es aber nicht tun wollen, so wird ihnen die Eheschließung nicht verwehrt.

9. KAPITEL — Ehescheidung und Namensrecht

Freilich entstehen dann Probleme mit dem **Namen der Kinder**. Diese erhalten dann nicht etwa einen Doppelnamen aus Mutter- und Vaternamen. Vielmehr müssen die Eltern durch besondere Erklärung gegenüber dem Standesbeamten bestimmen, ob das Kind den Vaternamen oder den Mutternamen tragen soll. Dabei stehen die Namen zur Wahl, die die Elternteile zur Zeit dieser Namensbestimmung führen (das kann also auch ein in früherer Ehe angeheirateter Name sein!). Mögliche Ergebnisse sind nicht ohne Pikanterie.

> **BEISPIEL:** Eine Frau geb. Hieb ist in erster Ehe mit Herrn Stich verheiratet. Als Ehename wird Stich gewählt. Frau Stich verlässt ihren Mann, weil sie sich für einen anderen interessiert. Sie lässt sich scheiden, behält aber den Namen Stich bei. Dann heiratet sie Herrn Stumpf, in dieser Ehe wird kein gemeinsamer Ehename gewählt. Frau Stich und Herr Stumpf bekommen nun eine Tochter, deren Name bestimmt werden muss.
> Für die Tochter kann der Name Stumpf oder Stich gewählt werden, nicht aber Hieb. Wird Stich gewählt, so heißt die Tochter zwar nicht wie ihr Vater, aber wie der frühere Ehemann der Mutter!

Auf diese Weise können Kinder übrigens zu echten Doppelnamen kommen, die sie später durch Heirat weitergeben können.

> Angenommen: In obigem **BEISPIEL** hatte die Frau in erster Ehe zu dem Ehenamen Stich einen persönlichen Namenszusatz geführt (Hieb-Stich) und diesen Namen nach der Scheidung beibehalten. In der zweiten Ehe mit Herrn Stumpf, in der kein Ehename gebildet wird, heißt sie nun weiterhin Hieb-Stich. Als Name für die Kinder aus der zweiten Ehe kann nun entweder der Vatername Stumpf oder der Muttername Hieb-Stich gewählt werden!

Der Name, der für das erste gemeinsame Kind bestimmt wird, gilt zum Glück für alle weiteren. Es soll vermieden werden, dass die Kinder unterschiedliche Namen tragen.

Können sich die Eltern, die keinen gemeinsamen Ehenamen gewählt haben, nicht einigen, wie das Kind heißen soll, so greift das Familiengericht ein. Ist binnen eines Monats der Name des Kindes nicht einvernehmlich bestimmt, so überträgt das Gericht die Bestimmungsbefugnis auf Vater oder Mutter allein. Das Gericht kann dem Bestimmungsberechtigten dann eine Frist setzen; fruchtet dies nicht, so erhält das Kind den Namen des Bestimmungsberechtigten!

> **BEISPIEL:** Herr Kurz und Frau Klein sind verheiratet und bekommen ein Kind. Sie können sich auf den Geburtsnamen des Kindes nicht einigen. Nach 1 Monat überträgt das Familiengericht die Namensbestimmung auf Frau Klein und setzt ihr eine Frist. Nachdem Frau Klein auch in dieser Frist keine Erklärung abgegeben hat, steht fest, dass das Kind Klein heißt.
> Ein ähnlicher Streit kann übrigens um den Vornamen eines Kindes entbrennen. Auch hier kann das Gericht die Bestimmungsbefugnis einem Elternteil übertragen (§ 1628 BGB).

Probleme können dann entstehen, wenn die Ehegatten zunächst verschiedene Namen tragen, sich dann aber später während der Ehe zu einem gemeinsamen Ehenamen entschließen. Sie können das noch zu einem beliebigen Zeitpunkt nachholen. Dann ergibt sich die Frage, wie sich die Namensänderung auf die vorher geborenen gemeinsamen Kinder auswirkt. Hier differenziert das Gesetz nach dem Alter der Kinder (§ 1617c BGB): Kinder bis 5 Jahre werden in die mögliche Namensänderung automatisch einbezogen, ab dann können sie sich unter weiteren altersbezogenen Modalitäten anschließen.

5. Der Einfluss der Scheidung auf den Namen

Führen die Eheleute keinen gemeinsamen Ehenamen, so ändert sich mit der Scheidung der Ehe an ihren Namen nichts. Das ist logisch: Wenn die Heirat nichts ändert, dann auch nicht die Scheidung!

Haben die Ehegatten einen Ehenamen gewählt, so ergibt sich mit der Scheidung zwar auch kein automatischer Wechsel: Die Geschiedenen führen den Ehenamen einfach fort (§ 1355 Abs. 5 S. 1 BGB). Doch gibt das Gesetz demjenigen, dessen Name nicht als Ehename gewählt worden war, die Chance, wieder zu einem früheren Namen

9. KAPITEL — Ehescheidung und Namensrecht

zurückzukehren (§ 1355 Abs. 5 S. 2 BGB). Es könnte ja sein, dass ein Ehepartner nach unglücklich verlaufener Ehe auch „namentlich" nichts mehr mit dem anderen zu tun haben möchte.

> **BEISPIEL:** Eine Frau, geborene Becker, heiratet Herrn Fleischer. Als Ehename wird Fleischer gewählt. Die Ehe verläuft unglücklich, Frau Fleischer fühlt sich von ihrem Mann gepeinigt und erniedrigt. Die Ehe wird auf ihren Antrag geschieden. Sie möchte nun auch nicht mehr durch den Namen an ihren früheren Ehemann erinnert werden.
> Das Gesetz gibt ihr folgende Möglichkeiten:
> - Sie kann durch Erklärung gegenüber dem Standesbeamten ihren Geburtsnamen Becker wieder annehmen.
> - Sie kann aber auch jetzt einen Doppelnamen wählen, indem sie zwar den Ehenamen Fleischer weiterführt, aber ihren Geburtsnamen voranstellt oder anfügt. Das heißt also: Die Frau kann sich Becker-Fleischer oder Fleischer-Becker nennen.

Interessant ist, dass ein Ehegatte, der in zweiter (oder weiterer) Ehe verheiratet ist, nach der Scheidung auch zu dem Namen zurückkehren kann, den er bis zur Bestimmung des Ehenamens der letzten Ehe geführt hat, also auch zu einem früher angeheirateten Namen.

> **BEISPIEL:** Im obigen Fall war die geborene Frau Becker in erster Ehe mit Herrn Tischler verheiratet gewesen (Ehename: Tischler), bevor sie in zweiter Ehe Herrn Fleischer (Ehename: Fleischer) heiratete. Nach der Scheidung von Herrn Fleischer kann sie wahlweise zum Geburtsnamen Becker oder zu dem vor der Heirat mit ihrem zweiten Mann geführten Namen Tischler zurückkehren.

Keinen Einfluss hat die Scheidung grundsätzlich auf den **Namen der Kinder**. Auch wenn der Ehegatte, der dem Kind den Namen gegeben hat oder der das Sorgerecht ausübt, anderweitig heiratet und den Namen des neuen Partners als Ehenamen annimmt, hat das keine Auswirkung auf den Kindesnamen (§ 1617c Abs. 2 Nr. 2 BGB). Das wird manchmal als unerwünscht angesehen, wenn das Kind aus erster Ehe in eine neue Familie hineinwächst und sich durch die Namensverschiedenheit ausgegrenzt fühlen könnte.

5. Der Einfluss der Scheidung auf den Namen

> **BEISPIEL:** Das Ehepaar Schmuck hat eine Tochter Eva. Als diese 3 Jahre alt ist, wird die Ehe geschieden. Das Sorgerecht bleibt gemeinsam, vereinbarungsgemäß lebt das Kind bei seiner Mutter. Frau Schmuck heiratet nun Herrn Talmi. In dieser Ehe wird der Ehename Talmi gewählt. Aus dieser Ehe entstammen weitere Kinder, die den Namen Talmi tragen. Nun lebt die kleine Eva in einer Familie, in der alle Talmi heißen, nur sie selbst heißt Schmuck.

Für solche Fälle besteht die Möglichkeit, dass der sorgeberechtigte Elternteil (hier: die Mutter) und ihr Ehegatte (hier: Herr Talmi) dem Kind **den neuen Ehenamen „erteilen"** können (§ 1618 BGB). Die Sache ist jedoch problematisch, da die Interessen des Kindesvaters (im Beispiel: des Herrn Schmuck) stark tangiert sind, wenn seine Tochter den Namen des neuen Ehemannes seiner früheren Frau erhalten soll. Auch erscheint es zweifelhaft, ob eine solche Namensänderung, die das Verhältnis des Kindes zu dem anderen Elternteil belasten kann, wirklich im Interesse des Kindeswohls erforderlich ist. Das Gesetz bindet eine solche „Namenserteilung" an enge Voraussetzungen:

- Es muss sich um ein minderjähriges, unverheiratetes Kind handeln;
- der einbenennende Elternteil muss die elterliche Sorge allein oder zusammen mit dem anderen innehaben;
- der einbenennende Elternteil und sein (neuer) Ehegatte müssen das Kind in ihren gemeinsamen Haushalt aufgenommen haben;
- der andere Elternteil muss zustimmen, wenn ihm die elterliche Sorge gemeinsam mit dem einbenennenden Elternteil zusteht oder wenn das Kind seinen Namen führt; freilich kann die Zustimmung durch das Gericht ersetzt werden, wenn die Einbenennung zum Wohl des Kindes erforderlich ist (was selten der Fall sein wird);
- ferner muss das Kind, wenn es das 5. Lebensjahr vollendet hat, zustimmen (beachte die Regeln des § 1617c Abs. 1 S. 2, 3).

In dem oben genannten Fall sind nach § 1618 BGB auch andere Namensgestaltungen für das Kind möglich: Unter denselben Voraussetzungen kann für das Kind auch ein Doppelname aus dem bisherigen Namen und dem neuen Ehenamen der Mutter gebildet werden (§ 1618 Abs. 1 S. 2 BGB).

> **BEISPIEL:** Im oben stehenden Fall bestehen also, vorausgesetzt Herr Schmuck stimmt zu oder seine Zustimmung wird durch das Gericht ersetzt, folgende Möglichkeiten für die Gestaltung des Kindesnamens:
> (1) Dem Kind wird der Name Talmi erteilt.
> (2) Das Kind erhält den Namen Schmuck-Talmi.
> (3) Das Kind erhält den Namen Talmi-Schmuck.

10. Kapitel

Rechtsfragen um die nichteheliche Lebensgemeinschaft

1. Was ist eine nichteheliche Lebensgemeinschaft?

In Deutschland leben heute Millionen von Menschen in informellen Paarbeziehungen. Es gibt heterosexuelle und homosexuelle Lebensgemeinschaften, Wohn- und Wirtschaftsgemeinschaften unter Geschwistern und unter Studenten usw. Von den nachfolgenden Ausführungen werden nur die nichtehelichen Lebensgemeinschaften erfasst, wie sie dem „allgemeinen Sprachgebrauch" entsprechen, nämlich **heterosexuelle Partnerschaften** mit **gemeinsamem Haushalt**, aber **ohne formale Eheschließung**.

Der nichtehelichen Lebensgemeinschaft zwischen verschieden geschlechtlichen Paaren haftete lange der Makel der „Sittenwidrigkeit" an. Hiervon konnte sie sich jedoch seit geraumer Zeit befreien. Mit der veränderten moralischen Bewertung der nichtehelichen Lebensgemeinschaften und ihrer gesellschaftlichen Akzeptanz, haben diese stark zugenommen. Bislang hat dieser Umstand – anders als bei homosexuellen Lebensgemeinschaften – jedoch noch nicht dazu geführt, dieser Bindungsform einen gesetzlichen Rahmen zu geben. Die rechtlichen Verbindungen der Eheleute sind maßgeblich im Bürgerlichen Gesetzbuch erfasst; das so genannte **Lebenspartnerschaftsgesetz** behandelt ausführlich die Fragen der Eingehung, Ausgestaltung sowie Beendigung der **homosexuellen Partnerschaft**. Und was ist mit der nichtehelichen Lebensgemeinschaft? Bewegt sie sich „im rechtsfreien Raum"? Oftmals ist ja auch gerade die Ablehnung des rechtlichen Rahmens einer Ehe der Grund für die Partner, in einer nichtehelichen Lebensgemeinschaft zusammenzuleben. Die Partnerschaft soll vielmehr wieder formlos aufgelöst werden können.

2. Die rechtliche Lage der nichtehelichen Lebensgemeinschaft

Auch wenn der gesetzliche Rahmen der Ehe oder des Lebenspartnerschaftsgesetzes fehlt, bedeutet dies nicht, dass die Partner einer nichtehelichen Lebensgemeinschaft überhaupt keine Rechte und Verpflichtungen untereinander haben. Ihre Bindungen untereinander werden vielmehr weitgehend nicht nach speziellen familienrechtlichen Vorschriften und Grundsätzen, sondern nach den **allgemeinen Gesetzen** und **Grundsätzen** beurteilt. Dies führt freilich dazu, dass es in der Praxis bisweilen im Ernstfall zu missliebigen und unbefriedigenden Ergebnissen bei der Auseinandersetzung der Lebensgemeinschaft kommt.

Böse Überraschungen können vielfach durch **rechtzeitige Eigeninitiative** vermieden werden. Den Partnern einer nichtehelichen Lebensgemeinschaft steht ein breites Spektrum an vertraglichen Gestaltungsmöglichkeiten zur Verfügung. Mit derartigen **„Partnerschaftsverträgen"** kann individuell ein rechtlicher Rahmen geschaffen werden, der den Partnern eine Rechts- und Planungssicherheit für die gemeinsame Zukunft bietet.

BEISPIEL: Annette und Dieter ziehen in eine gemeinsame Wohnung und wollen miteinander leben und wirtschaften. Das „Spektakel" einer Hochzeit wollen sie unbedingt vermeiden, da innerhalb der Familien Zwistigkeiten bestehen. Vor dem Zusammenziehen schließen sie jedoch einen Vertrag, nachdem sie im Fall der Trennung so verpflichtet sein wollen, wie Eheleute dies auch sind. Nach mehrjährigem Zusammenleben erkrankt Annette schwer und kann für die Dauer von mindestens zwei Jahren nicht mehr arbeiten. Dieter trennt sich von ihr. Nun verlangt Annette Unterhalt. Aufgrund der vertraglichen Regelung wollte das Paar im Fall der Trennung so gestellt sein, wie es Eheleute im Falle der Trennung und

2. Die rechtliche Lage der nichtehelichen Lebensgemeinschaft

> Scheidung sind. Ein Unterhaltsanspruch Annettes nach § 1572 BGB (Unterhalt wegen Krankheit) kommt jedoch nicht in Betracht, da die beiden gerade keine Ehe geschlossen haben. Die Vorschrift ist daher nicht anwendbar. Jetzt hilft der Vertrag! Von einer Sittenwidrigkeit des Vertrages kann vorliegend nicht ausgegangene werden. Zum einen gelten Verträge innerhalb nichtehelicher Lebensgemeinschaften nicht mehr als generell sittenwidrig, zum anderen sind hier keine Gründe ersichtlich, die zu einer sittenwidrigen Knebelung einer der Vertragsparteinen führt. Es gibt auch keine Verbote, die dazu führen, dass Partner einer nichtehelichen Lebensgemeinschaft sich nicht zu einer quasi ehegleichen Solidarität verpflichten könnten. Aus diesem Grund kann man davon ausgehen, dass Annette für die Zeit ihrer Krankheit ein vertraglicher Unterhaltsanspruch gegen Dieter zusteht.

Es würde den Umfang dieses Buches bei weitem sprengen, alle denkbaren Gestaltungsmöglichkeiten aufzuzeigen. Hier sollte nach Möglichkeit ein Rechtsanwalt oder Notar ins Vertrauen gezogen werden, der die persönlichen Wünsche und Bedürfnisse in rechtliche Form gießen kann. Ein schriftlich fixierter Partnerschaftsvertrag bietet zudem gegenüber einer lediglich mündlichen Abrede den großen Vorteil, dass im Fall des Falles Beweis geführt werden kann. In jedem Fall sollten sich die (angehenden) Partner einer nichtehelichen Lebensgemeinschaft über folgende Aspekte Gedanken machen:

- Wie ist das gemeinsame Wohnen geregelt?
- Soll es unterhaltsrechtliche Regelungen und Vereinbarungen hinsichtlich der Altersvorsorge geben?
- Welche Vorstellungen bestehen über die Erziehung gemeinschaftlicher Kinder?
- Was wird in den Haushalt eingebracht und wie steht es mit Neuanschaffungen?
- Soll eine Immobilie angeschafft werden?
- Was passiert mit Giro-, Spar- und Darlehenskonten?
- Ist eine berufliche Zusammenarbeit vorgesehen?
- Sollen gegenseitig Vollmachten erteilt werden?
- Will man einander beerben?

Die Fülle dieser Fragen ist freilich nur ein Ausschnitt aus einem großen Spektrum denkbarer Gestaltungsmöglichkeiten. Sie erfassen lediglich die in der Praxis am häufigsten vorkommenden Problemfelder der nichtehelichen Lebensgemeinschaft vor allem bei deren Auflösung, die auch nachfolgend kurz aufgezeigt werden sollen.

3. Die Trennung

Eine nichteheliche Lebensgemeinschaft kann – anders als die Ehe – jederzeit und ohne Angaben von Gründen beendet werden. Eine „Trennungszeit" gibt es ebenso wenig wie einen allgemeinen Vermögensausgleich vergleichbar dem Zugewinnausgleich. Vielmehr ist die Unverbindlichkeit der Beziehung der Partner geradezu kennzeichnend für die nichteheliche Lebensgemeinschaft. Den Partnern sollte aber in jedem Fall klar sein, dass mit der Beendigung der Partnerschaft nicht automatisch die rechtsgeschäftlichen Beziehungen zu Dritten, etwa dem Vermieter, der Bank etc. enden. Hieraus ergeben sich recht häufig Unstimmigkeiten. Auch sollte nicht ohne weiteres davon ausgegangen werden, dass man Ersatz für im Rahmen der Gemeinschaft erbrachte Leistungen erhielte und im Nachhinein alles gegeneinander aufrechnen könne. Das ist grundsätzlich nicht so! Wurden keine vertraglichen Regelungen getroffen, kann es durchaus passieren, dass einer oder beide Partner nach der Trennung „im Regen stehen". Also noch einmal: **Vorbeugen tut Not!**

Das Zusammenwohnen in der nichtehelichen Lebensgemeinschaft kann praktisch auf unterschiedliche Weise gestaltet werden. Entweder mieten beide Partner gemeinsam eine Wohnung an oder ein Partner zieht mit in die bereits vom anderen angemietete Wohnung. Denkbar ist auch, dass ein Partner in die Immobilie des anderen zieht. Schließlich kann auch eine Immobilie gemeinsam erworben und bewohnt werden.

Mieten beide Partner von vornherein **gemeinsam**, so hat dies den Vorteil, dass beide im rechtlichen Sinne Mieter sind und daher auch ein sog. Recht zum Besitz an der Wohnung haben. Beide können auch sämtliche Rechte aus dem Mietvertrag gegenüber dem Vermieter beanspruchen und sich z. B. auf das Hausrecht berufen. Auch für den Vermieter ist diese Gestaltungsform günstig und häufig sogar erwünscht. Seine Ansprüche gegen die Mieter, insbesondere auf die Zahlung des Mietzinses, kann er gegenüber beiden Partnern geltend machen. Selbstverständlich kann der Vermieter dabei den Mietzins insgesamt nur einmal verlangen. Er kann sich aber unter Umständen an den finanzkräftigeren Partner halten. Im Verhältnis zueinander haften die Partner regelmäßig hälftig, soweit sie keine andere Vereinbarung getroffen haben.

Schwierigkeiten können in diesem Fall neben der Mietzinszahlung auch für den Fall der Kündigung auftreten. Trennen sich die Partner, so muss entweder gemeinsam gekündigt werden oder mit dem Vermieter eine Abrede hinsichtlich der Entlassung eines Partners aus dem Mietverhältnis getroffen werden. Andernfalls besteht die Gefahr, dass der Ausgezogene auch noch über den Zeitraum der nichtehelichen Lebensgemeinschaft hinaus dem Vermieter für die Miete haftet. Möglicherweise hat er dann Mühe, sein Geld beim anderen wieder beizutreiben. Im Allgemeinen gilt hier, dass beide Partner verpflichtet sind, an der Auflösung des Mietverhältnisses mitzuwirken.

Im **beidseitigen Mietverhältnis** kann ein Partner vom anderen auch nicht ohne weiteres vor die Tür gesetzt werden, da beide ein Recht zum Besitz haben. Hier heißt es also, sich nach Möglichkeit friedlich zu einigen. Grundsätzlich gibt es hier auch – anders als bei der Ehewohnung (vgl. hierzu oben S. 47 ff.) – keine Möglichkeit, einem Partner die Wohnung gerichtlich zur alleinigen Nutzung zuzuweisen. Eine Ausnahme hiervon besteht lediglich dann, wenn ein Partner der nichtehelichen Lebensgemeinschaft Opfer einer vorsätzlichen und widerrechtlichen Körper-, Gesundheits- oder Freiheitsverletzung durch den anderen Partner geworden ist. Dann findet § 2 Gewaltschutzgesetz (GewSchG) Anwendung und kann im konkreten Fall zu einer sofortigen alleinigen Wohnungszuweisung führen. (Näher zum Gewaltschutzgesetz und seinem Anwendungsbereich oben S. 52 ff.)

Zieht ein **Partner** mit in die **Wohnung** des **anderen**, so bleibt es in der Regel beim **einseitigen Mietvertrag**. Der Vermieter muss jedoch grundsätzlich der Aufnahme des Partners in die Wohnung zustimmen, es sei denn, es liegt eine Überbelegung vor. Dies kann beispielsweise bei einem Einzimmerapartment der Fall sein oder wenn noch Kinder mit in eine kleine Wohnung aufgenommen werden. Ein Partner ist Alleinmieter und haftet im Verhältnis zum Vermieter auch allein für den Mietzins. Die Gestaltung der Mietzahlung im Innenverhältnis zwischen den Partnern ist diesen frei überlassen. Denkbar ist, dass die Partner einen Untermietvertrag schließen. Am Rechtsverhältnis zum Vermieter ändert dies jedoch nichts. Für den Hauptmieter können sich hieraus für den Fall der Trennung jedoch nachteilige Folgen ergeben, so dass hier Vorsicht geboten ist.

Darüber hinaus verfügt grundsätzlich nur der Mieter allein über das Besitz- und Hausrecht. Der andere Partner hat also kein Mitspracherecht, wenn es um Wohnungsbelange geht. Dies führt auch dazu, dass der Nichtmieter im Falle der Beendigung der nichtehelichen Lebensgemeinschaft weitgehend ungeschützt ist. Faktisch kann er nämlich vom anderen auf die Straße gesetzt werden, ohne gegenüber dem Vermieter verlangen zu können, wieder in die Wohnung zu dürfen. Allerdings kann er vom Partner zumindest die Wiederaufnahme in die Wohnung für eine angemessene Räumungsfrist verlangen und diesen Anspruch im Notfall auch gerichtlich durchsetzen, es sei denn, er hat den Rauswurf provoziert. Die miet- und kündigungsschutzrechtlichen Bestimmungen sind in keinem Fall anwendbar.

BEISPIEL: Kathrin zieht in die von ihrem Freund angemietete Wohnung ein. Beide leben über mehrere Jahre zusammen. Markus wird der Beziehungsstress zu viel. Ohne Wissen von Kathrin kündigt er fristgemäß die Wohnung. Vier Wochen vor dem Auszugstermin eröffnet er ihr die Trennung und teilt mit, dass die Wohnung verlassen werden muss. Kathrin fällt aus allen Wolken. Sie ist nicht selbst Mieterin der Wohnung gewesen; ihr stehen daher keinerlei Rechte aus dem Mietvertrag zu. Es bedurfte auch nicht ihrer Zustimmung, die Wohnung gegenüber dem Vermieter zu kündigen. Kathrin kann hier nur versuchen, die Wohnung durch einen eigenen, neuen Mietvertrag zu übernehmen oder sie muss die Wohnung pünktlich verlassen. Ansonsten drohen ihr Räumungsmaßnahmen des Vermieters.

Zu beachten ist schließlich, dass auch bei dieser Variante das Gewaltschutzgesetz Anwendung finden kann. Es kommt also nicht darauf an, dass beide Partner Mieter sind (vgl. zum Gewaltschutzgesetz die Ausführungen auf S. 53 ff.).

Zieht ein **Partner** in die **Eigentumswohnung** oder das **Haus** des anderen Partners, ist die Situation derjenigen des einseitigen Mietvertrages vergleichbar. Der Alleininhaber der Immobilie ist allein entscheidungsbefugt in allen Angelegenheiten die Wohnung oder das Haus betreffend. Der einziehende Partner ist wie beim einseitigen Mietverhältnis praktisch schutzlos und kann im Falle der Trennung allenfalls eine angemessene Frist zur Räumung verlangen. Miet- und kündigungsschutzrechtliche Bestimmungen finden keine Anwendung.

Erwerben die Partner **gemeinschaftlich** eine **Immobilie** und leben dort zusammen, so kann bei Beendigung der Beziehung ein Partner den anderen nicht einfach aus dem Haus werfen. Beide Partner haben jeweils gegenüber dem anderen ein Recht zum Besitz. Kann eine Einigung über die Weiternutzung nicht erzielt werden, muss notfalls die Eigentümergemeinschaft vollkommen aufgelöst werden (vgl. hierzu unten S. 225). Der aus dem Haus/der Wohnung weichende Partner kann vom im Anwesen verbleibenden in der Regel eine **Nutzungsentschädigung** verlangen.

4. Unterhalt, Kranken- und Altersvorsorge

Im Rahmen von nichtehelichen Lebensgemeinschaften bestehen grundsätzlich keinerlei gegenseitige gesetzliche Unterhaltsverpflichtungen. Einzige Ausnahme sind die Regelungen des § 1615l BGB (Unterhaltsanspruch der nichtehelichen Mutter bzw. des Vaters). Diese Verpflichtung gründet aber nicht in einer Anerkennung der nichtehelichen Lebensgemeinschaft, sondern allein in der Notwendigkeit der Kindererziehung und -betreuung. Diesbezüglich kann auf die Ausführungen auf den Seiten 203 ff. verwiesen werden.

Egal ob jung, alt, krank, gebrechlich oder arbeitslos – die Gesetzeslage ist unnachgiebig und fängt auch nicht in Härtefällen auf. Die einzige – und freilich oftmals schwierig gegenüber dem Partner durchzusetzende – Lösung ist eine klare vertragliche Vereinbarung! Wie diese im Einzelnen ausgestaltet wird, obliegt einzig und allein den persönlichen Wünschen und Ansprüchen an die Beziehung. Diese können sich im Laufe der Zeit durchaus wandeln, so dass bei jeder vertraglichen Regelung auch mitberücksichtigt werden sollte, dass sich die finanzielle oder persönliche Situation der Partner ändern kann. Veränderungen können sich auch durch die vorher nicht „geplante" Geburt von Kindern ergeben.

Die Krankenversicherung sieht keine Mitversicherung aufgrund des Zusammenlebens in nichtehelicher Lebensgemeinschaft vor, so dass beide Partner allein um ihren Versicherungsschutz bemüht sein müssen. Das Gleiche gilt für die Altersvorsorge. Einen Versorgungsausgleich gibt es im Rahmen der nichtehelichen Gemeinschaft nicht, auch keine sonstige finanzielle Entschädigung für möglicherweise lebenslanges Zusammenleben. Ebenso gibt es keinen Anspruch auf Witwenrente.

> Besondere Vorsicht ist deshalb geboten, wenn einer der Partner in der Gemeinschaft seine Arbeit aufgibt, um den Haushalt zu führen oder sich der Kindererziehung zu widmen. Für diesen Fall muss etwa durch Kapitallebensversicherungen oder sonstige Vermögenssicherung unbedingt Vorsorge getroffen werden.

BEISPIEL: Sabine und Rudi leben seit zwanzig Jahren ohne Trauschein zusammen. Aus ihrer Beziehung sind zwei Kinder hervorgegangen, die mittlerweile 17 und 15 Jahre alt sind. Sabine hat für die Kinder ihren Job aufgegeben und nur den Haushalt geführt. Rudi hat die Familie als Verwaltungsangestellter unterhalten. Das Gehalt reichte jedoch nicht aus, um große Sprünge zu machen, insbesondere nicht, um eine Altersvorsorge für Sabine aufzubauen. Beide sind stets davon ausgegangen, dass sie zusammenbleiben. Es kommt dennoch zur Trennung. Sabine meint, Rudi müsse sie doch für das Alter absichern, schließlich habe sie die gemeinsamen Kinder erzogen und nur ihretwegen auf eine Arbeit verzichtet. Ein Anspruch gegen Rudi auf Teilhabe an dessen Altersvorsorge im Wege des Versorgungsausgleichs steht Sabine nicht zu; die beiden haben nicht die Ehe miteinander geschlossen. Eine Altersvorsorge für Sabine wurde nicht aufgebaut. Sie hat gegenüber Rudi auch keinen Anspruch, dass er für sie Einzahlungen in die Rentenversicherung tätigt oder ihr anderweit eine Altersvorsorge verschafft. Sie kann nur durch eigene Arbeit versuchen, noch eine ausreichende Anwartschaft zu erwerben und erhält die Erziehungszeiten für die Kinder angerechnet.

5. Kinder in der nichtehelichen Lebensgemeinschaft

Soweit aus einer nichtehelichen Gemeinschaft Kinder hervorgehen, haben die Kinder selbst die gleiche Stellung wie eheliche Kinder. Sie haben ebenfalls einen eigenen Unterhaltsanspruch gegenüber ihren Eltern nach §§ 1601 ff. Die Berechnung des Kindesunterhalts richtet sich nach den bereits dargestellten Grundlagen. Auch in diesem Fall ist derjenige Elternteil barunterhaltspflichtig, der das Kind nicht betreut.

Darüber hinaus hat sich die rechtliche Stellung der nichtehelichen Eltern im letzten Jahrzehnt erheblich verbessert. Kam früher der Kindsmutter stets die alleinige elterliche Sorge zu, so haben die nichtehelichen Eltern heute in jedem Fall die Möglichkeit, eine förmliche, öffentliche Erklärung abzugeben, dass sie die elterliche Sorge gemeinsam ausüben wollen (**Sorgeerklärung** gemäß § 1626a Abs. 1 Nr. 1 BGB), sofern sie dies beide wünschen. Nachdem sowohl der Europäische Gerichtshof für Menschenrechte als auch das Bundesverfassungsgericht die Regelungen zur elterlichen Sorge nicht miteinander verheirateter Eltern beanstandet hatten, wurde die Vorschrift des § 1626a BGB mit Wirkung zum 19.5.2013 reformiert. Nunmehr ist auch ohne gemeinsame Sorgeerklärung und ohne Zustimmung der Mutter die Begründung der gemeinsamen elterlichen Sorge durch das Familiengericht möglich. Besteht keine Bereitschaft eine gemeinsame Sorgeerklärung abzugeben, kann also nunmehr der bislang nicht sorgeberechtigte Elternteil beim Familiengericht einen Antrag auf Übertragung der Mitsorge stellen. Weil das neue Sorgerecht – wie auch das Bundesverfassungsgericht – davon ausgeht, dass die gemeinsame elterliche Sorge grundsätzlich den Bedürfnissen des Kindes nach Beziehungen zu beiden Elternteilen entspricht (amtl. Begründung, BT-Drucks. 17/11048), ist Voraussetzung für die Miteinräumung der elterlichen Sorge praktisch nur, dass dies dem Kindeswohl nicht widerspricht (sog. negative Kindeswohlprüfung). Nicht erforderlich ist also, dass die Regelung dem Kindeswohl dient. Wenn der bislang allein sorgeberechtigte Elternteil der Übertragung der Mitsorge nicht widerspricht und keine besonderen Gründe für die Ablehnung erkennbar sind, wird regelmäßig im schriftlichen Verfahren entschieden. Nur dann, wenn die Mutter erhebliche Gründe vorträgt, die einer gemeinsamen elterlichen Sorge entgegenstehen können, kommt es zu einem „normalen Sorgerechtsverfahren". (Näheres oben S. 83 ff.).

Wird die elterliche Sorge von beiden Partnern gemeinsam ausgeübt, so gelten hier die bereits im Zusammenhang mit der ehelichen Gemeinschaft aufgeführten Grundsätze (vgl. S. 69 ff.).

> Die gemeinsam erklärte elterliche Sorge endet nicht automatisch mit dem Ende der nichtehelichen Lebensgemeinschaft.

Die Verbindung als Eltern bleibt daher auch über das Ende der partnerschaftlichen Beziehung hinaus bestehen. Die gemeinsame elterliche Sorge kann daher nicht einfach dem anderen Partner aufgekündigt werden. Vielmehr muss im Streitfall gerichtlich über die weitere Ausübung der elterlichen Sorge entschieden werden.

Unabhängig vom Vorliegen einer Sorgeerklärung oder der auf Antrag eingeräumten Mitsorge hat schließlich jeder Elternteil nach § 1684 BGB ein eigenständiges **Umgangsrecht mit dem Kind**. Grundsätzlich kann es also dem ehemaligen Partner nicht verwehrt werden, Umgang mit dem gemeinsamen Kind zu pflegen. Auch das Kind selbst hat einen Anspruch auf einen Umgang mit jedem Elternteil. Das Umgangsrecht ist auch nicht altersabhängig. Es kann bereits mit einem Säugling oder Kleinkind in angemessenem Umfang gepflegt werden. Diese Möglichkeit sollte auch im Interesse des Aufbaus einer Eltern-Kind-Beziehung unbedingt wahrgenommen werden! Hinsichtlich des Umgangsrechts und den rechtlichen Möglichkeiten seiner Durchsetzung gelten im Übrigen die gleichen Grundlagen wie bei ehelichen Kindern. Insoweit kann auf die Ausführungen hierzu verwiesen werden (vgl. oben S. 88 ff.).

6. Hausrat und Neuanschaffungen

> **BEISPIEL:** Luise und Peter leben seit vier Jahren in nichtehelicher Lebensgemeinschaft zusammen. Sie wirtschaften gemeinsam und leben aus einer Kasse. Luise führt den Haushalt und Peter verdient als Betriebsleiter den Lebensunterhalt. Als die beiden sich trennen, entbrennt ein Streit über den Hausrat, der zum Teil neu angeschafft wurde und den Luise stets liebevoll gepflegt hat. Sie will auch ihren „Anteil" beim Auszug mitnehmen. Wer darf was mitnehmen bzw. für sich behalten?

Wird eine nichteheliche Lebensgemeinschaft begründet, so fangen die Partner regelmäßig nicht bei null an. Vielmehr bringt üblicherweise jeder etwas in die Gemeinschaft ein. Bezüglich dieser Gegenstände kann uneingeschränkt festgestellt werden, dass sie stets im Alleineigentum desjenigen bleiben, der sie eingebracht hat.

> Um für den Fall der Beendigung der nichtehelichen Lebensgemeinschaft Auseinandersetzungen über das Eigentum zu vermeiden, empfiehlt es sich, beim „Zusammenwürfeln" der Haushalte eine Inventarliste aufzunehmen, aus der nachvollzogen werden kann, wem was gehört.

Werden während des Bestehens der Lebensgemeinschaft neue Gegenstände angeschafft, kommt es für die Beurteilung der Eigentumsverhältnisse stets auf den konkreten Einzelfall an. Schwierigkeiten lassen sich vorbeugend vermeiden, indem auch hinsichtlich dieser neu angeschafften Gegenstände „Buch geführt wird" und beide Partner darin übereinstimmend die Eigentumsverhältnisse festlegen. In der Praxis geschieht dies leider nicht stets, so dass bei Auseinandersetzung der nichtehelichen Lebensgemeinschaft häufig Streit über die Verteilung der angeschafften Gegenstände entbrennt.

Gehen die Partner einhellig davon aus, dass sie beide an dem neu erworbenen Gegenstand Miteigentum erlangt haben, so gibt es für die Verteilung **keine gesetzliche Hilfe** wie mittels des § 1368b BGB bei getrennten Eheleuten. In diesem Fall sind die gesetzlichen Regelungen für die Ehe auch nicht entsprechend auf die nichteheliche Lebensgemeinschaft anzuwenden. Es muss daher das Miteigentum nach den allgemeinen Vorschriften über die Gemeinschaft (§§ 752 ff. BGB) aufgehoben werden. In erster Linie ist danach eine Teilung in Natur durchzuführen. Ist dies nicht möglich oder gewünscht, so bleibt zwingend nur die Möglichkeit des gemeinsamen Verkaufs und Teilung des Erlöses oder die Versteigerung der Gegenstände mit anschließender Aufteilung des Erlöses.

> **BEISPIEL:** Herr Wimmer und Frau Singer haben während ihrer nichtehelichen Lebensgemeinschaft ein Sofa, zwei Weinregale und einen Fernseher zu Miteigentum erworben. Das Sofa und der Fernseher lassen sich nicht in Natur teilen, die zwei Weinregale könnten unter beiden aufgeteilt werden. Denkbar wäre auch, dass einer das Sofa und ein Weinregal übernimmt, während der andere ein Weinregal und Fernseher bekommt. Scheidet eine derartige Aufteilung jedoch am unterschiedlichen Wert oder entgegenstehenden Willen einer der Partner, weil er allein mit den Gegenständen nichts anfangen kann, so muss die Miteigentumsgemeinschaft durch gemeinsamen Verkauf oder Versteigerung der Gegenstände aufgelöst werden. Der Erlös wird dann anschließend geteilt.

Allein der Umstand, dass ein Gegenstand – abgesehen von höchstpersönlichen Gütern wie Bekleidung, Kosmetik etc. – nur von einem Partner bezahlt wurde oder eine Rechnung nur auf einen Namen lautet, besagt noch nicht zwingend etwas darüber, wer Eigentümer der Gegenstände ist. Es ist nämlich durchaus denkbar, dass der andere Partner einen gleichwertigen Beitrag für die Gemeinschaft geleistet hat und eine Übereinstimmung hinsichtlich des gemeinsamen Erwerbs vorlag. Deshalb ist genau zu untersuchen und

6. Hausrat und Neuanschaffungen

im Zweifel von demjenigen, der das Alleineigentum für sich beansprucht, auch zu beweisen, auf wen das Eigentum übergehen sollte bzw. übergegangen ist. Es kommt dabei auf den bei Übereignung des Gegenstandes bestehenden Willen an. Lässt sich dieser – wie in der Praxis fast immer – nicht aufklären bzw. beweisen, so wird man im Zweifel vom Miteigentum der Partner ausgehen. Es spricht nach § 1006 Abs. 1 BGB die Vermutung für das Miteigentum. Für die Auseinandersetzung ergeben sich dann die oben bereits beschriebenen Folgen. Allenfalls bei sehr hochwertigen und teuren Gegenständen wird man annehmen können, dass sie in das Eigentum dessen gefallen sind, der sie bezahlt hat. Einen entsprechenden Rechtsgrundsatz gibt es aber nicht. Beteiligen sich beide Partner an der Finanzierung des Gegenstandes, so wird man im Regelfall davon ausgehen können, dass hieran auch Miteigentum besteht.

Ein praktisch relevanter Fall ist die **Anschaffung eines PKW**, also eines hochwertigen Konsumguts. Hier wird man normalerweise nicht ohne weiteres davon ausgehen können, dass im Zweifel ein übereinstimmender Wille zur Begründung von Miteigentum bestand. In einem derartigen Fall muss deshalb genauestens untersucht werden, wie sich der Eigentumserwerb im Einzelnen vollzogen hat und wer das Eigentum erwerben sollte. Die Gerichte überprüfen hierzu im Streitfall vor allem, wer den Kaufpreis gezahlt hat, wer im Kfz-Brief eingetragen ist, wer die Versicherung zahlt, wer den PKW überwiegend nutzt etc. Anhand dieser Umstände kann im Einzelfall ein Rückschluss auf die Willensrichtung beim Erwerb geschlossen werden.

Es kommt in der Praxis auch häufig vor, dass ein Partner einen Gegenstand zwar mit Willen des anderen zum Alleineigentum erwirbt (oft Kfz), das Geld hierfür jedoch vom anderen stammt, indem dieser einen Kredit aufgenommen hat und die Raten hierfür trägt. Wird hier keine schriftliche Vereinbarung hinsichtlich der Rückzahlung des Geldes an den Partner getroffen, so kann man eine böse Überraschung erleben, wenn die Lebensgemeinschaft beendet wird. Für die *während* des Zusammenlebens bis zur Trennung bezahlten und fällig gewordenen Raten kann nämlich in der Regel kein Ersatzanspruch geltend gemacht werden! Es gilt insoweit ein **Verrech-

nungsverbot für die gegenseitig während des Bestehens der Lebensgemeinschaft erbrachten Leistungen! D. h. die während des Zusammenlebens erbrachten Leistungen jedweder Art (Haushaltsführung, Betreuung der Kinder des Partners, Unterhalt etc.) des einen Partners gegenüber dem anderen, können grundsätzlich nicht im Nachhinein „in Geld aufgewogen" und vom anderen finanziell ersetzt verlangt werden. Man geht aufgrund der Unverbindlichkeit der nichtehelichen Lebensgemeinschaft vielmehr davon aus, dass jeder seinen Teil zum Zusammenleben aus Gründen der Solidarität und nicht in Erfüllung einer Rechtspflicht beigetragen hat. Als nicht verrechenbare Leistungen während des Zusammenlebens können bei fehlender – nachweisbarer – Abrede auch die Ratenzahlungen angesehen werden. Das Gleiche gilt, wenn Kreditraten für einen vom Partner aufgenommenen Kredit vom anderen Partner gezahlt werden.

> Also: Entweder eine schriftliche Rückzahlungsvereinbarung für sämtliche Ratenzahlungen treffen oder die Finger von solchen Finanzierungen lassen!

7. „Gemeinsame" Immobilien

Ist im Rahmen einer nichtehelichen Lebensgemeinschaft einer oder sind beide Partner Besitzer einer Immobilie oder wird eine solche von einem oder beiden erworben, so besteht hinsichtlich der *Eigentumsverhältnisse* immer Rechtsklarheit. Die Eigentumslage ergibt sich nämlich eindeutig aus dem Grundbuch. Deshalb ist es auch gleichgültig, ob der andere Partner die Immobilie mitbenutzt und bewohnt hat.

Besteht Miteigentum an einer Immobilie, so kann dieses Verhältnis auch nach der Trennung der Partner beibehalten werden. Regelmäßig ist dies jedoch nicht gewünscht. Kann keine Einigung über die Beendigung des Miteigentümerverhältnisses erzielt werden, so

7. „Gemeinsame" Immobilien

gelten auch hier die Regeln des § 753 BGB über den Pfandverkauf. Das Anwesen wird also unter Mitwirkung des Gerichtsvollziehers zwangsversteigert und der Erlös geteilt. Dass es wirtschaftlich weitaus sinnvoller ist, zu einer anderweitigen Auflösung des Miteigentums zu gelangen, liegt auf der Hand.

Die wahren Probleme liegen aber nicht bei den Miteigentumsverhältnissen, sondern tauchen dann auf, wenn **nur ein Partner im Grundbuch eingetragen** ist, **beide** jedoch die **Immobilie finanziert** haben oder **Aus-** und **Umbauten** an ihr **vorgenommen** haben. Die finanzielle und/oder tatkräftige **Beteiligung** eines Partners macht ihn **nicht** zum **Eigentümer;** er kann sich daher auch notfalls nicht im Wege der Zwangsversteigerung das Eingebrachte wiederholen.

Was die gemeinsame Finanzierung anbelangt, so kann auf die vorhergehenden Ausführungen zum Neuerwerb von Gegenständen hingewiesen werden. Ein Ausgleichsanspruch für etwaig während des Zusammenlebens getilgte Raten besteht grundsätzlich nicht. Erst ab Trennung kann vom anderen Partner, der Alleineigentümer ist, verlangt werden, dass er auch die finanziellen Lasten allein übernimmt. Dabei können sich freilich im Einzelfall Schwierigkeiten ergeben, wenn der andere finanziell nicht allein in der Lage ist, sämtliche Zahlungen zu bestreiten. Hier muss unbedingt Sorge dafür getragen werden, dass man auch gegenüber dem Finanzierungsinstitut von der Haftung für gemeinsame Verbindlichkeiten freigestellt wird. Andernfalls besteht nämlich eine Rückgriffsmöglichkeit der Bank.

> Legen Sie die Ausgleichsmodalitäten für den Fall der Trennung unbedingt vorher schriftlich fest und lassen Sie diese von fachkundiger Stelle auf ihre „Wasserdichtheit" überprüfen!

Nur im **Ausnahmefall** wird dem Nichteigentümer-Partner von den Gerichten ein **Ausgleichsanspruch** für geleistete Zahlungen zugebilligt. Voraussetzung dafür ist jedoch, dass die Partner entweder ausdrücklich einen **Gesellschaftsvertrag** geschlossen haben, der auf die „gemeinsame Wertschöpfung" der Immobilie ausgerichtet ist, oder zumindest durch ihr Verhalten und ihre Handlungen auch für Dritte deutlich geworden ist, dass eine gemeinsame Wertschöpfung gewollt war. Es muss also erkennbar sein, dass etwas für beide Partner geschaffen werden sollte, nämlich etwas, von dem beide längerfristigen Nutzen haben sollten. Man spricht hier von einer so genannten „**Innengesellschaft**", d. h. **einer Kooperation der Lebensgefährten zu einem das nichteheliche Zusammenleben überschreitenden Zweck.** Also:

Nach objektiver Betrachtung muss derjenige, der nicht Eigentümer geworden ist, **wesentliche Beiträge** erbracht haben. Hat beispielsweise der Nichteigentümer sich nur an den laufenden Kredittilgungen beteiligt, reicht dies für das Entstehen von Ausgleichszahlungen nicht aus. Seine Stellung wird vielmehr als „mieterähnlich" angesehen; er geht leer aus. Ebenso wenig stellen reine Handlangertätigkeiten beim Bau oder Ausbau der Immobilie einen objektiv wesentlichen Beitrag dar. Sie führen in der Regel auch nicht zu einem bleibenden messbaren Vermögensvorteil beim Eigentümer.

Nach subjektiver Betrachtung müssen die Partner die **Absicht** gehabt haben, einen **gemeinsamen Wert zu schaffen.**

Die Grundsätze der Innengesellschaft können grundsätzlich nicht nur auf die Unterstützung bei Erwerb von Immobilien angewandt werden, sondern auch beim Aufbau von Gewerbebetrieben oder größeren Geld- und Wertpapierbeständen.

Ein Ausgleich kann regelmäßig nur in Form einer Abfindung in Geld verlangt werden. Man kann also grundsätzlich nicht erwarten, dass man im Nachhinein einen Miteigentumsanteil erhält. Die Höhe der Abfindung richtet sich nach dem Wert des jeweiligen Vermögensgegenstandes im Zeitpunkt der Trennung. Üblicherweise werden Ausgleichsquoten gebildet.

> **BEISPIEL:** Franziska und Michael lebten in einem Eigenheim zusammen, das von Michael für 150 000 Euro gekauft worden war. Er ist allein im Grundbuch eingetragen. Franziska hat zum Kaufpreis 50 000 Euro beigetragen. Bei der Trennung war die Immobilie 300 000 Euro wert. In diesem Fall könnte Franziska von Michael 100 000 Euro Ausgleichszahlung verlangen. Franziska hat $1/3$ zum Kaufpreis beigetragen. Daher steht ihr auch $1/3$ des Wertes zum Zeitpunkt der Trennung zu.

7. „Gemeinsame" Immobilien

Wollten die Partner zwar nicht etwas Gemeinsames schaffen, ging aber derjenige Partner, der Leistungen auf das Vermögen des anderen Partners erbracht hat, für den anderen erkennbar davon aus, dass er an dem so geschaffenen oder erworbenen Vermögensgegenstand weiteren Nutzen durch Fortbestand der Gemeinschaft haben werde, so können nach der neueren Rechtsprechung des Bundesgerichtshofs bei einer konkreten „Zweckabrede" Ausgleichsansprüche nach den Regeln des sogenannten Bereicherungsrechts (§§ 812 ff. BGB) oder den Grundsätzen über den Wegfall der Geschäftsgrundlage (§ 313 BGB) bestehen. Es kommt aber stets auf den ganz konkreten Einzelfall an.

Dass man nicht vorsichtig genug sein kann, mag abschließend noch nachfolgendes Beispiel verdeutlichen, dem eine Entscheidung des Bundesfinanzhofes zugrunde liegt:

> **BEISPIEL:** Herr Müller und Frau Meier lebten in nichtehelicher Lebensgemeinschaft zusammen. Herr Müller hatte ein ihm allein gehörendes Grundstück mit in die Beziehung eingebracht. Nach Jahren des Zusammenlebens entschlossen sich die Partner, das Grundstück zu bebauen. Beide Partner investierten ihre Einkünfte und ihr Vermögen in den Hausbau; beide erbrachten auch diverse Eigenleistungen. Eine Änderung im Grundbuch wurde trotz des gemeinsamen Baus des Hauses nicht vorgenommen. Auch das auf dem Grundstück erbaute Haus stand damit automatisch im Alleineigentum von Herrn Müller. Um sich gegenseitig finanziell abzusichern, setzten Herr Müller und Frau Meier sich gegenseitig als Alleinerben ein. Durch einen tragischen Verkehrsunfall kam plötzlich Herr Müller ums Leben. Frau Meier wurde Alleinerbin. Nicht bedacht hatten die Partner jedoch, dass die Eltern des Herrn Meier nunmehr ihren Pflichtteilsanspruch am gesamten Vermögen – also dem kompletten Haus – geltend machten und zudem für Frau Meier beträchtliche Erbschaftsteuer nach der schlechtesten Steuerklasse anfiel. Es wurde nämlich vom Finanzamt nicht berücksichtigt, dass Frau Meier am Hausbau durch persönliche und wirtschaftliche Leistung beteiligt war. Ein finanzieller Ausgleichsanspruch stand ihr aufgrund des Verrechnungsverbots in der nichtehelichen Lebensgemeinschaft nicht zu.

8. Mitarbeit im Geschäft des anderen

Es soll zunächst noch einmal klargestellt werden, dass grundsätzlich für im Rahmen einer nichtehelichen Lebensgemeinschaft im Nachhinein keine Ausgleichsansprüche geltend gemacht werden können. Ausnahmen können sich jedoch u. a. durch die Mitarbeit im Geschäft/Betrieb des anderen Partners ergeben. Um Schwierigkeiten von vornherein vorzubeugen gilt natürlich auch hier der Rat, entsprechend vorzubeugen. Ohne weiteres können im Rahmen der nichtehelichen Lebensgemeinschaft Dienst- und Arbeitsverträge mit entsprechender – angemessener – Vergütung geschlossen werden. Diese Lösung hat insbesondere den Vorteil, dass der mitarbeitende Partner wirtschaftlich selbstständig bleibt, problemlos krankenversichert ist und etwas für seine Altersvorsorge tut.

In der juristischen Praxis sieht das Bild leider oftmals anders aus. Ein Partner arbeitet über Jahre hinweg ohne (schriftlichen) Arbeitsvertrag ohne oder mit viel zu geringer Entlohnung.

> **BEISPIEL:** Frau Tief und Herr Protzner leben in nichtehelicher Gemeinschaft mehrere Jahre zusammen. Herr Protzner ist Bauunternehmer. Frau Tief erledigt das gesamte Terminmanagement und überwacht auch die Buchführung. Sie arbeitet jeden Tag mindestens acht Stunden. Beiden Partnern geht es wirtschaftlich gut. Herr Protzner hat Frau Tief Kontovollmacht eingeräumt. Sie führt mit diesem Geld den Haushalt und kann auch ihre persönlichen Interessen befriedigen. Sie ist aber sparsam, weil sie möchte, dass sich das Geschäft gut entwickelt. Sie glaubt, dass auch ihr dies letztlich zugute kommt. Nach der Trennung sperrt Herr Protzner sein Konto. Frau Tief möchte auf keinen Fall mehr für ihn arbeiten, will aber jetzt Ersatz für ihre jahrelange Schufterei.

Achtung: Grundsätzlich können hier **keine Nachforderungen** gestellt werden! Es kann allenfalls behauptet – und muss dann auch nachgewiesen – werden, dass ein stillschweigender Arbeitsvertrag vorliegt, und dass aus diesem Grund auch eine angemessene Vergütung erfolgen muss. Allerdings wird man sich dann auch – zu Recht – vor dem Gericht fragen lassen müssen, warum denn der Lohn erst nach Beendigung der nichtehelichen Lebensgemeinschaft eingefordert wird.

Man kann hieran sehen, dass es nur im Einzelfall zu einer nachträglichen Entlohnung für die erbrachten Arbeitsleistungen kommt. Hinzu tritt der Umstand, dass Kindererziehung, Haushaltsführung etc. ohnehin nicht ausgeglichen werden, denn diese Leistungen werden als das, was das tägliche Leben erfordert, angesehen.

Nachträgliche Lohnausgleichsansprüche können aber im Einzelfall beispielsweise dann bestehen, wenn der Partner zwar tatsächlich keinen oder nur geringen Lohn gezahlt, aber die Rentenversicherung getragen und den Lohn „steuerlich" als Betriebsausgabe abgesetzt hat. Hier müsste nämlich der Betriebsinhaber nachweisen, dass es sich nur um ein Scheinarbeitsverhältnis gehandelt hat. Schließlich sind Lohnausgleichsansprüche auch dann denkbar, wenn der mitarbeitende Partner seine Arbeit als Gegenleistung für eine vom Partner versprochene Zukunftsleistung erbracht hat. Dies kann der Fall zum Beispiel bei versprochener Heirat oder Erbeinsetzung sein.

Schließlich können ausnahmsweise Ausgleichsansprüche für geleistete Arbeit nach den Grundsätzen der Innengesellschaft (vgl. oben S. 282) dann bestehen, wenn gemeinsam ein dem anderen Partner gehörendes Unternehmen aufgebaut wird.

BEISPIEL: Alois zieht zu Maria auf ein ihr gehörendes Grundstück. Dort baut er eine Computerfirma auf. Maria arbeitet 14 Jahre lang im Betrieb mit. Nach der Trennung kann Maria berechtigterweise einen Ausgleich, eventuell sogar eine Beteiligung am Unternehmen erwarten.

Fazit:

Mitarbeit im Geschäft des anderen sollte von beiden Seiten gut durchdacht werden!

9. „Gemeinsame" Konten und Schulden

Von einem gemeinsamen (Spar- oder Giro-)Konto im rechtlichen Sinne kann bei der nichtehelichen Lebensgemeinschaft – wie im Übrigen auch bei der Ehe – nur dann ausgegangen werden, wenn ein so genanntes (seltenes) „Und-Konto" oder ein „Oder-Konto" existiert. Die Unterschiede zwischen beiden Kontenarten liegen darin begründet, dass bei der ersten Art nur beide Inhaber gemeinsam verfügen können, bei der zweiten Variante jeder allein. In beiden Fällen sind die Partner während und nach Beendigung der Beziehung bei einem Guthaben auf dem Konto Gesamtgläubiger gegenüber der Bank, bei Schulden entsprechend Gesamtschuldner. Guthaben oder Schulden sind daher nach der Trennung (man sollte den Kontenstand kontrollieren!) anteilig zu verteilen. Im Zweifel, d. h. wenn keine andere Abrede nachgewiesen werden kann, partizipieren oder haften beide Partner jeweils hälftig. Es empfiehlt sich, gemeinsame Konten möglichst rasch nach der Trennung aufzuheben. Wichtig ist insoweit auch zu wissen, dass beim Tod eines der Konteninhaber das Restguthaben nicht automatisch auf den anderen Partner übergeht!

Ein gemeinsames Spar- oder Girokonto im Rechtssinne besteht hingegen nicht, wenn einer der Partner als Kontoinhaber fungiert und dem anderen Partner eine Kontovollmacht eingeräumt ist. Hier ist alleiniger Gläubiger und Schuldner gegenüber der Bank der Kontoinhaber. Dies gilt auch dann, wenn Gelder des anderen Partners auf das Konto geflossen sind, z. B. monatliche Lohnzahlungen. Einen Ausgleichsanspruch gibt es insoweit für Einzahlungen **vor** der Trennung nicht!

Mit der endgültigen Trennung der Partner erlischt zwar die Vollmacht im Innenverhältnis zwischen den Partnern. Im Verhältnis zur Bank besteht die Vollmacht aber so lange fort, bis ihr Erlöschen der Bank angezeigt worden ist. Dies bedeutet, dass Abhebungen dem nach Trennung eigentlich „vollmachtslosen" Partner durchaus bis zum offiziellen Widerruf noch möglich sind. Wird in diesem Zeitraum ohne Absprache Geld abgehoben, ist dies in der Regel rechtsmissbräuchlich und kann Schadensersatzansprüche auslösen.

9. „Gemeinsame" Konten und Schulden

Ein praktisch größeres Ärgernis nach Aufhebung der ehelichen Lebensgemeinschaft bilden regelmäßig gemeinsame Schulden. Bei der Aufnahme größerer Geldsummen verpflichtet sich häufig auch der Partner der nichtehelichen Gemeinschaft auf Drängen der Bank, mit für den Kredit zu haften. Wurde das Geld für gemeinschaftliche Belange verwendet, so ist leicht nachvollziehbar, dass beide Partner auch nach Beendigung der Beziehung dafür geradestehen müssen. Hat z. B. nur einer der Partner während des Zusammenlebens die Ratenzahlungen erbracht, so kann er die bereits verauslagten Anteile des anderen Partners im Nachhinein nicht verlangen. Ab endgültiger Trennung hat er jedoch einen Anspruch gegen den anderen, dass dieser der gemeinsamen Verpflichtung anteilig nachkommt.

Wurden die Schulden nur für Zwecke eines Partners aufgenommen, so gilt grundsätzlich zunächst das, was bereits oben im Zusammenhang mit Neuanschaffungen ausgeführt wurde. Bei Kreditverträgen sollte darüber hinaus stets auch anwaltlich geprüft werden, ob der mithaftende Partner durch diese Haftung nicht bereits bei Vertragsschluss finanziell völlig überfordert war, weil er über kein Einkommen verfügt, mit welchem er den Kredit zurückführen könnte, oder ein sonstiger Grund vorliegt, der die Mithaftung rechtsmissbräuchlich erscheinen lässt.

> **BEISPIEL:** Herr Fohlen betreibt eine Diskothek. Er möchte den Laden wieder richtig in Schwung bringen und muss dafür einen kostspieligen Umbau vornehmen. Herr Fohlen lebt mit Frau Fiebig zusammen. Sie ist Arzthelferin und erwartet ein Kind von Herrn Fohlen. Die Bank bewilligt Herrn Fohlen das benötigte Darlehen von 250 000 Euro nur unter der Voraussetzung, dass auch Frau Fiebig den Vertrag mit unterzeichnet. Angesichts ihrer Schwangerschaft unterschreibt diese. Kurz nach der Geburt des Kindes trennt sich das Paar. Herr Fohlen gerät in finanzielle Schwierigkeiten. Die Bank verlangt nun auch von Frau Fiebig Zahlungen.

Macht schließlich während des Zusammenlebens ein Partner alleine Schulden für eigene Zwecke, so wird durch das Zusammenleben in nichtehelicher Lebensgemeinschaft keine „automatische" Mithaftung begründet.

Darlehen an den jeweils anderen sollten immer schriftlich und mit Rückzahlungsvereinbarung fixiert werden. Andernfalls läuft man Gefahr, dass im Fall der Trennung eine Schenkung oder Ähnliches behauptet wird. Derjenige, der sein Geld zurückhaben möchte ist dann nämlich nachweispflichtig, dass es sich um ein Darlehen handelte.

10. Vollmachtserteilung

In der nichtehelichen Lebensgemeinschaft handelt grundsätzlich jeder rechtsgeschäftlich für sich selbst und muss entsprechend auch die Folgen hiervon tragen. So genannte „Schlüsselgewaltgeschäfte" wie bei Eheleuten gibt es nicht (vgl. hierzu oben S. 11 f.); die Vorschrift des § 1357 BGB greift nicht! D. h. grundsätzlich ist keiner der Partner berechtigt, Geschäfte zur angemessenen Deckung des partnerschaftlichen Lebensbedarfs auch mit Wirkung für und gegen den anderen zu tätigen.

> **BEISPIEL:** Ariane und Thomas leben seit zehn Jahren in nichtehelicher Lebensgemeinschaft zusammen. Thomas ist Alleinverdiener, Ariane kümmert sich um den Haushalt und verfügt über kein Einkommen. Anlässlich des 10. Jahrestags wollen beide gemeinsam mit ihren Freunden feiern. Aus diesem Grund bestellt Ariane beim befreundeten Metzgermeister Adam, der die Lebensumstände des Paares kennt, ein großes Büffet. Das Fest wird rauschend gefeiert. Noch vor der Bezahlung des Büffets an Adam trennt sich das Paar. Ariane und Thomas streiten, wer die Rechnung bezahlen muss. Ariane weigert sich, weil sie nicht weiß, wovon sie das bezahlen soll und behauptet, Thomas müsse bezahlen, weil er immer alles bezahlt habe. Dieser meint, er habe mit der Bestellung nichts am Hut, jedenfalls will er nicht die ganze Rechnung übernehmen. Auch wenn die Situation mit den Schlüsselgewaltgeschäften unter Eheleuten vergleichbar ist, findet § 1357 BGB auf die nichteheliche Lebensgemeinschaft keine Anwendung. Aus diesem Grund kann nicht davon ausgegangen werden, dass beide Partner durch das Geschäft gleichermaßen verpflichtet sind, zu bezahlen. Klar ist aber, dass einer von beiden die Rechnung begleichen muss. Es liegt daher nahe, anzunehmen, Ariane müsse zahlen, da sie die Bestellung aufgegeben hat. Grundsätzlich ist das auch so! Allerdings kann man im Beispielsfall wohl die Grundsätze der so genannten Duldungs- oder Anscheinsvoll-

> macht anwenden. Adam ging nämlich aufgrund der Kenntnis der Lebenssituation von Ariane und Thomas wohl gutgläubig davon aus, dass Thomas wie immer die Rechnung begleichen würde, auch wenn Ariane die Bestellung vorgenommen hat. Thomas hatte Kenntnis von der Bestellung durch Ariane und ist hiergegen nicht eingeschritten bzw. hat gegenüber Adam nicht deutlich gemacht, dass er die Rechnung nicht bezahlen werde. Es kann also dazu kommen, dass Thomas die Rechnung an Adam bezahlen muss. Allerdings wird man Thomas hier voraussichtlich nach den Grundsätzen des Auftragsrechts bzw. der so genannten Geschäftsführung ohne Auftrag auch einen teilweisen Ersatzanspruch gegen Ariane zubilligen, da er mit der Bezahlung (auch) ein Geschäft von ihr getätigt hat, denn beide haben die Feier gemeinsam veranstaltet. Es ist jedoch Vorsicht geboten: Die Grundsätze der Duldungs- und Anscheinshaftung greifen nur in begrenzten Fällen ein. Sie basieren auf dem Vertrauensschutz des Geschäftspartners. Hätte Adam von der Lebenssituation des Paares keine Kenntnis gehabt, hätte Ariane die Rechnung voll begleichen und versuchen müssen, von Thomas nach Auftragsrecht Ersatz zu erlangen.

Es können aber im Einzelfall dem anderen Partner Vollmachten erteilt werden. Erwähnt wurde bereits die von einem Kontoinhaber eingeräumte Kontovollmacht. Denkbar sind aber auch Generalvollmachten, Postvollmachten, Vollmachten für medizinische Notfälle etc. Es gibt zweifellos Vollmachten, die im Rahmen einer nichtehelichen Lebensgemeinschaft sinnvoll sind. Wie auch sonst gilt jedoch auch hier der **Grundsatz:** Die rechtlichen Konsequenzen und die möglichen Missbrauchsmöglichkeiten sollten vor Vollmachtserteilung sorgfältig durchdacht und Vor- und Nachteile gegeneinander abgewogen werden.

11. Erbrecht

Da Partner einer nichtehelichen Lebensgemeinschaft nicht verheiratet sind und regelmäßig auch nicht in einem Verwandtschaftsverhältnis zueinander stehen, **gilt für sie das gesetzliche Erbrecht nicht!**

Ausschließlich durch Testament oder Erbvertrag können die Partner einer nichtehelichen Lebensgemeinschaft sich erbrechtlich bedenken. Wie der Beispielsfall oben zum Immobilienerwerb aufgezeigt hat (S. 283), ist bei jeder erbrechtlichen Lösung zu beachten, dass es zumeist mindestens einen Pflichtteilsberechtigten gibt und beim Erbfall innerhalb der nichtehelichen Lebensgemeinschaft für den begünstigten Partner die schlechteste Steuerklasse gilt. Verfehlt sein kann es auch, unwiderrufliche erbrechtliche Verfügungen zu treffen. Man weiß nämlich nie, ob die auf Dauer angelegte Beziehung tatsächlich dauerhaft hält. Da die erbrechtlichen Gestaltungsmöglichkeiten äußert vielfältig und zudem steuerrechtliche Verquickungen vorhanden sind, kann daher hier nur angeraten werden, sich vor Testamentsfertigung oder Abschluss eines Erbvertrages fachkundigen Rat einzuholen.

Anhang

Düsseldorfer Tabelle

A. Kindesunterhalt

	Nettoeinkommen des Barunterhaltspflichtigen (Anm. 3, 4)	Altersstufen in Jahren (§ 1612a Abs. 1 BGB)				Prozentsatz	Bedarfskontrollbetrag (Anm. 6)
		0–5	6–11	12–17	ab 18		
	Alle Beträge in Euro						
1.	bis 1.500	317	364	426	488	100	800/1.000
2.	1.501–1.900	333	383	448	513	105	1.100
3.	1.901–2.300	349	401	469	537	110	1.200
4.	2.301–2.700	365	419	490	562	115	1.300
5.	2.701–3.100	381	437	512	586	120	1.400
6.	3.101–3.500	406	466	546	625	128	1.500
7.	3.501–3.900	432	496	580	664	136	1.600
8.	3.901–4.300	457	525	614	703	144	1.700
9.	4.301–4.700	482	554	648	742	152	1.800
10.	4.701–5.100	508	583	682	781	160	1.900
	ab 5.101 nach den Umständen des Falles						

Anmerkungen:

1. Die Tabelle hat keine Gesetzeskraft, sondern stellt eine Richtlinie dar. Sie weist den monatlichen Unterhaltsbedarf aus, bezogen auf zwei Unterhaltsberechtigte, ohne Rücksicht auf den Rang. Der Bedarf ist nicht identisch mit dem Zahlbetrag; dieser ergibt sich unter Berücksichtigung der nachfolgenden Anmerkungen.

Bei einer größeren/geringeren Anzahl Unterhaltsberechtigter können Ab- oder Zuschläge durch Einstufung in niedrigere/höhere Gruppen angemessen sein. Anmerkung 6 ist zu beachten. Zur Deckung des notwendigen Mindestbedarfs aller Beteiligten – einschließlich des Ehegatten – ist gegebenenfalls eine Herabstufung bis in die unterste Tabellengruppe vorzunehmen. Reicht das verfügbare Einkommen auch dann nicht aus, setzt sich der Vorrang der Kinder im Sinne von Anm. 5 Abs. 1 durch. Gegebenenfalls erfolgt zwischen den erstrangigen Unterhaltsberechtigten eine Mangelberechnung nach Abschnitt C.

2. Die Richtsätze der 1. Einkommensgruppe entsprechen dem Mindestbedarf in Euro gemäß § 1612a BGB. Der Prozentsatz drückt die Steigerung des Richtsatzes der jeweiligen Einkommensgruppe gegenüber dem Mindestbedarf (= 1. Einkommensgruppe) aus. Die durch Multiplikation des gerundeten Mindestbedarfs mit dem Prozentsatz errechneten Beträge sind entsprechend § 1612a Abs. 2 S. 2 BGB aufgerundet.

3. Berufsbedingte Aufwendungen, die sich von den privaten Lebenshaltungskosten nach objektiven Merkmalen eindeutig abgrenzen lassen, sind vom Einkommen abzuziehen, wobei bei entsprechenden Anhaltspunkten eine Pauschale von 5 % des Nettoeinkommens – mindestens 50 EUR, bei geringfügiger Teilzeitarbeit auch weniger, und höchstens 150 EUR monatlich – geschätzt werden kann. Übersteigen die berufsbedingten Aufwendungen die Pauschale, sind sie insgesamt nachzuweisen.

4. Berücksichtigungsfähige Schulden sind in der Regel vom Einkommen abzuziehen.

5. Der notwendige Eigenbedarf (Selbstbehalt)

– gegenüber minderjährigen unverheirateten Kindern,

– gegenüber volljährigen unverheirateten Kindern bis zur Vollendung des 21. Lebensjahres, die im Haushalt der Eltern oder eines Elternteils leben und sich in der allgemeinen Schulausbildung befinden,

beträgt beim nicht erwerbstätigen Unterhaltspflichtigen monatlich 800 EUR, beim erwerbstätigen Unterhaltspflichtigen monatlich 1.000 EUR. Hierin sind bis 360 EUR für Unterkunft einschließlich umlagefähiger Nebenkosten und Heizung (Warmmiete) enthalten. Der Selbstbehalt kann angemessen erhöht werden, wenn dieser Betrag im Einzelfall erheblich überschritten wird und dies nicht vermeidbar ist.

Der angemessene Eigenbedarf, insbesondere gegenüber anderen volljährigen Kindern, beträgt in der Regel mindestens monatlich 1.200 EUR. Darin ist eine Warmmiete bis 450 EUR enthalten.

6. Der Bedarfskontrollbetrag des Unterhaltspflichtigen ab Gruppe 2 ist nicht identisch mit dem Eigenbedarf. Er soll eine ausgewogene Verteilung des Einkommens zwischen dem Unterhaltspflichtigen und den unterhaltsberechtigten Kindern gewährleisten. Wird er unter Berücksichtigung anderer Unterhaltspflichten unterschritten, ist der Tabellenbetrag der nächst niedrigeren Gruppe, deren Bedarfskontrollbetrag nicht unterschritten wird, anzusetzen.

7. Bei volljährigen Kindern, die noch im Haushalt der Eltern oder eines Elternteils wohnen, bemisst sich der Unterhalt nach der 4. Altersstufe der Tabelle.

Der angemessene Gesamtunterhaltsbedarf eines Studierenden, der nicht bei seinen Eltern oder einem Elternteil wohnt, beträgt in der Regel monatlich 670 EUR. Hierin sind bis 280 EUR für Unterkunft einschließlich umlagefähiger Nebenkosten und Heizung (Warmmiete) enthalten. Dieser Bedarfssatz kann auch für ein Kind mit eigenem Haushalt angesetzt werden.

8. Die Ausbildungsvergütung eines in der Berufsausbildung stehenden Kindes, das im Haushalt der Eltern oder eines Elternteils wohnt, ist vor ihrer Anrechnung in der Regel um einen ausbildungsbedingten Mehrbedarf von monatlich 90 EUR zu kürzen.

9. In den Bedarfsbeträgen (Anmerkungen 1 und 7) sind Beiträge zur Kranken- und Pflegeversicherung sowie Studiengebühren nicht enthalten.

10. Das auf das jeweilige Kind entfallende Kindergeld ist nach § 1612b BGB auf den Tabellenunterhalt (Bedarf) anzurechnen.

B. Ehegattenunterhalt

I. Monatliche Unterhaltsrichtsätze des berechtigten Ehegatten ohne unterhaltsberechtigte Kinder (§§ 1361, 1569, 1578, 1581 BGB):

1. gegen einen erwerbstätigen Unterhaltspflichtigen:

a) wenn der Berechtigte kein Einkommen hat:	3/7 des anrechenbaren Erwerbseinkommens zuzüglich 1/2 der anrechenbaren sonstigen Einkünfte des Pflichtigen, nach oben begrenzt durch den vollen Unterhalt, gemessen an den zu berücksichtigenden ehelichen Verhältnissen;
b) wenn der Berechtigte ebenfalls Einkommen hat:	3/7 der Differenz zwischen den anrechenbaren Erwerbseinkommen der Ehegatten, insgesamt begrenzt durch den vollen ehelichen Bedarf; für sonstige anrechenbare Einkünfte gilt der Halbteilungsgrundsatz;
c) wenn der Berechtigte erwerbstätig ist, obwohl ihn keine Erwerbsobliegenheit trifft:	gemäß § 1577 Abs. 2 BGB;

2. gegen einen nicht erwerbstätigen Unterhaltspflichtigen (z. B. Rentner): wie zu 1a, b oder c, jedoch 50 %.

II. Fortgeltung früheren Rechts:

1. Monatliche Unterhaltsrichtsätze des nach dem Ehegesetz berechtigten Ehegatten ohne unterhaltsberechtigte Kinder:

a) §§ 58, 59 EheG: in der Regel wie I,
b) § 60 EheG: in der Regel 1/2 des Unterhalts zu I,
c) § 61 EheG: nach Billigkeit bis zu den Sätzen I.

2. Bei Ehegatten, die vor dem 3. 10. 1990 in der früheren DDR geschieden worden sind, ist das DDR-FGB in Verbindung mit dem Einigungsvertrag zu berücksichtigen (Art. 234 § 5 EGBGB).

III. Monatliche Unterhaltsrichtsätze des berechtigten Ehegatten, wenn die ehelichen Lebensverhältnisse durch Unterhaltspflichten gegenüber Kindern geprägt werden:

Wie zu I bzw. II 1, jedoch wird grundsätzlich der Kindesunterhalt (Zahlbetrag; vgl. Anm. C und Anhang) vorab vom Nettoeinkommen abgezogen.

IV. Monatlicher Eigenbedarf (Selbstbehalt) gegenüber dem getrennt lebenden und dem geschiedenen Berechtigten:

unabhängig davon, ob erwerbstätig oder nicht
erwerbstätig   1.100 EUR

Hierin sind bis 400 EUR für Unterkunft einschließlich umlagefähiger Nebenkosten und Heizung (Warmmiete) enthalten.

V. Existenzminimum des unterhaltsberechtigten Ehegatten einschließlich des trennungsbedingten Mehrbedarfs in der Regel:

1. falls erwerbstätig: 1.000 EUR
2. falls nicht erwerbstätig: 800 EUR

VI.

1. Monatlicher notwendiger Eigenbedarf des von dem Unterhaltspflichtigen getrennt lebenden oder geschiedenen Ehegatten unabhängig davon, ob erwerbstätig oder nicht erwerbstätig:

a) gegenüber einem nachrangigen geschiedenen
   Ehegatten   1.100 EUR

b) gegenüber nicht privilegierten volljährigen
   Kindern   1.200 EUR

c) gegenüber Eltern des Unterhaltspflichtigen   1.600 EUR

2. Monatlicher notwendiger Eigenbedarf des Ehegatten, der in einem gemeinsamen Haushalt mit dem Unterhaltspflichtigen lebt, unabhängig davon, ob erwerbstätig oder nicht erwerbstätig:

a) gegenüber einem nachrangigen geschiedenen Ehegatten ... 880 EUR

b) gegenüber nicht privilegierten volljährigen Kindern ... 960 EUR

c) gegenüber Eltern des Unterhaltspflichtigen ... 1.280 EUR

(vergl. Anm. D I)

Anmerkung zu I–III:

Hinsichtlich berufsbedingter Aufwendungen und berücksichtigungsfähiger Schulden gelten Anmerkungen A. 3 und 4 – auch für den erwerbstätigen Unterhaltsberechtigten – entsprechend. Diejenigen berufsbedingten Aufwendungen, die sich nicht nach objektiven Merkmalen eindeutig von den privaten Lebenshaltungskosten abgrenzen lassen, sind pauschal im Erwerbstätigenbonus von 1/7 enthalten.

C. Mangelfälle

Reicht das Einkommen zur Deckung des Bedarfs des Unterhaltspflichtigen und der gleichrangigen Unterhaltsberechtigten nicht aus (sog. Mangelfälle), ist die nach Abzug des notwendigen Eigenbedarfs (Selbstbehalts) des Unterhaltspflichtigen verbleibende Verteilungsmasse auf die Unterhaltsberechtigten im Verhältnis ihrer jeweiligen Einsatzbeträge gleichmäßig zu verteilen.

Der Einsatzbetrag für den Kindesunterhalt entspricht dem Zahlbetrag des Unterhaltspflichtigen. Dies ist der nach Anrechnung des Kindergeldes oder von Einkünften auf den Unterhaltsbedarf verbleibende Restbedarf.

Beispiel: Bereinigtes Nettoeinkommen des Unterhaltspflichtigen (M): 1.350 EUR. Unterhalt für drei unterhaltsberechtigte Kinder im Alter von 18 Jahren (K1), 7 Jahren (K2) und 5 Jahren (K3), Schüler, die bei der nicht unterhaltsberechtigten, den Kindern nicht barunterhaltspflichtigen Ehefrau und Mutter (F) leben. F bezieht das Kindergeld.

Notwendiger Eigenbedarf des M:		1.000 EUR
Verteilungsmasse:	1.350 EUR – 1.000 EUR =	350 EUR

Summe der Einsatzbeträge der Unterhaltsberechtigten:

304 EUR (488 – 184) (K 1) + 272 EUR (364 – 92) (K 2) + 222 EUR (317 – 95) (K 3) =	798 EUR

Unterhalt:

K 1:	304 × 350 : 798 =	133,33 EUR
K 2:	272 × 350 : 798 =	119,30 EUR
K 3:	222 × 350 : 798 =	97,37 EUR

D. Verwandtenunterhalt und Unterhalt nach § 1615 l BGB

I. Angemessener Selbstbehalt gegenüber den Eltern: mindestens monatlich 1.600 EUR (einschließlich 450 EUR Warmmiete) zuzüglich der Hälfte des darüber hinausgehenden Einkommens, bei Vorteilen des Zusammenlebens in der Regel 45 % des darüber hinausgehenden Einkommens. Der angemessene Unterhalt des mit dem Unterhaltspflichtigen zusammenlebenden Ehegatten bemisst sich nach den ehelichen Lebensverhältnissen (Halbteilungsgrundsatz), beträgt jedoch mindestens 1.280 EUR (einschließlich 350 EUR Warmmiete).

II. Bedarf der Mutter und des Vaters eines nichtehelichen Kindes (§ 1615 l BGB): nach der Lebensstellung des betreuenden Elternteils, in der Regel mindestens 800 EUR.

Angemessener Selbstbehalt gegenüber der Mutter und dem Vater eines nichtehelichen Kindes (§§ 1615 l, 1603 Abs. 1 BGB): unabhängig davon, ob erwerbstätig oder nicht erwerbstätig: 1.100 EUR.

Hierin sind bis 400 EUR für Unterkunft einschließlich umlagefähiger Nebenkosten und Heizung (Warmmiete) enthalten.

E. Übergangsregelung

Umrechnung dynamischer Titel über Kindesunterhalt nach § 36 Nr. 3 EGZPO: Ist Kindesunterhalt als Prozentsatz des jeweiligen Regelbetrages zu leisten, bleibt der Titel bestehen. **Eine Abänderung ist nicht erforderlich.** An die Stelle des bisherigen Prozentsatzes vom Regelbetrag tritt ein neuer Prozentsatz vom Mindestunterhalt (Stand: 1.1.2008). Dieser ist für die jeweils maßgebliche Altersstufe gesondert zu bestimmen und auf eine Stelle nach dem Komma zu begrenzen (§ 36 Nr. 3 EGZPO). Der Prozentsatz wird auf der Grundlage der zum 1.1.2008 bestehenden Verhältnisse einmalig berechnet und bleibt auch bei späterem Wechsel in eine andere Altersstufe unverändert (BGH Urteil vom 18.4.12 – XII ZR 66/10 – FamRZ 2012, 1048). Der Bedarf ergibt sich aus der Multiplikation des neuen Prozentsatzes mit dem Mindestunterhalt der jeweiligen Altersstufe und ist auf volle Euro aufzurunden (§ 1612a Abs. 2 S. 2 BGB). Der Zahlbetrag ergibt sich aus dem um das jeweils anteilige Kindergeld verminderten bzw. erhöhten Bedarf.

Es sind **vier Fallgestaltungen** zu unterscheiden:

1. Der Titel sieht die Anrechnung des hälftigen Kindergeldes (für das 1. bis 3. Kind 77 EUR, ab dem 4. Kind 89,50 EUR) oder eine teilweise Anrechnung des Kindergeldes vor (§ 36 Nr. 3a EGZPO).

   (Bisheriger Zahlbetrag + 1/2 Kindergeld) × 100 : Mindestunterhalt der jeweiligen Altersstufe = Prozentsatz neu

   Beispiel für 1. Altersstufe

   (196 EUR + 77 EUR) × 100 : 279 EUR = 97,8 %

   279 EUR × 97,8 % = 272,86 EUR, aufgerundet 273 EUR

   Zahlbetrag: 273 EUR ./. 77 EUR = 196 EUR

2. Der Titel sieht die Hinzurechnung des hälftigen Kindergeldes vor (§ 36 Nr. 3b EGZPO).

   (Bisheriger Zahlbetrag – 1/2 Kindergeld) × 100 : Mindestunterhalt der jeweiligen Altersstufe = Prozentsatz neu

Beispiel für 1. Altersstufe

(273 EUR − 77 EUR) × 100 : 279 EUR = 70,2 %

279 EUR × 70,2 % = 195,85 EUR, aufgerundet 196 EUR

Zahlbetrag: 196 EUR + 77 EUR = 273 EUR

3. Der Titel sieht die Anrechnung des vollen Kindergeldes vor (§ 36 Nr. 3c EGZPO).

    (Zahlbetrag + 1/1 Kindergeld) × 100 : Mindestunterhalt der jeweiligen Altersstufe = Prozentsatz neu

    Beispiel für 2. Altersstufe

    (177 EUR + 154 EUR) × 100 : 322 EUR = 102,7 %

    322 EUR × 102,7 % = 330,69 EUR, aufgerundet 331 EUR

    Zahlbetrag: 331 EUR ./. 154 EUR = 177 EUR

4. Der Titel sieht weder eine Anrechnung noch eine Hinzurechnung des Kindergeldes vor (§ 36 Nr. 3d EGZPO).

    (Zahlbetrag + 1/2 Kindergeld) × 100 : Mindestunterhalt der jeweiligen Altersstufe = Prozentsatz neu

    Beispiel für 3. Altersstufe

    (329 EUR + 77 EUR) × 100 : 365 EUR = 111,2 %

    365 EUR × 111,2 % = 405,88 EUR, aufgerundet 406 EUR

    Zahlbetrag: 406 EUR ./. 77 EUR = 329 EUR

Anhang: Tabelle Zahlbeträge

Die folgenden Tabellen enthalten die sich nach Abzug des jeweiligen Kindergeldanteils (hälftiges Kindergeld bei Minderjährigen, volles Kindergeld bei Volljährigen) ergebenden Zahlbeträge. Für das 1. und 2. Kind beträgt das Kindergeld derzeit 184 EUR, für das 3. Kind 190 EUR, ab dem 4. Kind 215 EUR.

1. und 2. Kind		0 – 5	6 – 11	12 – 17	ab 18	%
1.	bis 1.500	225	272	334	304	100
2.	1.501 – 1.900	241	291	356	329	105
3.	1.901 – 2.300	257	309	377	353	110
4.	2.301 – 2.700	273	327	398	378	115
5.	2.701 – 3.100	289	345	420	402	120
6.	3.101 – 3.500	314	374	454	441	128
7.	3.501 – 3.900	340	404	488	480	136
8.	3.901 – 4.300	365	433	522	519	144
9.	4.301 – 4.700	390	462	556	558	152
10.	4.701 – 5.100	416	491	590	597	160

3. Kind		0 – 5	6 – 11	12 – 17	ab 18	%
1.	bis 1.500	222	269	331	298	100
2.	1.501 – 1.900	238	288	353	323	105
3.	1.901 – 2.300	254	306	374	347	110
4.	2.301 – 2.700	270	324	395	372	115
5.	2.701 – 3.100	286	342	417	396	120
6.	3.101 – 3.500	311	371	451	435	128
7.	3.501 – 3.900	337	401	485	474	136
8.	3.901 – 4.300	362	430	519	513	144
9.	4.301 – 4.700	387	459	553	552	152
10.	4.701 – 5.100	413	488	587	591	160

Düsseldorfer Tabelle

	Ab 4. Kind	0 – 5	6 – 11	12 – 17	ab 18	%
1.	bis 1.500	209,50	256,50	318,50	273	100
2.	1.501 – 1.900	225,50	275,50	340,50	298	105
3.	1.901 – 2.300	241,50	293,50	361,50	322	110
4.	2.301 – 2.700	257,50	311,50	382,50	347	115
5.	2.701 – 3.100	273,50	329,50	404,50	371	120
6.	3.101 – 3.500	298,50	358,50	438,50	410	128
7.	3.501 – 3.900	324,50	388,50	472,50	449	136
8.	3.901 – 4.300	349,50	417,50	506,50	488	144
9.	4.301 – 4.700	374,50	446,50	540,50	527	152
10.	4.701 – 5.100	400,50	475,50	574,50	566	160

Sachverzeichnis

A

Ablehnung des ehelichen Zusammenlebens 4
Alleineigentümer 37, 48
Alleinige Sorge 68, 82
    Streit 83
Allgemeiner Unterhaltsanspruch 206
Altersvorsorge 126, 162, 273
    private 120
Änderungen, von Unterhaltsansprüchen 202
Anfangsvermögen 219, 233
Anwalt 27
Anwaltszwang 19
Arbeitskraft 191
Aufenthaltsbestimmungsrecht 87
Aufhebung der häuslichen Gemeinschaft 3
Aufstockungsunterhalt 152
Ausbildungsunterhalt 153
Ausgleichsanspruch 219
    Höhenbegrenzung 229
    Stundung 229, 231
Auskunft 13, 234
    Vermögen 13
Auskunftsanspruch 127
    bei Ehegattenunterhalt 178
    bei Trennungsunterhalt 127
Auslandsberührung 203

B

Bankkonto, gemeinschaftliches 254
Barunterhalt 108
Bedarf 154
Bedarfskontrollbetrag 187
Bedürftigkeit 111, 154, 162
    Trennungsunterhalt 111
Beleidigung 172
Beratungshilfe 200
Besonderer Unterhaltsanspruch 208
Beurkundung 235, 244
Beweislast 168, 199
Bewertung 234
Billigkeitsunterhalt 154
Bürgschaft 255

D

DDR 213
Depressionen 33
Dienst- oder Werkswohnung 63
Düsseldorfer Tabelle 291 ff.

E

Ehebedingte Nachteile 166
Ehegattenunterhalt
    Auskunftsanspruch 178
    nach § 1570 BGB 133

nach § 1571 BGB 142
nachehelicher 129
Sonderausgabenabzug 124
Eheliche Lebensgemeinschaft 3
Eheliche Lebensverhältnisse 115
Ehename 259, 261
  Scheidung 263
Ehescheidung, Wohnung 56
Eheverfehlungen 21
Ehevertrag 212, 215
  richterliche Kontrolle 215
  Zugewinnausgleich 235
Ehewohnung 2, 5, 35, 51, 254
  Austauschen der Türschlösser 5
  ernstliche Rückkehrabsicht 6
  gerichtliche Regelung 5
  Haushaltsgegenstände 35
  Rückkehr in die Wohnung 7
  Rückkehrabsicht 7
  Vereinbarungen 51
  Verfügungen 47
Eigeninitiative 131
Eigentum, gemeinsames 253
Eigentumswohnung 37
Eigenverantwortung 104, 110, 129
Einkommensdifferenz 152
Einkünfte, eheprägende 159
Einsatzzeit 131
Einseitige Zerrüttung 22
Einverständliche Scheidung 23
Elterliche Sorge 69
  alleinige mit Zustimmung des anderen Elternteils 82
  bei Scheidung 72
  bei Trennung 72
  Fortführung nach Scheidung 75
  Fortführung nach Trennung 75
  in intakter Familie 69
  Streit um das alleinige Sorgerecht 83
Elternverantwortung 9
Endvermögen 220
Erbrecht 289
Erbschaft 224
Erkrankungen 166
Errungenschaftsgemeinschaft 213
Erwerbsanreiz 122
Erwerbsobliegenheit 112, 135
Erwerbsunfähigkeit 146
  Nachweis 146
Existenzminimum 185

F

FamFG 18
Familienheim 253
Familiensachen 18
  elterliche Sorge 18
  güterrechtliche Ansprüche 18
  Haushaltsgegenstände 18
  Unterhalt 18
  Versorgungsausgleich 18
  Wohnung 18
Familienunterhalt 108
  Barunterhalt 108
  Naturalunterhalt 108

Fehlverhalten 169, 174
Feststellung des Scheiterns 22
Folgesachen 20
Freistellungsvereinbarung 194

G

Gefahr im Verzug 78
Geldentwertung 223
Gemeinsames Eigentum 253
   Vermögensauseinandersetzung 253
Gemeinsames Sorgerecht 68
Gesamtgut 213
Geschenke, Rückgabe 247
Gesellschaftsanteile 231
Gesellschaftsrecht 251
Getrenntleben 2
   Ausübung der elterlichen Sorge 11
   Bedeutung 1
   einverständliche Regelung 5
   Fortführung der gemeinsamen elterlichen Sorge 75
   gerichtliche Regelung 5
   gerichtliche Zuweisung der Wohnung 45
   Hausrat 11
   in derselben Wohnung 7
   Kinder 67
   Regelungsbedürfnisse 2
   steuerlichen Konsequenzen 12
   Streit um die Wohnung 37
   Unterhalt 11
   Vermögensauseinandersetzung 11
   Vermögensauskunft 13
   Versöhnungsversuche 9
   von Ehegatten 1
   Vorliegen von 3
   Wirkung 11
   Wohnung 11, 37
Gewaltfälle 39 f.
   Wohnung 37
Gewaltfreie Erziehung 69
Gewaltschutz 37, 52
Gläubiger 255
Gütergemeinschaft 212
Güterrechtsregister 214
Güterstand 211
Gütertrennung 212

H

Halbteilungsgrundsatz 121
Haushaltsgegenstände 35, 216, 254
   Verteilung 63
Häusliche Gemeinschaft 3 f.
Hausrat 277

I

Immobilie 280
Innengesellschaft 251, 282

J

Jugendamtsurkunden 196
Juristische Beratung 27

K

Kapitalabfindung 178
Kinder 56
  Gewaltschutzgesetz 56
  in der nichtehelichen Lebensgemeinschaft 275
  Name 264
  Namen 262
  Vertretung 195
Kinderbetreuungsmöglichkeiten 137
Kinderschutzklausel 31
Kindesunterhalt 182
  Ansprüche der Kindsmutter gegen den Vater 206
  Ansprüche des Vaters gegen die Mutter 210
  bei nicht miteinander verheirateten Eltern 203
  Freistellungsvereinbarung zwischen den Eltern 194
  Grundsätze 182
  Höhe 184
  Leistungsfähigkeit des Verpflichteten 190
  Mehrbedarf 189
  Rangfolge bei mehreren Kindern 193
  Rangfolge bei unterhaltsberechtigtem Ehegatten 193
  rückständiger Unterhalt 192
  Sonderbedarf 189
  Unterhaltsverzicht 194
  vereinfachte Titulierung 196
  Vertretung minderjähriger Kinder nach Trennung 195
  Verwirkung des Anspruchs 193
  Verzug 192
  Vorschussleistungen 198
Kindeswohl 67, 69
Kompetenzverteilung, elterliche Sorge 76
Konten 286
Körperverletzung 172
Krankenversicherung 126, 162, 188
  Kinder 188
Krankenvorsorge 273
Krankheit 33, 145

L

Langzeitarbeitslosigkeit 166
Lebensstandard 154
Lebensstandardgarantie 148
Leistungsfähigkeit 123, 163, 208

M

Mangelfall 175, 187, 296
Mediation 26, 74
Mehrbedarf 189
Mietaufhebungsvertrag 50
Mieter 48
Mietverhältnis 271
Mietvertrag 36, 271
Mindestunterhalt 185
Mitarbeit, im Geschäft des anderen 284
Mitbesitz 36
Miteigentümer 37, 48

Mitgebrauch 36
Mithaftung 255
Mitsorgerecht 76

N

Nacheheliche Solidarität 139
Nachlassverbindlichkeit 177
Nachstellung 55
Namensrecht 259
   Bestimmung des gemeinsamen Ehenamens 259
   Einfluss der Scheidung 263
   Gleichberechtigung 259
   kein Zwang zum gemeinsamen Ehenamen 261
   persönlicher Namenszusatz 260
Namenszusatz 260
Naturalunterhalt 108
Nettoeinkommen, bereinigtes 117, 186
Neuanschaffung 277
Nichteheliche Lebensgemeinschaft 267
   Altersvorsorge 273
   Definition 267
   Erbrecht 289
   gemeinsame Konten 286
   gemeinsame Schulden 286
   Hausrat 277
   Immobilien 280
   Kinder 275
   Krankenvorsorge 273
   Mitarbeit im Geschäft des anderen 284
   Neuanschaffungen 277
   rechtliche Lage 268
   Trennung 270
   Unterhalt 273
   Vollmachtserteilung 288
Notar 212
Nutzungsvergütung 47, 65

P

PKW 279
Prozessbetrug 172
Prozesskostenvorschuss 200

Q

Quotenunterhalt 121

R

Rangfolge 193
Rangverhältnisse 175
Realsplitting 124
Rechtsschutz, vorläufiger 202
Regelrentenalter 142
Rente 239

S

Scheidung 17
   Einfluss auf den Namen 263
   einverständliche 23
   Familiengericht 18
   Familienunterhalt 108
   Fortführung der gemeinsamen elterlichen Sorge 75

gemeinsame Elternsorge 69
Härtefallscheidung 28
Kinder 67
Namensrecht 259
Schnellscheidung 28
Unterhalt 103
Voraussetzungen 21
Widerstand gegen die 31
Scheidungsantrag 19, 24
Scheidungsfolgen 28
Scheidungsvereinbarung 25
Scheidungsverfahren 1, 20
Scheitern der Ehe 21
Schenkung 224, 247
Schlüsselgewalt 11
Schnelle Scheidung 28
Schulden 255, 286
   Vermögensauseinandersetzung 255
Selbstbehalt 123, 190, 208
Sonderausgabe 124
Sonderbedarf 189
Sondergut 213
Sorge, nichtehelicher Kinder 97
Sorgeerklärung 275
Sorgerecht 20, 73 f.
   Familiengericht 74
   Verfahren 73
Stichtage 226
Straftat 172

T

Trennung
   Familienunterhalt 108
   Fortführung der gemeinamen elterlichen Sorge 75
   Kinder 67
   Trennungsunterhalt 110
   Unterhalt 103
Trennungsjahr 28
   Ausnahmefälle 29
   schwere Härte 30
Trennungsunterhalt 110
   Altersvorsorge 126
   Auskunftsanspruch 127
   Bedeutung der Trennung 110
   Bedürftigkeit 111
   Ende des Anspruchs 127
   Höhe 115
   Krankenversicherung 126
   Leistungsfähigkeit 123
   Sonderausgabenabzug beim Ehegattenunterhalt 124

U

Überobligatorische Tätigkeit 115
Umgang
   Abneigung 92
   begleiteter 92
   Bezugspersonen 94
   Dauer 89
   Durchführung 89
   gegen den Willen des Kindes 93
   Geschwister 94
   Gewaltanwendung 92
   Großeltern 94
   Häufigkeit 89
   Kind und Eltern 88
   Pflegschaft 89

Sachverzeichnis

Übereinkunft 89
Vermittlungsverfahren 93
  weitere Personen 94
  zwischen Eltern und Kind 88
Umgangsrecht 88, 276
  bei nichtehelichen Kindern 97
  der Eltern 88
  weiterer Personen 94
Unheilbare Zerrüttung 21
Unterhalt 103, 106, 273
  Abfindung 178
  Altersvorsorge 162
  Änderung von Unterhaltsansprüchen 202
  Anspruch zwischen nicht miteinander verheirateten Eltern 203
  Anspruchsgrundlage 106
  Aufstockungsunterhalt 152
  Ausbildungsunterhalt 153
  Ausschluss 126, 169
  Bedarf 107, 154
  Bedürftigkeit 107, 154
  Befristung 164
  Berechtigter 107
  Beschränkung 126
  Beweislast 199
  Billigkeitsunterhalt 154
  Ende des Anspruchs 177
  Fälle mit Auslandsbezug 203
  familiengerichtliches Verfahren 201
  Familienunterhalt 106, 108
  finanzielle Hilfe bei der Rechtsverfolgung 200
  Herabsetzung 164
  Höhe 115
  Höhe des Trennungsunterhalts 115
  Kindesunterhalt 182
  Krankenversicherung 162
  leistungsfähig 107
  Leistungsfähigkeit 190
  Leistungsfähigkeit des Verpflichteten 163
  nachehelicher 129
  nachehelicher Unterhalt 106
  Rangverhältnisse 175
  rückständiger 128, 178, 192
  Selbstbehalt 107
  Sicherung durch vorläufigen Rechtsschutz 202
  Trennungsunterhalt 106, 110
  Unterhaltsverzicht 178
  Verletzung von Unterhaltspflichten 199
  Verpflichteter 107
  wegen Alters 142
  wegen Betreuung gemeinsamer Kinder 133
  wegen Erwerbslosigkeit 147
  wegen Gebrechen 145
  wegen Krankheit 145
Unterhaltsansprüche, zwischen nicht miteinander verheirateten Eltern 203
Unterhaltsbedarf 115
Unterhaltsketten 131
Unterhaltsneurosen 145
Unterhaltspflicht, Verletzung 199
Unterhaltsrechtsreform 103, 113, 130, 148, 152, 170 f., 175, 179, 182, 197, 209

Unterhaltsrente 178
Unterhaltsrückstände 108
Unterhaltsverzicht 181
Unterhaltsvorschuss 198
Unterhaltszahlung 131
   Herabsetzung 131
   zeitliche Begrenzung 131

V

Verbraucherpreisindex 223
Verbund 21
Verfahren, familiengerichtliches 201
Verfahrensbeistand 86
Verfahrenskostenhilfe 200
Vermieter 36
Vermögen, betriebliches 231
Vermögen im Ganzen 216
Vermögensauseinandersetzung 247
   gemeinsame Wertschöpfung in einer Innengesellschaft 251
   gemeinsames Eigentum 253
   Schenkungen 247
   Schulden 255
Vermögensauskunft, bei Getrenntleben 13
Vermögensbildung 120
Vermögensminderung
   illoyale 236
   unfaire 226, 231
Versöhnungsversuche 9
   in derselben Wohnung 10
   kurzfristiger Versöhnungsversuch 10

Trennungsjahr 9
Versorgungsausgleich 239
   Alter 241
   Anrechte 241
   Arbeit 241
   Durchführung 242
   Ehezeitanteil 241
   Grundgedanke 239
   Härteklausel 243
   Invalidität 241
   Rente 241
   schuldrechtlicher 243
   Vereinbarungen 244
   Vermögen 241
Verteilungsverfahren 64
   Haushaltsgegenstände 64
Verzug 192
Vollmacht 288
Vorbehaltsgut 213

W

Wahlgüterstände 212
Wechselmodell 81
Wille des Kindes 85
Wohnung 59
   Begründung eines Mietverhältnisses 59
   eheliche 35
   eheliche Eigentumswohnung 37
   eheliche Mietwohnung 36
   Ehescheidung 56
   Eigentum eines Dritten 60
   Eigentum eines Ehegatten 59
   gerichtliche Zuweisung 45

gerichtliche Zuweisung bei Getrenntleben 45
Gewaltschutz 52
Miteigentümer 60
Streit bei Getrenntleben 37
Vereinbarungen über die Ehewohnung 51
Verfügung über die Ehewohnung 47
Zuweisung 38
Wohnungszuweisung 42
Eigentumslage 42
Gewaltschutz 55

Z

Zahlbetrag 188
Zugewinn 211, 220
Feststellung 219
Vereinbarungen 235
Zugewinnausgleich 211
Anrechnung von Zuwendungen unter den Ehegatten 228
Ausgleichsanspruch 219
bei der Scheidung 219
Berücksichtigung der Geldentwertung 223
Erbschaften 224
Feststellung der Zugewinne 219
grob unbillig 232
Höhenbegrenzung des Ausgleichsanspruchs 229
im Todesfall 218
Inflation 223
Korrektur 232
Korrektur bei grober Unbilligkeit 231
Möglichkeit der Stundung des Ausgleichsanspruchs 231
Praktische Probleme 233
Schenkungen 224
Überblick 211
unfaire Vermögensminderungen 226
Vereinbarungen 235
vertragliche Wahlgüterstände 212
vorzeitiger 236
vorzeitiger Ausgleich 236
Zugewinngemeinschaft 211
geschäftliche Beschränkung bei 216
Zuwendungen
ehebedingte 249
unter den Ehegatten 228

Von der Jugend bis ins Alter
Recht in allen Lebenslagen

Jugend und Recht

JugR · Jugendrecht
SGB VIII – Kinder- und Jugendhilfe, AdoptionsvermittlungsG, UnterhaltsvorschussG, JugendschutzG.
Textausgabe **Toptitel**
34. Aufl. 2013. 560 S.
€ 8,90. dtv 5008

Schule und Hochschule

Staupe
Schulrecht von A–Z
Noten und Zeugnisse · Schüler- und Elternrechte · Haftung und Rechtsschutz.
Rechtsberater
6. Aufl. 2007. 332 S.
€ 13,50. dtv 5232

Das umfassende Lexikon für Eltern, Lehrer und Schüler.

Lenßen
Dein Recht: Jugend und Schule
Beck im dtv
1. Aufl. 2009. 108 S.
€ 6,90. dtv 50453

Der kompakte Ratgeber für Jugendliche, um auch schwierige Lebenssituationen zu meistern.

Birnbaum
Mein Recht bei Prüfungen
Grundlagen · Anfechtung · Rechtsschutz.
Rechtsberater
1. Aufl. 2007. 230 S.
€ 9,50. dtv 50647

Effektive Hilfe für Prüflinge, Prüfer und Behörden.

Brehm/Zimmerling
Erfolgreich zum Studienplatz
ZVS · NC · Auswahlgespräche und -tests · Rechtsschutz · Studienplatzklage.
Rechtsberater
1. Aufl. 2007. 231 S.
€ 11,50. dtv 50652

Macht mit Tipps und Hinweisen den Weg zum Wunschstudium frei.

BAföG · Bildungsförderung
Textausgabe
31. Aufl. 2013. 262 S. **Neu**
€ 12,90. dtv 5033

BundesausbildungsförderungsG mit Durchführungsverordnungen und Ausbildungsförderungsgesetzen der Länder, BerufsbildungsG, StipendienprogrammG und Meister-BAföG.